《行政法与行政诉讼法教程》编写人员

主　编：盛永彬　曹秀谦

撰稿人：（以姓氏笔画为序）

王志民　王国栋　冯　骏　刘培辉

刘　溪　李　飞　李文玉　张雪琳

陈　伟　罗萍娥　徐　涛　曹秀谦

龚国艳　盛永彬　潘华元

高职高专法学教材系列

行政法与行政诉讼法教程（修订版）

ourse in
ministrative Law
d Administrative Lawsuit

主　编　盛永彬
曹秀谦

暨南大學出版社
JINAN UNIVERSITY PRESS
中国·广州

图书在版编目（CIP）数据

行政法与行政诉讼法教程/盛永彬，曹秀谦主编．—修订版．—广州：暨南大学出版社，2007.9（2015.2重印）
ISBN 978-7-81079-694-1

Ⅰ.行…　Ⅱ.①盛…②曹…　Ⅲ.①行政法—中国—高等学校：技术学校—教材②行政诉讼法—中国—高等学校：技术学校—教材　Ⅳ.①D922.1②D925.3

中国版本图书馆CIP数据核字（2006）第028201号

出版发行：暨南大学出版社

地　址：中国广州暨南大学
电　话：总编室（8620）85221601
营销部（8620）85225284　85228291　85228292（邮购）
传　真：（8620）85221583（办公室）　85223774（营销部）
邮　编：510630
网　址：http：//www.jnupress.com　http：//press.jnu.edu.cn

排　版：暨南大学出版社照排中心
印　刷：佛山市浩文彩色印刷有限公司

开　本：787mm×960mm　1/16
印　张：23.25
字　数：443千
版　次：2006年7月第1版　2007年9月修订版
印　次：2015年2月第8次
印　数：17001—18000册

定　价：35.00元

目　录

前　言

本书是适应我国行政法治需要而编写的高职高专类法学教材。其内容设置不仅体现了执政为民、依法行政的宪政法治理念和要求，而且体现了高职高专类法律院校和法律专业教材的技能性和实用性的突出特点。其内容主要包括：什么是行政？谁有资格行政？行什么政——行政行为的内容是什么？行政主体应遵循什么样的基本原则行政？行政主体享有哪些行政职权，其权力的运行机制如何？如何确保依法行政——行政的监督保障机制如何？通过何种途径和采取何种方式充分保护行政管理相对人的合法权益等。该书以我国行政法治实践和行政法治理论为素材，借鉴了国内外专家、学者的成熟观点，全面、系统、简明地阐述了我国行政机关及其工作人员行使行政职权管理国家和社会公共事务过程中所面对的，以及人民群众所关注的上述有关问题和基本知识。

该教材不仅适合高职高专类法律院校和法律专业教学使用，而且是国家行政机关公务员必备的良师益友。

本书由盛永彬、曹秀谦任主编。具体章节分工如下：第一、四、七、八、九、十、十一、十二、十三章由盛永彬编写，第二章由王国栋编写，第三章由冯骏编写，第五章由刘培辉编写，第六章由王国栋、龚国艳编写，第十四、二十一、二十七章由曹秀谦编写，第十五、十七、二十五章由李飞编写，第十六章由王志民编写，第十八、二十章由罗萍娥编写，第十九章由陈伟编写，第二十二章由张雪琳编写，第二十三、二十四章由徐涛编写，第二十六章由李文玉编写，第二十八章由潘华元编写，第二十九章由刘溪编写。全书在主编共同审稿的基础上，最后由盛永彬统一修改定稿。

编　者

二○○六年三月二十八日

第一编　导　论

第一章　行政法概述

第一节　行政与行政关系

一、行政的含义

顾名思义，行政法就是关于行政的法。因此，要阐述和研究行政法，就必须先要弄清决定着行政法的特性、内容等要素的行政是什么。掌握行政的含义是进一步认识和研究行政法的前提。《现代汉语词典》对“行政”的释义是：行使国家权力的活动；机关、企业、团体等内部的管理工作。“行政”一词的英文是 administration，源自拉丁文 administrate，是指“治理、管理和执行事务”。“行政”一词，在中国古代是指掌管政务（《史记·周公》：“召公、周公二相行政”），在学术领域通常指对政务的管理和领导。

行政有一般行政和国家行政之分。一般行政是指各种组织（包括机关、团体、单位等）的执行、管理职能。此处的执行是指执行组织领导层的决策及决策所确定的目标、纲要、方案；管理是指对组织系统成员的活动进行组织、指挥、协调、监督。国家行政是指国家这一特殊组织的执行、管理职能。这里的执行是指执行国家法律、政策及其所确定的目标、规划；管理是指对国家内政、外交事务的组织、指挥、协调、监督。行政法上的行政应该是一种国家活动，而不是一般的社会组织对其事务的管理，即行政法上的行政是指国家行政。对于行政的含义应该从以下几方面理解：

1. 行政是国家行政主体的活动，即能依法代表国家，以自己的名义享有并行使行政职权，履行国家行政管理职能的机关或法律法规授权组织所实施的行政活动。

2. 行政只是行政主体以特定的手段对国家事务和社会公共事务发生作用

的特定活动，而非行政主体的一切活动。它不包含行政主体为自身利益而从事的租赁、买卖等民事活动。

3. 行政是行政主体对国家事务和社会公共事务进行决策、组织、管理和调控等活动的总称。行政主体对国家事务和社会公共事务发生的作用是通过决策、组织、管理和调控等手段来实现的，这些手段随着社会的发展和国家行政工作的实际需要会有所增减，但在某一发展阶段，这些手段却是特定的，通常是由国家法律明文规定。行政主体根据不同情况，采用不同手段对国家事务和社会公共事务发挥作用。

4. 行政具有国家意志性。行政不是一般社会组织的活动，不是个人的活动，也不是行政主体的民事活动，而是行政主体以国家的名义所实施的活动。

5. 行政具有国家强制性。行政既然是国家的活动，体现和实现的是国家意志，那么它的实施也必然要以国家政权的强制力为后盾。

6. 行政具有从属法律性。在现代国家，法治原则已成为国家制度的基本原则。这一原则反映在行政领域，就要求行政主体必须依法行政。依法行政是现代行政法的原则与核心，它要求一切行政都应当遵循法律所规定的资格、权限、条件、程序、方式和形式而进行，否则应承担相应的法律责任。

基于以上认识，我们可以对行政的含义作如下表述：行政就是指国家行政机关及法律法规授权的组织为实现国家行政职能，依法对国家与社会公共事务进行决策、组织、管理和调控的活动（含立法和司法性质的职能）。

二、行政关系

（一）行政关系的概念

行政关系通常是指行政主体在行使行政职权、履行国家行政职能的过程中，运用指示、命令及其他手段与作为被管理者的公民、法人或其他组织之间所产生的各种社会关系。具体而言，它是指作为行政主体的国家行政机关和法律法规授权的组织，因行使行政职权或接受法制监督而与外部国家机关、组织、个人发生的各种关系及各行政主体相互之间、行政机关与所属国家公务员之间、法律法规授权的组织与其工作人员之间发生的关系。

（二）行政关系的基本特征

行政关系的基本特征有：

1. 行政主体参加是行政关系产生与存在的前提。例如，公安机关对违反治安管理规定的人给予行政处罚，这种关系就是以行政机关为一方当事人的行政关系。没有行政主体为一方当事人，不可能形成行政关系。

2. 行政权力是行政关系的核心。就是说，行政主体行使行政权力产生的社会关系是行政关系的核心内容，各类监督主体对行政主体及其工作人员的监督关系，也是基于行政权力的存在和行使而产生的。与行政权力无关的社会关系，即使有行政机关的参与，也不属于行政关系。例如，某公安局与某建筑公司签订修建办公楼合同过程中所形成的社会关系属于民事关系而不是行政关系。

3. 行政关系中行政主体作为行政管理者，往往居于主导地位，享有极大的优益权。这种主导地位主要表现为：①行政关系的产生、变更或消灭，往往取决于行政主体单方意志，无须以双方协商一致为前提。如市场管理费的征收与否、数额多少，其决定权取决于行政主体，而非相对人。②为保证行政关系的实施，行政主体可以对相对人采取直接的强制措施，如强制征收。③行政主体实施行政权能过程中享有诸多优先权，如行政争议的先行处理权、行政合同的单方解除权等。

4. 行政关系是行政主体实现国家行政职能的社会形式，行政主体的活动是严格依据宪法和法律实施的，行政关系与行政法规具有伴随性。

（三）行政关系的种类

国家行政职能的内容是十分广泛的，行政机关履行行政职能而产生的行政关系也是多种多样的。就我国的现实情况而言，行政关系大致可以概括为如下几种类型：

1. 外部行政关系。外部行政关系是指行政主体因行使行政职权和接受法制监督而与外部的国家机关、个人、组织所发生的关系。它是基本的行政关系，因为行政主体存在的目的，即在于对外部社会实施管理，保证国家法律和政策的实施，外部行政关系就是为此目的而发生的。外部行政关系根据其行政性质又可分为行政管理关系和监督行政关系。行政管理关系是行政主体因行使管理职权与作为被管理的相对方（公民、法人或其他组织）发生的关系。如公安机关因维护社会秩序与违反治安管理的人发生的治安管理处罚关系；税务机关因征收税款而与纳税义务人发生的税收征收关系等。监督行政关系是行政主体接受法制监督而与作为监督主体的国家权力机关、司法机关及社会组织、公民个人而发生的关系。如行政机关制定的行政法规、规章因与宪法、法律相抵触而被权力机关撤销所发生的关系；行政机关的具体行政行为因违法、显失公平而被人民法院撤销、变更所发生的关系；行政机关工作人员的行政行为因被公民、法人或其他组织认为侵犯其合法权益而提出申诉、控告、检举所发生的关系等。有行政管理就必须有对行政的监督，否则，行政主体及其工作人员就可能滥用权力，廉政、勤政建设就没有保障，行政管理就不可能有效进行。所以二者关系密不可分，在行政法学中具有同等重要的地位。

2. 内部行政关系。内部行政关系是指行政主体内部相互之间的关系，包括上下级行政机关之间、平级行政机关之间、行政机关与所属机构和公务员之间、行政机关与受委托行使某种职权的组织或个人以及法律法规授权的组织内部之间、法律法规授权组织与其执法人员之间发生的关系。行政主体如果要对外部实施管理，与外部社会发生各种关系，就必须首先建立有序、有效运转的行政系统，协调系统内部的各种相互关系。行政系统内部发生的各种类、各层次的关系与外部行政关系相互依存。

第二节　行政法的概念及调整对象

一、行政法的概念和功能

（一）行政法的概念

这里所讲的行政法，除了指有关行政管理的法律规范以外，更重要的是其包含了对行政权进行规范和控制的精神实质。特别是在近现代社会，行政权日益膨胀，其权力触角延伸到社会生活的各个方面、各个角落，如果不适当行使，就会对人民的权利造成损害，所以必须对行政权力予以规范和控制。行政法就充当着这样重要的不可或缺的角色，这是现代民主和法治精神的必然要求。

所谓行政法，是指调整行政关系以及在此基础上产生的监督行政关系的法律规范的总称，或者说是调整因行政主体行使行政职权而发生的各种社会关系的法律规范的总称。

行政法的基本内容由三部分组成：

1. 行政组织法。行政组织法主要规定行政主体的组织、性质、地位和职权。

2. 行政行为法。行政行为法主要规定行政主体行使职权的方式、程序。

3. 行政法制监督与行政救济法。行政法的这一部分主要规定对行政主体行使职权行为如何实施法制监督，对受到违法行政行为侵犯的行政管理相对人如何进行法律救济，以及行政主体及其工作人员对其违法失职行为应承担的法律责任。

（二）行政法的功能

行政法的功能主要表现在以下两个方面：

1. 效率保障功能。效率保障功能在于建立行政主体的组织，赋予其行政职权，确定其行使职权的方式、程序，使之有效地对社会实施管理，保证国家法律和政策确立的管理目标的实现，促进社会、经济、文化的发展。

2. 控制功能。控制功能就是建立行政法制监督机制，控制行政权力，防止行政主体滥用职权，维护国家与社会的公共利益，保护公民、法人或其他组织的合法权益。

二、行政法的调整对象

任何一个部门的法规都有其自身的调整对象，行政法也不例外。行政法的调整对象是行政关系。这里的行政关系既包括外部行政关系，也包括内部行政关系；既包括行政管理关系，也包括监督行政关系。但从现行的法律法规考察，行政法实际调整的行政关系则是特定的，是一定范围内的行政关系，而不可能是全部行政关系，即只有在国家行政主体履行行政职能过程中所发生的行政关系才是行政法调整的对象。某些行政关系，特别是内部行政关系，往往由行政机关内部的制度、纪律、职业道德或政策去调整（各种行政关系的具体内容详见于相关章节，此处略）。

第三节　行政法律关系

一、行政法律关系的概念和特征

（一）行政法律关系的概念

行政法是调整行政关系的法律规范的总称。行政关系一经行政法律规范调整即形成行政法律关系。所以，行政法律关系是指为行政法所规定和调整的，具有行政法上权利和义务内容的各种社会关系。简言之，行政法律关系是指行政法所调整的行政关系。所谓“调整”，是指法律赋予行政关系当事人以实体和程序上的权利，规定双方当事人实体和程序上的义务，使相互关系的进行能适于立法者想要确立的某种秩序状态。

在这里，我们应该注意行政法律关系与行政关系的区别：行政法律关系以行政关系为基础，但不等于行政关系。只有当行政关系为法律所调整，具有行政法上的权利和义务时，才能转化为行政法律关系。未经行政法调整，不具有行政法上的权利和义务内容的行政关系，只是一种事实关系。如行政主体向社会公布统计信息的行为。

在理论上，行政关系与行政法律关系有明显区别，但在实践中二者往往是一致的，因为行政关系不同于其他社会关系，它是行政主体因行使行政职权或接受法律监督而与其他主体发生的关系，行政职权或接受法律监督都是法律预先加以规定的。因此，绝大多数行政关系从一开始就是受法律调整的，因而就是行政法律关系。

但行政领域也有一些关系并非法律关系或并非一开始就是法律关系。例如，行政机关实施的许多内部行为（会议通知）、事实行为，目前尚没有法律法规对之加以调整，因这些行为而发生的关系只能是行政关系而非行政法律关系。然而行政机关的相应内部行为、事实行为如果侵犯了某种内部或外部人员、组织的有关权益，引起内部或外部行政争议，原事实关系就可能转化为法律关系（如卫生部门向社会公告某葡萄酒含有乙二醇，有害健康的行为是事实行为。但该行为如有瑕疵，侵犯某葡萄酒厂名义则转化为法律关系）。行政复核、行政复议、行政诉讼的关系都只能是法律关系。

（二）行政法律关系的特征

1. 在行政法律关系双方当事人中，必有一方是行政主体。如果双方当事人都是不行使行政职权的公民、法人或社会组织，也就不可能发生行政法律关系，而只能是民事法律关系。即使在监督行政法律关系中，也必须存在受监督的行政主体。因此，行政主体的存在是发生行政法律关系的先决条件。

2. 行政法律关系当事人的权利和义务，由行政法律规范预先规定。在行政法律关系中，当事人的权利和义务不能由双方相互协商约定，而是由法律规范事先规定。当事人不得自由选择权利、义务，也不得随意放弃权利、转让义务，而只能依据行政法律规范的规定享有权利或承担义务。

3. 行政法律关系具有不对等性。这种不对等性主要表现在两个方面：第一，行政法律关系双方主体的地位不平等。行政主体以国家强制力保证其职权的行使，当相对方拒绝履行义务时，行政主体可以行使行政强制权，强制对方履行。当行政主体不履行或不当履行职责时，相对方只能通过申诉或诉讼程序来解决。对行政主体的违法或不当行为，在法定部门确认该行为违法或不当之前，既不能否认其效力而加以抵制，也不能停止执行。第二，行政法律关系的产生、变更不以双方主体的意思表示一致为必要条件，行政主体可以单方面地设立或变更行政法律关系，而无须征得相对方的同意。

4. 行政法律关系中行政主体的权利与义务具有统一性。行政主体在行政法律关系中的权利义务总是交叉重叠的，权利与义务很难分开。行政主体的职权往往就是其职责，即其权利往往又是其义务。在行政法律关系中行政主体的职权与职责、权利与义务相互渗透，具有统一性。例如，税务机关征收税款，既是税务机关的权利，也是税务机关的义务。

5. 行政法律关系引起的争议，在解决方式及程序上有其特殊性。在行政法律关系中产生的争议，既可通过诉讼程序解决，也可由行政主体先行裁决。行政主体的先行裁决是行政法律关系区别于民事、刑事法律关系的重要特征。

二、行政法律关系的构成要素

行政法律关系由行政法律关系主体、客体和内容三大要素构成。

（一）行政法律关系主体

行政法律关系主体即行政法律关系当事人，也称行政法主体或行政法律主体。它是指参加行政法律关系享有权利、承担义务的当事人。行政法律关系主体由行政主体与行政管理相对人或由监督主体与行政主体及其工作人员构成（前者发生在行政管理活动中，后者发生在监督行政活动中）。

所谓行政主体，是指能以自己的名义行使国家行政职权，作出影响行政管理相对人权利义务的行政行为，并独立承担由此产生的行政法律责任的行政机关或法律、法规授权的组织。

行政管理相对人，也称行政管理相对方、行政相对人或行政相对方，简称相对人（方），是指在行政法律关系中与行政主体相对应的，其权益受行政主体的行政行为影响的公民、法人或其他社会组织。

监督主体，也称监督行政的主体或行政法制监督主体，是指依法对行政主体及其公务人员行使行政职权的行为和遵纪守法的行为进行监督的国家机关、公民、企事业单位以及其他社会组织。

作为行政法律关系的主体，必须具有行政法上的权利能力和行为能力。行政法上的权利能力，是指能够享有行政法上规定的权利及承担行政法上规定的义务的资格。行政法上的行为能力，是指以自己的行为行使权利并承担义务的能力。简单说，确认我国行政法律关系主体资格的标准，就在于看他是否享受我国行政法所规定的权利和是否适应并且能够承担相应的义务。换句话说，就是看我国行政法对他是否具有拘束力。不具有行为能力的自然人，可以由其法定代理人代理参加行政法律关系。

（二）行政法律关系的客体

行政法律关系的客体是指行政法律关系当事人的权利和义务所指向的对象（包括物、行为、精神财富和人身）。行政法律关系客体必须是主体的某种物质利益或精神需要，即必须对主体具有实用性；必须是能够为人类所控制或支配的；必须是受到法律调整的事物，法律没有规定的不能成为行政法律关系的客体。

1. 物。物是行政法律关系中比较常见的客体。作为行政法律关系客体的物可以是物质形式，也可以是货币形式；可以是消费资料，也可以是生产资料。例如，行政赔偿关系的客体可能是金钱，行政没收关系的客体可能是物品，行政救济关系的客体可能是生活资料，行政合同关系的客体可能是生产资料。

2. 行为。行为作为行政法律关系的客体，包括作为（如行政机关进行罚款的行为）和不作为（如行政机关不依法发放抚恤金的行为）。它可以是行政主体的行为，也可以是行政管理相对人的行为。例如，行政主体颁发许可证或执照的行为是行政许可法律关系的客体，行政管理相对人（公民）妨害公共秩序的行为是治安管理行政法律关系的客体。当然，并不是所有的行为都可以成为行政法律关系的客体，只有与行政职能有关且具有法律意义的行为或经法律规范的行为，才能成为行政法律关系的客体。

3. 精神财富。精神财富是指行政法律关系主体从事智力活动所取得的成果，如学术著作、发明、专利等。公民或法人向行政机关申请发明专利权与行政机关所发生的行政法律关系，其客体就是一定形式的智力成果。

4. 人身权。人身权是指权利主体依法享有的与其人身不可分离而无直接财产内容的权利，包括人格权和身份权。许多行政法律关系是以相对人的人身权为客体的，如行政拘留、强制治疗及通过行政奖励授予模范称号等行政法律关系中，相对人的人身权即是重要的客体。

（三）行政法律关系的内容

行政法律关系的内容是指行政法律关系主体间的权利与义务。在行政法律关系中，不同的当事人所享有的权利和承担的义务是不同的。根据行政法律关系主体的不同，行政法律关系的内容主要包括行政主体的权利与义务、行政管理相对方的权利与义务、行政法制监督主体的权利与义务和被监督的行政主体及其工作人员的权利与义务。

行政主体在行政法律关系中的权利和义务是通过它的行政职权和行政责任

表现出来的。其职权主要有：行政规范权、行政命令权、行政处罚权、行政强制权、行政执行权、行政司法权等。行政主体的职责主要有：遵守行政法律、法规、规章，履行行政职务，遵守法定程序，行政合理适当等。

行政相对方在行政法律关系中的权利主要有：参与和了解国家行政管理权、行政监督权、行政救济权等。行政管理相对方在享有权利的同时，也必须承担相应的义务，主要有：遵守法律、法规、规章，服从行政命令，协助行政管理等。

行政法制监督主体的权利是对行政主体及其工作人员是否正当行使行政职权，是否遵守法纪进行全面的监督。其义务主要是听取被监督主体的申辩，依法实行监督。

三、行政法律关系的产生、变更与消灭

行政法律关系不是固有的，也不是一经产生就一成不变的，是随着社会生活的发展变化而产生、变更和消灭，并经常处于生灭变更之中的。行政法律关系的发生、变更与消灭是由行政法律事实引起的。

（一）行政法律事实的概念

行政法律事实，是指由行政法律规范所规定的能够引起行政法律关系产生、变更或消灭的客观现象或事实。这一概念包括以下几层含义：

1. 行政法律事实是客观存在的现象或事实。

2. 这种客观存在的现象或事实能够引起行政法律关系产生、变更或消灭的法律后果。

3. 行政法律事实必须是行政法律规范所规定的。例如，公安机关根据《治安管理处罚条例》的规定，对违反治安管理的行为人，作出行政拘留15天的具体行政行为就是一种法律事实，它使被处罚人和公安机关之间产生了行政法律关系。

（二）行政法律事实的分类

行政法律事实分为行政法律事件和行政法律行为两类：

1. 行政法律事件。行政法律事件，是指不以当事人的主观意志为转移而又能导致行政法律后果的客观事件。如人的出生、死亡会导致户口登记、注销等行政法律关系；自然灾害（地震、台风等）和意外事件（火灾等）将导致税收减免、社会救济等；时间的流逝可能导致行政法律关系的消灭等。

2. 行政法律行为。行政法律行为是当事人有意识的，能够产生行政法效

果的活动。它可以是作为，也可以是不作为；可以是合法行为，也可以是违法行为。导致行政法律关系发生的法律行为主要是行政主体的行为。如行政征收、没收财物的行为，吊销执照或许可证的行为，行政确认或给付行为，等等。

（三）行政法律关系的产生、变更与消灭

1. 行政法律关系的产生。行政法律关系的产生，是指行政法律关系主体之间因一定的法律事实而形成行政法上的权利义务关系。行政法律关系的产生必须具备一定的条件。行政法律关系产生的条件主要包括：

（1）具有明确的法律关系主体。

（2）具有明确的法律规范根据。因为行政法律关系是基于行政法律规范的确认和调整而在当事人之间发生的，没有行政法律规范的确认和调整，双方当事人就不可能具有行政法上的权利义务关系。如公务员与行政机关之间的职务关系，就是基于公务员法的确认和调整而产生的。

（3）具有导致行政法律关系产生的法律事实。行政法律关系不能因关系主体和法律规范的存在而自发地产生，必须有一定的法律事实所引起。没有婚姻当事人申请登记的事实，就不可能产生婚姻登记关系，没有个人月收入超过法定数额的事实，该人就不能与税务机关发生税收行政法律关系。

2. 行政法律关系的变更。行政法律关系的变更，是指行政法律关系各构成要素的变更，包括主体的变更、客体的变更和内容的变更。

（1）行政法律关系主体的变更。如作为一方当事人的公民死亡或丧失行为能力，其近亲属接替或代理其参加相应行政法律关系；作为行政主体的行政机关或法律、法规授权的组织被撤销，继续行使其权利的行政机关或组织接替其参加相应行政法律关系。

（2）行政法律关系客体的变更。在行政法律关系进行过程中，作为行政法律关系客体的物、行为或智力成果等发生变化，自然会引起相应行政法律关系的变更。

（3）行政法律关系内容因其他因素的变化而引起变更。行政法律关系内容即双方当事人的权利义务，可以因法律规范的变更而变更，也可以因双方当事人协商或者第三者调解而变更，有时还会因某种法律事实的变化而变更。如调整税率而增加或减少税款等。

3. 行政法律关系的消灭。行政法律关系的消灭是指行政法律关系权利和义务的消灭。主要有以下几种情况：

（1）一方或双方当事人消灭，且无权利义务承受者接替其参加相应的行

政法律关系，从而使原来的行政法律关系消灭。如某国家工作人员死亡，从而使该工作人员与国家之间的行政职务关系消灭。

(2) 双方当事人之间发生行政法律关系的目标得以实现，相应法律关系结束。如纳税人已缴纳应纳税款，原存在的税收行政法律关系结束。

(3) 作为行政法律关系的客体消灭，该行政法律关系无继续存在的意义。如行政征收法律关系中行政管理相对人因遭受不可抗力而财产灭失无力缴纳税费时，行政征收法律关系将可能消灭。

(4) 根据新的法律、法规、规章或其他规范性法律文件的规定，原存在的相应的行政法律关系应予终止。

第四节 行政法的渊源、特点与分类

一、行政法的渊源

（一）行政法的渊源的概念

行政法的渊源，也称行政法的法源，是指行政法的表现形式。

（二）行政法的渊源的形式

根据制定主体、效力等级及制定程序的差异可将行政法的渊源划分为以下几种形式：

1. 宪法。宪法是国家的根本大法，具有最高的法律效力，是一切立法的依据。宪法中有关行政管理的部分，通常都是一般性的、原则性的规范，对行政法的各种具体规范起统率作用。行政法的具体规范与这些一般性规范相抵触，将导致无效的后果。我国宪法所包含的行政法规范主要有：关于行政管理基本原则的规范，关于国家行政机关组织、基本工作制度和职权的规范，关于国家行政区域划分和设立特别行政区的规范，关于公民基本权利义务的规范，关于保护外国人合法权益和关于外国人义务的规范，关于国有经济组织、集体经济组织、外资或合资经济组织以及个体劳动者在行政法律关系中的权利义务的规范，关于国家发展教育、科学、医疗卫生、体育、文学艺术、新闻广播事业等方面的规范。

2. 法律。法律作为行政法的基本渊源，包括由全国人民代表大会制定的基本法律，如《国务院组织法》、《地方各级人民代表大会和地方各级人民政府组织法》、《统计法》、《兵役法》、《行政诉讼法》等；也包括由全国人民代表大会常务委员会制定的非基本法，如《国家赔偿法》、《治安管理处罚法》、

《食品卫生法》、《药品管理法》等。

作为行政法渊源的法律有些仅包含行政法律规范，如《国务院组织法》、《行政处罚法》等；有些不仅包含行政法律规范，同时还或多或少地包含某些其他法律部门的法律规范，如许多行政法律中就包含有关的刑法规范。此外，主要作为其他法律部门渊源的法律也会或多或少地同时包含某些行政法规范，如《商标法》中关于登记、管理、争议裁决的规范就属于行政法规范。

在行政法渊源体系中，法律的地位和效力是仅次于宪法的法律规范性文件。

3. 行政法规。行政法规是国务院依宪法和法律制定的规范性法律文件的总称。国务院制定的行政法规的内容非常广泛，涵盖了国家行政管理的各个方面。行政法规是我国行政法的主要渊源，其法律地位和效力低于宪法和法律，是国务院各部门和地方人大及地方政府制定法律规范性文件的依据之一。

4. 地方性法规、自治条例和单行条例。根据宪法的规定，省、自治区、直辖市的人民代表大会和它们的常务委员会，在不同宪法、法律、行政法规相抵触的前提下，可以制定地方性法规，报全国人民代表大会常务委员会备案。根据现行地方组织法的规定，省、自治区的人民政府所在地的市和经国务院批准的较大的市的人民代表大会和他们的常务委员会，在不同宪法、法律、行政法规和本省、自治区地方性法规相抵触的前提下，可以制定地方性法规，报省、自治区人大常委会批准后实行，并报全国人大常委会备案。此外，经全国人大和全国人大常委会的特别授权，经济特区市的人民代表大会及其常务委员会可根据经济特区的具体情况和实际需要，遵循宪法的规定以及法律和行政法规的基本原则，制定地方性法规，报全国人大常委会、国务院和省人大常委会备案。地方性法规调整着广泛的行政关系，是我国行政法的重要渊源之一。

根据宪法规定，民族自治地方的人民代表大会有权依照当地民族的政治、经济和文化特点，制定自治条例和单行条例。自治区的自治条例和单行条例，报全国人民代表大会常务委员会批准后生效。自治州、自治县的自治条例和单行条例，报省或者自治区的人民代表大会常务委员会批准后生效，并报全国人民代表大会常务委员会备案。自治条例和单行条例既可以规定民族自治机关的组织和工作，也可规定自治地方的行政管理事务，它是行政法的重要渊源。

5. 规章。我国的规章分为部门规章和地方规章两种。部门规章是指国务院各部、委和某些其他工作部门发布的规范性法律文件的总称。地方性规章是指省、自治区、直辖市人民政府、省及自治区人民政府所在地的市的人民政府和经国务院批准的较大的市以及经济特区市的人民政府，根据法律和行政法规制定的规范性法律文件的总称。部门规章在全国范围内有效，地方性规章只施行于制定机关所辖行政区域。

6. 法律解释。此处的法律解释包括国家最高权力机关的解释、国家最高行政机关的解释、国家最高司法机关的解释、有关地方国家权力机关和行政机关的解释。在法律解释实践中最高国家权力机关很少作出立法解释，很多法律都是由最高人民法院进行司法解释。行政解释和地方解释虽然也具有重要意义，但这些解释是否符合法律原意，人民法院在审理案件时往往要附带对之进行适当的司法审查。人民法院认为相应解释不符合法律原意，虽然不能撤销或宣布其无效，但可不予适用，或者以司法解释取而代之。

7. 国际条约和协定。国际条约和国家间协定有的涉及国内行政管理，成为调整国家机关与公民、法人、其他组织或外国人之间行政管理关系的行为准则。因此，它们也是行政法的重要渊源。

8. 国家行政机关与执政党、社会组织联合发布的规范性文件。

二、行政法的特点

行政法与其他部门法相比，具体有如下特点：

（一）行政法在整体上没有统一、完整的法典

行政法所调整的对象中行政关系及其监督关系的内容广泛复杂，而且变化较快，要制定一部包罗万象、统一完整的行政法典是十分困难或不可能的。现已经制定的《行政诉讼法》、《行政组织法》、《国家公务员法》、《行政复议法》等都只是行政法的部分内容，不可能对全部行政法的问题进行规定。因此，行政法是由分散于宪法、法律、法规和规章等为数众多的法律规范性文件中的有关规范组成的。行政法就是调整行政关系的分散的、大量的行政法律规范的总和。

（二）行政法律规范的表现形式多、数量大

不仅因行政领域的情况极为复杂，而且为了保障国家行政职能的正常履行，现代国家把制定调整行政关系及监督关系的法律规范的权力不仅赋予立法机关，并授予了行政机关。不仅中央的立法机关和行政机关有，而且地方的相应的机关也拥有不同的立法权。制定机关不同、层次不同、效力不同，自然其表现形式不同，数量浩如烟海。

（三）行政法律规范的专业性和技术性较强，适时性强，稳定性相对较差

譬如，食品、卫生、保健、原子能控制等方面的管理，不仅技术性、专业

性强，而且变化快。所以，调整这类关系的行政法律规范与民法、刑法相比具有易变的特点，否则将无法适应国家行政管理的需要。

（四）行政法中的实体规范与程序规范划分不严格

此处的程序法仅指规定行政权力如何行使的法律规范文件，而非有关行政诉讼方面的法和行政复议方面的法。基于行政关系是行政主体作为当事人的特殊性，各行政主体的职能权限不尽相同，很难在实体和程序方面作出统一规定。考虑到既可以保障民主，提高行政效率，又可以防止行政权的滥用，有利于提高行政法的适应性，大量的行政管理程序只能与行政实体法交织在一起，二者结合仍有其必要性。

三、行政法的分类

行政法的内容虽然十分庞杂、广泛，但我们可以依据不同的标准将其划分为不同的类别：

（一）一般行政法与特别行政法

这是以行政法调整对象的范围不同来划分的。一般行政法是对一般行政关系加以调整的法律规范的总称。如《行政组织法》、《国家公务员法》、《行政程序法》等。一般行政法具有概括性和普遍性，是行政法的基础。特别行政法是对某一方面或某一领域的行政关系加以调整的行政法律规范的总称。如《统计法》、《卫生法》等。

（二）实体行政法与程序行政法

这是以行政法规范的性质为标准划分的。实体行政法是以规范行政法律关系主体权利义务为内容的行政法律规范的总称。如《土地管理法》、《税收管理法》等。程序行政法是以规范行政主体在实施行政行为时所应遵循的方法、步骤、时限和顺序的行政法律规范的总称。如《行政复议法》、《行政诉讼法》等。

（三）行政组织法、行政行为法与行政监督法

这是以行政法的作用为标准来划分的。行政组织法是关于行政机关的设置、编制、职权、职责，有关国家行政机关与公务员在录用、考核、调动及职务上的权利义务为内容的法律规范。行政行为法是关于行政机关与公民、法人或其他组织之间权利义务关系的法律规范（规范行政法律关系主体应该做什

么，不应该做什么，可以做什么，不可以做什么）。行政监督法是对行政进行监督的规范，即监督主体对行政主体及其工作人员进行监督的规范。

此外，还可以把行政法分为内部行政法与外部行政法、中央行政法与地方行政法等。

第五节　行政法的地位与作用

一、行政法的地位

行政法的地位是由行政法所调整的对象，即行政关系，尤其是行政管理关系在社会生活中的地位所决定的。

行政法是国家法律体系中一个独立的法律部门，是在宪法统率下与刑法、民法一样的基本的部门法之一。

行政法是国家实施行政管理最重要的工具之一，是行政主体及其工作人员实施行政管理的法律依据，是一切国家机关、社会团体、企事业单位和公民个人都必须遵守的行为准则。它与国家政治、经济、文化等各方面的管理与建设，与人民的生活和幸福密切相关。离开行政法，国家的行政管理就无法实施，国家对经济和社会生活的管理也就无法进行。换句话说，行政法是国家法律体系中最主要的组成部门。

二、行政法的作用

行政法作为重要的法律部门，其作用主要表现为：

（一）保障行政权有效行使，促进依法行政，提高行政效率

行政主体代表国家依法行使行政职权，对政治、经济、文化等各方面实施行政管理。行政法规范行政权的存在、运行和保障，确立行政机关独立行使行政权，赋予行政机关优先权、处罚权、裁决权、强制权、执行权等，保障了行政职权的有效行使。

行政法规定了行政主体行使行政权的基本制度、原则、程序、方法、违反行政法的法律责任，要求行政主体严格依照法律规定行使行政职权，对促进依法行政，具有重要作用。

行政效率是指在行政管理过程中，国家所投入的人力、财力、物力资本与取得的效果之比。行政法确认行政管理方面的原则和制度，设立科学的、民主的行政程序，规定合理的时效制度，对提高国家行政效率有促进和保障作用。

（二）保护行政管理相对人的合法权益不受违法或不当的行政行为的侵害

行政法一方面为公民、法人或其他组织实现宪法赋予的各项权益提供法律保障；另一方面通过建立一系列的制度（如听证制度、复议制度、诉讼制度和赔偿制度等）控制和监督行政主体的行政行为，防止行政管理相对人的合法权益受到违法或不当行政行为的侵害，充分发挥对公民、法人或其他组织合法权益的保护作用。

另外，行政法在规范市场经济体系，保护经济、文化秩序，加速行政体制改革，促进社会主义精神文明建设，建立与市场经济相适应的社会保障制度方面都发挥着重要的作用。

第二章　行政法的基本原则

第一节　行政法基本原则的含义

一、行政法基本原则的概念

关于什么是行政法基本原则的问题，在理论界有着较大的分歧。我们认为，行政法基本原则是指行政法所特有的，并贯穿于行政法制定、遵守、执行和监督的各个环节的始终，以规范行政关系的全部内容的基本准则。行政法所调整的内容是行政关系以及在此基础上产生的监督行政关系，或者说是调整因行政主体行使其职权而发生的各种社会关系。因而，行政法的基本原则是以行政法的调整对象为内容而确定的。其特点是：

（一）为行政法所特有

这是行政法基本原则产生的前提条件。既然是行政法基本原则，就只能是行政法所特有。比如说，公民在适用法律上一律平等、重证据重调查研究等原则，适用于一切部门法，因而不能认定为行政法基本原则。

（二）贯穿于行政法制定、遵守、执行和监督的各个环节始终

这是行政法基本原则产生的实体条件。行政法的基本原则当然要对行政法及行政行为的规范性起指导作用。

（三）为行政主体所遵守并切实执行

这是行政法基本原则产生的现实条件。只有行政主体自觉遵守，并采取必要的手段保障执行，才能使行政法得到全面、充分地贯彻和落实。

（四）体现民主宪政精神

只有实行现代民主法制的国家，才会强调以行政法律来规范行政行为的要求，而这一要求又体现在从宪法到行政法律的规范之中。因而，行政法基本原则不得违背并要切实维护行政法律行为以宪法为指导、以民主政治为基础的行

政方针。

二、行政法基本原则的主要内容

对于行政法基本原则内容的确立，学界有着不完全一致的看法。但是，以民主宪政思想指导行政法基本原则的内容，已成为了世界各国的共识。在我国，公认的观点是，行政法基本原则的主要内容应包括行政法的合法性原则、行政法的合理性原则、行政法的应急性原则。

第二节　行政法的合法性原则

一、行政法的合法性原则的含义

行政法的合法性原则是指行政权力的产生、存在和行使以及效力都必须依据法律和符合法律规定，不得与法律相抵触，也不允许超越法定权限范围或存在任何法外特权的原则。这是行政法最根本性的一项原则，又被称为依法行政原则，在行政法中具有不可替代的地位。

我们所强调的“依法行政”原则，以对行政主体及其行为方面内容的规定，约束或限制行政主体的行政职权，不使其权力过宽过滥而失去监控。与此同时，对行政相对方的行为和权限也进行了规制，从而体现出了法律的平衡机制。在理论上也避免了基本原则的过于宽泛的表述而丧失行政法作为一部门实体法的特有的规定性。

二、行政法的合法性原则的内容

行政法的合法性原则的具体内容尽管因各国法律制度不同而有所不同，但通常包括以下几方面的内容：

（一）行政主体的设立必须合法

行政主体是行政职权的拥有者和行使者，一切行政行为都是由行政主体作出，因此行政主体必须具有合法性。

（二）行政职权的产生及存在必须基于法律的授权

不言而喻，这是说行政主体的职权来自于法律的授权，许多行政效能也是因法律规定应切实予以保障而产生的。因而，所谓行政职权及其后果，与其说是行政行为，不如说是法律行为更贴切。

（三）行政职权必须依法行使，其职权效力也必须在法律的监控范围之内

前已述及，行政权力必须予以约束和限制，但这种约束和限制不能是来自于行政机关或行政系统的自我约束、自我限制。因为这样的“左手约束右手”，不仅达不到约束和限制的目的，反而将行政职能降到了最低限度，甚至造成行政职能的混乱。为了避免这种局面的产生，又不能失去对行政权力的监控，因而，不但要依据法律对行政主体授予必要的行政权力，还必须始终借助于法律的监控手段来达到对行政权力的约束目的。

（四）不允许超越法律或法外特权的现象存在

既然行政相对人的自由权必须加以限制，那么作为行政行为的实施者的行政主体，同样也必须接受法律的限制，否则，行政法律的贯彻与落实就会成为一句空话。在我国这样一个经历过漫长的封建历史并有着悠久的封建传统的国家，凌驾于法律之上，并左右法律实施的“人治”现象，在今后较长时间内仍将存在着。尤其是在行政法律的实施和行政秩序的维护上，这类现象广泛而深刻地产生着影响。因而，我们必须警惕各种超越法律、左右法律或法外特权的现象。因为这些现象不仅与民主宪政的要求背道而驰，而且还会对已经建立起来的现代宪政秩序构成致命的危害。

上述几方面内容是有机的统一体。

第三节　行政法的合理性原则

一、行政法的合理性原则的含义

行政法的合理性原则，是指行政主体的行政行为内容要客观、适度和公平、公正，要符合社会大众所接受的常理，从而保障依法行政原则得以准确落实，保障行政相对人参与行政的原则得以全面贯彻的原则。这项原则是派生于前一项（合法性）原则的基本原则，是行政法治原则的重要体现之一。其产生的主要原因是由于行政自由裁量权的存在。要求行政主体必须合理地行使自由裁量权。

自由裁量权在行政法律活动中是一项重要的、无可替代的权利。社会生活是纷繁复杂的，无论怎样详细缜密的行政法规范也难免挂一漏万，从而也就无法规范行政相对人的所有活动和行政主体的全部行为。事实上，在管理过程中，有许多行为不是羁束性的，即法律规定一定的原则和幅度，由行政主体自行确定行为的限度，也就是行政主体可以自由裁量，采取其认为合乎情理的行政行为。

二、行政法的合理性原则的内容

（一）行政行为应符合立法目的

当行政主体适用法律授予的某一项自由裁量权时，应考虑保护人权、依法行政、侵权负责、违法必究等立法终极目的。这就是说，无论行政主体行使自由裁量权多么自觉谨慎，仍必须要加以严格的限制。否则法律就很可能会沦为一纸空文。

（二）行政行为应建立在正当合理的基础上，不得以不相关因素来施加影响

在社会生活和社会管理活动中，行政行为所受到的影响是最为广泛的。其中来自于行政机关周边因素的影响最为明显。在这种条件下，行政行为是否适当，取决于是否合乎理性原则。只有合乎理性的行政行为，才可能是公正、适当的行为。

（三）对一切行政相对方在适用法律规范上一律平等

这一原则是“公民在法律面前一律平等”的宪法原则在行政法领域的具体要求和体现。行政主体在实施行政行为时，无论是抽象行政行为，还是具体行政行为；无论是授予权益的行政行为，还是设定义务的行政行为；无论是赋予资格的行政行为，还是科以处罚的行政行为，都必须依法平等地对待任何行政管理相对人，不得因行政管理相对人的身份、民族、性别、宗教信仰、经济状况、社会地位等存在差异而给予不平等待遇，更不允许有任何的歧视。

（四）行政行为要符合自然规律和社会道德规范，包括职业道德、社会公德等

行政行为由于牵涉到社会生活的方方面面，因而在实施行为时，不能仅从自身行业领域、专业角度或其他各种非理性思考角度来认识行政行为性质。在实践中，由于各种非理性思考的行政行为，给行政法律秩序的建立造成的危害往往是很广泛的，所带来的负面影响，涉及到多种行业、多项领域、多个层面，其影响也是很深刻的。这样的例子在历史上不胜枚举。因此，需要引起我们足够的重视。

（五）行政行为要把握适当的原则

这项适当的原则，表现为行政行为应该按照公平、合理的要求进行，把握

一个适当的限度，从而保障依法行政原则得以全面贯彻。这一限度的把握，主要取决于两个方面的工作：

1. 正确地体现比例原则，以做到恰当公平。行政行为往往会给行政相对人带来一定的损害结果。比例原则要求行政主体在采取行政行为时，应当全面权衡有关的公共利益和个人利益的关系，采取对公民权益造成损害最小的行政行为，并且使行政行为造成的损害与所追求的行政目标相适应。行使自由裁量权不仅应该限制在法定幅度内，而且应该本着公平、适度的要求实施。比例原则专门针对裁量行为，通过具体的评价标准，使裁量行为受到法律的严格约束，从而使裁量行为的合理性问题转化为合法性问题。如果出现远远背离比例原则的、显失公平的行政行为，则构成了不当行政行为，它不仅会给公民个人带来损害，而且还会给国家和集体利益带来损失。根据适当行政原则要求，不当行政行为应予以撤销或纠正。

2. 行政行为要充分把握适当的原则，应以行政行为正义性为目标，体现全心全意为人民（大众）服务的崇高宗旨，体现行政公正的基本精神。在具体要求上，一是要求实体公正，包括依法办事、不徇私情、平等待人、不歧视、不专断、合理考虑相关因素；二是要求程序公正，包括自己不做自己亲戚朋友的法官、不单方与行政相对人接触、不在事先未通知和听取行政相对人申辩意见的情况下作出对其不利的行政行为等。此外，推诿扯皮、漠不关心的衙门作风、受不相关因素影响等不良行政行为也在上述要求控制之列。因为这些要求也是反对行政机关官僚主义作风、提高行政效能的重要因素。

第四节　行政法的应急性原则

一、行政法的应急性原则的含义

行政法的应急性原则是指在紧急状况下，出于维护国家安全、社会秩序或公共利益的需要，行政机关可以采取没有法律正式授权的，或者在通常情况下与法律规定相抵触的措施的原则。

这项原则看似与第一项的行政权力合法性原则相悖，但这是行政机关在适用法律上的不得已的变通。在行政机关行使权力的时候，由于所发生的某些情况超越了法律所能预想或所能控制的范围，现有的法律、法规对可能出现的各种情况的估计和应对措施，就显得力不从心。而该行为又属于必须要尽快或尽可能合理地予以解决的情况，因而作出这种变通恰是为弥补现有法律法规规定之不足。何况，行政行为如果没有法律的追加授权，最终也必然是无效行为。所以，这项行政法的应急性原则应该是现代行政法治原则的重要体现之一。但因为是一种适用法律上的变通，属于合法性原则的一种例外体现，所以，其适用须符合一定的条件。

二、应急性行政权力行使的条件

这类行政权力的行使应符合以下几个条件：

（一）存在明确无误的紧急危险

这是动用应急性行政手段的前提。在社会生活和行政事务管理活动中，有时必然会出现一些超出预想的紧急情况或危险。在此类事务的处理中，行政机关的反应一般是最为快捷、迅速和有效的。但由于法律授权不及时，就会产生法律与行政行为的冲突，因而作出这种规定实属必要。

（二）非法定机关行使了紧急权力，事后应由有权机关予以确认

在实践中，为了将各种突发事件的危害性减到最小程度，应该允许非法定机关在法律限定的范围内，行使行政紧急权力对事件进行制止和处理。为了防止该项权力被滥用，所以在实施当时无须授权，但事后则必须由有权机关予以确认，方为有效行政行为。

（三）行政机关作出应急行为应受有权机关的监督

不受制约的权力易滋生腐败。从现代社会管理效能的要求来说，对于管理范围最为宽广、权限最为集中的国家行政机关，其权力更应受到监督和制约。行政机关作出应急行为，这是法律赋予的权力，这一点不容置疑。但这种权力不允许拓展得无所限制，在具体的社会事务中，一方面我们要保障行政机关在处理紧急事务时不能受到不应有的束缚，使其能够以最快捷、最有效的方式，争取最有利的结果；另一方面，对于这种应急权力的动用也必须要以有效监督部门的工作来进行制约。只有这样，才能既体现出行政效率，又体现出法律的权威和尊严。

（四）应急权力的行使应该适当，应将负面损害的程度控制在最小范围内

在特殊情况下，这项要求可以适当放宽。但将负面损害的程度控制在最小范围内这一基本要求，还是必须要坚持的。这是因为行政应急权力在行使时，由于当时环境和主客观条件的限制，要求行政主体对这项权力的行使程度，保持理智的分析和把握，是不太现实的。也正因为如此，一旦造成不应有的损害时，就会对行政机关的权威和威信造成极大的影响；同时也会对今后行政机关

的行政效能，产生不应有的影响。所以在行使该项权力时，应当对行使力度实行严格的控制，如果显然超越了限度标准而造成了较严重的后果，必要时行政主体应承担法律责任。

第二编　行政组织法

第三章　行政主体

第一节　行政主体的概念

一、行政主体的概念与特征

（一）行政主体的概念

行政主体是指享有国家赋予的行政权力，能以自己名义行使行政权，并能独立地承担因此而产生的相应法律责任的组织。从现代宪政体系来说，它主要是指国家行政机关，也就是指一个国家的统治阶级运用国家权力机关赋予的行政权力，管理国家行政事务的国家机关，简称政府。它是一个国家行使对内对外职能的主要机关，是国家机构的重要组成部分，是行政法最重要的主体形式。

国家行政机关是最主要的行政主体，是说行政主体不以行政机关为限，还包括依法律法规授权而获得行政权的组织。

（二）行政主体的法律特征

行政主体的法律特征应包括：

1. 享有国家行政权。行政机关是国家行政职能的主要承担者，行政机关行使行政职权是法律赋予的，因此其行政行为及行政职能的实施是合乎法律规定的。

行政机关的行政职权，主要由《宪法》和有关组织法以概括性和原则性规定的方式来确定的。例如，《宪法》第 89 条、第 90 条所确定的国务院及其各部、委的行政职权；《地方组织法》第 51 条确定的县以上地方各级政府的行政职权，第52条确定的乡、民族乡、镇人民政府的行政职权等。在实践中，由于行政机关的行政职能辐射面有限，因此，部分行政职能由法律法规授权组织行使。

2. 能够以自己的名义行使行政权。法律、法规在确定行政主体享有行政职权的前提下，还明确规定他们必须以自己的名义具体实施行政行为。

法律、法规确定行政主体必须以自己的名义实施行政行为，意味着行政主体以自己名义实施哪一种类和形式的行政行为，均由法律、法规确定。例如，根据《宪法》和有关组织法的规定，国务院，国务院所属各部、委和省、自治区、直辖市人民政府，省及自治区人民政府所在地的市人民政府，国务院批准的较大的市人民政府，可以实施行政创制行为，制定行政法规和规章。依职权的行政创制行为只能以上述政府的名义作出。如《治安管理处罚法》规定，治安管理处罚行为只能由县级以上公安机关（特殊情况下由其派出机构）以自己名义作出，而不能用县级以上公安机关内部机构（如处、科、室）的名义作出。法律法规授权组织虽然不属于行政机关，但由于法律法规授权而具有行政职能，因而这种行政行为也应当以该组织自己的名义实施。

3. 能独立承担行政法律责任。行政机关是国家行政职能的主要承担者和实施者，拥有相当大的权力。但是，国家的一切权力属于人民，因而保障行政相对人的合法权益又是行政机关必须履行的职责。因此，行政机关取得行政主体资格，就必须依法独立地承担相应的行政责任。不承担行政责任的行政组织，不能成为行政主体。由于行政授权组织是以自己的名义实施行政行为的，因此，该组织在获得行政主体资格的同时，也必须为其实施的行政行为承担法律确认的责任。

承担行政责任的方式，由法律、法规明确规定。例如，根据《行政复议法》、《行政诉讼法》的规定，行政机关承担行政责任的方式有：原具体行政行为被撤销或变更、限期履行职责或责令行政赔偿等。

同时具备上述三项法律要件，又符合组织要件要求的，才具有行政主体资格。但仅仅具有行政主体资格还不够，对于行政职能机构来说，还必须由法律对其予以职能授权，才具有行使行政职权的能力。例如，公安机关不能代行工商行政管理机关的职权和法律并未确定由其行使的职权。从理论上说，无行政主体资格而行使了行政职权，属于主体不合法；有行政主体资格而行使了其权限以外的行政职权，属于行政越权——除非是公务委托。

二、行政主体资格的取得、确认、变更和丧失

（一）行政主体资格的取得

行政主体依照宪法、政府组织法及相关法律法规的有关规定取得行政主体资格，一般具有以下特点：

1. 取得行政主体资格的法律依据是宪法和政府组织法及相关法律法规的有关规定（行政机关取得行政主体资格依宪法和政府组织法的规定取得，而被授权组织则依法律法规的规定取得）。

2. 取得行政主体资格的方式是国家权力机关或行政机关通过的有关决定。

3. 取得行政主体资格的对象是各级人民政府和县级以上各级人民政府所属的职能部门，以及由法律、法规授权的组织。

4. 所取得的行政职权主要由宪法和行政组织法确定。

（二）行政主体资格的确认

对行政主体资格的确认，一般采用以下方法：

1. 按行政职权确认。是否享有行政职权或享有的是内部行政职权还是外部行政职权，是确认行政主体或行政主体类型的标准。确定这种标准的方法在于核实行政职权的来源。对于职权主体，应该核实其职权的法律内容。

2. 按行为性质确认。这一方法对于确认行政机关的法律身份尤其重要。因为行政机关既可以成为行政主体，也可以成为民事主体，甚至还可以成为相对主体。其不同的身份取决于其行为的不同性质：行政机关实施行政行为时，属于行政主体；从事民事活动时，则成了机关法人。因此，确认行政机关的行政主体身份，在于看其行为是否属于行政行为。

3. 按时间确认。行政机关或法律法规授权组织提前行使行政职权或被撤销后继续行使职权，不享有行政主体资格。

（三）行政主体资格的变更

行政主体资格的变更，是指行政主体由于某种原因而使其出现分解或合并，从而发生行政主体资格的变更。其变更主要有以下两种情况：

1. 行政主体分解。行政主体分解就是由原来的一个行政机关分解为两个或两个以上的行政主体。例如，电子机械工业部，分解成机械工业部和电子工业部，由此形成了两个行政主体。

2. 行政主体合并。行政主体合并就是由原来的两个或两个以上的行政主

体合并为一个行政主体。例如，将原电子工业部、邮电部以及原广播电影电视部的部分机构合并成国家信息产业部，从而形成了一个新的行政主体。再如，上海浦东新区政府将原有的新闻出版、文化、教育、卫生、体育、民政等政府职能部门合并，只组建一个机构，即社会发展局。

行政主体资格的变更，无论出现上述哪种情况，原行政主体的行为仍然有效，但由变更后的新行政主体承受其权利义务。行政主体资格发生变更以后，如果引起行政诉讼，则由新行政主体担任被告。

（四）行政主体资格的丧失

行政主体资格的丧失是指行政机关的解散或撤销，以及法律、法规授权组织职权的丧失。在现代政府机构改革中，由有权机关以决定或命令的方式解散或撤销某行政机关，从而使其客观上失去了主体资格的现象，是很普遍和很普通的。原行政机关虽然丧失了原有的资格，但在其存在时（即享有资格期间）所实施的行政行为仍然有效，其后果由继续行使其职权的行政主体或撤销它的机关承受。

三、行政主体与相关概念的关系

（一）行政主体与行政法律关系主体

行政法律关系主体是指行政法律关系的参加者，即在各种具体的行政法律关系中依法享有权利和承担义务的当事人。

行政法律关系主体在行政行为中是具体的，包括特定的组织或个人，这就是说，参与任何行政法律关系的当事人都是具体的。譬如，工商局收缴某违法个体户的营业执照，在它们之间形成的这一具体的行政法律关系中，工商局和某个体户才是这一行政法律关系的主体，而不是所有的工商机关与所有的个体户。由此也不难看出，行政法律关系主体包括行使行政职权的行政主体和它的相对主体（又称为相对方或相对人）。

行政主体只是行政法律关系中行使行政职权的一方当事人，是相对于行政管理相对人而言的。只是构成行政法律关系主体的一部分。

（二）行政主体与行政机关

现代国家机构由权力机关、行政机关、军事机关、审判机关、检察机关等构成。在这一国家机构体系中，行政机关起着非常重要的作用。因为在当今世界，生产力迅速发展，政治、经济、军事、科学、文化等领域的事务十分繁杂，国际国内形势瞬息万变，如果没有高效能的行政体系去组织指挥，就无法保障国家的安全和社会的发展。

行政机关是最重要的也是主要的行政主体。其行政行为的实施直接体现了国家的行政职能。但行政机关不是行政主体的全部，其与行政主体的关系属于种属关系。毕竟行政主体还包括依法律和法规授权的组织。

（三）行政主体与被委托组织

在行政管理体系中，实施行政行为的主要是行政主体。但在实践的过程中，除行政主体外，实际承担并实施行政职能的还包括被委托的组织。

行政委托是指行政主体将其职权的一部分，依法委托给其他组织或个人来行使的法律行为。

行政委托都必须依法实施。因为被委托的组织或个人，不具有该项行政行为的行政主体资格，其实施行政行为只能以委托组织的名义进行，且法律后果由委托其实施行政行为的行政主体承担。

第二节　行政主体的职权与职责

一、行政主体的行政职权

行政职权是行政主体处理政务或实现政府功能的必要手段，是人民授予特定的行政主体依法享有的，对某一类或某一件行政事务，以特定的行为方式履行行政职责的权能或资格。或者说，是特定行政主体为实现行政职权本位的意志依法享有的资格或行使的必要手段。也可以说，行政主体的行政职权是行政主体实施国家行政管理行为的资格或权能。行政职权的依法取得和运用，以履行行政职责和实现政府功能为宗旨，是为履行职责提供的法律手段和保证。其主要包括如下内容：

（一）行政立法权

行政立法权，是指国家行政主体根据宪法和法律规定拥有制定和发布行政法规范的权力。立法权本来是国家立法机关的权力，行政机关只拥有执行权而无立法权。但在现代社会中，行政机关因具有广泛的职责，单靠立法机关的工作不仅不能满足行政机关履行其职责对法律的需要。而且某些行政管理部门的行业规则专业性和技术性要求都比较高，对于此类规范性文件由行政机关行使立法权更为合理。于是，法律便赋予行政机关以准立法权，即允许行政机关根据法律的原则、精神和法律的有关规定，制定相应的实施规范、解释性规范或创制性与补充性规范，用以调整各种行政关系，规范行政相对人的行为。行政机关的行政立法权为准立法权，它必须根据宪法和法律制定，而其内容不能与宪法和法律相抵触。

（二）行政决定权

行政决定权即国家行政主体依法对行政管理中的具体事件作出决定的权力。这是行政机关最基本的一项行政职权。对于行政机关来说，为了更好地履行法律赋予的行政职能，必须在相应职权范围内，对具体的相关事务及时、明确地作出处理决定。

（三）行政命令权

行政命令权即国家行政主体发布命令，依法要求特定的人或不特定的人实施一定行为或不得实施一定行为，或者依法命令相对方必须服从的权力。行政命令的形式是多种多样的，如通告、通令、布告、规定、通知、决定、命令和对特定相对人拟出的各种“责令”等。

（四）行政执行权

行政执行权是指行政主体实施行政管理，对涉及特定行政相对人权利、义务事项作出处理，或者对所发布的命令和所作出的决定予以执行的权力。其处理或执行的范围相当大，包括行政奖励、行政许可、行政征收、行政给付等。所以这项权力是履行行政职责中最经常、最广泛使用的一种行政权力。

（五）行政处罚权

行政处罚权是指行政主体在实施行政管理过程中，为了维护公共利益和社会秩序，保护公民、法人和其他组织的合法权益，对违反行政管理秩序的行政相对人依法给予制裁的权力。行政处罚权既是具有专项行政职能的行政主体必须拥有的权力，同时又是必须严格加以限制、规范和慎重行使的权力。其目的主要在于制裁违反行政管理秩序者，其主要形式包括警告、罚款、拘留、没收、暂扣或吊销执照等。

（六）行政强制执行权

行政强制执行权是指行政主体在实施行政管理过程中，对不依法履行行政义务的行政相对人采取人身的或财产的强制措施，迫使其履行相应的义务的权力，又称为行政强制权。它和行政处罚权一样，是具有专项行政职能的行政机关必须拥有的权力，但同时必须在法律上加以严格的限制和规范，行政机关在行使时也必须非常慎重，除非必要，否则一般不行使此权力，即使行使亦应限制在必要的限度之内，否则将很可能导致行政专制和对相对人合法权益的侵犯。行政强制执行权与行政处罚权的主要区别在于二者的目的和形式不同：行政处罚权的目的主要在于制裁违反行政管理秩序者，行政强制执行权的目的主要在于迫使不履行行政义务的人履行义务；行政处罚的手段主要为罚款、拘留、没收、吊扣证照等，行政强制执行权的形式主要为查封、扣押、冻结、划拨及对人身的强制措施，如扣留、约束等。

（七）行政司法权

行政司法权又称为行政裁决权，是指行政主体裁决争议、处理纠纷的权力。行政主体之所以拥有本属于人民法院管辖的权力，是因为面对越来越专业化也越来越复杂的各种社会问题，普通法院在处理这方面争议和纠纷时越来越困难和越来越感到不适应；而行政职能机关或组织由于长期管理这方面的事务，恰恰具有处理这类争议、纠纷的专门知识和专项技能。于是，法律赋予行政主体以准司法权，即允许行政主体在行政管理过程中裁决和处理与相应管理有关的民事、行政争议和纠纷。如有关商标、专利、医疗事故、交通事故、运输、劳动就业以及资源权属等方面的事务。行政主体在行政管理中，直接裁决和处理与此有关的争议、纠纷，显然有利于相应行政管理目标的实现。当然，为了保障公正和法治，行政主体的行政裁决行为通常还要受到司法审查的监督。

（八）行政监督权

行政监督权是行政主体为保证行政管理目标的实现，而对行政相对人遵守法律、法规、履行义务情况进行检查监督的权力，如消防管理机关对消防设施安全的监督，质量技术监督部门对产品质量的监督，此外还有审计监督、人事监督等。其主要形式包括检查、审查、统计、审计、检验、查验、鉴定、勘验等。行政监督权既是一种独立的权力，同时又是行政立法权、行政命令权、行政处罚权实现的保障。它也是行政执行权的重要补充。

二、行政主体的行政职责

政府的行政职责是指国家行政机关作为行政主体在享有和行使人民赋予的行政职权的同时依法必须忠实履行的特定义务。换言之，行政主体的行政职责是指行政主体依法享有的管理国家行政事务的行政职权及行使行政职权管理国家行政事务过程中所必须履行的法定义务。可见，政府的行政职责由政府的行政职权和政府的行政责任两项构成。政府的行政职责以行政职权的主动性运作为核心，以政府的行政责任为保障。行政职权是行政主体处理政务或实现政府功能的必要手段，是人民授予特定的行政机关依法享有的，对某一类或某一件行政事务，以特定的行为方式履行行政职责的权能或资格。行政责任即法律责任，是行政主体行使行政职权圆满完成工作——履行政府行政职责和实现政府功能的必然要求和保障。只有权力而无责任，则权力必将被滥用，只有责任而不赋予完成工作所必需的行政权力，则责任必将落空。政府要实现其保障公民权利和人民利益的目的，或实现其行政功能，就必须将政府职能具体落实到各类行政主体，并赋予其行政职权和明确其行政责任。政府的行政职权的能动作用是实现政府职能的决定力量，政府职能的成败则是受制于政府行政职权的运行机制，或者受政府的行政职权运行的目的性、自觉性或主动性制约。行政职权的依法取得和运用，都必须以履行行政职责和实现政府的行政功能为目的和落脚点，职责是第一位的，职权是由职责所决定的，是为履行职责提供的手段和保证。为了实现政府的行政功能，使行政主体充分履行行政职责，行政主体除了应正确行使前述的行政职权外，还应认真、勤勉地履行下列主要的行政责任或义务：

（一）依法执行职务

我国行政主体是为人民服务的，行政主体负有执行法律的义务。而这种义务从原则上讲，就是法律对行政主体自身所规定的职务要求。其内容也是具体的和具有针对性的。因而，一切行政主体在行政事务活动中都应严格地依法办事，不得推卸责任或义务。

（二）遵守权限规定

行政主体在行政管理活动中，由于法律所赋予的权力往往相当大，而法律在规定其权限范围时，一般又比较含糊。因而，行政主体在实施行政管理行为时，既有法律对其行为的肯定，又往往得不到控制。这就要求行政主体在保护公民和组织的合法权益，积极高效地为人民服务的前提下，严谨地恪守职责和法律权限规定，勇于承担法律责任，依法接受监督，及时、有效地纠正不当、违法行为和依法应诉，并依法承担赔偿、补偿的责任。

（三）符合法定目的

行政主体实施行政管理行为，其目的就在于维护国家安全与社会秩序稳定，保障、促进经济发展与文化进步，健全和发展社会保障与社会福利，保护和改善国民生活待遇与人类生态环境。这既是根本性的出发点，也是行政行为的终极目标。必须坚持在法定的内容要求和实施程序中实现这一目的。

（四）履行法定程序

行政管理行为应遵循程序法定、公正、效率等原则。因为行政管理程序也属于行政行为的形式，由行政行为的方式和步骤构成，所以也有严格的法律规定。对有关人员或组织的权利和义务，在程序上具有法定的内容的，一定要予以确定并落实。如对相对人而言，其所获得的由法律赋予的参与听证权、陈述申辩权、复议申请权等，应该得到法律的肯定和保护。

行政法律关系中的权利义务涉及社会公共利益，其权利义务之间具有渗透性的特点。对于国家行政机关来说，权力就是责任，国家行政机关及其公务员依法行使行政管理职能，既是其权利，又是其义务。这就要求对行政职责的履行，必须是在法律的监控之下进行。因而，行政职责的核心是“依法行政”。

第四章　国家行政机关

第一节　国家行政机关概述

一、国家行政机关的概念与特征

（一）国家行政机关的概念

国家行政机关，是指依照宪法和行政组织法的规定而设立的行使国家行政职权的国家机关。它是由国家权力机关产生的，是国家权力机关的执行机关，对权力机关负责，接受权力机关的监督。国家行政机关也叫国家管理机关，简称政府，是国家机关的重要组成部分，是最主要的行政主体。其具体含义如下：

1. 行政机关是国家机关，是由国家设立、代表国家行使国家职能的机关。这一点使它与政党、社会组织、团体相区别。政党，特别是执政党，虽然能对国家政治、经济的发展起重要的甚至是决定性的影响作用，但它们不是国家机关。社会组织、团体虽然经法律、法规授权也可以行使一定的国家行政职权，但它们不是由国家设置的专门代表国家行使国家职能的，所以也不属于国家机关。

2. 行政机关是行使国家行政职能的国家机关。这一点使它与立法机关、司法机关相区别。立法机关、司法机关虽然也都是国家机关，但立法机关行使的是国家立法职能，司法机关行使的是国家司法职能（国家审判职能和检察职能），而行政机关行使的是行政职能，即执行法律，管理国家内政、外交事务的职能。

3. 行政机关是依宪法和行政组织法的规定而设置的行使国家行政职能的国家机关。这一点使它与法律、法规授权的组织区别开来。法律、法规授权的组织不是依宪法和行政组织法设置的，它们行使一定的职权是基于法律、法规的授权。因此，行政机关是固定的、基本的行政主体，而法律、法规授权的组织只有在行使其所被授予的职权时才具有行政主体的地位。

行政机关与行政组织是既有联系又有区别的两个概念。有机关必有其组织结构，从这个意义上说行政机关也是行政组织。但行政法上的行政组织是有特定含义的。它有时指一切行政机关、行政机构的综合，是行政机关体系的总称；有时则指各个行政机关本身的构成。

行政机关与行政机构也是既有联系又有区别的两个概念。从法理上讲，构成各行政机关的内部各单位称为行政机构；而综合各内部行政单位的整体才称为行政机关。行政法上讲的行政机关必须是具有法人资格，能独立行使行政职权，独立承担其行为所带来的法律后果的行政实体。

（二）国家行政机关的特征

1. 国家行政机关是具有国家强制性质的社会组织。它以国家暴力为后盾，是为实现统治阶级的意志和完成统治阶级的国家任务而组织起来的。与其他组织相比，国家行政机关具有高度的权威性。在其管辖范围内的任何组织和公民都必须服从其管理。

2. 国家行政机关是具有较强的执行色彩的组织。在我国的宪法体制下，行政机关是权力机关的执行机关。行政机关在其职权范围内制定规范性文件或采取具体行政措施的行为，均属执行性行为。

3. 行政机关在组织体系上实行隶属制，即上级行政机关领导下级行政机关，下级行政机关从属于上级行政机关，下级行政机关向上级行政机关负责并报告工作。

4. 行政机关在决策体制上实行首长负责制。行政机关由于代表国家直接对公民、法人或其他组织实施管理，特别要求权限清楚、责任明确，故在行政决策上实行首长负责制，也即是行政首长全面领导本行政机关的工作，对本行政机关的事务有最后决定权，对本行政机关的工作负全部责任。

5. 行政机关行使行政职能通常是主动的、不间断的。行政机关由于行使的是国家社会、经济、文化的组织管理职能，包括保障国家安全、维护社会秩序、发展社会经济和福利等，故其职能必须连续而不间断地主动地行使。虽然行政机关有些行政职能的行使是应相对人的请求进行的，如颁发执照或许可证，但这只是行政职能的一小部分。这与司法机关和立法机关的职能行为是有明显区别的。

二、国家行政机关的分类

根据不同的标准，对国家行政机关可以作不同的分类：

（一）中央行政机关与地方行政机关

这是根据行政机关所辖的区域范围的不同来划分的。活动范围涉及全国的行政机关是中央行政机关。我国的最高行政机关是中华人民共和国国务院，即中央人民政府。中央行政机关包括国务院、国务院各部委、国务院直属机构和国务院办事机构。活动范围及于国家一定地域范围的行政机关叫地方行政机关，即地方各级人民政府。地方行政机关由地方各级人民政府及其工作部门组成。

（二）一般权限行政机关与专门权限行政机关

这是根据行政机关的工作权限来划分的。一般权限的行政机关的权限是全方位的，涉及各个行政领域和各种行政事务，它的职权是由宪法和有关基本法律规定，在所管辖的行政区域内统一领导所辖各行政机关的工作，其活动带有全面性和综合性，如各级人民政府。专门权限的行政机关是指在一般权限的行政机关领导下的行政机关，其职权由法律和行政法规加以规定，其行政活动带有一定的局限性和专门性，仅涉及特定的行政领域和特定的行政事务，如国务院各部委和地方各级人民政府工作部门。

（三）职能性行政机关与专业性行政机关

这是根据行政机关管理的客体和内容的不同划分的。职能性行政机关管理的客体和内容是综合性的、跨部门的、跨行业的，如工商、税务、财政及审计等行政机关。专业性行政机关管理的客体和内容是专门性、部门性、行业性的，如电子、机械、石油、矿产等行政管理机关。

（四）决策机关、执行机关、辅助机关、咨询机关和监督机关

这是根据行政管理活动的环节来划分的。决策机关是指在行政活动中作出决定、制定规则、发布命令的行政机关，如各级人民政府。执行机关是相对于决策机关而言的，指在行政系统中负责贯彻执行决策、决定的行政机关，如国务院各部委和地方政府工作部门。辅助机关是指行政机关中的办公机构，如国务院办公厅。咨询机关是指为决策机关提供意见和建议的机关，如国务院参事室。监督机关是指对整个行政机关及其工作人员、其他行政主体遵守和执行法制情况进行监督检查的行政机关，如审计、监察部门。

（五）专门执法行政机关与普通管理机关

根据行政机关行使职能适用法律的情况以及与行政管理相对人的关系划分。专门执法行政机关通常直接与行政管理相对人打交道，直接适用法律、法规、规章对行政管理相对人作出具体行政行为，如公安、工商、税务等行政机关。普通管理行政机关通常不直接与行政管理相对人打交道，其行使行政职权通常依行政从属关系而不直接适用法律、法规、规章，如人事、财政、计划等行政机关。

（六）外部管理行政机关与内部管理行政机关

这是根据行政机关管理的对象划分的。外部管理行政机关管理的对象是作为行政管理相对人的公民、法人或其他社会组织，如公安、工商、海关等行政机关。内部管理行政机关管理的对象是行政机关内部机构及人员，如办公厅、研究室、编制委员会、人事等行政机关。

另外，根据不同标准还可以划分为实体行政机关与派出机关、常设机关与临时机关、农业、林业、工业、电力、交通、文教、卫生、体育等行政机关。

第二节　国家行政机关的设置原则

我国行政机关的设置原则，尚无法律明确规定。根据行政机关本身的性质、职能及作用，可以考虑遵循以下原则：

一、职能优先原则

职能优先原则，是指在行政机关设置或改革时，首先要明确该行政机关的职能，以职能为依据设置或改革政府机关及其工作部门。它有四层意思：

1. 职能是机构存在的前提。要“因职能而设置机构”，而不是“因机构而设职能”，没有明确职能的机构是不应存在的。

2. 科学界定行政机关的总体职能。行政机关在社会组织系统中处于很高的法律地位，但它不能包揽一切社会事务，而主要担负管理国家和社会公共事务的职责。因此，要明确区分行政机关与其他社会组织的不同，科学界定行政机关的总体职能。

3. 科学配置和划分政府职能。行政机关的总体职能确定后，还要进行合理配置和划分，才能最终完成机构设置。对职能纵向分解，由中央政府与地方政府分别来承担；对职能横向分解，由一级政府不同的工作部门来承担。这样，就构成了政府机构之间纵横交错的职能网络。

4. 以政府职能是否顺利实现来检验政府机构设置的合理性。判断行政机关设置是否合理，关键要看政府职能是否得到了有效发挥。

二、完整统一原则

完整统一原则是指一定行政区域内的政府机关要形成统一的整体，即设置某一级政府及其工作部门不能仅仅从本地区、本部门的利益出发，不能任意设置、随意升格，更不能各行其是，而应该是职能统一、权力统一、机构设置统一。

三、管理幅度与管理层次相适应原则

管理幅度是指横向直接管辖的人员或机构的范围或数额。管理层次是指纵向管辖的层级数额。管理幅度与管理层次之间并没有固定的比例关系，而是应该注意它们之间的相关性，即在管理对象和管理内容不变的情况下，管理幅度与管理层次成反比；管理幅度与管理事务的难易程度成反比；管理幅度与管理者的能力、管理手段的先进程度及所属人员的工作能力和水平成正比；管理层次与行政组织的工作效率成反比。因此，设置行政机关时，管理幅度与管理层次要相适宜，从而保证行政机关工作效率的提高。

四、权责一致原则

权责一致原则是指在行政机关的设置中，要使行政机关的职权与职责相称、平衡，即设置行政机关各机构时，职数体系要合理，做到“各就其位、各司其职”；明确各部门之间的职责权限，建立责权相称的制约机制；做到奖惩（或赏罚）分明，激励和促进政府机关及其工作人员积极有效地履行职责。

五、精简与高效原则

精简是说政府机构设置要精简，防止机构设置膨胀、部门林立、职能重叠；人员编制要精干，实行定员定编，防止人浮于事，注重公务员的综合能力与素质；办事程序要简化，避免手续繁多、文山会海。

高效，就是用最少的时间来完成最多的工作，以最少的成本消耗获取最大的效益。

精简与高效相互统一。政府机构只有精简，才能达到高效；只要政府工作高效，机构必然精简。

六、依法设置原则

行政机关肩负着管理国家行政事务的职能，它本身成立的合法与否，将直接影响其地位和作用。为保证行政管理的权威性、统一性和规范性，发挥其固有的功能，行政机关的设置必须依法律规定进行，即必须依照法定程序，由有权机关在其职权范围内设置、变更或撤销，否则是不合法的。另外，有关行政机关的各项内容也要由法律来加以确定。其中包括其性质、名称、职责、级别、编制及隶属关系等，都要依法律规定进行。

要真正做到行政机关的依法设置，就必须建立健全有关行政组织法律规范。只有用法律手段来严格管理机构设置，才能克服随意设置、变动频繁和机构臃肿、重叠等现象。

第三节　国家行政机关的法律调整

一、法律调整的含义

国家行政机关的法律调整，主要是指通过建立和健全行政机关组织法体系，实现对行政机关的性质、任务、地位、职责、活动原则、组成及其编制等进行全面规范和调整，即通过行政组织法规范，将行政机关的性质、任务、地位、职责、活动原则、组成和编制等固定下来，使国家行政机关的管理活动在一切主要方面有法可依，严格依照法律办事。对此，着重强调两点：

（一）要使行政机关组织方面的立法系统化

行政机关是由不同层次、级别的机构组织而成的，形成了若干个子系统。不同层次和级别的机构各有不同的任务和职责，需要由法律规范加以规定。与行政机关的层次和级别相适应，行政组织法也应由不同层次和级别的行政机关组织法所组成，形成一个行政机关组织法体系，即形成一个由国务院组织法、国务院各部委及直属机构组织法、地方各级人民政府组织法及其条例组成的行政法律法规体系。

（二）要健全组织法中的编制法规

编制法规在规定行政机关组织机构、人员定额和内部结构方面起着不可替代的作用。对于国家行政机关的稳定与精简，保证行政工作效率的提高方面，具有重要意义。编制管理是行政管理的基础之一，是根据国家、社会及经济发展情况与政治体制和行政管理的科学化程度，通过运用技术手段综合分析，以确定国家各类法定组织的职能范围、职责权限、机构设置和人员配备，并进行调整和控制，实现国家行政管理系统的精简、统一和高效。

二、法律调整的基本内容

法律调整的基本内容，也就是行政机关组织法所应包含的基本内容。

（一）法律依据

任何法律规范的产生都应该有其制定的依据，行政组织法也不例外。行政组织法首先应明确该法是依据什么法律制定的。有无法律依据是决定行政组织法是否合法的条件之一。如《国务院组织法》第1条规定："根据中华人民共和国宪法有关国务院的规定，制定本法。"此外，还应写明制定和批准组织法的机关。

（二）隶属关系

行政机关之间存在着领导与被领导及相互间的权责关系。这种领导关系与权责关系是进行行政管理的重要环节，行政组织法应对此作出明确规定。我国目前行政机关之间有以下几种常见的隶属关系：

1. 领导关系。这种关系一般出现于不同层级的政府机构之间，其主要特征是上级政府机构有权对下级政府机构下达各种指示或命令，下级必须全面遵守。如上级人民政府对于下级人民政府、各级人民政府对于其所属部门、国务院对于各级人民政府，都是领导关系。在领导关系中，有的是双重领导关系，有的是垂直领导关系。双重领导关系是说某一行政机关同时接受两个（或更多个）上级行政机关的领导，如公安机关既受本级人民政府的领导，同时又必须服从上级公安机关的命令；垂直领导关系是由于上下级行政机关之间业务关系极为密切，采取直接组织与指挥的形式，业务方面不受所在地人民政府的领导，权力相对集中的管理方式，即通常所说的"条块结合，以条为主"，如民航、海关和铁路系统。

2. 指导关系。这种关系一般出现于上下级政府主管同一类业务的职能机构之间，其主要特征是上级政府机构有权就某一方面的业务作出政策性的指示，或对某一具体化事务发表指导性意见，但这些指示性意见对下级政府机构一般没有完全的约束力，下级政府机构有权依自己的情况决定是否遵从，如国家劳动部对于省劳动厅、国家体委对于省体委、国家科委对于省科委、市民政局对于区民政局等都属于指导关系。

3. 协调关系。这种关系一般出现于本级政府的不同部门之间，其主要特征是行使协调权的行政机关在与有关方面协商的基础上，有权就某些政策问题或具体事项作出决定，该决定对有关部门有一定的约束力。各级政府中存在的所谓“归口管理”关系，就是一种典型的协调关系，如市建委负责协调规划局、园林局、市政局、事业局、房管局等政府部门之间的关系，各局工作中需请示上级的问题，首先由市建委协调。

（三）职责权限

明确划分或界定行政机关的主管事项（行政职责）、行使权力的范围（行政权限），是行政管理最基本的原则之一。只有规定了明确的、与其他机关不同的职责权限，行政机关才能独立并有效地开展工作。职责不清或职责交叉，必然导致管理混乱或机构臃肿。对此，行政组织法可以采用概括、列举及折中方式加以规定。

（四）机构设置

机构设置是指行政机关内部各机构如何配备和安置。对行政机关内部机构如何设置是行政组织法必须作出明确规定的内容之一。不得因长官意志而任意增减机构，严格依法设置，防止机构臃肿。

（五）任职期限

行政机关组织法对行政长官任职期限应有明确的规定，不能过长，也不宜过短。任期过长易形成“关系网”，不利于发扬民主；任期过短将导致对其所管的事务和工作环境尚未充分熟悉就频繁调换，而不利于开展工作。因此，在行政机关组织法中规定合适的任期，是完全必要的。

（六）人员编制

人员编制是指行政机关的人员定额及人员结构。人员定额是有数量限制的，人员结构是讲各类人员的合理比例，包括文化程度、专业水平及年龄等方面的结构比例。人员定额和合理结构是行政机关开展活动的基本条件，也是任用国家工作人员的依据。

另外，对行政机关的性质、设置程序、经费来源、活动原则和制度、副职设置、法律责任、生效条件等都应该作出明确规定。

第四节 国家行政机关的体制与改革

一、国家行政机关的体制

国家行政机关的体制，是根据现实社会的政治、经济发展的需要，通过法定程序，将行政机关中各层次、各部门之间的行政关系制度化的表现形式。它是保证国家行政管理整体效能的一个中心环节。一般说来，有以下几种形式：

（一）首长制、委员会制与混合制

按照国家行政机关的职权是由行政首长一人或由委员数人行使，还是一部分职权由行政首长一人行使，一部分职权由委员数人行使，这是根据最后决策责任不同而划分的。

首长制是指政府组织法定的最高行政决策权、指挥权由行政首长一人执掌，对所管辖领域内行政事务统一领导，并全权负责的体制。实行行政首长负责的，行政首长对各种事务拥有最后决定权。在责任关系上，行政首长个人对决策承担一切后果。而委员会制是指行政组织的最高行政决策权、指挥权由两个或两个以上的人员组成委员会共同执掌的体制。委员会成员的权力平等，最高决策权属于全体委员会。在责任关系上，委员会的每一位成员对最终决定均负有共同责任，对集体决定不承担个人责任。混合制是指一个行政组织职权的行使，其中一部分须经由委员会决议，另一部分则由行政首长负责抉择的体制。

实行首长负责制，可以做到职权集中、责任明确、行动迅速、效率较高、便于建立强有力的行政指挥系统。但也容易导致个人专断、权力滥用与决策的非理性。实行委员会制可以做到集思广益、考虑周密、分工合作、集体负责、便于发挥集体的智慧和力量。但其缺点在于工作不灵活，决策过程缓慢，甚至在某种情况下流于空谈、议而不决、无人负责。混合制能够兼容首长制与委员会制的长处。

（二）层级制、职能制及并用制

这是按照国家行政机关业务性质及管辖范围不同来划分的。层级制又叫层次制、分级制，是指政府组织纵向分为若干层次，每个层次所管业务性质相同，各对其上层负责，但其管辖范围随层级下降而缩小的体制，如从国务院到省、县、乡等各级人民政府就是一种层级制。职能制又叫分职制，是指政府组织（同一层次行政机关内）平行划分为若干部门，每个部门所管业务内容不同，但所辖范围大体相同的体制，如省政府设若干厅、局、委，这些部门地位平等，工作内容各异。并用制是指在规模庞大、业务繁重的国家行政机关内，将层级制运用于行政性强的业务领域，将职能制运用于专业性强的业务领域的并用体制。

采用层级制，便于统一指挥、统一行动。但各级行政首长管辖事务过多，责重事繁，难以处处精通、事事胜任。而职能制的优点在于合理分工，相互配合，使行政首长不至独任其劳，可提高工作效率。但分工过细，易造成部门林立、工作重复、相互掣肘。采用并用制则以层级制为基础，在每一层次又设若干职能部门，每个职能部门又由若干单位组成，在于发挥前两种体制的长处。

（三）集权制、分权制与均权制

集权制、分权制与均权制是按照国家行政机关上下级之间所享有的决策、指挥及监督职权的大小来划分的。

集权制是指行政权力集中于上级行政机关，下级机关没有自主权，一切均需按照上级机关的指示去办的体制。分权制指下级机关在其管辖范围内有自主决定权，上级机关对下级机关在权限范围内决定的事项不加干预的体制。而均权制是指上下级机关的职权配置既不过分偏于集权，也不过分偏于分权，力图保持其平衡状态的体制。

采取集权制有利于政令统一，力量集中，标准一致，指挥灵便。但是权力过分集中，将会导致行政管理缺乏弹性，不能因地制宜，束缚了下级机关的主动性和积极性。采取分权制可以使行政管理具有弹性，易做到因地制宜。但过度分权，下级机关各行其是，政令难于统一，影响行政管理的整体效能。均权制则可能消除集权制和分权制的弊端，发挥二者的优势。

另外，还可以分为完整制与分离制等不同的体制形式。

二、政府机构的改革

（一）政府机构改革的动因

改革开放以来，我国政府机构已经历了四次改革。尽管如此，但政府机构中职责不清、层次重叠、人浮于事、效率低下、脱离群众、贪污腐败等现象仍十分严重，所有这些问题都有待于从各方面进一步加深改革。政府机构改革是社会发展的需要，也是历史的必然。

1. 经济体制改革的需要。经济基础决定上层建筑，上层建筑必须适应经济基础。经济体制改革的方案和途径决定了政府机构改革的力度和进程，通过对政府机构、职能及人员的调整，进一步推动经济体制改革，促进社会经济发展。

2. 政治体制改革的需要。行政体制改革是经济体制与政治体制改革的“结合部”，政府机构改革将进一步下放权力、改革用人制度、加强民主法制建设，为全面实现政治体制改革奠定基础。

3. 精简机构和人员的需要。机构庞大、人浮于事，是官僚主义作风滋生蔓延的温床。治愈这一顽疾的方式之一就是机构改革，精简机构和人员。

4. 减轻财政负担的需要。财政为政府的活动提供了必要的物质保障。政府维持自身运转的开支占财政支出的比例必须控制在合理的限度内，超出这一限度，不仅会增加财政负担，而且影响行政效率的提高。

5. 提高行政效率的需要。提高行政效率的方式和手段有许多，但机构改革是一条重要途径。通过机构改革，理顺关系，完善行政运行机制，是提高行政效率的最有效方式。

（二）我国政府机构改革的几个阶段

我国政府机构改革过程是一个渐进的过程，是根据经济体制改革的发展阶段进行调整和改革的。每一个阶段都有其突出的特点。

1. 1982 年机构改革。这次政府机构改革解决两个突出问题：一是干部的“四化”问题；二是实行行政首长负责制，并将这一原则写入宪法。

2. 1988 年机构改革。这次政府机构改革仍是解决两个问题：一是提出转变政府职能，并把职能转变作为政府机构改革的关键；二是提出政企分开、党政分开、理顺关系。

3. 1993 年机构改革。这次改革有所突破。一是在提出建立社会主义市场经济的背景下，把适应社会主义市场经济体制作为政府机构改革的目标；二是强调了转变职能的根本途径是政企分开；三是提出了行政管理体制改革的命题，扩大了政府机构改革的内涵。

4. 1998 年机构改革。此次改革是在建立与完善社会主义市场经济的过程中进行的，贯彻了“既要积极，又要稳妥”的方针。改革的目标是：建立办事高效、运转协调、行为规范的行政管理体制，完善国家公务员制度，建设高素质的专业化行政管理干部队伍，逐步建立适应社会主义市场经济体制的有中国特色的行政管理体制。

此次政府机构改革取得了显著成效。一是加大了精简力度，国务院组成部门由改革前的 40 个减到 29 个，部门内设机构减少 1/4，人员编制精简一半；二是政府职能转变取得了实际成效，仅国务院各部门转交给企业、社会及下放的职能达200多项，简化了办事的审批程序；三是部门之间职能分工更趋合理，部门之间移转的职能有100多项，部门之间扯皮问题得到一定程度的遏制；四是解决了部分长期存在的体制不顺的难题，如金融监管、药品监督、工商管理、质量监督体制等。

（三）政府机构改革的内容

政府机构改革的内容主要体现在以下几个方面：

1. 转变职能。转变职能是指国家行政机关在一定时期内，根据国家和社会发展的需要，对其职能的范围、内容及方式的转移与分化，如政府权力结构的外部转移、系统内部职能的重新配置、系统内部机构的重新设置及职能行使方式的转变（用法律手段、经济手段实行宏观调控、间接管理）。

2. 理顺关系。理顺关系是指理顺中央政府与地方政府之间、不同层次的地方政府之间、同一政府的不同工作部门之间、不同层次的政府的相同业务部门之间、党政之间及政府与企事业单位、社会中介组织之间的关系。重点是政府与企业、事业单位之间的关系。

3. 精兵简政。精兵简政是指国家行政机关人员编制要少而精，机构设置要简便、层次分明。其主要体现为：合理、科学地配置政府机构职能，精简内部机构、精简人员，即实行定职能、定机构、定编制的“三定”，统筹安排，科学组织。

4. 提高效率。提高效率是各国政府行政管理追求的目标，也是我国进行行政管理体制和机构改革的出发点和落脚点。换句话说，进行行政管理体制和机构改革的最终目的，就是为了提高政府的行政效率。

5. 加强监督。加强对行政的监督是提高工作效率、改善工作作风、克服政府腐败的有效方式之一。在政府机构改革过程中，要努力完善内部监督机制，加大监督力度，制约和限制行政权力，防止滥用行政权力，克服政府腐败和官僚作风，为实现改革的目标和提高政府工作效率提供有力的保障。

第五节　我国现行人民政府的架构

一、中央人民政府

中华人民共和国国务院，即中央人民政府，是最高国家权力机关的执行机关，也是最高国家行政机关。

（一）国务院的组织体制

1. 国务院组成人员。国务院由总理、副总理、国务委员、各部部长、各委员会主任、审计长、秘书长及中国人民银行行长组成。

2. 国务院组成人员的任期。国务院组成人员的任期同全国人民代表大会，每届任期为 5 年；总理、副总理、国务委员连续任职不得超过两届。

3. 国务院领导体制。国务院实行总理负责制，总理领导国务院的工作，副总理、国务委员协助总理工作。

4. 会议制度。国务院实行全体会议、常务会议和总理办公会议制度。国务院全体会议由国务院全体组成人员组成，国务院常务会议由总理、副总理、国务委员和秘书长组成。总理召集和主持国务院全体会议和国务院常务会议。国务院工作中的重大问题，必须经国务院常务会议或国务院全体会议讨论决定。国务院办公会议是指国务院为推动或解决某方面的工作而召开的会议，由总理、副总理或者国务委员主持。

根据《宪法》和《国务院组织法》的有关规定，从行政主体行使职权角度讲，国务院拥有制定行政法规权、发布决定和命令权、领导各级国家行政机关权、领导和管理全国各项行政工作权、国家最高权力机关授予的其他职权，具有行政主体资格。

（二）国务院的组织架构

1. 国务院的组成部门。国务院由各部、各委员会、审计署、中国人民银行等 28 个部门和国务院办公厅组成。国务院的行政职能主要由国务院的组成部门承担，该类部门依法对某一方面的行政事务具有全国范围的管辖权。在法定的职权范围内，就自己所管辖的事项，有权以自己的名义实施行政行为，并承担由此产生的责任。各部设部长 1 人、副部长 2 ~4 人，各委员会设主任 1 人、副主任 2 ~4 人。国务院各组成部门由部长、委员会主任、审计长、秘书长及中国人民银行行长负责本部门工作。国务院组成部门的设立、撤销或合并须经国务院常务会议讨论通过后，由国务院总理提交全国人民代表大会或其常务委员会决定。国务院各组成部门均具有独立的行政主体资格。

国务院各组成部门在行政法上的职权主要有制定部门规章权和本部门所辖事务的管理权。

2. 国务院的直属机构。国务院各直属机构直接隶属于国务院，具有独立行政管理职能，负责和管理专业性强，又不便于由各部（委）管理的行政事务。其地位比各部及各委员会低，但又不同于办事机构，依组织法成立时就取得了独立的法律地位。国务院直属机构包括海关总署、国家税务总局、国家工商行政管理总局、国家民航总局、新闻出版总署等。该类机构的设立、撤销或合并，不需经全国人民代表大会或其常务委员会决定，由国务院本着工作需要和精简的原则自行决定。直属机构的行政首长不是国务院组成人员。直属机构具有行政主体资格。

国务院直属机构的职权主要有制定规章权和行政事务处理权等。

3. 国务院办事机构。国务院办事机构是根据国务院工作需要设立的协助总理办理专门事务的工作机构。办事机构不具有独立的行政管理职能，一般不独立发布文件，主要起助手作用，不具有行政主体资格（国务院办公厅因具有国务院组成部门和办事机构的双重身份，国务院办公厅具有独立行政主体资格）。国务院办事机构包括国务院港澳事务办公室、国务院侨务办公室、国务院法制办公室、国务院研究室。该类机构的设立、撤销或合并程序与直属机构相同。

4. 国务院组成部门管理的机构。国务院组成部门管理的机构亦称“部委管理的国家局”，是国务院依照组织法所规定的权限和根据行政事务的需要设立的行政主管职能部门。因其行政事务与一定的部、委的职能有联系，便由相应的部或委对其行使行政领导权和职能主管权，属于职能主管机关，主管特定事务。它不是国务院组成部门的内设司、局，具有相对的独立性。国家信访局由国务院办公厅管理；粮食储备局和烟草专卖局由国家发展和改革委员会管理；国家外国专家局由人事部管理；国家文物局由文化部管理；外汇管理局由中国人民银行管理等。其设立、撤销或合并程序与直属机构相同。该类机构具有独立法律地位和行政主体资格。

5. 国务院议事协调机构。该类机构属于非常设机构，主要承担跨国务院行政机构的重要业务工作的组织协调任务。这一机构一般由国务院领导或国务院有关部门领导组成，不单独设办事机构。如国家防汛抗旱指挥部、国务院学位委员会、全国爱国卫生运动委员会、国务院西部地区开发领导小组、国务院行政审批制度改革工作领导小组等。这类机构不属于国务院行政机构序列，一般不能以自己的名义实施具体行政行为，没有独立的行政执法权（除法律法规特别授权外）。

二、地方各级人民政府

依照《宪法》和《地方组织法》的有关规定，地方各级人民政府是各级地方相应权力机关的执行机关，是地方各级国家行政机关。

（一）地方各级人民政府的基本情况

1. 我国地方各级人民政府具有双重性质。各级地方人民政府既是同级权力机关的执行机关，又是地方各级国家行政机关；既要对同级国家权力机关负责并报告工作、接受其监督，又要对上一级国家行政机关负责并报告工作、受其监督，服从国务院的统一领导。但上述双重性并不影响其行政主体资格。地方各级人民政府负责组织和管理本行政区域内的一切行政事务。

2. 地方各级人民政府的设置。我国地方各级人民政府按照行政区域一般可划分为省（自治区、直辖市）、县（自治县、县级市、市辖区）、乡（民族乡、镇）三级。在某些地方，省级地方人民政府与县级地方人民政府之间还设有一级地方人民政府，即自治州人民政府、设区的市和市管县的市人民政府，这些地方的人民政府为四级而不是三级。除乡（民族乡、镇）的人民政府原则上不设工作部门外，其他地方各级人民政府均设置若干工作部门。

3. 地方各级人民政府组成人员的产生与任期。除乡级人民政府组成人员由本级人民代表大会产生外，其他地方各级人民政府组成人员均由同级人民代表大会或常务委员会产生。地方各级人民政府组成人员的任期为5年。

4. 地方各级人民政府的组成及领导体制。我国地方各级人民政府由正、副职行政首长和政府工作部门负责人组成，省、州级地方人民政府组成人员包括秘书长。乡（民族乡、镇）人民政府则只设乡（镇）长、副乡（镇）长，而不设专门工作部门。地方人民政府均实行首长负责制，即实行省长、自治区主席、市长、州长、县长、区长、乡长、镇长负责制。

（二）地方政府工作部门、垂直管理部门及派出机关

1. 地方政府工作部门。地方各级人民政府工作部门隶属于该级地方人民政府，接受本级人民政府的统一领导和上级业务主管部门的指导。其设立、变更或合并由本级政府报请上一级人民政府批准，并报本级人大常委会备案。

地方政府工作部门，在职权范围内依法享有作出抽象行政行为和具体行政行为的主体资格。

2. 垂直管理部门。它是设在地方由上级业务主管部门领导的政府机构，其工作业务、人事任免、经费拨付，均由上级业务主管部门决定。垂直部门的职能具有专属性、执法性、监督性等特征。实行省政府业务主管部门垂直管理的机构有地方税务、工商管理、技术监督等系统。该类机构具有行政主体资格。

3. 派出机关。派出机关是县级以上地方人民政府在一定区域内设置的代

表机关。其中包括省、自治区人民政府派出的地区行政公署，县、自治县人民政府派出的区公所，市辖区、不设区的市人民政府派出的街道办事处。这些派出机关不是一级人民政府，只代表派出它的人民政府管理、监督、指导所辖区域内的行政事务，并以自己的名义作出行政行为和对行政后果承担法律责任。派出机关具有行政主体资格。

派出机关不同于派出机构。派出机构是地方人民政府工作部门根据工作需要派出的代理机构。如公安派出所、税务所、工商所等。派出机构能否以自己的名义执法，取决于有无法律法规的授权。有授权的则取得了行政主体资格，如公安派出所对违反治安管理处罚法的公民处以500元以下的罚款，税务所对个体工商户及未取得营业执照从事生产经营活动的单位或个人处以1 000元以下的罚款时，具有行政主体资格。无法律法规授权的派出机构则不具有行政主体资格。

三、特别行政区

特别行政区是指在我国版图内，依据宪法和法律的规定而设立的具有特殊法律地位，实行特别的社会政治和经济制度的行政区域。它既不同于普通行政区单位和民族自治地方，也不同于实行特殊政策的经济特区。

我国《宪法》第31条规定："国家在必要时得设立特别行政区，在特别行政区内实行的制度按照具体情况由全国人民代表大会以法律规定。"根据《宪法》的上述规定，我国已于1997年7月1日设立香港特别行政区、于1999年12月20日设立澳门特别行政区。全国人民代表大会先后为此专门制定了《香港特别行政区基本法》和《澳门特别行政区基本法》。

特别行政区是中华人民共和国的一级地方政权，直接隶属于中央人民政府。享有高度的自治权，包括行政管理权、立法权、独立的司法权和终审权以及自行处理有关对外事务的权力。特别行政区具有独立的行政主体资格。

特别行政区实行行政首长负责制。行政长官领导特别行政区政府工作。

第六节　政府职能及其转变

一、政府职能

政府职能是指政府在管理经济和社会生活中的基本职责和功能，是政府行政职责和行政功能的统一体。或者说，政府职能是指政府组织在一定时期内根据国家和社会发展的需要应该承受的职责和功能，它所涉及的是政府组织在这一时期应该做什么，应该怎样去做的问题。

人民赋予行政机关什么样的行政职权也就必然要求行政机关必须忠实地履行其相应的行政职责。人民之所以赋予行政机关一定的行政职权，也就是为了使其能够有条件履行相应的行政职责，以保障和实现人民权利和人民利益。政府行政权力的运行过程，就是政府行政职能的实现过程。完善政府行政职权的运行方式和机制，建立科学的长效机制，树立“廉洁、勤政、务实、高效”的政府形象，归根到底就是要求政府机关及其工作人员应牢记全心全意地为人民工作、自觉自愿地为人民谋利益的宗旨，增强工作积极主动性和自觉性，尽职尽责，努力提高工作质量和工作效率。

从政府应“认真履行职责”、“努力实现行政职能”及“正确行使行政职权”这一组概念中也不难理解，“履行”、“实现”和“行使”的语义都在于强调行政机关及其工作人员应充分发挥政府职能的积极主动性和自觉性，即行政主体只有积极作为，从政府职能的人民性出发，才能保障人民的权利，才能满足人民的利益需求，才能实现为人民服务的宗旨，这正是政府职能本位的根本要求和法律责任。

政府职能从不同角度可以作不同分类，依政府管理的事务性质进行横向划分：

（一）政治职能

政治职能也称统治职能，是政府为维护国家统治阶级的利益，对外保护国家安全，对内维护社会秩序的职能。

1. 军事保护职能。军事保护职能即维护国家独立和主权完整、保卫国防安全、防御外来侵略的职能，如国防部、国防科学技术工业委员会，就是直接、具体承担这方面职能的国家行政机构。

2. 外交职能。外交职能即通过政府的外交活动，促进本国与世界其他各国正常的政治、经济往来，建立睦邻友好双边关系，促进国与国之间互惠互利，反对强权政治，维护世界和平等方面的职能，如外交部的主要职能。

3. 治安职能。治安职能即维护国家内部社会秩序、镇压叛国和危害社会安全的活动、保障人民的政治权利和生命财产安全、维护宪法和法律尊严的职能。治安职能是对内的，其目标是为社会生活的正常进行提供内部环境，如公安机关、安全机关及行政司法部门就是直接、具体承担这方面职能的机构。

4. 民主政治职能。民主政治职能即通过政府活动，推进国家政权完善和民主政治发展的职能，如民政部门负责我国城乡基层政权和基层群众自治组织建设方面的事务。

（二）经济职能

该项职能是政府为了国家经济稳定和发展，对社会经济活动进行管理的职能。

1. 宏观调控职能。宏观调控职能即通过制定和运用财政税收政策、货币政策，对整个国民经济运行进行间接的、宏观的调控，保证社会经济稳步协调发展。

2. 市场监管职能。为了保证市场运行畅通、保证公平竞争、维护市场主体的合法权益而对市场进行的管理和监督。

（三）文化职能

文化职能是指政府为满足人们日益增长的文化生活需要，依法对教育、科技、文体、卫生等事业所实施的管理职能。

文化职能包括发展科学技术的职能、发展教育的职能、发展文化事业的职能、发展卫生体育的职能等。

（四）社会职能

该项职能是指除政治、经济、文化职能以外的政府必须承担的其他职能。这类职能一般具有社会公共性，不宜由经济组织承担，也无法完全由市场解决，应当由政府加以引导、调节和管理。

1. 调节社会分配和组织社会保障的职能。调节社会分配和组织社会保障的职能即政府为保障社会公平，缩小地区发展差别和个人收入差别，运用各种手段来调节社会分配、组织社会保障，以提高社会整体福利水平，最终实现共同富裕。

2. 保护生态环境和自然资源的职能。

3. 促进社会化服务体系建立的职能。促进社会化服务体系建立的职能即政府通过制定法律、法规和政策扶持等措施，促进社会自我管理能力不断提高的职能，如发展社区服务、实行社会救济、优抚安置、儿童收养等。

4. 提高人口质量，实行计划生育的职能。

按照政府所辖行政区域可将政府职能划分为：

（一）中央政府专有的行政职能

中央政府专有的行政职能，主要是管理国家事务和全国性公共事务，如国防、外交、货币发行等由中央政府管理。

（二）地方政府专有的行政职能

地方政府专有的行政职能，主要是对地方性公共事务，即本地区经济和社会发展实施区域调节与管理，举办地方公益事业，征收地方税赋等。

（三）中央政府与地方政府共享的职能

中央政府与地方政府共享的职能，主要是指有些公共事务涉及到国家整体利益，但由地方政府具体实施比较有效，则应由中央政府和地方政府共同承担。一般由中央政府制定全国统一的法规及政策，由地方政府负责实施，如社会治安、国土管理、民族事务、司法监察等。

另外，按照管理运行程序可以将政府职能划分为：

（一）计划职能

计划职能即政府为完成某一时期内的任务或某一项任务，制定战略目标、确定实施方案及具体实施步骤的职能。

（二）组织职能

组织职能即将通过计划所确定的各项内容付诸实施的活动过程，如将计划方案中的整体目标分解、具体化，落实到有关部门和个人，配备必要的财力和物力，明确责任等。

（三）领导职能

领导职能是指政府机构中的领导者，为有效地完成组织目标，所采取的各种影响和激励措施的职能，如指导、激励和协调下属工作；加强沟通，为顺利完成组织目标创造良好的环境。

（四）控制职能

控制职能是指政府为使组织目标按计划完成，对执行过程进行检查、督促和纠偏的管理活动，如明确控制标准、恰当控制幅度、及时反馈与调节、持之以恒的检查和督促等。

二、政府职能的转变

政府职能的转变不仅包括政府职能内容的转变，而且包括政府行使职能方式的转变、政府职能的重新配置以及相应政府机构的调整和改革。

（一）政府职能的外部转移

政府职能的外部转移，是指政府与非政府组织之间发生的职能重新调整和组合。按照社会主义市场经济的要求，政府应将不属于自己的职能交还给企事业单位以及社会中介组织，防止政府职能的“越位”，同时还应将属于自己的职能收归政府所有，避免政府职能的“缺位”。通过政府职能的转移，明确政府“应该做什么、不该做什么”，“应该管什么、不该管什么”，这是政府职能转变的根本出发点。

（二）政府职能的系统转移

政府职能的系统转移，即政府系统内部纵向层级之间和横向部门之间的职能配置和划分。在纵向层级之间要按照必要的集中与适当的分散原则，合理划分政府职能范围，明确责权关系；在横向部门之间要按照相同或相近的职能由一个部门承担的原则，合理配置和划分政府部门之间的职责分工。既要全面实现机构精简，又要充分发挥完整统一的政府效能。

（三）行政管理方式的转移

行政管理方式是指政府行使职能的方式，包括工作方式、工作作风、运行程序及时间限制等。政府行政管理手段的转变，就是要按照社会主义市场经济的要求，改传统的单一行政手段为综合运用经济、法律手段为主，辅之以必要的行政手段的管理方式，即全方位地从直接管理转向宏观调控的间接管理，为社会主义市场经济创造良好的环境并提供必要而优质的服务。

政府职能转变的关键是政企分开，目的是提高政府机关的办事效率，宗旨是实现执政为民。

第五章　被授权的组织与被委托的组织

国家行政机关是行政主体的主要组成部分，是我国履行行政职责的主要主体。在我国的行政管理工作及各项行政法律法规的贯彻实施过程中起到了主导性、决定性的作用，行使着国家权力中绝大部分的行政职权，肩负着管理国家和社会公共事务的主要行政职责。

但是，由于我国社会行政管理是一项极为复杂、艰巨的社会工作，大到国家，小到一个家庭、个人，各行业、各领域都离不开行政管理活动。因此，仅依靠国家行政机关的工作是难以满足整体管理需要的，尤其是在一些专业性、技术性、行业性较强的领域内，国家行政机关的工作量、工作难度较大，行政效率常常表现得比较低。为了行政管理的需要和国家行政职权与职责的充分行使，提高行政行为的效率，就需要由一些除国家行政机关以外的其他组织参与到行政管理活动中，来协助行政机关做好行政管理工作，行使好行政职权与职责。我们通常将这些组织称为被授权组织与被委托组织。

在行政主体中设立被授权组织的意义主要体现在：

第一，适应民主发展趋势，使国家职能通过法律、法规不断转移给社会。

第二，国家将一部分行政职能社会化，可以有效地防止由于国家行政机关集中使用行政职权而助长的官僚主义、腐败和权力的滥用。

第三，有些行政职能由社会组织行使比行政机关行使更适合。

第四，某些国有企事业单位和其他社会组织所行使的社会职能，同时又具有一定的公共行政性质，并且与这些单位组织的其他职能紧密联系。故法律、法规通常将这些职能授予它们来行使。

第一节　被授权的组织

一、被授权组织的概念及特点

（一）被授权组织的概念

被授权组织是指除国家行政机关以外，依据法律、法规、规章的特别授权而取得行政主体资格的组织。被授权的组织又称为法律法规授权的组织。

（二）被授权组织的特征

1. 被授权组织是可以行使国家行政权的组织，是行政主体的一种。我国行政法上所称的行政主体大体分为两类：一类是在成立时即由宪法和组织法授权而拥有行政主体资格的国家行政机关；另一类是在成立之后由于单项法规的授权而获得行政主体资格成为行政主体的组织，即非国家行政机关。这些获得授权的组织可以拥有行政职权和职责，以自己的名义作出具体行政行为。

2. 被授权组织因授权而取得的行政职权和职责具有特定性，不具有一般性。被授权组织所取得的行政职权和职责通常都是由具体的单项法律法规规定的某一项或某一种职权职能，其内容往往较为具体，范围也较为狭窄。而国家行政机关经宪法、组织法等法律授予的职权职责往往都比较概括，范围比较广泛，不会限于某一种或某一项行为。

3. 被授权性组织取得授权的依据通常为具体的单项行政法律法规且授权均有期限，一般情况下当被授权的具体行政行为完成之后，所授权力自然消失，因而被授权性组织取得的权力具有相对的不稳定性。相反，行政机关取得的行政职权职责是依据宪法及组织法所授职权，随行政机关的存在而存在，因而具有较强的稳定性。

二、被授权组织的条件及类型

（一）被授权组织的条件

关于授权行为应遵循的原则以及应具备怎样的条件才能成为被授权组织。法律法规中，目前尚无明确的规定，但是依据宪法、行政法的立法精神和原则性规定，结合司法实践中积累的具体经验，认为有关组织成为被授权组织至少应具备以下一些基本条件：

1. 相关组织具有执行相关法律，行使一定行政职能的主体资格。例如，被授权组织应当没有受过有关的法律处罚和制裁，在某一方面应当是守法的典范，能够做到公正执法。

2. 相关组织应当有熟悉有关法律、法规、规章和业务的工作人员，具有履行行政职责的能力，尤其是涉及到一些专业性、技术性法律法规的问题。例如商标、专利等领域的资格认定等工作，应当由具有相关法律经验、技术水平素质较高的工作人员作为执法人员履行有关职责。

3. 作为履行有关行政职责的组织至少应当具有工作所需的基本的设备、

场所、工作条件，这是开展各项工作的物质基础。

（二）被授权的组织的范围或类型

根据法律的相关规定以及司法实践中的共同认识，被授权组织主要包括以下几类：

1. 社会团体。这是最主要的一种被授权组织。目前，我国的社会团体有很多，如共青团、工会、妇联、律师协会、会计师协会、消费者协会、足球协会等。如《中华人民共和国注册会计师法》第10条规定："注册会计师协会是由注册会计师组成的社会团体，中国注册会计师协会是注册会计师的全国性组织，省、自治区、直辖市注册会计师协会是注册会计师的地方性组织。"而该法第二章"考试与注册"有关条文规定授权由中国注册会计师协会组织实施注册会计师全国统一考试，授权由省、自治区、直辖市注册会计师协会负责注册会计师注册的工作（包括受理申请，准予注册与不予注册，撤销注册等）。

2. 事业单位。法律法规授权事业性单位履行部分行政职责的情况也是较为常见的。例如，《教育法》规定公立学校以及其他公立的教育机构可以依法招收学生或其他受教育者，可以对学生进行各项表彰奖励或处分，对教师有权聘任或解聘，对教师及其他工作人员进行各种行政奖惩。

3. 企业组织。与事业单位相比，法律法规较少地授权企业组织行使行政职权。其原因在于企业大多以营利为主要目的，所以容易出现其生产经营活动与所授权的行政行为存在利害关系，从而导致企业之间的不公平竞争。然而，在司法实践当中对企业组织的授权行为并非绝对不存在，尤其是我国体制改革之后，出现了一些新情况，原来的一些行政部门、行政机关转制组建了一些专业性、行业性较强的全国性大公司或行业性集团，为保证原来行政行为的连续性、有效性，避免在该行业内出现行政管理的"真空"状态，法律往往会授权这些大型公司、集团行使原行政机关的一些行政权能。例如，《烟草专卖法》第14条授权全国烟草总公司根据国务院计划部门下达年度总产量计划，向省级烟草公司下达分等级、分种类的卷烟产量指标及授权省级烟草公司向烟草制品生产企业下达分等级、分种类的卷烟产量指标。与烟草行业的情况相类似，盐业总公司也被授权行使原盐政部门行使的一些行政职权，另外还有自来水公司、煤炭公司、电力公司等。

4. 公务组织。公务组织也可以称为公共事务组织，是指依法设立的专门从事公共事务管理活动的组织。国家对某些具有"经营性"、技术性、行业性、全国性的行政事务，为了方便管理，提高管理效果，往往由行政机关设立一定的组织再通过法律授权这些组织履行管理公共事务的行政职责。公务组织具有以下一些特点：

（1）公务组织是行政机关设立的，属行政机关领导或指导的组织，与行政机关存在行政上的隶属关系。

（2）公务组织不同于行政机关设立的行政机构，其性质属于事业组织，但应当注意：公务组织属于事业组织，但事业组织并非都是公务组织，两者的主要区别在于是否由行政机关设立并管理具有“经营性”、技术性、行业性的公共事务。

目前公务组织有两种：一种是由国务院决定成立的某些全国性公务组织，在成立时国务院就已经赋予其管理某一方面社会公共事务的权能，因而直接取得了行政主体资格，如中国纺织总会、中国轻工业总会；另一种是各级行政机关根据工作需要设立的公务性组织，如民航管理部门设立的空中交通管制单位，工商管理机关设立的公平交易局等。这些组织在法律的授权之下均可以以自己的名义单独履行有关行政职权并对其行为负责。

5. 有关的行政机构。行政机构是指行政机关根据工作需要在机关内设立的按照分工处理该机关各项事务的工作机构。因此，行政机构在性质上只是行政机关的一个工作部门，是行政机关的一个组成部分，本身并不能脱离该机关独立存在，亦不能以自己的名义进行各种行政行为。行政机构不是行政主体，不具备行政主体的资格。但是，由于纷繁复杂的行政管理工作的需要，为了提高行政机关的工作效率，更好地维护社会公共利益，行政机构可以在需要时经法律、法规的明确授权成为拥有一系列行政职权、可以以自己名义进行行政管理活动并承担相应的法律后果的行政主体。

目前，较为常见的取得行政主体资格的行政机构主要包括以下几种：

（1）行政机关内部的某些行政机构。该行政机构既有各级人民政府所属的内部机构及临时设置机构，又包括政府职能部门的内部机构，其中后者占绝大多数，如《中华人民共和国水污染防治法》第4条规定的各级交通部门的航政机关；《中华人民共和国道路交通管理条例》第86条规定的相当于县一级的公安交通管理机关和交警队；《中华人民共和国内河交通安全管理条例》第3条规定的各级交通管理部门设置的港航监督机构等。

（2）政府职能部门的某些派出机构。派出机构是指行政机关根据行政管理工作的需要在一定区域内设置的代表该职能部门管理某些行政事务的工作机构，如审计署派驻全国各地的办事处、公安派出所、税务所、工商管理所等。这些派出机构原本只是职能部门的一个派出机构，与其他内部机构地位相当，不具有行政主体的资格，但是只要有法律法规的明确授权，这些机构就可以获得行政主体的资格。例如，《治安管理处罚法》第 91 条规定，警告及 500 元以下罚款可以由公安派出所裁决。还有《税收征管法》第 14 条规定，对税务所进行授权，使其具有行政主体的资格。

(3) 行政机关中依行政授权专门设立的行政机构，对于某些专业性、技术性较强的行政事务，法律通常会授权行政机关可以组建专门的机构，并赋予其相应独立的职权，负责对该项事务的管理，从而使这些专门的机构具备行政主体的资格。较为典型的有《中华人民共和国商标法》第 2 条第 1 款规定国家工商行政管理部门设立商标局，主管全国商标注册管理工作；该法第 2 条第 2 款规定国家工商行政管理部门设立商标评审委员会负责处理商标争议事宜。

公务组织与行政机构有共同之处，也有明显的区别。共同之处：二者均属于由行政机关设立的管理机构，均以法律法规的明确授权取得行政主体资格。不同之处：行政机构是行政机关的一个内设机构，属于行政编制，而公务组织不是行政机关的内设工作机构，不属于行政编制。

此外，还应当注意一点，并非所有的行政机构都可以成为行政主体，只有经过法律法规明确授权的行政机构才能成为行政主体，而且行政机构在经过授权取得行政权力能力与行政行为能力后，并不代表它可以同时取得其他法律上的行为能力与权力能力。如行政机构取得行政主体资格后，不一定就取得民事法的法人资格，若要取得民事法上的法人资格必须具备民事法人成立的条件。

6. 基层群众性自治组织。基层群众性自治组织是指在城市和农村按居民居住的地区设立的居委会或村委会。基层群众性自治组织与国家的基层政权有着密切的联系。基层群众性组织受基层人民政府或其派出机构的领导或指导，同时根据相应组织法的授权行使有关行政职能。例如，村委会和居委会均可以在本村或本居住地区调解民间纠纷，协助维护社会治安，协助政府有关部门搞好公共卫生、计划生育、优抚救济、青少年教育、孤儿老人的抚养赡养等工作。

7. 有关技术检验鉴定机构。行政机关在进行行政管理活动时，有时需要解决一些专业性、技术性较强的问题，为了更好地解决好这些问题，法律法规有时会授权一定的鉴定部门或检验部门来处理，那么，此时这些技术性机构就具备了行政主体资格。如《计量法》规定县级以上人民政府计量行政部门可以根据需要设立检验鉴定机构，执行强制检测任务。

三、被授权组织的行政主体资格

关于被授权组织行政主体资格的取得方式问题存在两种观点：一种认为被授权组织的主体资格是因法律法规的授权而取得；另一种认为行政机关也可以

赋予相关组织行政主体的资格。我们认为行政主体资格应当只有法律法规才能授予，尽管行政机关可以作出决定授予某一组织从事某项行为的权力，但是行政机关本身的行政职权也是来自法律法规的有关规定，行政机关并没有因成立而自然取得授权，所以相关组织所获得的权力都是法律明确规定之下行政机关依法授予的。因此，被授权组织的主体资格归根结底还是由法律法规赋予的。在行政主体资格的取得时间上，取得主体资格与该组织的成立可能是同时的，法律规定设立该组织的同时赋予其行政主体的资格，也可以是组织的成立与资格的取得分离，即成立之后再取得行政主体资格。

在对被授权组织主体资格的认识上应当注意以下几个问题：

1. 社会组织经法律法规授权取得行政主体资格之后即获得与行政机关相同的地位，可以实施具体行政行为，发布行政命令，采取行政措施。当然，被授权组织与行政机关的区别也是显而易见的。第一，行政机关自成立之时起便自然拥有了行政职权，无须再授权。而被授权组织只有经过授权之后才能成为行政主体。第二，被授权行政组织所享有的行政权力具有特定性，不可能享有全部的行政权力。

2. 被授权组织取得行政主体资格后，可以以自己的名义独立作出行政行为并对其行为负法律责任。

3. 被授权组织只有在行使行政职权的场合才是行政主体，具有行政主体资格，在其他场合下不具有行政主体资格，因为被授权组织的基本性质除行政机构以外都是企业、事业或团体法人。

第二节　被委托的组织

一、被委托组织的概念与特征

（一）被委托组织的概念

被委托组织是指因受行政机关的委托，按照委托的权限范围，以委托者的名义行使委托的行政职权的组织。

（二）被委托组织的特征

被委托组织具有以下一些特点：

1. 被委托组织的范围较广泛。行政机关委托的组织是基于行政委托而产生的，被委托的组织可以是一个行政机关，也可以是一个其他社会组织，甚至在某些特定情况下也可以是某些个人，如《家畜家禽防疫条例》规定，农牧部门及家畜家禽防疫机构可以委托有条件的饲养户或饲养单位检疫。

2. 被委托组织取得行政职权的原因在于是行政机关的委托行为而不是有关法律法规的授权。因此，被委托组织在进行行政管理活动时只能以委托机关的名义进行，不能以自己的名义进行，其行为所产生的法律后果也是由委托机关来承担，不是由其本身来承担的。

3. 被委托组织因委托行为而行使的行政职能具有特定性，即行政职权的内容以委托时委托机关委托的范围为限，对委托机关未明确委托的职权受委托的组织无权行使。对于行政机关来说，也并不是任何行政职权都能委托给其他组织，也是有严格限制的，因为行政机关的有些职权是属于行政机关专有的，如行政立法权、行政拘留权、颁发营业执照或其他重要许可证等。

二、委托的条件

1. 被委托的组织只能是依法成立的管理社会公共事务的事业单位，不能是企业组织或其他社会组织。因为企业组织与其他社会组织不以管理公共事务为目的，与所委托的行政行为可能存在利害关系，对于临时决定成立有关管理公共事务的组织不能成为受委托的组织。

2. 被委托组织必须有熟悉所执行的具体行政行为的工作人员。要求工作人员熟悉与所行使的行政职能有关的法律知识和业务知识，但也应当从现实角度考虑，由于是受委托的事业性组织，因此对工作人员的要求也不易太高，不需达到国家公务员的素质。行政机关在将行政职权委托给有关组织行使时，就应当充分考虑到有关组织工作人员的业务水平，对法律的熟悉程度，以保证委托的事项能按时保质保量地完成。

3. 被委托组织还应当具备行使行政职能所需的必要的物质条件，如有关的设备、物资材料、办公场地等，尤其是需要检验鉴定的，还需要有相关的技术人员。

以上是《行政处罚法》中关于被委托组织条件的规定，符合上述条件的组织均可以受行政机关委托代为行使行政处罚权，但是对于其他行政职权的委托条件，法律尚无明确的规定，由于行政处罚权是可以对行政相对人的权益造成较大不利影响的权力。因此，法律对于可以接受委托行使行政处罚行为的组织作了较为严格的限制，这是出于更好地保护相对人的合法权益的需要，这样有利于行政机关将行政职能分解，更好地完成行政管理工作。例如，《行政处罚法》关于委托方面规定的第一个条件是“受委托组织必须是依法成立的管理公共事务的组织”，在受委托组织代为行使其他行政职权时，这一条件就可以适当放宽，不一定要由依法成立的管理公共事务的组织来代理，也可以由有关企业、事业单位甚至公民个人代为履行。所以，对于被委托组织的范围可以比照被授权组织的范围来确定。

行政委托有外部委托与内部委托之分。行政机关的外部委托就是我们所说的委托有关非行政机关组织代为履行一定的行政职能；行政机关的内部委托是行政机关之间的一种委托关系，主要有两种：一种是平行行政机关之间的委托，如甲行政机关委托乙行政机关代为履行一定的职责，或甲地的行政机关委托乙地的行政机关代为履行一定的行政职责；另一种是行政机关上下级之间的委托，这在行政机关的日常工作中最为常见。由上述两种情况可以看出，行政机关的内部委托是行政机关对行政机关的委托，而行政机关的外部委托是行政机关与非国家机关的有关组织之间的委托。两者的共同之处在于：无论是内部的委托还是外部的委托，受委托者都不能以自己的名义履行行政职能，也不必对行为的结果承担法律责任。

三、被委托组织的行政主体资格

判断某一组织是否具有行政主体资格，主要是看其是否具备行政主体资格的构成要件。行政主体资格的构成要件包括：

1. 是否是依法成立的组织。
2. 是否具备一定的组织机构和人员编制。
3. 是否拥有法定的独立职权与职责。
4. 是否是以自己的名义履行行政职能，并对其行为承担法律责任。

通过对被委托组织的概念和特点的分析可见，被委托组织的行政职权和职责是委托机关授予的，而非法律法规赋予的，其行使一定的行政职能是基于委托机关的委托行为，而非法律法规的授权，因此上述第三个条件已无法满足；另外，受委托组织在行使行政职权的过程中，不能使用自己的名义，应当以委托机关的名义履行，委托机关对其行为的法律后果负责，所以上述第四个条件也无法满足。由此，我们可以得出结论，被委托组织不能取得行政主体资格，也不是我们所称的行政法的主体。

四、被授权组织与被委托组织的区别

被授权组织与被委托组织是两个不同的行政管理活动的参加者，特别是在职权来源、方式，授权或委托对象及其法律后果等方面有着根本区别。

1. 在职权来源方面，被授权组织的职权来源是法律法规的明确规定，被授权者及授予的职权内容范围等均被法律法规明确规定，而被委托组织的职权来源是行政机关的委托行为，该行为是由行政机关具体实施的。因而，行政委托的发生取决于行政机关的委托决定，当然行政机关进行委托也应当有法律或规章依据。

2. 在法律后果方面，行政授权导致职权、职责及主体资格的全面转移。使被授权组织取得了以自己名义履行行政职权并独立承担法律后果的能力，取得了行政主体资格。而行政委托不发生职责、职权的主体资格的转移。受委托者只能在委托的权限范围内，以委托机关的名义实施行政活动，其后果也是要由委托机关来承担，被委托的组织或个人并不会因为行政委托行为而取得行政主体资格。

综上所述，被授权组织产生的原因是法律规范规定的结果，是基于立法行为而产生的，而行政委托是行政机关实施具体委托行为而产生的，是基于具体行政行为的结果。被授权组织因获法律法规授权而取得行政主体资格成为一个新的行政主体，而被委托的组织因其行政行为是基于委托产生，所以其本身的性质并不会发生变化，也不会成为新的行政主体；被授权的只能是机构或组织，而被委托的则可能是组织，也可以是机关或个人。

第六章　国家行政机关公务员制度

第一节　国家行政机关公务员的概念

一、国家公务员的概念

（一）西方国家公务员的概念

公务员（civil servant）是个外来词，直译为公仆或国民服务员，通常的译法有文官或公务员。由于各国公务员制度的历史和现实的差异，各国对公务员的称谓及其性质亦不同，世界各国对公务员的界定不尽一致，总体看来存在三种基本类型：

1. 以英国为代表的小范围型。它仅指中央政府系统中非选举产生和非政治任命的事务官。也就是说，英国的公务员是指中央行政部门中经公开考试、择优录用，由国会通过的财政预算直接支付俸给，不与内阁共进退的文职人员。因此，经选举或政治任命产生的议员、首相、大臣、王室成员、政治秘书、军人均不在此列。尽管现代公务员制度起源于英国，但是英国的公务员范围却很小。

2. 以美国为代表的中范围型。它包括政府系统中的所有公职人员以及公共事业单位的人员和国有企业的管理人员。可见，美国的公务员外延很广，既包括所有政府雇员，还包括准军事人员，如警察、消防员；律师、公立大学的教授、牧师、医师等专业技术人员也在公务员之列。因此，与英国相比，美国公务员并不一定是政府中的工作人员，而且并非都需公开竞争考试、择优录用及行使国家行政权。

3. 以日本和法国为代表的大范围型。它包括政府系统中的所有公职人员、国会工作人员、审判官、检察官以及国有企事业单位的工作人员和军职人员。

综上所述，各国公务员可能涉及到下列人员：各级国家行政机关范围内的人员，包括政务官、事务官（含工勤人员）；各级国家行政机关范围外的人员，包括法官、检察官、立法机关及司法机关的工作人员、军事人员、国家企事业单位人员。其中，各国公务员普遍包括事务官，其他各类人员的取舍则构成各国间的差异。同时，各国公务员法也以事务官为调整的主体。或者说，各国总体上都把非选举产生和非政治任命的官员以及由国库支付全年薪金的工作人员列入公务员的范围。

（二）我国公务员的概念

我国是中国共产党领导的社会主义国家，不存在多党轮流执政的情况。因此，我国公务员的范围与《国家公务员法》的适用范围是一致的。

1993 年实施的《国家公务员暂行条例》第 3 条规定："本条例适用于各级国家行政机关中除工勤人员以外的工作人员。"据此规定可见，该条例所称的公务员是指在行政机关中任职的人员，即排除了其他国家机关中的工作人员，如人民法院、人民检察院中的法官、检察官；同时，我国公务员不包括在行政机关中工作的工勤人员，如清洁工等。该条与其说是给国家公务员下定义，不如说是关于国家行政机关公务员的概念。但随着《国家公务员法》的诞生，以及本条例于 2006 年 1 月 1 日的废止，国家公务员的概念也产生了新变化。

2005 年 4 月 7 日第十届全国人民代表大会常务委员会第十五次会议通过的《中华人民共和国公务员法》第 2 条规定："本法所称公务员，是指依法履行公职、纳入国家行政编制、由国家财政负担工资福利的工作人员。"本条规定即我国公务员的法定概念。

从该法定概念当中可以看出，我国公务员必须符合三个条件：

1. 依法履行公职。这里的"依法"是广义的"法"，包括宪法、法律、法规和规章。履行公职是指依据职责从事公务活动。在我国依法履行公职的人员不仅包括各国家机关工作人员，也包括政党机关和人民政协机关工作人员等。宪法规定了中国共产党在国家中的领导地位，中国共产党是执政党，各民主党派是参政党，人民政协是爱国统一战线的组织形式，是中国特色的政治组织。因此，政党机关、政协机关及其工作人员参与国家政治、经济和社会事务的决策、实施和监督的活动也是一种公务活动和公职活动。

2. 纳入国家行政编制。按照我国现行的编制管理制度，我国人员编制可分为行政编制、事业编制、企业编制、军事编制等。行政编制不仅仅是行政机关使用的编制，而是各类国家机关（含各级政党机关和政协机关）使用的编制。但是，在一个机关中，并不是所有的工作人员都能使用该机关的行政编制，如人大、政协和民主党派机关中不驻会的人员，他们不使用该机关的行政编制，行政关系不属于该机关。在这里需要强调的是，只有纳入和使用国家行政编制的人员才划入公务员的范围。

3. 由国家财政负担工资福利。这也就是由国家为他们提供工资和福利等保障。公务员属于国家财政供养的人员，但并不是由国家财政供养的人员都是公务员。财政供养人员的大部分如科研院所的科研人员、公立学校的教师、医院的医生等，虽然由国家财政负担其工资和福利，但不属于公务员，因为其不具有另外两个条件。

根据《国家公务员法》的规定，我国公务员的范围包括以下七类机关的工作人员：中国共产党机关的工作人员、人大机关的工作人员、行政机关的工作人员、政协机关的工作人员、审判机关的工作人员、检察机关的工作人员、民主党派机关的工作人员，但不包括在上述机关中的工勤人员。

另外，过去参照《公务员条例》管理的部分人民团体、群众团体的工作人员，如妇联、工会、共青团仍参照《公务员法》管理，但不列入公务员范围。

二、国家行政机关公务员的概念

根据《国家公务员法》第2条关于公务员概念的界定及关于公务员条件的规定，很自然地得出一个符合法律逻辑的结论：国家行政机关公务员，是国家公务员的组成部分，它是指在国家行政机关中依法履行公职、纳入国家行政编制、由国家财政负担工资福利的工作人员。

三、国家行政机关公务员的法律地位

对我国行政机关中公务员的法律地位，可从如下几个方面来理解：

（一）公务员和国家行政机关的关系，即内部行政法律关系

公民依照法定程序进入公务员队伍，在一定的行政机关中担任职务，从而享有并行使行政职权。国家赋予公务员一定职权，公务员代表国家，以国家名义实施行政权；公务员须依法承担一定的职责，否则国家可依法追究公务员的法律责任。为保障公务员以行政机关的名义并按行政机关的意志从事公务活动，行政机关可以在法律规定的范围内对公务员实施监督权和奖惩权，并依法针对本机关特点制定有关公务员的纪律。

（二）公务员和行政相对人的关系，即外部行政法律关系

在行政管理活动中，公务员是行政机关的代理人，以所在行政机关的名义对行政相对人实施行政管理，并依法采用各种强制手段。同时，公务员作为行政机关的代表，有义务履行该行政机关的职责，保护行政相对方的合法权益，接受相对方的监督。相对方有服从和协助公务员进行国家行政管理活动的义

务，同时行政相对方享有对公务员所实施的职务行为进行批评、建议、控告、申诉、请求行政复议和提起行政诉讼的权利。

第二节　我国行政机关公务员制度的建立及特征

一、我国行政机关公务员制度的建立

（一）行政机关公务员制度的含义

行政机关公务员制度是指依法对国家行政机关公务员的分类、录用、晋升、培训、考核、奖惩以及退休、辞职等进行管理的有关规定的总称。各国对公务员的管理都有专门的法规，如美国 1883 年通过的《调整和改革美国公务员法案》（又称《朋得尔顿法》）和 1978 年颁布的《文官制度改革法》，法国 1946 年通过的《公务员总章程》，日本 1947 年通过的《国家公务员法》等，都是对公务员进行制度化管理的基础性法规。我国 2005 年颁布的《国家公务员法》加上有关的单行法规，便形成了我国特有的行政机关公务员制度。

（二）我国行政机关公务员制度的建立过程

我国在公务员制度建立以前，长期实行"大一统"的干部人事制度，这种干部人事制度没有分类管理，没有引入公平竞争机制，也缺乏其他相应的配套管理措施。随着 20 世纪 80 年代我国改革开放的深入，原有的干部人事制度已难以适应社会发展的需要，要求建立我国公务员制度的呼声越来越高。

从 1984 年起，我国行政机关公务员制度的建立，经历了从立法、试点（试行）到全面实施共三个阶段：

第一阶段（1984—1993 年）是国家行政机关公务员制度的创立阶段。1984 年"着手起草一个类似于公务员法的国家机关工作人员法"的小组正式成立，以此为起点，在中国建立公务员制度的决策进入酝酿阶段，先草拟《国家工作人员法》，后改为《国家行政机关工作人员条例》。1987 年，党的十三大正式宣布改革干部人事制度，建立国家公务员制度，并设计了公务员制度的基本框架。1989 年 3 月，公务员制度试点工作先后在国务院六个署局（审计署、海关总署、国家环保局、国家税务局、国家统计局、国家建材局）及哈尔滨市、深圳市进行。1993 年 4 月 24 日国务院常务会议通过了《国家公务员暂行条例》，该条例共 18 章 88 条。

第二阶段（从 1993 年 10 月 1 日起实施《国家公务员暂行条例》开始至 2006 年 1 月 1 日）是我国行政机关公务员制度的试行阶段。1993 年以后国家

先后制定了与之相配套的数十个单行法规，如《国家公务员制度实施方案》、《国家公务员职务轮换（轮岗）暂行办法》、《国家公务员培训暂行规定》、《国家公务员录用暂行规定》等，使我国行政机关公务员制度初步得到试行。

第三阶段（从2006年1月1日起至今）是我国行政机关公务员制度，严格地说是我国公务员制度的全面实施阶段。以《国家公务员法》的正式实施为标志，我国公务员制度已进入了全面实施阶段。《国家公务员法》的出台为规范行政机关公务员的管理，保障行政机关公务员的合法权益，加强对行政机关公务员的监督，建设高素质的行政机关公务员队伍，促进勤政廉政，提高政府工作效能提供了法律依据和保障，使我国行政机关公务员制度的建设进入了崭新阶段。

我国行政机关公务员制度经过这十几年的发展实现了从无到有，取得了巨大成绩。首先，从“干部”到“公务员”的概念转换，是一个认识的飞跃过程。“干部”的本意是组织中拥有一定权力和较高职务级别的领导者，干部和官在改革之前的中国完全可以画等号，而官又意味着管，管的对象就是民，传统意义上的“官贵民贱”的思想仍然根深蒂固，但这与我国社会主义民主的本质——“人民当家做主”不相吻合。因此，引进“公务员”一词把“官”降为“公民的服务员”，真正体现了“人民公仆”的实质。其次，将国家公务员与在公司、企事业单位里工作的人员区分开来。原有的“干部”一词使在人大、政府、法院、检察院、企事业单位的工作人员同化，对明显属于不同类别的人员都采用单一、僵化的管理方法，阻碍了人才的流动和优化。而建立公务员制度后，能针对公务员的特点进行专门管理，有利于人才的充分运用。再次，以国家分配到公开考试录用的转换，是一次重大改革。过去我国实行统一分配制度，阻碍了人才的正常流动和人力资源的优化配置，而公开考试制度使政府职位对社会开放，任职机会人人平等，并提高了政府公务员的专业化、知识化水平，同时符合平等、公平的价值观。最后，也使我国从政策性管理转换成法规化管理，使我国行政机关公务员管理走上法制化轨道。

二、我国行政机关公务员制度的特征

与外国公务员制度和我国旧的干部人事制度相比，我国现行的行政机关公务员制度是根据我国国情建立的，它有如下特点：

（一）坚持四项基本原则和拥护党的领导，政治上不中立

这与我国的政党制度息息相关。在我国，由于实行共产党领导的多党合作、政治协商制度，中国共产党是执政党，政府意志是党的方针、政策、路线

的体现，因而要求公务员忠于政府，同时忠于共产党。在西方国家，由于实行多党执政的政治体制，因而要求公务员超然于政党派别之外而效忠政府，对他们来说效忠于政府和效忠于政党是分开的，如事务官不得担任政党机构的官员，政治的中立使公务员不随执政党共进退，以维护政府在“政治大换班”中的稳定性，使管理的连续性不被中断，从而降低执政党结党营私概率。

（二）我国行政机关公务员制度坚持党管干部的原则，而西方公务员制度要求公务员与“党派脱钩”

我国行政机关公务员制度根据党的组织人事路线、方针、政策制定，坚持党对人事工作的领导。各级政府组成人员的国家公务员是由各级党委及其组织部门负责考察，依法由各级人民代表大会及其常务委员会选举或决定任免。西方公务员制度对公务员的管理强调“与党派脱钩”，公务员职务晋升不受政党干预。

（三）我国行政机关公务员制度强调德才兼备，西方公务员制度缺乏统一的、全面的用人标准

国家行政机关公务员在录用中采用公开考试、严格考核，对思想政治方面要求严格。在晋升中注重思想政治表现和工作实绩。因此，坚持德才兼备标准是国家行政机关公务员制度的重要特色。

（四）我国行政机关公务员制度强调全心全意为人民服务的宗旨

国家行政机关公务员不是一个独立的利益集团，而西方公务员是一个单独的利益集团。全心全意为人民服务是我们党的根本宗旨，我国行政机关公务员的考核、奖惩、晋升等都要考察其为人民服务的精神。西方公务员制度中的公务员，可以通过自己的工会等组织同政府谈判，以最大限度维护自己的利益。

（五）国家行政机关公务员制度是分类管理的一种制度，是行政机关工作人员管理的一整套规范

它除了有总法规，还有若干配套的单项法规及其实施细则、实施方案，从而形成一个健全的法规体系。而过去对行政机关工作人员的管理是一种政策性、单一性的管理。

（六）国家行政机关公务员制度在管理机制上比传统人事制度进一步健全和强化

1. 国家行政机关公务员制度实行竞争择优机制。在公务员考试、考核、晋升、任免等方面都体现了优胜劣汰机制，保证每个职位都由最优秀的人员来担任。提高了公务员的整体素质。通过实行人员交流、竞争上岗、职位轮换和职务聘任制，打破终身制，增强了行政机关的活力。

2. 国家行政机关公务员制度有廉政勤政保障机制。《国家公务员法》中对公务员的义务、纪律、考核、奖励、回避等方面都加以严格约束，并通过监督来加以保障。

第三节　我国行政机关公务员制度的基本内容

一、行政机关公务员的权利义务

（一）行政机关公务员的权利

行政机关公务员的权利是指行政机关公务员在履行公务过程中，本人可以为一定的行为，可以要求他人为一定的行为或者不为一定行为的资格。《国家公务员法》规定行政机关公务员的权利是以公务员的身份为前提的，是为了使公务员有效地行使职权，执行公务。行政机关公务员的权利的具体内容是由国家法律明文规定的，权利的行使是由国家法律加以保障的。国家行政机关公务员的权利从内容构成上分析，基本上可以归纳为三个方面：一是政治权利，二是物质经济保障权利，三是文化教育权利。

所谓政治权利，是指法律规定国家行政机关公务员参与国家政治生活的民主权利和政治上表达个人见解和意愿的自由。它是公民政治权利的延伸，包括结社自由、言论自由、批评建议权、申诉控告权等。

所谓物质经济保障权利，是指国家行政机关公务员依法享有物质经济利益方面的权利。其主要有领取法定劳动报酬、享受法定保险福利待遇和法定休假权利等。

所谓文化教育权利，是指国家行政机关公务员参加政治理论和业务知识培训的权利。这是提高公务员自身政治素质和业务素质，提高工作能力的需要。

根据《国家公务员法》第13条规定，国家行政机关公务员具体享有下列权利：

1. 身份保障权。身份保障权即“非因法定事由、非经法定程序，不被免职、降职、辞退或者处分”。这也意味着对国家行政机关公务员进行行政处分需依法律规定。因为公务员在执行公务过程中，免不了要“触犯”某些人的利益，这些人有可能对公务员进行报复，使得公务员无端被免职、降职、辞退或受到行政处分。法律对此作出明确规定，就是为公务员大胆、公正执法提供了有力的保障。

2. 获得履行职责应当具有的工作条件。国家行政机关公务员作为国家法律法规的执行者，国家有权要求其尽职尽责，同时国家也要为其发行职责提供应有的工作条件保障。公务员的工作条件是公务员履行职责所必需的，但不应超出履行职责的必需的范围，而且只能在公务员履行职责期间内使用。

3. 获得劳动报酬和享受保险、福利待遇权。“全心全意为人民服务”是党的根本宗旨，但并不意味着国家行政机关公务员提供劳动就不应讲报酬，不能要报酬。公务员为国家服务，为社会劳动，有权得到国家支付的工资、津贴等劳动报酬和享受保险和福利待遇。因为行政机关公务员行使国家行政权，执行国家公务，其工作是社会不可缺少的劳动，是保障政府工作正常进行的必要劳动。国家应根据社会进步和经济发展状况不断提高行政机关公务员的工资和改善其保险、福利待遇，并以法律形式固定下来，从而稳定行政机关公务员队伍。

4. 参加培训权。国家行政机关公务员参加培训权，主要包括参加政治理论培训和参加业务知识培训两方面内容。参加培训既是国家行政机关公务员的权利，也是国家行政机关公务员的义务。国家要提高行政机关公务员的整体素质，以适应国家行政机关高效能管理的需要，除广纳贤才之外，对已进入行政机关公务员队伍的人员提供培训是必不可少的。

5. 提出批评和建议权。根据我国《宪法》规定，公民对任何国家机关和工作人员有提出批评和建议的权利。行政机关公务员作为公民，当然也享有这一政治权利。行政机关公务员有权对国家行政机关及其领导人员的工作提出批评和建议，任何机关和个人都不得压制行政机关公务员的批评建议。

6. 提出申诉、控告权。申诉、控告权与提出批评和建议权一样，都是《宪法》赋予公民的一项基本权利。申诉和控告既是行政机关公务员的一项重要权利，又是行政机关公务员的自我保障机制。行政机关公务员的申诉权，是指当行政机关公务员对涉及本人的人事处理决定不服时，可以向原处理机关申请复核，同时有权向同级公务员主管部门或者作出该人事处理的机关的上一级机关提出申诉。行政机关公务员的控告权利，是指行政机关公务员对于行政机关及其领导人员侵犯其合法权利的行为，有权向上级机关或者监察机关提出控告。

7. 辞职权。辞职权是行政机关公务员的一项权利，辞职以自愿为原则，任何机关和个人不得予以剥夺，但在某些特殊职位上任职的行政机关公务员的辞职权利则受到严格限制。另外，辞职权的行使必须按照法定程序进行，辞职申请审批期间，申请人不得擅自离职。

8. 法律规定的其他权利。行政机关公务员除享有公务员法规定的权利外，还享有法律规定的其他权利。其主要包括两部分内容：一部分是法律规定的公民的一般权利，一部分是法律所特别规定的行政机关工作人员应享有的权利。

（二）行政机关公务员的义务

行政机关公务员的义务是指作为行政机关公务员，必须为哪些行为或不为哪些行为。根据《国家公务员法》第12条规定，行政机关公务员必须履行下列义务：

1. 模范遵守宪法、法律的义务。遵守宪法、法律是公民的基本义务，是公民的首要义务。作为行政机关公务员更应树立宪法至上、法律至上的思想，维持宪法和法律的权威，只有严格遵守宪法、法律和法规，才能保障最广大人民群众的根本利益，因为宪法和法律是我国以工人阶级为首的广大人民意志和利益的体现。

2. 按照规定的权限和程序认真履行职责，努力提高工作效率。作为行政机关公务员就是依法行政的义务和努力提高工作效率的义务。依法行政是指行政机关公务员在执行公务时，必须依照国家的法律、法规办事；没有法律、法规时，必须依照有关政策办理。不允许出现超脱于国家的法律、法规、政策执行公务的情形，不允许罔顾国家、集体利益的行为发生。

3. 全心全意为人民服务，接受人民监督的义务。我国《宪法》规定，一切国家机关和国家工作人员必须依靠人民的支持，经常保持同人民的密切联系，倾听人民的意见和建议，接受人民的监督，努力为人民服务。《国家公务员法》规定的义务正是我国《宪法》精神的具体体现。

4. 维护国家安全、荣誉和利益的义务。行政机关公务员代表国家执行公务，决定其必须维护国家安全、荣誉和利益，同时这也是宪政精神的具体化。

5. 忠于职守，勤奋工作，勤勉尽责，服从和执行上级依法作出的决定和命令的义务。忠于职守要求行政机关公务员执行公务过程中必须尽职尽责，严守组织纪律，坚守工作岗位，不得玩忽职守，贻误工作。服从命令要求行政机关公务员执行公务时，服从上级决议或者首长指令，这是行政组织层级制原则和管理效率的双重要求。《国家公务员法》第54条规定：“公务员执行公务时，认为上级的决定或者命令有错误时，可以向上级提出改正或者撤销该决定或者命令的意见；上级不改变该决定或者命令，或者要求立即执行的，公务员应当执行该决定或者命令，执行的后果由上级负责，公务员不承担责任；但是，公务员执行明显违法的决定或者命令的，应当依法承担相应的责任。”

6. 保守国家秘密和工作秘密的义务。任何行政机关公务员都不得故意或过失地造成国家秘密和工作秘密的泄露，如造成泄露，则违反者须承担相应的法律责任。

7. 遵守纪律，恪守职业道德，模范遵守社会公德的义务。《国家公务员法》第53条对此作出了明确的规定，行政机关公务员应当率先垂范，带头遵守。

8. 清正廉洁、公道正派的义务。廉洁是与贪污、腐败相对立的，行政机关公务员必须正确运用人民赋予的权利，为人民谋利益。如《中华人民共和国警察法》第22条规定：“人民警察不得有下列行为：……（六）敲诈勒索或者索取、收受贿赂……（八）违法实施处罚或者收取费用；（九）接受当事人及其代理人的请客送礼；（十）从事营利性的经营活动或者受雇于任何个人或组织。”

9. 法律规定的其他义务。该项规定能弥补行政机关公务员因其职业不同，《国家公务员法》无法详细列举的公务员的其他义务，使得行政机关公务员义务的内容更加全面完整、更加具体。

二、国家行政机关公务员的录用制度

国家行政机关公务员的录用制度是指国家行政机关依法按照德才兼备标准，坚持任人唯贤的原则，采用公开考试、严格考察、平等竞争、择优录取的办法，从社会上录用担任主任科员以下非领导职务的公务员的制度。

（一）国家行政机关公务员的录用原则和标准

国家行政机关公务员的录用原则是：任人唯贤、公开、平等、竞争、择优。任人唯贤原则，要求行政机关在任用公务员时，要注重才能、学识，唯才是举，搞五湖四海，不要搞小圈子，不要任人唯亲；公开原则，就是把录用行政机关公务员的招考对象、职位、待遇、所需资格条件、招考时间、地点及考试成绩和录用结果等通过报刊、广播电视、政府公告等多种形式向社会公开，面向社会，公开进行考试；平等原则是符合报考公务员条件的公民都可以参加考试，享有进入国家行政机关公务员队伍、担任公职的平等权利和机会；竞争原则是核心原则，通过以考试这一基本竞争方式，使有志成为国家行政机关公务员者最终以自己的突出能力和优势加入行政机关公务员队伍；择优原则是指国家行政机关公务员的录用须依据考试的成绩排列名次，同时结合其他方面进行全面衡量考核，经过比较和筛选，最后选拔最符合要求的优秀人才进入行政机关公务员队伍。

在国家行政机关公务员录用时采用的是德才兼备的标准，既要考查报考人员的公共基础知识、专业知识水平及业务能力，同时也要考查报考人员的政治思想、道德品质，不能只依据其中一个，须二者同时具备，不可偏废。

（二）报考国家行政机关公务员的基本条件

国家行政机关公务员基于代表国家行使行政权，其劳动有一定特殊性。因此，对通过录用方式进入国家行政机关公务员队伍的公务员，须具备下列基本条件：

1. 具有中华人民共和国国籍。担任行政机关公务员是一种公民权利，只有是本国公民才能享有此项权利。这是一项首要条件。

2. 年满18周岁。主要是基于人类成长的自然规律和社会实际，到了18周岁左右，人的生理和心理已经趋于成熟，具备了辨别自我行为的能力，所以通常以此为限。

3. 拥护中华人民共和国《宪法》。行政机关公务员作为国家的工作人员，其负有积极认同和维护《宪法》秩序的责任，不仅是在形式上应当具有一个正确的态度，更重要的是对《宪法》的完全赞成和支持，在行动上行政机关公务员应当不参加并远离反对、诋毁《宪法》的团体与活动。

4. 具有良好的品行。国家行政机关公务员作为国家行政权力的行使者，只有具备良好的道德与品行，才能承担起重大的责任，才能够实践民主与政治，维护国家和《宪法》秩序、国家利益和公共利益。

5. 具有正常履行职责的身体条件。行政机关公务员只有具有健康的身体，才能够精力充沛地完成自己的工作任务。而且健康的身体也是正常智力的物质基础。行政机关公务员需要的身体条件标准是正常履行职责，当然不同的职位对于公务员的身体条件的要求不同，但不能够对公务员的身体条件提出超出职位要求的最高标准甚至不合理的标准，坚决杜绝不合理的甚至歧视的身体条件要求。该项条件要求应由国家公务员主管部门会同国务院卫生行政部门制定的相关的与职位要求相适应的体检项目与标准。

6. 具有符合职位要求的文化程度和工作能力。现代科技发展日新月异，社会管理内容高度复杂，这对于行政机关公务员的素质提出了较高的要求，即行政机关公务员必须具备一定的文化程度和工作能力才能完成工作任务。文化程度的涵盖面比较宽，一个人通过自学也许没有相关的学历，然而其文化水平可能已经达到甚至超过了相应的同等学力水平。《国家公务员法》在这里对行政机关公务员的条件方面使用的是文化程度，而没有使用学历的概念。工作能力主要是指分析问题和解决问题的能力。行政机关公务员必须具备与职位相应的文化水平和工作能力。一个人也许有较高的文化程度，但能力相对较低，难以胜任工作，因此不仅对文化程度提出了明确的条件，而且对工作能力提出了具体的要求。但是，应注意文化程度和工作能力应与职位要求相适应，不能在所有的职位上千篇一律，以免浪费人才，浪费社会资源。

7. 法律规定的其他条件。此处的“法律规定的其他条件”是指全国人民代表大会及其常务委员会通过的法律所规定的与公务员职位要求相关的资格条件。如《国家公务员法》第24条规定：“下列人员不得录用为公务员：（一）曾因犯罪受过刑事处罚的；（二）曾被开除公职的；（三）有法律规定不得录用为公务员的其他情形的。”

（三）录用国家行政机关公务员的程序

《国家公务员法》第25条至第32条明确规定了该程序：

1. 发布招考公告。发布招考公告时应当载明招考的职位、名额、报考条件、需提交的申请材料及其他报考须知。

2. 对报考人员进行资格审查。对报考人员进行资格审查即审查报考者提交的申请材料是否真实、准确。

3. 对审查合格的进行公开考试。考试包括笔试和面试，其内容根据行政机关公务员应当具备的基本能力和不同职位类别分别设置。

4. 确定考察人选。对考试合格的进行报考资格复审、考察和体检。

5. 根据考试、考核结果提出拟录用人员名单并予公示。公示期满后，中央一级招录机关将拟录用人员名单报中央行政机关公务员主管部门备案，地方各级招录机关将拟录用人员名单报省级或者设区的市级行政机关公务员主管部门审批。录用特殊职位的国家行政机关公务员，经省级以上行政机关公务员主管部门批准，可以简化程序或者采用其他测评办法。

对于中央国家行政机关公务员的录用考试，由国务院人事部门依法定程序负责组织。地方各级国家行政机关国家公务员的录用考试，由省级人民政府人事部门依法定程序负责组织，必要时省级行政机关公务员主管部门可以授权设区的市级行政机关公务员主管部门组织。

6. 试用。新录用的行政机关公务员试用期为一年。试用期满合格的，予以任职；不合格的，取消录用。

三、国家行政机关公务员的考核制度

行政机关公务员考核在公务员管理中具有重要的作用，建立科学合理的考核制度对于公平合理地评价行政机关公务员的贡献、激励行政机关公务员积极工作具有重要意义。

国家行政机关公务员考核制度，是指国家行政机关公务员主管机关依据有关法律与规定，根据管理权限，对行政机关公务员思想品德、工作能力、工作态度以及工作业绩等进行考察，作出评定，并以此作为对行政机关公务员进行奖励、培训、辞退、晋级、晋职、增资依据的制度。

（一）考核内容

对国家行政机关公务员的考核，应当坚持客观公正的原则，以工作实绩作为考核重点，结合德、能、勤、绩、廉等方面进行，具体考核内容有如下五个方面：

1. 德。它主要考察行政机关公务员的政治、思想和道德品质表现。政治表现包括是否坚持四项基本原则，是否拥护党的社会主义初级阶段的基本路线、方针、政策。思想表现包括是否能够全心全意为人民服务，密切联系群众，自觉接受人民群众的监督，能否维护国家和群众利益，同违法乱纪行为作斗争。道德品质包括职业道德、社会公德和品德修养。

2. 能。它主要考察行政机关公务员从事本职工作所必须具备的业务知识和工作能力，主要包括业务技术水平、计划能力、组织能力、协调能力、控制能力、决策能力、执行能力、反应判断能力、应变适应能力、语言表达能力和文字写作能力、心理素质等。

3. 勤。它主要考察行政机关公务员的工作态度、敬业精神与事业心，主要包括行政机关公务员的工作积极性、主动性、纪律性、协作性、出勤率等。

4. 绩。它主要考察行政机关公务员完成工作的数量、质量、效益与效率。具体来说，主要考察行政机关公务员能否在规定时间内按质、按量完成或者超额完成工作任务，办事效率如何，工作是否取得明显效益或影响，有没有突出贡献等。

5. 廉。它主要考察行政机关公务员的清正廉洁、拒腐防变能力等自律情况。

行政机关公务员的考核重点是在全面考核德、能、勤、绩、廉的基础上，着重考核工作实绩，并把工作实绩作为评价公务员的主要依据。把工作实绩作为考核行政机关公务员的重点，可以防止领导者凭个人好恶或主观印象来评价

公务员，从而使考核更具有客观性。工作实绩是行政机关公务员思想、作风、能力、素质的综合反映，是对德、能、勤、绩、廉的整体检验。突出工作实绩也是一种导向，有利于行政机关公务员培养脚踏实地的工作作风。

（二）考核方式

对行政机关公务员的考核有平时考核与定期考核两种方式。平时考核通常是管理机关或主管领导对行政机关公务员在日常工作中的表现及功过进行了解和记录。平时考核一般没有严格的时间界限，方法、程序也没有严格的规定。定期考核以平时考核为基础，一般是一年一次，采取一定的技术，经过一定的法定程序，对平时的考核材料有效地进行分析、整理、归纳，集中群众意见，确定考核等次。

对非领导成员的定期考核，首先由个人按照职责和有关要求进行总结，然后主管领导在听取群众意见后提出考核等次建议，最后由机关负责人或者授权的考核委员会确定考核等次。

对于领导成员的定期考核，采取届中、届末考核的方式，由主管机关按照有关规定办理。没有明确届期限的，每两年或三年进行一次考核。其考核程序为：考核准备、述职、民主测评、个别谈话、调查核实、撰写考核材料、综合分析与评定考核结果、反馈等。

（三）考核等次

年度考核分为：优秀、称职、基本称职、不称职四个等次。一般每个等次的基本要求是：

1. 优秀。行政机关公务员在德、能、勤、绩、廉等方面都表现出色，圆满地完成了工作任务，成绩显著。

2. 称职。行政机关公务员在德、能、勤、绩、廉等方面达到了任职方面的要求，很好地或者较好地完成了工作任务。

3. 基本称职。行政机关公务员在德、能、勤、绩、廉等方面勉强地达到任职的要求，勉强地完成了工作任务。

4. 不称职。行政机关公务员业务、政治素质较差，达不到现任职务的要求，在某一方面存在突出问题，不能按要求完成工作任务，或在工作中造成严重失误。

对国家行政机关公务员的考核结果应当以书面形式通知本人。本人如果对考核结果有异议，可按有关规定申请复核。年度考核结果应作为对国家行政机关公务员的奖惩、培训、辞退以及调整职务、级别和工资的依据。

四、国家行政机关公务员的奖惩制度

国家行政机关公务员的奖惩制度，是指行政机关依法给予在工作中表现突出、有显著业绩和其他突出事迹的公务员或公务员集体一定荣誉或物质利益；给予玩忽职守、违反纪律的公务员惩处的一系列规定之总称。

（一）国家行政机关公务员的奖励制度

国家行政机关公务员的奖励制度，是指行政机关依法给予在工作中表现突出、有显著业绩和其他突出事迹的公务员或公务员集体一定荣誉或物质利益，以示鼓励的制度。对国家行政机关公务员的奖励，坚持精神鼓励与物质鼓励相结合，以精神鼓励为主的原则。对行政机关公务员的奖励，分为嘉奖、记三等功、记二等功、记一等功、授予荣誉称号。根据《国家公务员法》的规定，有以下情形之一的可对国家行政机关公务员进行奖励：

①忠于职守、积极工作，成绩显著的；

②遵守纪律、廉洁奉公、作风正派、办事公道、模范作用突出的；

③在工作中有发明创造或提出合理化建议，取得显著经济效益和社会效益的；

④为增进民族团结、维护社会稳定作出突出贡献的；

⑤爱护公共财产，节约国家资财有突出成绩的；

⑥防止或消除事故有功，使国家和人民群众利益免受或减少损失的；

⑦在抢险、救灾等特定环境中奋不顾身，作出贡献的；

⑧同违法违纪行为作斗争有功绩的；

⑨在对外交往中为国家争得荣誉和利益的；

⑩有其他突出功绩的。

对在工作中表现突出，取得优良成绩，应当给予嘉奖；对在工作中作出较大贡献，取得显著成绩的，应当给予记三等功；对在工作中作出重大贡献，取得优异成绩的，应当给予记二等功或一等功；对功绩卓著，有特殊贡献的，应当授予荣誉称号。

根据行政机关公务员受奖种类，越是高层次的奖励种类，要求审批机关的层级越高：嘉奖、记三等功的，由县级以上人民政府或者市（地）级以上人民政府工作部门批准；记二等功的，由市（地）级以上人民政府或者省级以上人民政府工作部门批准；记一等功的，由省、自治区、直辖市以上人民政府或者国务院工作部门批准；国务院授予荣誉称号的，经国务院人事部门审核后，由国务院批准；省、自治区、直辖市人民政府授予荣誉称号的，经本级政府人事部门审核后，由省、自治区、直辖市人民政府批准；国务院工作部门授予荣誉称号的，经国务院人事部门审核同意后，由国务院工作部门批准。

行政机关公务员或者行政机关公务员集体有下列情形之一的，撤销奖励：

①弄虚作假，骗取奖励的；

②申报奖励时隐瞒严重错误或者严重违反规定程序的；

③有法律法规规定应当撤销奖励的其他情形的。

（二）国家行政机关公务员的行政处分制度

国家行政机关公务员的行政处分制度是指行政机关依法给予在工作中玩忽职守、违反纪律的公务员惩处的制度。

对国家行政机关公务员给予行政处分须具备两个条件：一是要有违纪行为，如玩忽职守、贻误工作等；二是违纪行为尚未构成犯罪或者虽然构成犯罪但依法不追究刑事责任的。根据《国家公务员法》第53条规定：行政机关公务员必须遵守纪律，不得有下列行为：

①散布有损国家声誉的言论，组织或参加旨在反对国家的集会、游行、示威等活动；

②组织或参加非法组织，组织或者参加罢工；

③玩忽职守，贻误工作；

④拒绝执行上级依法作出的决议和命令；

⑤压制批评，打击报复；

⑥弄虚作假，误导、欺骗领导和公众；

⑦贪污、行贿、受贿，利用职务之便为自己或者他人谋取私利；

⑧违反财经纪律，浪费国家资财；

⑨滥用职权，侵犯公民、法人或者其他组织的合法利益；

⑩泄露国家秘密或者工作秘密；

⑪在对外交往中损害国家荣誉和利益；

⑫参与或者支持色情、吸毒、迷信、赌博等活动；

⑬违反职业道德、社会公德；

⑭从事或者参与营利性活动，在企业或者其他营利性组织中兼任职务；

⑮旷工或者因公外出、请假期满无正当理由逾期不归；

⑯违反纪律的其他行为。

处分国家行政机关公务员，必须依照法定程序，在规定的时限内作出处理决定。对国家行政机关公务员的行政处分，应当事实清楚、证据确凿、定性准确、处理恰当、手续完备，并以书面形式将处分决定通知行政机关公务员本人。

根据《国家公务员法》第56条规定："处分分为：警告、记过、记大过、降级、撤职、开除。"第58条第1款规定："公务员要受处分期间不得晋升职务和级别，其中受记过、记大过、降级、撤职处分的，不得晋升工资档次。"该条第3款还规定，受撤职处分的，同时降低级别和职务层次，职务工资也要降低。

处分期间：《国家公务员法》第58条第2款规定：警告的处分期间为6个月，记过的处分期间为12个月，记大过的处分期间为18个月，降级、撤职的处分期间为24个月。

受到开除处分的行政机关公务员，自处分决定生效之日起，解除其与单位的人事关系，任何机关不得再重新录用其为公务员。行政机关公务员受到开除以外处分的，在受处分期间有悔改表现，并且再没有发生违纪行为的，处分期满后，由处分决定机关解除处分并以书面形式通知本人。解除处分后，晋升工资档次、级别和职务不再受原处分的影响。但是解除降级、撤职处分的，不视为恢复级别、原职务。

五、国家行政机关公务员的培训、交流与回避制度

（一）国家行政机关公务员的培训制度

国家公务员的培训制度是指国家行政机关根据行政机关公务员职责的要求和提高行政机关公务员素质要求，分级分类开展的各种教育和训练活动。参加培训是国家行政机关公务员的权利和义务。国家行政机关公务员培训期间的学习成绩和鉴定作为任职、定级和晋升职务的重要依据之一。

国家行政机关公务员培训以邓小平建设有中国特色社会主义理论为指导，贯彻理论联系实际、学用一致、按需施教、讲求实效的原则，为全面贯彻党的基本路线服务。

国家行政机关公务员培训根据对象和内容的不同分为四种：初任培训、任职培训、专门业务培训、更新知识和提高工作能力培训（含专业技术培训）。

1. 初任培训。初任培训是指对新录用人员，即经考试录用进入国家行政机关，担任主任科员以下非领导职务人员的培训。初任培训合格者才能正式任职，不合格或未参加培训的不能任职。培训时间一般不少于10天。

2. 任职培训。任职培训是指对晋升领导职务的行政机关公务员，按照晋升职位的要求所进行的培训。任职培训一般在到职前进行，培训时间不少于30天。经任免机关批准也可以在任职后培训，但必须在到职后一年内进行。

3. 专门业务培训。专门业务培训是根据专项工作需要（人口普查、经济普查、计划生育普查），对国家公务员进行的专门知识和技能的培训。未经专门业务培训或者培训不合格者，不得参加专门业务工作。

4. 更新知识、提高工作能力培训。更新知识、提高工作能力培训是指对在职人员以增新、补充、拓宽相关知识和提高工作能力为主要目的的常规性全员培训。每人每年参加培训的时间累计不少于7天，也可以采取集中时间培训的办法。对担任专业技术职务的行政机关公务员进行的在职培训，应当按照专业技术人员继续教育的要求进行。

国家行政机关公务员按规定参加培训期间，其工资和各项福利待遇与在职人员相同。

国家行政机关公务员培训的施教机构以行政学院为主体，国家行政学院和省、自治区、直辖市行政学院按各自职责承担国家行政机关公务员的培训任务。管理干部学院或其他培训机构经过批准，也可承担国家行政机关公务员培训任务。

（二）国家行政机关公务员的交流制度

国家行政机关公务员的交流制度，是指国家行政机关根据工作需要或公务员个人愿望，对行政机关公务员通过多种形式有计划地实行交流的制度。国家行政机关公务员可以在国家行政机关内部交流，也可以与其他机关以及国有企事业单位的工作人员进行外部交流。我国目前行政机关公务员的交流形式有：

1. 调任。调任是指国家行政机关以外的工作人员调入国家行政机关担任领导职务或者副调研员以上非领导职务以及国家行政机关公务员调出国家行政机关任职。其中，国家行政机关公务员调出国家行政机关后，不再保留国家公务员身份。

调入行政机关任职的人员必须符合拟任职务所要求的政治思想水平、工作能力以及相应的资格条件；接收调入者的机关必须有职位空缺，并且在国家编制的限额内；调入的人员仅限于担任领导职务或副调研员以上的非领导职务。

2. 转任。转任是指国家行政机关公务员因工作需要或者其他正当理由在国家行政机关内部的平级调动（包括跨地区、跨部门调动）。国家行政机关公务员转任是行政机关系统内的交流方式。转任因回避、机构调整及个人专业等原因而发生。转任者必须符合拟任职务规定的条件要求，经考核合格后，按照规定的程序办理。

对担任领导职务和某些工作性质特殊的非领导职务的国家行政机关公务

员，在同一职位连续任职超过一定期限的，为防止主观上因人地过熟而受人情干扰和以权谋私，妨碍秉公办事，应当有计划地进行机关内的转任。

3. 挂职锻炼。挂职锻炼是指国家行政机关有计划地选派在职国家行政机关公务员在一定时间内到基层机关、上级机关、其他地区机关或者国有企事业单位担任一定职务，参加实地工作进行锻炼的一种交流方式。一般期限为六个月至两年不等。国家行政机关公务员在挂职锻炼期间，不改变其与原机关的人事行政关系。

（三）国家行政机关公务员回避制度

国家行政机关公务员回避制度，是指为使国家行政机关公务员不因亲属关系等对职务活动产生不良影响，对其任职、执行公务、任职地区等方面所作的限制性规定的制度。目前我国有三种类型的回避：

1. 任职回避。任职回避是指行政机关公务员在担任某特定的职务涉及法定亲属关系时，必须回避。法定的亲属关系包括国家行政机关公务员之间有夫妻关系、直系血亲关系、三代以内旁系血亲以及近姻亲关系，具有法定亲属关系的人不得在同一行政机关担任双方直接隶属于同一行政首长的职务或者有直接上下级领导关系的职务，也不得在其中一方担任领导职务的行政机关从事组织、监察、审计、人事、纪检和财务工作。如父子关系就属于直系血亲关系，儿子在父亲任领导职务的行政机关中不得从事财务等方面工作。任职回避的程序：首先是按照回避制度的有关规定进行审核工作；其次是对需要回避的人员进行调整。

2. 行政机关公务回避。行政机关公务员的公务回避，是指国家行政机关公务员执行公务时，因其所处理的事务涉及本人或者涉及与本人有任职回避中所列法定亲属关系人员的利害关系和其他可能影响公正执行公务的，必须回避。回避的范围除任职回避的范围外，还包括其他可能影响公正执行公务的因素，如师生关系、同学关系、战友关系等。

3. 地区回避。地区回避是指国家行政机关公务员担任乡级、县级机关及其他有关部门（公安、工商、税务人事、监察等）主要领导职务的，应当实行地区回避。一般不得在原籍或在该地担任领导职务较长一段时间的地域任职。但是，民族区域自治地方人民政府的公务员除外。

回避的方式：第一是自行回避，即国家行政机关公务员认为自己与本案有法律规定的回避情形时，主动提出回避请求的一种回避方式；第二是申请回避，即公务的利害关系人认为处理案件的行政机关公务员有法律规定的回避情形时，在公务执行结束前依法向有关机关提出要求该公务员停止处理该公务的一种请求回避方式；第三是决定回避，即有关行政机关在没有公务员提出自行回避或利害关系人提出回避申请的情况下，根据已掌握的情况，认为公务员有回避情形存在的，可以径行作出回避决定的一种回避方式。

六、国家行政机关公务员的辞职（退）、退休制度

（一）国家行政机关公务员的辞职（退）制度

国家行政机关公务员辞职、辞退制度是疏通国家行政机关公务员“出口”的重要环节。允许国家行政机关公务员自由选择适合自己的职业，同时对不胜任国家行政机关公务员工作和不忠于职守的国家行政机关公务员予以辞退。国家行政机关公务员辞职辞退制度为国家行政机关公务员依法维护其选择职业的权利和国家行政机关公务员队伍优胜劣汰机制提供了法律保障。

1. 国家行政机关公务员辞职。国家行政机关公务员辞职，是指国家行政机关公务员根据本人意愿，在一定条件下辞去公务员职务，解除与行政机关之间职务关系的行为。辞职是公务员的一种权利，公务员不愿意或不适宜在行政机关工作，可主动提出辞职。但辞职应符合法定限制性条件，即最低服务年限（一般为3~5年）已达到；在涉及国家安全、重要机密等特殊岗位任职或者离开上述职位已满国家规定的脱密期限或已过解密期限；须由本人处理的重要公务已处理完毕；不存在正在接受审计、纪检审查或者涉嫌犯罪的情形。行政机关公务员辞职要向原任免机关提出书面申请，任免机关应当自接到申请之日起30天内予以审批，其中领导成员辞去公职的申请，应当自接到申请之日起90天内予以审批。未经审批不得辞职。行政机关公务员辞职后，原系领导职务的公务员在离职三年内，其他公务员在离职两年内不得到与原工作业务直接相关的企业或者营利性组织任职，不得从事与原工作业务直接相关的营利性活动。违反上述规定的，由其原所在机关的同级公务员主管部门责令限期改正，逾期不改的，由县级以上工商行政管理部门没收该违法所得，责令接收单位将该人员予以清退，并根据情节轻重对接收单位处以被处罚人员违法所得一倍以上五倍以下的罚款。

2. 国家行政机关公务员辞退。国家行政机关公务员辞退，是指国家行政机关根据法定条件，通过法定程序作出解除国家行政机关公务员与行政机关之间职务关系的单方面行政行为。

行政机关公务员有下列情形之一的予以辞退：在年度考核中，连续两年被确定为不称职的；不胜任现职工作，又不接受其他安排的；因所在机关调整、撤销、合并或者缩减编制名额需要调整工作，本人拒绝合理安排的；不履行公

务员义务，不遵守公务员纪律，经教育仍无转变，不适合继续在机关工作，又不宜给予开除处分的；旷工或者因公外出、请假期限满无正当理由逾期不归连续超过15天，或者一年内累计超过30天的。

但具有下列情形之一的不得辞退：因公致残，被确认丧失或者部分丧失工作能力的；患病或者负伤，在规定的医疗期限内的；女性公务员在孕期、产期、哺乳期内的；法律、行政法规规定的其他不得辞退的情形。被辞退的公务员对处理决定不服，适用申诉规则，可在自知道该人事处理之日起30天内向原处理机关申请复核，对复核结果不服的，可自知道复核结果之日起15天内向同级公务员主管部门或者作出该人事处理的机关的上一级机关提出申诉，也可以不经复核直接向人民法院起诉。被辞退的国家行政机关公务员可以领取辞退费或者根据国家有关规定享受失业保险。国家行政机关公务员在被辞退前连续工作满一年以上的，自被辞退的次月起由有关机构发放辞退费，具体标准由省、自治区、直辖市人民政府根据不低于国家公务员办事员职务的最低工资，高于社会救济的原则确定。被辞退的行政机关公务员工作年限不满两年的，发放3个月的辞退费；工作年限满两年的，发放4个月的辞退费；工作年限两年以上的，每增加一年增发1个月的辞退费，但最长不得超过24个月。重新就业、参军、出境或出国定居、被劳动教养或被判刑的，停发辞退费。

（二）国家行政机关公务员退休制度

国家行政机关公务员退休制度，是指行政机关公务员达到法定年龄或工作满一定年限或丧失工作能力而离开工作岗位，并享受退休金和其他退休待遇的制度。

行政机关公务员退休有强制退休和自愿退休两种方式。其中强制退休的条件是：行政机关公务员达到国家规定的退休年龄或者丧失工作能力的。自愿退休也称提前退休，其条件是：工作年限满30周年的；或者距国家规定的退休年龄不足5年且工作年限满20年的；或者符合国家规定可以提前退休的其他情形。

退休待遇是国家行政机关公务员退休制度的核心内容。《国家公务员法》在《退休》一章中规定："国家公务员退休后，享受国家规定的退休金和其他待遇，国家为其生活和健康提供必要的服务和帮助，鼓励发挥个人专长，参与社会发展。"

国家行政机关公务员退休待遇除退休金之外，主要包括政治待遇和其他方面的生活待遇。

1. 政治待遇。政治待遇是指国家行政机关公务员退休后应享有的政治权利。国家行政机关公务员退休后，其基本政治待遇保持不变。

2. 其他生活方面的待遇。其中包括：地区津贴、物价、生活补贴和各项福利待遇、医疗和伤残保险待遇、住房待遇、丧葬、抚恤待遇等。

第三编　行政行为

第七章　行政行为概述

第一节　行政行为的概念与特征

一、行政行为的概念

行政行为有广义和狭义之分。广义的行政行为是指行政主体实施的所有产生行政法律效力的行为，包括内部行政行为和外部行政行为。狭义的行政行为是指行政主体实施的外部行政法律行为，即行政主体对公民、法人或其他组织所实施的，并基本由行政主体单方面意思表示而形成的具有行政法律效力的行为，如行政强制执行行为、行政处罚行为等。本书采用广义的概念，即指行政主体实施的所有产生行政法律效力的行为。为了更全面、透彻地理解这一概念，应把握以下几个要件：

（一）主体要件

主体要件即行政行为是行政主体的行为。它包括行政机关及法律、法规授权的组织实施的行政职能行为。非行政主体的其他国家机关、企事业组织、社会团体或公民个人，无法律、法规授权和行政主体的合法委托时，均不能实施行政行为。

（二）权力要件

权力要件即行政行为是行政主体行使行政权力的行为。作为行政主体的行政机关和法律、法规授权的组织并非在任何时候都是以行政主体的身份出现，当其非行使国家行政权力时，所实施的行为不是行政行为，如行政机关购买办公用品或租用办公场所的行为为一般民事行为。只有在行政主体为了实现国家行政管理职能而行使国家行政权力时所实施的行为才是行政行为。

（三）效力要件

效力要件即行政行为是具有行政法律效力的行为。能产生法律效力是指能在法律上影响相对人的权利义务，这种影响可能是有利于相对人的，如颁发许可证照、发放抚恤金等；也可能是对相对人不利的，如进行行政处罚或行政强制等。行政主体有时虽然依职权也实施了一定的行为，但由于不具有法律效力，如气象预报、发布统计信息等，因而它们不是行政行为，只是事实行为。

（四）目的要件

目的要件即行政行为的目的在于实现国家行政管理目标。行政行为是实现国家行政管理目标的方式之一，其表现形式、内容和程序都必须符合国家管理的要求。不利于实现国家行政管理目标的行为，便称不上合法、适当的有效行政行为，是不能产生法律效力的行为。

二、行政行为的特征

行政行为作为行政主体行使行政职权的行为，同其他法律行为相比，具有以下特性：

（一）从属法律性

行政机关是国家的执法机关，行政行为是执行法律的行为，从而必须从属于法律，严格依法办事，严格依法进行。行政行为的从属法律性表现为：①行政行为的实施必须有法律依据；②行政行为必须在法律规定的时间和空间范围内实施；③行政行为是受法律规范和约束的行为，任何违法、越权的行为都是无效或可撤销的行为，如公安机关吊销营业执照的行为。另外，行政机关虽然也可以创制行政性规范（行政立法），但这只是从属性规范，是为执行法律规范而制定的规范，是从属性的准立法行为。可见，行政行为的从属法律性是由行政主体的法律地位所决定的。

（二）效力先定性

所谓效力先定，是指行政行为一经作出，就假定其符合法律规定，在没有被国家有权机关宣布为违法无效前，对行政机关本身和相对方以及其他国家机关都有约束力，任何个人和团体都必须遵守和服从。对其效力的否定，要经过国家有权机关依职权和法定程序审查认定。

（三）单方意志性

行政主体实施的绝大多数行政行为，只要在其法定职权范围内，即可自行决定和直接实施，而不受行政相对人意志的影响或左右，即无须与行政相对人协商和征得其同意。这一特征不仅表现在依职权的行政行为中，如行政监督检查、行政处罚、行政强制等；也表现在依申请的行政行为中，如颁发许可证照、发放抚恤金等。行政主体为实现行政职能而签订行政合同的行为中，也不乏行政单方意志性，其在缔结、履行、变更与解除等方面享有优益权。

（四）裁量性

依法行政的原则要求行政主体依据法律规定采取行政行为，但由于行政管理的复杂性和多变性，任何法律都不可能将行政主体的每一个行政行为的运作规定得非常详细具体，而只规定原则或幅度范围。因此，行政主体享有一定的自由裁定权，才能合理、科学地进行行政管理，实现行政职能。行政行为的裁量性并非与其法律从属性截然对立，行政主体执行法律并不是机械、被动地适用法律，而应充分发挥其主观能动性，积极、灵活地执行。当然自由裁量也不是无限制的，它必须在法律规定的范围内进行，并要符合立法目的和宗旨。

（五）强制性

行政行为是行政主体代表国家，为实现国家管理职能而以国家名义进行的，它必须以国家强制力为后盾。体现在行政行为一经作出即产生法律效力，相对人必须遵守和服从。否则，行政机关可以依法强制其履行或者申请人民法院强制执行。

第二节　行政行为的成立与合法要件

一、行政行为的成立

行政行为的成立是指行政行为的作出或者形成。具体来说，就是行政行为依据规定程序，具备相应法定要件后正式对外发生法律效力。行政行为的成立须具备如下构成要件：

（一）主体要件

主体要件即行政权能的存在。权能指的是权利能力或资格。行政权能是实施法律、作出行政行为的一种资格，是决定一个组织是否是行政主体的实质性资格。它可以由法律授予行政机关和社会组织，也可以由行政主体分解确定给行政机构和行政机关公务员。只有具备行政权能的组织和个人才能实施法律和作出行政行为，也只有具备行政权能的组织和个人所作的行政行为才有可能是行政行为，不具备行政权能的组织和个人所作的行为就不是行政行为。行政权能是决定一个行为是否是行政行为的主体要件。

（二）权力要件

权力要件即行政权力的实际运用。行政行为必须是行使行政权的行为或者说是运用行政权所作的行为。只有享有行政权能并实际运用行政权能所作的行为才是行政行为，而没有运用行政权能所作的行为，实施者即使是行政主体也不是行政行为，如行政机关购买办公用品的行为。因此，行政权能的实际运用是行政行为成立的权力要件。

（三）内容要件

内容要件即具有法律效果。行政行为必须是一种法律行为，即只有当行政主体实施的行为具备了为行政管理相对人设定、变更或消灭某种权利义务关系的内容时，才具有法律意义，构成法律行为。如果不具有法律效果，即使该行为是行政主体运用行政权所为，也不是行政行为，而是事实行为。

（四）形式要件

形式要件即具有表现形式。行政行为是行政主体的一种意志，必须通过一定的外化表现形式使相对人受领，如果行政主体的意志没有表现出来，没有告知行政管理相对人，无法被外界所识别，就应视为行政行为不存在或不成立。

二、行政行为的合法要件

行政行为的合法要件不同于行政行为的成立要件，已成立的行政行为不一定是合法的。违法的行政行为经过相应的法定程序，具备有关要件后，亦能对外产生法律效力。行政相对人只能通过行政复议、行政诉讼等途径请求有关国家机关确认该违法行为无效或撤销该违法行为。有关国家机关如何确认行政行为的合法或违法呢？在法律上必须确定一些标准，即所谓“行政行为的合法要件”——合法的行政行为所必须具备的法定条件。行政行为的合法要件包括以下五个方面：

（一）行为主体合法

行为主体合法是行政主体，必须具备行政主体资格。行政行为必须由行政主体作出，其他无法律法规授权或委托的国家机关、社会组织、团体、企事业单位都无权作出行政行为。有时国家行政机关与其他国家机关，或社会组织联合作出某一行为，如联合发布某一规范性文件，或实施某一具体行为等。这些行为如果有法律根据，且符合行政机关的职权范围，应视为行政行为。

（二）行为权限合法

行为权限合法即行政主体的行为必须限定在权限范围内。行为合法除了要求行为主体必须是行政主体以外，还要求行政主体的行为必须是在权限范围以内。也就是说，行政主体必须在自己的事务管辖权、地域管辖权和级别管辖权的范围内作出行政行为，而且行政行为的实施没有滥用职权的情形。

（三）行为内容合法

行为内容合法是指行政行为具有事实根据，证据确凿，意思表示真实、完整、确定，抽象行政行为具有法律依据，具体行政行为适用法律法规正确，行政行为的目的符合立法本意和宗旨。例如，某行政机关通过颁发许可证而获取许可证申请人的好处（购买优惠商品、免费进入游乐场所、小孩入托上学享受优惠待遇等），其行为属违法行为。

（四）行为程序合法

行政行为程序合法，是保障行政行为实体公正、合法、合理的前提，对取信于民，树立国家行政机关依法行政的形象具有重要意义。这就要求行政行为既要符合行政程序的基本原则（先取证、查明事实，后裁决、处理），又要遵循行政程序方面的各项制度（听证制度、说明理由制度等）。如行政主体强制拆迁行政相对人的违章建筑，要经过向相对人下发拆迁通知，听取相对人异议，作出强制拆迁决定，采取强制拆迁措施等步骤。

（五）行为形式合法

只有形式合法的行政行为才是合法的行政行为，即行政行为的方式符合法律、法规规定的方式。如行政处罚、行政许可等均应采用书面决定的形式。

第三节 行政行为的分类

对行政行为进行相应的分类不仅有助于认识行政行为的具体特征，分析行政行为是否合法有效，而且也是确定行政救济途径的现实需要。因此，有必要对行政行为进行分类。

一、抽象行政行为与具体行政行为

按行政行为的对象是否特定，可分为抽象行政行为与具体行政行为。

抽象行政行为，是指行政主体针对不特定的对象实施的能反复适用的行政行为。抽象行政行为一般以规范性文件的形式表现出来。具体行政行为，是指行政主体依法就特定事项针对特定的公民、法人和其他组织作出的影响其权利义务产生的单方行政职权行为，是依据行政法律法规作出的行政决定。

二、内部行政行为与外部行政行为

按行政行为的作用对象为标准，可分为外部行政行为与内部行政行为。

凡是行政主体对行政相对人作出的执行公务的管理行为都称为外部行政行为，如行政许可行为、行政强制执行、行政处罚行为等。凡是行政主体在执行公务中针对系统内部的行政组织及其工作人员实施的行为都称为内部行政行为，如对行政机关工作人员的考评、奖惩行为、行政处分行为等。

三、行政立法行为、行政执法行为和行政司法行为

根据实施行政行为时所形成的法律关系的不同，可分为行政立法行为、行政执法行为和行政司法行为。

行政立法行为，是指国家行政机关依照法律规定的权限和程序，制定规范性文件的活动行为。行政执法行为是指国家行政机关执行或适用法律、法规和规章，并使之在实际生活中得以实现的活动行为。行政司法行为是指行政机关作为第三方，裁决行政争议、民事争议的行为。

四、羁束行政行为与自由载量行政行为

根据行为受法律规范拘束程度的不同，可划分为羁束行政行为与自由裁量行政行为。

羁束行政行为，是指由法律法规对行政行为的范围、条件、形式、程度、方法等都作了明确而具体的规定，行政主体只能依据法律法规的规定，不能自

行选择裁量而作出的行政行为，如征税必须严格按照税法所规定的税种、税目和税率计算税额，而不能自行变动、多征或少征。自由裁量的行政行为，是指法律法规对行政行为的范围、条件、形式、程度和方法等未作详细、具体而明确的规定，行政主体可以在法律法规规定的幅度或范围内，或在符合立法目的和原则的前提下，根据具体情况自行选择、裁量所作出的行政行为。

五、依职权的行政行为与依申请的行政行为

依据行政职权的启动方式不同，可以划分为依职权的行政行为和依申请的行政行为。

依职权的行政行为，是指行政主体依据法律赋予的职权主动实施的行政行为，如征收税款、行政处罚等。依申请的行政行为是指行政主体只有在行政管理相对人的申请或要求的前提下方能作出的行政行为，如行政许可等。

六、行政行为的其他分类

根据行政法律规范是否要求必须具备特定形式和遵守特定程序为标准，行政行为可以分为要式行政行为和非要式行政行为；以行政管理相对人是否参与决定行政行为的内容为标准，行政行为可以分为单方行政行为和双方行政行为；以是否有附加条件为标准，行政行为可以分为附款行政行为和无附款行政行为等。

第四节　行政行为的内容与效力

一、行政行为的内容

行政行为的内容，是指行政行为对行政相对人权利、义务产生的具体影响。不同的行政行为其内容不同。

（一）赋予权益或设定义务

行政行为通过赋予相对人一定的权益或为相对人设定一定的义务，而使相对人取得新的法律地位，并在行政主体与相对人之间形成一种新的行政法律关系。

1. 赋予权益。行政行为赋予权益既包括行政法上的权益，也包括赋予民法上的权益；既包括赋予相对人从事某种活动或行为的资格，如颁发律师资格证书等，也包括赋予相对人从事某种活动或行为的能力，如颁发许可证照等。

2. 设定义务。行政行为设定义务包括设定相对人的作为义务（如要求相对人缴纳罚款或税款、命令相对人在一定期限内拆除违章建筑等）和不作为

义务（如命令违法经营者停业整顿、禁止一定区域的通行或在一定范围、一定时期内禁止狩猎等）。

（二）剥夺权益或免除义务

行政行为通过剥夺相对人的某项权益或免除相对人的某种义务，从而取消其原有的法律地位或解除原有的法律关系。

1. 剥夺权益。行政主体通过行政行为依法剥夺相对人从事某种活动或行为的资格或权能。如吊销营业执照、律师执业资格、没收财物等。

2. 免除义务。这里包括作为和不作为义务。如免除纳税人的纳税义务、免除相对人服兵役的义务（作为义务），免除相对人停业整顿的义务、允许相对人重新营业或生产（不作为义务）。免除义务通常是在法定条件具备的情况下进行的，行政主体不得随意实施免除义务的行政行为。

（三）变更权利义务

行政主体对相对人原来所享有的权利或所承担的义务范围进行缩小或扩大的行政行为，如减税、变更经营权限等。

（四）确认法律事实与法律地位

1. 确认法律事实。它是指行政主体对具有法律意义的某种客观情况依法予以确认等，如对相对人兵役年龄、婚龄的确认等。确认不直接为相对人创设权利义务，但为相对人权利义务的取得和丧失提供依据。对伤残等级的确定行为就属于此范畴。

2. 确认法律地位。它是指行政主体对某种法律关系是否存在及其存在的状况予以认定，如土地管理部门或人民政府对土地所有权或使用权的确认等。对交通事故发生的原因的确定也属于此范畴。

二、行政行为的效力

《行政诉讼法》第44条规定：“诉讼期间，不停止具体行政行为的执行……”《行政处罚法》第45条规定：“当事人对行政处罚决定不服申请行政复议或者提起行政诉讼的，行政处罚不停止执行，法律另有规定的除外。”《行政复议法》第21条规定：“行政复议期间具体行政行为不停止执行……”前述所引法律条文均是有关行政行为法律效力的具体规定。在理论上，行政行为的效力可表述为：

（一）行政行为的确定力

行政行为的确定力是指行政行为一经作出，除重大、明显违法情形外，即发生法律效力，非依法定程序不得任意变更或撤销。它包括形式上的确定力和实质上的确定力。

形式上的确定力是指行政行为成立后，相对人不得擅自改变或任意请求改变该行政行为，它又称不可争力。但相对人在行政行为成立的一定期限内，依法可以向上一级行政机关申请行政复议或向人民法院提起行政诉讼，请求审查和撤销该行政行为，但在复议或诉讼期间不停止该行政行为的执行。

实质上的确定力是指行政行为一经作出，行政主体非经法定程序不得任意改变或撤销或就同一事项重新作出行为。

另外，行政行为的确定力，还包含除行政主体和行政相对人以外的国家机关（含行政机关）、社会组织和公民，都不得随意否认或拒绝行政行为所确认的事实和法律关系。

行政行为的确定力并不意味着一成不变，而是说行政行为作出后不得随意撤销或变更。在行政行为有重大或明显违法时，该行政行为自作出之时起即无效；在行政行为有一般违法或不当情形时，经法定程序，可变更或撤销（如行政复议、行政诉讼等）。

（二）行政行为的拘束力

行政行为的拘束力是指行政行为生效后，所具有的约束、限制行政相对人的法律效力。如行政主体责令某公司停业整顿，该公司即应在指定期间内不得再行开工营业。同时，这种拘束力还适应于虽不是行政行为直接对象，但与之有利害关系的个人、法人或组织。如行政主体依法冻结某公司存款、账户时，有关金融机构即应予以支持和配合，不得让该公司再支取相应款项。

行政行为成立以后不仅对该行为的相对人具有拘束力，而且对该行政主体本身及其他一切行政主体和行政工作人员亦有相应的拘束力。

（三）行政行为的执行力

行政行为的执行力是指行政行为生效后，行政相对人必须实际履行行政行为确定的义务，拒绝履行或拖延履行，行政主体可依法采取强制措施或申请人民法院强制履行。

行政行为的执行力表现为自行执行力和强制执行力。自行执行力，是指行政相对人自觉履行该行政行为确定的义务的法律效力。强制执行力是指在相对人拒绝履行或拖延履行行政行为确定的义务时，行政主体依法采取强制措施或申请人民法院强制履行。

行政行为的执行力原则上是不能中止的，在行政复议或行政诉讼期间，一般也不停止执行，只有在法律法规规定的特定情形下，才可以暂时停止执行。

三、行政行为的生效

行政行为的生效是指行政行为何时开始产生法律效力。一般而言，行政行为的生效有以下几种方式：

（一）即时生效

即时生效是指行政行为一经作出就对相对人立即生效，如戒严令等。

（二）告知生效

告知生效是指行政行为作成后一经向相对人通报，行政行为即刻生效。或者说，行政行为须告知相对人后才能生效，如信函、通知、公报等。告知强调的是行政主体的告知行为。

（三）受领生效

受领生效是指行政行为告知相对人，并为相对人接受、知悉和领会后方能生效。受领之时与告知之时有时并不一致，如留置的行政行为。该方式强调的是相对人的接受、领会或真正知道。

（四）附款生效

附款生效是指当行政行为作出时附有条件或期限的，该条件或期限成就时该行政行为方能生效。如建设部 1989 年 11 月 21 日发布的《城市毗连房屋管理规定》第 21 条规定：“本规定自 1990 年 1 月 1 日起施行。”即该规定虽然于 1989 年 11 月 21 日作出，但必须待 1990 年 1 月 1 日到来之时生效。

第五节　行政行为的无效、撤销与废止

一、行政行为的无效

行政行为的无效，是指形式上已经成立的行政行为因存在明显或重大违法情形，自始至终当然不具有法律效力的行政行为。须注意的是，并非违法行政行为当然无效，而是必须达到一定程度，即明显或重大违法的行政行为才是无

效的行政行为。

（一）行政行为无效的条件

1. 行政主体不明确或明显超越相应行政主体职权。如在执行公务时不表明身份。至于超越职权的行政行为，如果其越权不是很明显的，一般不宜认定为是无效的行政行为，而应该将之归入可撤销的行政行为，只有明显无权限而越权的行为，才应该认定为无效的行政行为。如工商行政管理机关对违法经营者进行行政拘留就属于无效的行政行为。

2. 行政行为有重大或明显违法情形。如商标局作出撤销注册商标的决定，并在决定书中写明：当事人不服可以自收到决定之日起 30 日内向法院提起行政诉讼，不得申请行政复议；某市政府命令一个因有爆炸危险而停止向外供气的煤气供应站立即恢复向外供气的行为。

3. 行政行为有犯罪情形或将导致相对人犯罪。如县政府决定由村民捕杀珍稀动植物供投资外商食用、派出所令警员或其他保安员对相对人使用暴力手段去教训相对人。

4. 行政行为没有可能实施。如某市政府为临时迎接全国旅游城市的检查评比，命令某建筑公司在 15 日内将临街的建筑物进行穿衣戴帽工程改造。这项工程据专家估算至少得半年才能完成。因此，该行政命令是根本不可行的，属无效行政行为。

5. 行政主体受胁迫或欺骗而作出的行政行为。如行政机关工作人员在相对人使用武力威胁或者隐瞒真实情况前提下颁发许可证的行为。

（二）行政行为无效的法律后果

1. 有权国家机关可在任何时候宣布相应行政行为无效。

2. 行政相对人可在任何时候请求有权国家机关宣布该行为无效。

3. 被确认无效的行政行为自始至终不发生法律效力。无效行政行为改变的状态应尽可能恢复到行为以前的状态。

4. 行政主体因该无效行为而取得的一切利益（如罚款或没收的财物等）均应返还相对人，并对因此而给相对人的合法权益造成的实际损失承担赔偿责任（行政赔偿）。还应收回因该行政行为而给予相对人的权益，如相对人无过错，应对之进行适当的补偿。

二、行政行为的撤销

行政行为的撤销是指已经发生法律效力的行政行为，因具有可撤销的情形，由有权国家机关作出撤销决定后而使之失去法律效力的行政行为。

无效的行政行为自始至终无效，而可撤销的行政行为只有在被撤销之后才失去效力（但可追溯到行为作出之日），然而行政相对方在撤销决定作出前却要一直受该行为约束，无效行为则不然。并且，可撤销的行为不一定必然被撤销，不仅因行政相对方申请行政复议或提起行政诉讼均有一定时限，超出此时限即不能申请撤销相应行为，而且行政管理相对人对此拥有一定的选择权，除非行政机关主动撤销或有权机关通过法定监督途径撤销。

（一）撤销的条件

1. 不具备合法要件（主体、内容、程序不合法）。如果缺少某一要件，则该行政行为为可撤销的行为。

2. 行政行为不适当。不适当的行政行为可能是不合法的行政行为，也可能是合法但不合理的行政行为，主要指该行政行为内容不公正、不符合现行政策、不符合一般社会道德等。行政行为不适当，一般情况下由行政机关来撤销，人民法院通常不能以不适当为由撤销行政行为。

（二）行政行为撤销的法律后果

行政行为通常自被撤销之日起失去法律效力。撤销的效力根据需要也可一直追溯到行政行为作出之日。

行政行为是因行政主体的过错而被撤销的，因此给相对人带来的一切损失，行政主体应予赔偿。如果行政行为是因相对人的过错而被撤销的，则由相对人对因撤销行政行为而带来的损失自行负责，行政主体也应对通过该行为已给予相对人的利益予以收回。如果是行政主体、行政相对人的共同过错而引起行政行为的被撤销，则由相对人依其过错程度适当承担法律责任，行政主体或行政工作人员也应对导致行政行为撤销的本身过错承担一定的责任。

三、行政行为的废止

行政行为的废止，是指已发生法律效力的行政行为，因具有法定情形而依法定程序宣布废止，使其失去法律效力。

（一）废止的条件

行政行为具有确定力，一经作出即不得随意废止，只有在具备以下条件之一时，才能被废止。

1. 法律、法规、规章或政策被修改、废止或撤销，依据此法律文件、政策而作出的行政行为由有权机关废止。如收容遣送的行政行为。

2. 实际情况发生重大变化，使行政行为失去继续存在的意义，原行政行为由有权机关废止。如曾被准予的征地许可因地质变化存在山体滑坡危险，原许可行为被废止。

3. 原定任务或目标已经完成，原行政行为因此没有继续存在的必要，相应行政行为应予以废止。如某地区的非典疫情已不复存在，原设定的隔离行政行为废止。

（二）行政行为废止的法律后果

1. 被废止的行政行为自废止之日起失去效力，被废止以前的行为及结果仍然有效。行政主体在该行政行为被废止前，通过该行为给予相对人的利益不应收回，相对人已完成的义务也无权要求补偿。

2. 行政行为因法律或政策依据变化而引起废止时，如这种废止给相对人带来较大损失，行政主体应予以适当补偿，但非赔偿。

第八章　抽象行政行为

第一节　抽象行政行为的概念与特征

一、抽象行政行为的概念

抽象行政行为本身是一个相对于“具体行政行为”的理论概念。抽象行政行为，是指行政主体针对不特定对象实施的行政行为。换言之，抽象行政行为，是有关国家行政机关制定行政法规、规章和有普遍约束力的规定、命令等行政规则的行为。

抽象行政行为，是国家行政机关实施的行为。它不同于国家权力机关、司法机关、军事机关制定的法律、军事法规和司法解释；不同于政府组织制定的内部规则，它是一种制定规则的行为；它也不同于处理具体行政事务的具体行政行为。

二、抽象行政行为的特征

（一）对象的不特定性

抽象行政行为以普遍的、不特定的人或事为行政对象，即它针对的是某一类人或事，而非特定的人或事。如人事部、劳动部发布的《关于解除国家公务员行政处分有关问题的通知》，其适用的对象是已经受到行政处分的和将来可能受到行政处分的公务员。

（二）在一定范围内的反复适用性

抽象行政行为对一个对象适用后，对其他同一类的人或事（对象）仍然适用，直至其被废止。

（三）准立法性

抽象行政行为是行政主体执行法律所制定的行政法规、规章和其他具有普遍约束力的决定、命令等规范性文件，具有普遍约束力和规范性。

（四）不可诉性

抽象行政行为不能成为行政诉讼的直接对象。如果相对方对抽象行政行为有异议，向人民法院起诉的，人民法院不予受理。

第二节　抽象行政行为的分类

依据不同的标准，可将抽象行政行为作不同的分类。最常见的分类标准是以抽象行政行为的规范程度与效力等级为标准，可以把抽象行政行为分为行政机关的行政立法行为和行政机关除行政立法以外的其他抽象行政行为。

一、行政机关的行政立法行为

行政机关的行政立法行为，是指国家行政机关制定并发布行政法规和行政规章的行为。其中包括国务院制定、发布行政法规的行为；国务院各部委制定、发布部门规章的行为；省、自治区、直辖市人民政府及省、自治区人民政府所在地的市和国务院批准的较大的市人民政府制定、发布地方政府规章的行政行为。这类抽象行政行为只能由《立法法》规定的较高层次的国家行政机关实施。目前，法律规定最低一级享有行政规章制定权的国家行政机关是经国务院批准的较大的市（含经济特区的市）的人民政府，其以下级别的其他行政机关无权实施这类抽象行政行为。

二、行政机关除行政立法以外的其他抽象行政行为

它主要是指行政机关针对广泛的、不特定的对象规定行政措施，发布决定和命令的行为。这类行政行为是在一定范围和管理领域内对一切人具有普遍约束力，并能反复适用。这类抽象行政行为的主体极为广泛，如依照《宪法》和法律的规定，我国各级人民政府都有权对管理本行政区域内的行政事务发布决定和命令。

第三节　抽象行政行为的主要表现形式

一、行政立法行为

（一）行政立法行为的概念及特征

行政立法行为，是指国家行政机关依照权限和法定程序制定行政法

规、规章的活动。从上述概念可以看出，行政立法行为既具有立法的性质，是一种从属性立法活动，又具有行政的性质，是一种抽象行政行为。它具有以下特征：

1. 行政立法行为的从属性。行政立法行为的从属性即行政机关制定的规范性文件要从属于最高权力机关制定的《宪法》和法律。

2. 行政立法行为的立法性。它表现在：①行政立法是行政机关代表国家以国家的名义制定人们共同遵守的行为准则；②行政立法行为所立之法属于法的范畴，具有普遍性、规范性和强制性等法的基本特征；③行政立法行为必须遵循立法程序，经过立项、起草、审查、决定与公布等程序。

3. 行政立法行为的行政性。它表现在：①行政立法行为的实施机关是行政机关；②行政立法行为所调整的对象主要是行政管理事务；③行政立法行为的目的主要是执行和实施权力机关制定的法律，实现行政管理职能。

（二）行政立法行为的分类

1. 中央行政立法与地方行政立法。这是依据行政立法的主体和地域效力所作的分类。中央行政立法，是指国务院及其组成部门根据授权或职权制定行政法规或部门规章的活动。地方行政立法是指省、自治区、直辖市人民政府、省及自治区政府所在的市和经国务院批准的较大的市人民政府（含经济特区的市），根据法律、行政法规和地方性法规，制定规章的活动。

2. 一般授权立法与特别授权立法。这是依行政立法权限来源不同所作的分类。一般授权立法指行政机关直接依照《宪法》和有关组织法、《立法法》规定的职权制定行政法规、规章的活动。如国务院根据《宪法》和法律，制定行政法规；特别授权立法指行政机关依据特定法律（如《立法法》）、法规的授权或依照最高权力机关的专门决议，制定规范性法律文件的活动。如《立法法》第56条第3款规定："应当由全国人大及其常委会制定法律的事项，国务院根据全国人大及其常委会的授权决定先制定的行政法规，经过实践检验，制定法律的条件成熟时，国务院应及时提请全国人大及其常委会制定法律。"

（三）行政立法体制

行政立法体制，是指国家行政立法机关的体系及其立法权限的划分。

1. 我国行政立法机关体系。根据《宪法》及有关法律的规定，我国的行政立法机关体系如下表所示：

	立 法 机 关	立 法 形 式
1	国务院	行政法规
2	国务院各部委、中国人民银行、审计署和直属机构	部门规章
3	省、自治区、直辖市人民政府	地方规章
4	省及自治区政府所在地的市、经国务院批准的较大的市（如唐山、宁波等）、经济特区的市人民政府	地方规章

2. 我国的行政立法机关权限划分。

（1）国务院与国务院各部委立法权限的划分。根据《立法法》第 56 条规定："国务院根据宪法和法律，制定行政法规。行政法规可以就下列事项作出规定：①为执行法律的规定需要制定行政法规的事项；②《宪法》第 89 条规定的国务院行政管理职权的事项。应当由全国人民代表大会及其常务委员会制定法律的事项，国务院根据全国人民代表大会及其常务委员会的授权决定先制定的行政法规……"

根据《立法法》第 71 条第 2 款规定："部门规章规定的事项应当属于执行法律或者国务院的行政法规、决定、命令的事项。"

（2）地方人民政府的行政立法权限的划分。根据《立法法》第 73 条第 2 款规定，地方政府规章可以就下列事项作出规定：①为执行法律、行政法规、地方性法规的规定需要制定的事项；②属于本行政区域的具体行政管理事项。

（四）行政立法程序

1. 行政法规。行政法规是国务院为领导和管理国家各项行政工作，根据《宪法》和法律，按照法定程序制定发布的有关政治、经济、教育、科技、文化、外事等事务的各类法规的总称。行政法规以《宪法》和法律为依据，其效力高于地方性法规、规章和普遍约束力的行政决定、命令。

（1）制定权限。制定权限是关于制定行政法规必须具备的条件和可以对什么事项作出规定的制度。

国务院制定行政法规应当以《宪法》和法律为依据，即国务院制定行政法规必须以上位规则为根据，这种"根据"，既可以是《宪法》或者法律对具体事项的规定，也可以是《宪法》或者法律对有关事项的一般性规定。行政法规的规定事项主要有以下三个方面：

第一，执行具体法律规定事项，即为执行法律的规定需要制定行政法规的事项。例如，《行政处罚法》第 63 条规定："本法第 46 条罚款决定与罚款收缴分离的规定，由国务院制定具体实施办法。"为执行《行政处罚法》的规定，1997 年国务院公布了《罚款决定与罚款收缴分离实施办法》，即为执行法律的规定而制定的行政法规。

第二，实施《宪法》规定的职权事项，即《宪法》第 89 条规定的国务院行政管理职权的事项。这里有两点需要明确，首先，该事项必须属于行政管理事项，行政法规不得规定其权限范围以外的事项；其次，必须尊重全国人大及其常委会的专属立法权，行政法规不得将属于全国人大及其常委会的专属立法事项纳入自己的规定事项。

第三，全国人大授权事项。应当由全国人民代表大会及其常务委员会制定法律的事项，国务院可以根据全国人民代表大会及其常务委员会的授权决定制定行政法规。但是有关犯罪和刑罚、对公民政治权利的剥夺等事项不得授权。授权决定应当明确授权的目的和范围。

对于授权制定行政法规，国务院必须注意：严格按照授权目的和范围行使授予的权力，不得将该权力转授给其他机关。例如，不得将这一授权再转授给国务院部门制定规章；根据授权制定的法规应当报授权机关备案；经过实践检验，制定法律的条件成熟时，国务院应当及时提请全国人民代表大会及其常务委员会制定法律。授权事项制定法律后，相应授权即行终止。

（2）制定程序。国务院制定行政法规，需要经历立项、起草、审查、决定与公布程序。

①立项。立项是决定进行行政法规制定工作的程序，它解决国务院是否应当就特定行政管理事务制定行政法规的问题，是行政法规制定程序的第一个环节。行政事务复杂多变，哪些事情需要制定行政法规，在什么时间制定，需要对其必要性、可行性和及时性作出判断，这就是立项要解决的问题。

立项由国务院依职权决定，在程序上表现为年度立法计划的编制和调整。国务院法制机构负责拟订国务院年度立法工作计划，报国务院审批。年度立法工作计划在执行中可以根据实际情况予以调整。

列入行政法规立项的条件是：适应改革、发展、稳定的需要；有关的改革实践经验基本成熟；所要解决的问题属于国务院职权范围并需要国务院制定行政法规的事项。

国务院有关部门有权报请立项，有关部门的立项申请是拟订国务院年度立法工作计划的重要根据。国务院有关部门的立项申请，应当说明立法项目所要解决的主要问题、依据的方针政策和拟确立的主要制度。立项申请应当在每年年初编制国务院年度立法工作计划以前向国务院提出。

②起草。起草是提出行政法规初期方案和草稿的程序，它是审查和决定程序的基础。

起草事宜由起草工作机构完成。起草工作机构由国务院组织，可以通过年度立法工作计划，确定为国务院的一个或者几个部门承担具体起草工作，也可以确定由国务院法制机构起草或者组织起草。

起草事宜完成后应广泛听取意见。行政法规在起草过程中，应当广泛听取有关机关、组织和公民的意见。听取意见可以采取座谈会、论证会、听证会等多种形式。

起草过程中涉及其他部门的职责或者与其他部门关系紧密的规定，应当与有关部门协商一致；经过充分协商不能取得一致意见的，应当在上报行政法规草案送审稿时说明情况和理由。

起草部门对涉及有关管理体制、方针政策等需要国务院决定的重大问题，应提出解决方案，报国务院决定。

报送送审稿应当由起草部门主要负责人签署。几个部门共同起草的，应当由该几个部门主要负责人共同签署。一并报送的事项包括送立法的必要性，确立的主要制度，各方面对送审稿的主要问题的不同意见，征求有关机关、组织和公民意见，国内外的有关立法材料，调研报告，考察报告等说明和有关材料。

③审查。审查的目的和工作结果是在对送审稿修改的基础上，形成行政法规草案和对草案的说明。

负责审查的机构是国务院法制机构。国务院法制机构的审查内容有以下几个方面：一是否符合《宪法》、法律的规定和国家的方针政策；二是否符合起草要求；三是否与有关行政法规协调、衔接；四是否正确处理有关机关、组织和公民对送审稿主要问题的意见；五是其他需要审查的内容。

在审查过程中应向国务院有关部门、地方人民政府、有关组织和专家广泛征询意见；重要的行政法规送审稿报经国务院同意以后，及时向社会公布，充分征求意见；对行政法规送审稿涉及的主要问题，应到基层进行实地调查研究，听取基层有关机关、组织和公民的意见。重大、疑难问题，还要组织有关单位和专家参加的座谈会和论证会。

对主要制度、方针政策、管理体制、权限分工等有不同意见的，由国务院法制机构进行协调，不能达成一致意见的，将争议的主要问题、有关部门的意见以及国务院法制机构的意见报国务院决定。

国务院法制部门在认真研究各方面意见，与起草部门协商后，对行政法规送审稿进行修改，形成草案，即形成行政法规草案和对草案的说明。

形成行政法规草案后由国务院法制机构主要负责人提出提请国务院常务会议审议的建议；对调整范围单一、各方面意见一致或者依据法律制定的配套行政法规草案，可以采取专批方式，由国务院法制机构直接提请国务院审批。

④决定与公布。行政法规草案由国务院常务会议审议，或者由国务院审批。国务院常务会议审议行政法规时，由国务院法制机构或者起草部门作说明。

国务院对行政法规草案提出审议意见后，由国务院法制机构对行政法规草案进行修改形成草案修改稿，报请总理签署国务院令公布实行。签署公布行政法规的国务院令应当载明该行政法规的施行日期。

行政法规应当自公布之日起30日后施行。但是涉及国家安全、外汇汇率、货币政策的确定以及公布后不立即施行将有碍行政法规施行的，可以自公布之日起施行。

⑤备案与解释。行政法规在公布后的30日内由国务院办公厅报全国人民代表大会常务委员会备案。

国务院各部门和省、自治区、直辖市人民政府有权向国务院提出行政法规解释要求。国务院法制机构研究拟订行政法规解释草案，报国务院同意后，由国务院公布或者由国务院授权国务院有关部门公布。行政法规的解释与行政法规具有同等效力。

属于行政工作中具体应用行政法规的问题的解释。省、自治区、直辖市人民政府法制机构以及国务院有关部门法制机构请求国务院法制机构解释的，国务院法制机构可以研究答复；其中涉及重大问题的，由国务院法制机构提出意见，报国务院同意后答复。

2. 规章。

（1）国务院部门规章。国务院部门规章，是指国务院有关部门，依法按照部门规章制定程序制定发布的行政规范性文件的总称。

国务院部门的规章制定权，源自于1982年所修订的《宪法》。《宪法》第90条规定，国务院各部、各委员会根据法律和国务院的行政法规、决定、命令，在本部门的权限内，发布命令、指示和规章。《立法法》和2001年公布的《规章制度程序条例》，对国务院部门规章的制定机关、制定权限、制定程序和监督程序等都作出了统一而明确的规定。

①制定机关。根据《立法法》第71条规定，国务院部门规章的制定机关是国务院各部、委员会、中国人民银行、审计署和具有行政管理职能的直属机构。

制定部门规章的主体，还因为单行法律的授权规定而出现。例如，1998年12月公布的《证券法》第167条规定，国务院证券监督管理机构的职责之一，是依法制定有关证券市场监督管理的规章。根据第九届中央人民政府的管理职能配置和机构设置，行使国务院证券监督管理职权的机构是国务院的直属事业单位中国证券监督管理委员会。因此，这里行使部门规章制定权的就是国务院的事业单位，但须有法律法规授权。

②制定权限。根据《立法法》第71条规定，部门规章规定的事项，应当属于执行法律或者国务院的行政法规、决定、命令的事项。可见，部门规章的制定权限，应当以法律或者国务院的行政法规、决定、命令中对具体事项的规定为根据。也就是说，部门规章是执行性或者补充性的行政规范，而不是自主性的行政规范。

涉及两个以上国务院部门职权范围的事项，根据情况可以提请国务院制定行政法规。它一般适用于以下情形：需要制定的事项涉及两个以上国务院部门的职权，但是对它们的职权范围尚有待于国务院作出明确划分的；规章中将规定的措施只能由国务院规定或者采取的；法律规定应当由国务院作出规定的；国务院认为应当由国务院制定行政法规的。也可以由国务院有关部门联合制定规章。它一般适用于以下情形：需要规定的事项涉及两个以上部门职权，国务院已经对它们的职权划分作出了明确规定的；涉及两个以上国务院部门职权的事项，法律规定由国务院有关部门作出规定的；涉及国务院两个以上部门职权范围的事项，制定行政法规条件尚不成熟，需要制定规章的。否则，国务院有关部门单独制定的规章无效。

③制定程序。部门规章制定程序，是指部门规章的立项、起草、审查、决定、公布等程序。修改和废止规章的程序，参照制定程序的有关规定进行。国务院部门可以依照职权及时修改或者废止与新公布的法律、行政法规或者其他上位法的规定不一致的，或者与法律、行政法规或者其他上位法相抵触的部门规章。

第一，立项。立项是决定进行部门行政规章制定工作的程序。立项决定权是享有部门规章制定权的国务院有关部门。首先由部门内设机构或者其他机构提出立项报告，然后由该部门法制机构汇总研究，拟订出本部门年度规章制定工作计划，报本部门批准后执行。年度规章制定工作计划在执行中，可以根据实际情况予以调整，对拟增加的规章项目应当进行补充论证。

第二，起草。起草是国务院有关部门提出规章初步方案形成送审稿的程序。起草由国务院有关部门组织。国务院有关部门可以确定内设机构或者其他机构具体负责起草工作，也可以确定由其法制机构起草或者组织起草。对起草工作，可以邀请有关专家、组织参加，也可以委托有关专家、组织起草。

起草规章应当广泛听取有关机关、组织和公民的意见。听取意见的形式有书面征求意见、座谈会、论证会、听证会等。起草的规章直接涉及公民、法人或者其他组织的切身利益，有关机关、组织或者公民对其有重大意见分歧的，应当向社会公布，征求社会各界的意见。起草单位也可以举行听证会。

起草部门规章，涉及国务院其他部门的职责或者与国务院其他部门联系紧密的，起草单位应当充分征求国务院其他部门的意见。

起草单位在做好前述工作的基础上，应当将规章送审稿及其说明、对规章送审稿主要问题的不同意见和其他有关材料，按规定报送给规章制定部门的法制机构审查。有关材料主要包括汇总意见、听证会笔录、调研报告、国内外有关立法资料等。

第三，审查。审查是对送审稿进行修改形成部门规章草案的程序。审查主体是规章制定部门的法制机构。法制机构根据《规章制定程序条例》的要求进行审查。

法制机构在审查中应当就规章送审稿涉及的主要问题，听取基层有关机关、组织和公民的意见；涉及重大问题的，应当召开由有关单位、专家参加的座谈会、论证会；直接涉及公民、法人或者其他组织切身利益，有关机关、组织或者公民对其有重大意见分歧，起草单位在起草过程中未向社会公布，也未举行听证会的，法制机构经过本部门批准，可以向社会公布，也可以举行听证会。

法制机构应在认真研究各方面的意见，与起草单位协商后，对规章送审稿进行修改，形成规章草案和对草案的说明，并提出本部门有关会议审议的建议。

第四，决定和公布。决定是审议部门规章草案并作出最终决定的决策程序。公布是将经过决定程序的部门规章向社会公布使公众知晓的程序。部门规章应当由部门的部务会议或者委员会会议决定。有关会议对规章草案提出审议意见后，由法制机构对规章草案进行修改后形成草案修改稿，报请本部门首长签署命令予以公布。

规章应当在公布之日起30日后施行，除非涉及国家安全、外汇汇率、货币政策的确定以及公布后不立即施行将有碍规章施行的，可以自公布之日起施行。

第五，备案与解释。依照《立法法》和《法规规章备案条例》的规定，部门规章应当在公布后的30日内报国务院备案。

规章解释权属于规章制定机关，规章的解释同规章有同等效力。

（2）地方政府规章。地方政府规章，是指有权地方人民政府依法根据地方政府规章制定程序制定发布的行政规则的总称。

①制定机关。地方政府规章的制定主体分为两类：第一是省、自治区、直

辖市的人民政府；第二是较大的市的人民政府。较大的市的人民政府，是指省、自治区人民政府所在地的市、经济特区的市，以及经过国务院批准的较大的市的人民政府（如吉林市、大连市政府）。

②制定权限。《立法法》第73条规定，根据法律、行政法规和本省、自治区、直辖市地方性法规的规定，地方政府规章规定的事项有：第一，为执行法律、行政法规、地方性法规的规定需要制定规章的事项。这种为满足执行需要制定的规章，既可以是根据法律法规明确要求制定的地方政府规章，也可以是地方政府自己认为有这种需要而制定的规章，但是它们应当都是执行性的规章。第二，属于本行政区域的具体行政管理事项。这是地方政府规章不同于国务院部门规章的方面，即地方政府在制定权限方面比国务院各部委制定部门规章有更大的权限。这里应注意，地方政府行使这一权限时要遵循相关的法律、行政法规和地方性法规的规定，而且仅限于本行政区域的具体行政管理事项。

③制定程序。地方政府规章的制定程序，总起来说与部门规章的制定程序大体一致，主要根据都是《立法法》和《规章制定程序条例》。但是也有一些特殊的地方，以下只是讨论这些特殊的地方。

第一，立项方面。报请立项的可以是省、自治区、直辖市和较大的市的人民政府所属工作部门或者下级人民政府。

第二，起草方面。根据《立法法》第74条规定，省、自治区、直辖市和较大的市的人民政府，可以确定由一个部门或者几个部门具体负责起草工作，也可以确定由其法制机构起草或者组织起草。在起草中涉及本级人民政府其他部门的职责或者与其他部门关系紧密的，起草单位应当充分征求其他部门的意见。

第三，审查方面。根据《立法法》第74条规定，地方政府规章与国务院部门规章的审查程序基本一致。

第四，决定和公布方面。根据《立法法》第75、76、77条规定，地方政府规章应当经过政府常务会议或者全体会议决定。法制机构根据有关会议审议意见对规章草案进行修改形成草案修改稿后，报请省长、自治区主席、市长签署命令予以公布。地方政府规章签署公布后，本级人民政府公报和本行政区域范围内发行的报纸应当及时刊登。

第五，备案方面。根据《立法法》第89条规定，地方政府规章除了应当在公布后的30日内报国务院备案外，还应当同时报本级人民代表大会常务委员会备案。较大的市的人民政府制定的规章还应当同时报省、自治区的人民代表大会常务委员会和人民政府备案。

二、具有普遍约束力的决定、命令

（一）具有普遍约束力的决定、命令的概念

较早提出“具有普遍约束力的决定、命令”概念的是《行政诉讼法》。该法第12条规定，人民法院不受理公民、法人或者其他组织对行政机关制定发布的具有普遍约束力的决定、命令提起的诉讼。2000年公布的最高人民法院《关于执行〈中华人民共和国行政诉讼法〉若干问题的解释》（以下简称《若干问题的解释》）第3条规定：“所谓具有普遍约束力的决定、命令，是指行政机关针对不特定对象发布的能反复适用的行政规范性文件。有普遍约束力的决定、命令的基本特征，是规范对象的不特定性和适用的反复性。”由此可见，具有普遍约束力的决定、命令，是指行政机关针对不特定对象发布的能反复适用的行政规范性文件。

（二）制定机构

制定发布行政决定、命令的机构，可以是国务院、国务院各部委和地方各级人民政府。《宪法》第89条规定，国务院有权发布决定和命令；第90条规定，国务院各部、委员会在本部门的权限内发布命令、指示和规章。《地方各级人民代表大会和地方各级人民政府组织法》第59条和第61条分别规定，县级以上地方各级人民政府，乡、民族乡、镇的人民政府都有权发布决定、命令。

（三）制定权限

制定发布决定、命令是人民政府的普遍职权和表达其管理意志的普遍形式。各级人民政府有权以发布决定、命令的形式行使其各种职权。所谓各种职权，包括《宪法》第89条规定的国务院的职权，《地方各级人民代表大会和地方各级人民政府组织法》第59条规定的县级以上地方各级人民政府的职权，第61条规定的乡、民族乡、镇的人民政府的职权，以及各个单行法律法规赋予人民政府的职权。《地方各级人民代表大会和各级人民政府组织法》第59条和第61条规定，县级以上地方各级人民政府，发布决定、命令，是执行本级人民代表大会及其常务委员会的决议，以及上级国家行政机关的决定和命令；乡、民族乡、镇的人民政府发布决定和命令，是执行本级人民代表大会的决议和上级国家行政机关的决定和命令。

（四）制定程序

依法不具有规章制定权的地方人民政府制定、发布具有普遍约束力的决定、命令，参照规章的制定程序进行。

第九章　具体行政行为之行政许可

第一节　具体行政行为的概述

为了便于在以后的章节中全面、清楚地阐述各类具体行政行为的具体内容，在介绍行政许可行为之前，特设专节对具体行政行为予以简要概述。这不仅为介绍以后相关章节的内容奠定基础，而且也使具体行政行为的内容更加完整和统一。

一、具体行政行为的概念与特征

（一）具体行政行为的概念

具体行政行为是我国行政法上的重要制度、行政法学上的重要概念。自1989年《行政诉讼法》明确提出具体行政行为概念后，最高人民法院在1991年和1999年对具体行政行为作出了两次司法解释。

根据现行的司法解释，具体行政行为，是指行政主体依法就特定事项针对特定的公民、法人和其他组织作出的影响其权利义务的单方行政职权行为。对于这一概念，应从以下几方面来把握：

1. 具体行政行为是法律行为。具体行政行为是行政主体对行政管理相对人作出的行政意思表示，其目的是要发生一定的法律后果，使行政法的权利义务得以建立、变更或者消灭。强调行政法律行为是为了与行政事实行为相区别。行政事实行为不是以建立、变更或者消灭当事人法律上权利义务为目的的行政活动。这种行为既可以是一种意思表示，也可以是一种实际操作。例如，交通部门在公共交通道路上设置安全指示标志，工商行政管理部门销毁已经依法没收的假冒商品的行政行为均为行政事实行为，因为它并没有对行政管理相对人的权利义务产生建立、变更或者消灭的后果。

2. 具体行政行为是对特定人与特定事项的处理。比较而言，抽象行政行为是为不特定事项和不特定人作出的，可以反复适用的普遍性规则。而具体行政行为是就特定事项对特定人的处理，它是人与事两方面特定的结合。如给予张三营业执照、给予李四行政拘留，这其中的张三和李四是人的因素，营业执照和行政拘留是事的因素；也可以是就特定事项对可以确定的一群人的处理，如在特定的时间段和特定的区域内禁止车辆通行的行为。这里的关键是有确定的时间段和与特定事项有关的一群人。

3. 具体行政行为是行政主体单方的行政职权行为。具体行政行为是行政主体依据国家法律法规以命令的方式、基于法律规定的国家公共利益目的对行政管理相对人单方面设定的，不需要行政管理相对人的同意。

（二）具体行政行为的特征

1. 对象的特定性。对象的特定性即具体行政行为针对的对象是特定的、具体的人或事。

2. 可诉性。我国的行政诉讼法在确定受案范围时采用了抽象行政行为和具体行政行为的分类，但行政诉讼只针对具体行政行为，抽象行政行为是不可诉的。

3. 可强制执行。行政机关对特定的人作出具体行政行为（如罚款等），即发生法律效力。如果该当事人不执行，那么，作出具体行政行为的行政机关可以申请人民法院强制执行或依法自行强制执行。

二、具体行政行为的分类

具体行政行为根据不同的标准可以划分为如下几类：

1. 按行为启动的方式不同，可分为依职权的具体行政行为和依申请的具体行政行为。如工商机关颁发营业执照等属依申请的具体行政行为，公安机关依法对行政违法人进行治安处罚等属依职权的具体行政行为。

2. 按行为所针对的对象与行政主体的行政隶属关系的不同，可分为外部具体行政行为和内部具体行政行为。如行政许可、行政处罚、行政强制等为外部行政行为，行政处分、行政奖励等为内部行政行为。

3. 按参与行政行为意思表示的主体单、双方的不同，可分为单方具体行政行为（如行政处罚、行政许可、行政强制等）和双方具体行政行为（如行政合同、行政委托等）。

4. 按行为是否必须具备法定形式的不同，可分为要式具体行政行为和非要式具体行政行为。如行政决定主要应采用书面形式和其他法定形式，即要式行为。当然在某些情况下也有非要式的行政决定（如口头警告、紧急措施等）。

除上述具体行政行为分类外，还有羁束行为与自由裁量行为，附款行为与无附款行为等。

第二节　行政许可的概念和作用

一、行政许可的概念

《行政许可法》第2条规定，“本法所称行政许可，是指行政机关根据公民、法人或者其他组织的申请，经依法审查，准予其从事特定活动的行为”。可见，我国行政许可的概念属法定概念。

从《行政许可法》对行政许可的上述规定中可以清楚地看出，目前我国对于行政许可主要从以下几个方面予以界定：

1. 行政许可是需要公民、法人或者其他组织提出申请的行为，即依申请的行为。

2. 行政许可是行政主体实施的行为，包括行政机关和法律法规授权的组织。虽然《行政许可法》的法条将行政许可的主体限定在“行政机关”，但实质上包含了法律、法规授权的组织。

3. 行政许可针对的是提出申请的公民、法人或者其他组织，不包括行政机关对其他机关或者对其直接管理的事业单位的人事、财务、外事等事项的审批。

4. 行政许可的内容是准予申请人从事“特定的活动”，这个特定活动的形式极为广泛，但是最终限定在《行政许可法》允许从事的事项范围内。

二、行政许可的作用

行政许可作为一种重要的行政管理手段，对于维护公民人身财产安全和公共利益，加强经济宏观调控，保护并合理分配有限资源等方面，起着重要作用。其主要是：

（一）控制危险

这是行政许可最主要也是最基本的作用。行政监督方式通常分为事前监督、事中监督和事后监督，行政许可属于事前监督管理方式。作为一种具体行政行为，行政许可的直接目的是将那些对社会及公民来说是必要的或者是有益的，但同时又可能带来某些不利甚至危害性的活动纳入规范化的管理范畴，置于行政部门的直接监督监控之下。行政许可具有审查与监督两方面的内容，行政机关可以通过对公民、法人或者其他组织的资格条件进行严格审查，对其活动进行必要的监督，排除可能产生对社会、个人带来危险的活动，维护社会秩序和公民、法人或者其他社会组织的合法权益。

（二）配置资源

在市场经济条件下，市场在配置资源方面发挥了基础性作用。但是，在有限资源领域，完全靠市场自发调节不可能做到合理有效的配置资源，甚至有可能会导致资源配置严重不公以及资源配置低效率或者造成有限资源的浪费。因此，由政府通过行政许可的方式配置有限资源。

（三）提供公信力证明

在经济、社会生活中，为了使社会公众可以有效地获取信息，需要政府以许可的方式，确立相对人的特定主体资格或者特定身份，使相对人获得合法从事涉及公众利益的经济、社会活动的某种能力，以此向社会证明或者提供信誉、信息，以公信于民。行政机关对特定事项或者活动进行登记，社会公众通过对登记信息的查询，就可以明确知道取得行政许可的当事人在某些方面的能力、资格条件以及其他信息，降低了人们在社会生活中搜寻信息的成本，继而提高了经济、社会活动整体运行的效率。

第三节　行政许可的范围和设定

一、行政许可的范围

行政许可的范围，换言之，就是指哪些事项可以设定行政许可，哪些事项不可以设定行政许可，是行政许可调整的事项范围。从世界各国实行许可制度的范围看，大多数的行政许可事项都集中在两个方面：一是关系到公民、社会、国家利益的特殊行业、经营活动，如矿产资源的开采许可，特殊商品的贸易许可；二是关系到公民生命、自由、财产利益的特殊职业，如医师、律师、会计师职业的许可。总而言之，允许行政许可制度存在的领域只能是与公共福利有关的，应该由政府承担维护国家和社会利益责任的领域。

（一）设定行政许可的原则

根据《行政许可法》第 11 条规定：

1. 设定行政许可应当遵循经济和社会发展规律。
2. 设定行政许可应当有利于公民、法人或者其他组织发挥积极性和主动性，维护公共利益和社会秩序。

3. 设定行政许可要有利于促进经济、社会和生态环境的协调发展。

（二）可以设定行政许可的范围

我国《行政许可法》第12条规定将可以设定行政许可的事项概括为下列六项：

1. 直接涉及国家安全、公共安全、经济宏观调控、生态环境保护以及直接关系人身健康、生命财产安全等特定活动，需要按照法定条件予以批准的事项。

2. 有限自然资源开发利用、公共资源配置以及直接关系公共利益的特定行业的市场准入等，需要赋予特定权利的事项。

3. 提供公众服务并且直接关系公共利益的职业、行业，需要确定具备特殊信誉、特殊条件或者特殊技能等资格、资质的事项。

4. 直接关系到公共安全、人身健康、生命财产安全的重要设备、设施、产品、物品，需要按照技术标准、技术规范，通过检验、检测、检疫等方式进行审定的事项。

5. 企业或者其他组织的设立等，需要确定主体资格的事项。

6. 法律、行政法规规定可以设定行政许可的其他事项。

这些行政许可事项实际上涵盖了五类性质不同的事项，包括安全事项、特许事项、认可事项、核准事项、登记事项。其他事项则包括在最后的开放性规定中。

（三）不必设定行政许可的事项

有权设定行政许可，也不是对任何事项都必须设定行政许可。在界定行政许可范围的时候，通常根据本国经济和社会发展的实际情况，对可以设定行政许可的和不必设定行政许可的事项分别作了原则性规定或者具体列举。我国《行政许可法》第13条规定，不必设定行政许可的事项主要有：

1. 公民、法人或者其他组织能够自主决定的事项。现实生活中这类事项是指与公共利益无关，可以由公民、法人或者其他组织自主决定，不致损害国家、社会、集体利益和他人合法权益的事项。只有当公民、法人或者其他组织行使这些权利可能对公共利益或者他人利益造成损害，并且这种损害难以通过事后赔偿加以补救时，才能设定行政许可。

2. 市场竞争机制可以有效调节的事项。市场竞争机制最具活力，在市场经济体制下，要求充分发挥市场在配置资源中的基础性作用，凡是市场竞争机制可以有效调节的事项，均不准设定行政许可。

3. 社会可以调节的事项，即行业组织或者中介机构能够自律管理的事项。自律管理较之政府管理成本低而效率高，具有自律性、服务性和公正性。在行业组织和中介组织发育成熟的领域，应该由这些行业协会进行自我管理，不适用行政许可。

4. 行政机关采用事后监督等其他行政管理方式能够解决的事项。行政管理方式多种多样，针对不同的事项可以采取不同的管理手段，而且事后监督方式比行政许可的成本要低。因此，凡是采用事后监督等其他行政管理方式能够解决的事项，尽量不要设定行政许可。

二、行政许可的设定

（一）行政许可的设定

按照《行政许可法》第 14、15、16 条规定，行政许可的设定依据包括法律、行政法规、地方性法规。根据《行政许可法》第 14 条规定，法律可以对《行政许可法》规定能够设定行政许可的各类事项设定行政许可。在可以设定行政许可的事项尚未制定法律时，行政法规可以设定行政许可。第 16 条规定，行政法规还可以在法律设定的行政许可事项范围内对实施该行政许可作出具体规定。

《行政许可法》第15条规定，《行政许可法》规定可以设定行政许可的事项尚未制定法律、行政法规的，地方性法规可以设定行政许可。但是，地方性法规不得设定应当由国家统一确定的公民、法人或者其他组织的资格、资质的行政许可；不得设定企业或者其他组织的设立登记及其前置性行政许可。其设定的行政许可，不得限制其他地区的个人或者企业到本地区从事生产经营和提供服务，不得限制其他地区的商品进入本地区市场。

（二）行政许可的临时设定

其设定依据包括国务院的决定、省级地方人民政府规章。根据我国《行政许可法》第 14、15 条规定，必要时，国务院可以采用发布决定的方式设定行政许可。实施后，除临时性行政许可事项外，国务院应当及时提请全国人民代表大会及其常务委员会制定法律，或者自行制定行政法规。

尚未制定法律、行政法规和地方性法规的事项，因行政管理的需要，确需立即实施行政许可的，省、自治区、直辖市人民政府规章可以设定临时性的行政许可。临时性的行政许可实施满一年需要继续实施的，应当提请本级的人民代表大会及其常务委员会制定地方性法规。

（三）不得设定行政许可的规范性文件

根据《行政许可法》第17条规定，不得设定行政许可的规范性文件，包括国务院部门规章、依法不享有规章制定权的地方人民政府和其他机关制定的规范性文件。我国的《行政许可法》特别强调，除了法律规定的设定依据外，其他规范性文件一律不得设定行政许可。根据《行政许可法》该项规定，其他规范性文件目前主要是指以下三类规范性文件：一是国务院部门规章；二是省级人民政府规章以外的其他地方政府规章，如经国务院批准的较大市的人民政府制定的规章；三是除了行政法规和规章之外的“其他行政规范性文件”。

第四节　行政许可的实施主体

一、行政许可实施主体的含义和种类

（一）行政许可实施主体的含义

行政许可实施主体，即实施行政许可的机关或者组织，是指基于相对人的申请，对相对人的申请进行审查从而决定是否准许或者认可相对人所申请的活动或者资格的行政机关和法律法规授权的组织。它是行政主体概念在行政许可活动领域中的具体表现。我们可以从以下几个方面来理解行政许可实施主体的含义：

1. 行政许可实施主体是国家行政机关或者法律法规授权的组织。行政许可权是国家行政权在行政许可领域中的具体体现，是国家行政权的有机组成部分。而国家行政权作为国家执行法律、管理国家事务和社会事务的权力，通常只能由代表国家在行政管理领域行使权力的行政机关来行使，在特殊情况下，经法律法规特别授权的社会组织也可以行使。

2. 行政许可实施主体必须是具有行政许可资格的国家行政机关和法律法规授权的组织。尽管行政许可实施主体只能由行政机关和法律法规授权的组织担任。但是，并不是说任何行政机关和法律法规授权的组织在行政许可法律关系中都当然成为行政许可实施主体。它要成为行政许可实施主体，还必须具备法律法规明确规定或者授权的一些特别条件，即行政许可实施主体的资格条件。行政主体获得行政许可资格，必须是基于法律法规的明确规定和授权。

（二）行政许可实施主体的种类

我国实施行政许可的实施主体，根据《行政许可法》的有关规定，包括行政机关、法律法规授权的组织和行政机关委托的组织。

二、行政机关

行政机关可以成为行政许可实施主体，而且是最主要的行政许可实施主体。但是，并不是所有的行政机关都可以成为行政许可的实施主体。行政机关要成为行政许可的实施主体，还必须同时具备法律规定的一些其他必要条件。这些条件主要包括：

（一）必须是履行外部行政管理职能的行政机关

行政许可是一种外部行为，这一特征决定了行政许可实施主体必须是承担外部行政管理职能的行政机关。换言之，负有外部行政管理职能的行政机关中的内设机构，一般而言不具备对外行使职权的主体资格，因而，也不可能成为行政许可主体。

（二）必须具有法律法规明确授予的行政许可权

负有外部行政管理职能的行政机关依《宪法》和《组织法》的有关规定而享有外部行政管理职权，但这并不意味着当然地享有行政许可实施权。行政许可实施权的获得还需要有法律法规明确地作出授权。未经法律法规的明确授权，行政机关不能成为行政许可实施主体，不得实施行政许可。在未授予行政许可权的情况下，这种具有外部行政管理职能的行政机关只是国家行政管理主体，而不是行政许可实施主体。

（三）法律法规授予的行政许可职权应当小于或者等于其外部行政管理职权及范围

它具体是指，实施许可的行政机关的许可职权性质，应当与其外部行政管理活动的性质相一致。例如，工商行政管理部门被授予的行政许可权只能是关于工商管理方面的活动，而不能是其他部门的管理领域，如物价、卫生等领域的行政许可。此外，许可权限的大小也应当与行政管理权限的范围相符合，下级行政机关不应被授予上级行政机关的许可职权。

现阶段，我国具有行政许可实施主体资格和法律地位的行政机关主要有：国务院、国务院各部（委）、国务院直属机构、国务院部委管理的部门、县级以上地方各级人民政府及其所属工作部门、地方人民政府依法设立的派出机关等。

三、法律、法规授权的组织

法律、法规可以授权具有管理公共事务职能的组织，在法定授权范围内，以自己的名义实施行政许可。

目前，在我国的行政许可制度中最常见的被授权组织主要是行政机构。行政机构本来不属于法律法规授权的“组织”范畴，只是因为实践中某些行政机构通过法律法规的授权获得了对外行使行政职权的资格，在授权的领域范围内具有了独立的法律地位。但是由于不具备行政机关的性质，因此将其视为“法律法规授权的组织”。在行政许可授权领域常见的行政机构包括：行政机关内部所属的行政机构以及派出机构。

此外，还有一类专业技术组织，可以根据法律法规的授权，对直接关系公共安全、人身健康、生命财产安全的设备、设施、产品、物品进行检验、检测、检疫。专业技术组织及其有关人员对所实施的检验、检测、检疫结论承担法律责任。

四、行政机关委托的组织

行政机关在其法定职权范围内，依照法律、法规、规章的规定，可以委托其他行政机关实施行政许可。委托行政机关对受委托行政机关实施行政许可的行为负责监督，并对该行为的后果承担法律责任。受委托行政机关在委托范围内，以委托行政机关的名义实施行政许可；不得再委托其他组织或者个人实施行政许可。

要成立一项合法有效的行政许可委托，必须具备如下基本条件：第一，必须依法委托；第二，委托实属必要；第三，委托事项必须属于委托行政机关职权范围内的事项；第四，委托的事项范围必须明确并应受到限制；第五，委托应以书面形式进行；第六，受委托的主体只能是其他行政机关，且不得再行委托其他组织和个人实施行政许可。同时，被委托主体在行使被委托的行政职权时，必须以委托机关的名义进行，委托的法律后果由委托机关承担。

第五节　行政许可的程序

行政许可程序，是指行政许可实施主体从受理行政许可申请到作出准予、拒绝、中止、变更、撤回、撤销、注销行政许可等决定所应遵循的步骤、方式和时限的总称。行政许可程序是规范行政许可行为，防止行政许可实施主体滥用权力，确保行政许可实施主体正确行使权力的重要环节。

一、申请

行政许可的申请程序因申请人行使自己的申请权而开始。行政许可的申请是指公民、法人或者其他组织等行政许可申请人向行政许可实施主体提出从事依法需要取得行政许可的活动资格的意思表示。申请行为必须符合以下要件：

1. 申请行为必须向有行政许可权的行政机关提出。

2. 申请人有明确的意思表示行为。公民、法人或者其他组织从事特定活动，依法需要取得行政许可的，应当向行政机关提出明确的申请。这种申请可以是书面的，也可以是口头的。

3. 申请人必须提交所需的有关材料。申请人申请行政许可，应当如实向行政机关提交有关材料和反映真实情况，并对其申请材料实质内容的真实性负责。

行政许可申请，可以通过信函、电报、电传、传真、电子数据交换和电子邮件等方式提出。并且申请书的格式文本不得包含与申请行政许可的事项没有直接关系的内容。

二、受理

申请人的申请行为只要符合《行政许可法》规定的申请行为的有效构成要件，申请人的行为就是合法有效的，并必然引起行政许可实施机关的受理义务。一般而言，行政许可申请自行政机关收到之日即为受理。但是，申请人的合法有效的申请行为并不代表申请人完全符合许可的条件和标准，并不必然导致行政许可实施机关必须发给申请人许可证。行政机关收到申请人提出的许可申请后，可以根据不同的情形分别作出以下几种处理：

1. 予以受理。对于申请事项属于本行政机关职权范围，申请材料齐全、符合法定形式，或者申请人按照本行政机关的要求提交全部补正申请材料的，受理行政许可申请。

2. 要求当场更正。申请材料存在可以当场更正错误的，应当允许申请人当场更正。

3. 限期补正。申请材料不齐全或者不符合法定形式的，应当当场或者在5日内一次告知申请人需要补正的全部内容，逾期不告知或不一次性告知需要补正的全部内容的，自收到申请材料之日起即为受理。

4. 不予受理。它主要有两种情况：一是申请事项依法不需要取得行政许可；二是申请事项依法不属于受理行政机关职权范围。此时，行政机关应当即时作出不予受理的决定，并告知理由。

行政许可实施主体对于上述几种处理，都必须向申请人出具加盖本行政机关专用印章和注明日期的书面凭证。

三、审查

审查程序包括形式性审查和实质性审查两种。

（一）形式性审查

形式性审查，是指行政机关对申请人提交的申请材料是否齐全、是否符合法定形式进行审查。审查合格后，行政机关能够当场作出决定的，当场就作出书面的行政许可决定。

（二）实质性审查

实质性审查则要审查以下几个方面的内容：

1. 申请人是否具有相应的权利能力。例如，申请律师执业证的申请人只能是参加司法考试合格的人员以及法律规定的其他人员。

2. 申请人是否具有相应的行为能力。

3. 申请是否符合法定的程序和形式。

4. 授予申请人许可证是否会损害公共利益和利害关系人的利益，如建设许可。

5. 申请人的申请是否符合法律、法规规定的其他条件。

实践中一般有以下几种实质性审查的方式：

1. 实地核查。它是指根据法定条件和程序，对有关申请材料的实质内容需要进行核实的，行政机关应当指派两名工作人员进行核查，以进一步确定该申请是否符合实际情形。

2. 上级机关书面复查。进行该项复查时，上级机关不得要求申请人重复提供申请材料。

3. 听证核查。这是西方国家许可证制度经常采用的一种方式，通常在行政许可决定前召开公众听证会。我国目前的行政许可法也采取了这一方式。行政机关对行政许可申请进行审查时，发现行政许可事项直接关系他人重大利益的，如相邻权，应当告知该利害关系人。申请人、利害关系人有权进行陈述和申辩。行政机关应当听取申请人、利害关系人的意见。此外，《行政许可法》对于重大事项也规定了听证程序。

四、听证

作为一种授益行政行为，是否给予行政许可，事关公民、法人和其他组织的切身利益，因而世界各国大都在行政许可程序中规定了重大的行政许可必须经过严格的程序，为所有具有利害关系的当事人提供表达其意见的机会，行政许可机关在实施行政许可行为时应听取当事人和利害关系人的意见，允许他们就受到的影响陈述观点和理由，出具有关证据，就对方当事人提供的证据进行质证，或者就适用标准问题进行辩论。听证程序适用于行政相对人或其他利害关系人认为准予许可、变更许可、终止许可等是否将对其产生不利影响的许可行为。

我国《行政许可法》第 36、46、47、48 条相应规定了行政许可听证程序的适用范围和程序环节。适用听证程序的许可事项有：法律、法规、规章、规定实施行政许可应当听证的事项，或者行政机关认为需要听证的其他涉及公共利益和重大行政许可事项。

听证的具体程序步骤一般分为：

1. 申请。由申请人或利害关系人要求听证并在被告知有权要求听证之日起 5 日内提出听证申请。

2. 组织听证。行政机关应当自收到申请人或者利害关系人听证申请之日起 20 日内组织听证。

3. 通知有关事项。行政机关应当于举行听证的 7 日前将举行听证的时间、地点通知申请人、利害关系人，必要时予以公告。

4. 举行听证。行政机关应当指定审查该行政许可申请的工作人员以外的人员为听证主持人，审查行政许可申请的工作人员应当提供审查意见的证据、理由，申请人、利害关系人可以提出证据，并进行申辩和质证。

5. 决定。行政机关应当根据听证笔录，并在法定的许可决定期限内作出是否准予行政许可的决定。

五、决定

根据《行政许可法》第 34、35、37 条规定，行政许可通常有三种决定程序：

1. 当场决定程序。如果申请人提交的申请材料齐全、符合法定形式，行政机关能够当场作出决定的，应当当场作出书面的行政许可决定。

2. 上级机关决定程序。对于某些依法应当先经下级行政机关审查后报上级行政机关决定的行政许可事项，下级行政机关在法定期限内将初步审查意见和全部审查材料报送上级行政机关，由上级行政机关作出许可决定。

3. 限期作出决定程序。这是最常见的决定程序。行政机关对行政许可申请进行审查后，除当场作出行政许可决定以外，应当在法定期限内按照规定程序作出行政许可决定。许可决定的期限一般都由相应法律作出明确规定。

六、行政许可的期限及收费

（一）行政许可的期限

行政许可期限是许可程序中一个非常重要的问题，一般涉及以下几方面的规定：一是许可决定的作出期限；二是上级机关书面复查审查程序中下级机关的审查期限；三是颁发送达许可证件的期限。

我国《行政许可法》第42、43、44条规定，除可以当场作出行政许可决定以外，行政机关应当自受理行政许可申请之日起20日内作出行政许可决定。有正当理由20日内不能作出决定的，经本行政机关负责人批准，可以延长10日，并应当将延长期限的理由告知申请人。

行政许可采取统一办理或者联合办理、集中办理的，办理的时间不得超过45日，有正当理由45日内不能办结的，经本级人民政府负责人批准，可以延长15日，并应当将延长期限的理由告知申请人。

依法应先经下级行政机关审查后报上级行政机关决定的行政许可，下级机关应当自其受理行政许可申请之日起20日内审查完毕。

行政机关作出行政许可的决定，应当自作出决定之日起10日内向申请人颁发、送达行政许可文件。

但是，法律、法规另有规定的，依照其规定执行。

（二）行政许可的收费

关于行政许可的收费问题，《行政许可法》第58条明确规定，行政机关实施行政许可和对行政许可事项进行监督检查，不得收取任何费用。即使是收费项目，也只能由法律和行政法规这类较高层级的法律规范文件作出明确规定，才是有效的依据。

另外，行政机关提供的行政许可申请书格式文本不得收费。

第十章　具体行政行为之行政处罚

第一节　行政处罚的概念和原则

一、行政处罚的概念

行政处罚，是指行政机关或其他行政主体，依照法定权限和程序，对违反行政法律规范尚未构成犯罪的相对方给予行政制裁的具体行政行为。行政处罚是违反行政法律法规行为引起的后果。这里违反行政法律法规的行为是指公民、法人或者其他组织违反国家行政管理秩序，依照法律应当给予行政处罚的危害社会的行为。行政主体实施行政处罚必须有明确的法律、法规根据。

行政处罚具有如下几个特征：

1. 行政处罚是特定行政机关的行为。哪一种违法行为由哪一行政主体处罚，都必须由法律规定或授权。

2. 行政处罚是对行政管理相对人的处罚，它与行政机关内部对工作人员的行政处分不同。行政处分是调整国家行政职务关系的行政纪律措施，是一种内部行政行为。

3. 行政处罚的前提是相对人违反行政法律规范。

4. 行政处罚是一种法律制裁，是对违法行为人的惩戒，以使其今后不再违反。

二、行政处罚的原则

行政处罚的原则，是指由《行政处罚法》规定的在设定和实施行政处罚时所必须遵循的一般准则。其主要有：

（一）处罚法定原则

行政处罚是国家惩处权的重要方面，是国家经常使用的强制手段和方法，其涉及和影响公民、法人或者其他组织多方面的权利和利益。为了防止和纠正对行政处罚的滥用，我国行政处罚实行行政处罚法定原则。行政处罚的法定原则包括：

1. 处罚设定权法定。处罚设定权法定即行政处罚设定权只能由法律规定的国家机关在法定的职权范围内行使。

（1）法律可以设定各种行政处罚。如限制人身自由的行政处罚只能由法律设定。

（2）行政法规可以设定除限制人身自由以外的行政处罚。

（3）地方性法规可以设定除限制人身自由、吊销企业营业执照以外的行政处罚。

（4）部委规章可以在法律、行政法规规定的给予行政处罚的行为、种类、幅度的范围内作出具体规定。尚未制定法律、行政法规的，部委规章可以设定警告或一定数额罚款（罚款的限额由国务院规定）的行政处罚。国务院可以授权具有行政处罚权的直属机构在部委权限范围内规定行政处罚。

（5）地方政府规章可以在法律、法规规定的给予行政处罚的行为、种类、幅度的范围内作出具体规定，尚未制定法律、法规的，地方政府可以设定警告或一定数额罚款（罚款的限额由省、自治区、直辖市人大常委会规定）的行政处罚。其他规范性文件不得设定行政处罚。

2. 处罚主体及其职权法定。处罚主体及其职权法定即什么样的行政主体有权实施行政处罚，其处罚权限如何都必须由法律法规作出明确规定。

3. 受处罚行为法定。受处罚行为法定即公民、法人或者其他组织的行为，只有法律明文规定应予行政处罚的才受处罚，否则不受处罚。

4. 处罚种类、内容和程序法定。处罚种类、内容和程序法定即行政处罚的适用必须严格按照有关实体法和程序法的规定进行，否则行政处罚无效。

（二）处罚公正、公开原则

行政处罚必须以事实为依据，与违法行为的事实、性质、情节以及社会危害程度相当。且对违法行为给予行政处罚必须公开。

公开原则要求，实施行政处罚所依据的有关规定必须向社会公开，未经公布的规定不能作为行政处罚的依据。

（三）处罚与教育相结合原则

该项原则要求，行政处罚的设定和实施要同时发挥其强制制裁与促进认识转变的作用，使被处罚者不再危害社会和自觉守法。实施行政处罚的目的是通过处罚促使当事人自觉变为守法者。任何放弃教育努力的行政处罚或者以罚代教的做法都不符合处罚与教育相结合的原则。

（四）保障相对人权益原则

该项原则要求，行政主体要正确行使行政处罚权，真正地做到使违法者受到公正处理，使无辜的人不受行政处罚。因此，行政处罚原则强调，在实施行政处罚过程中，相对人享有陈述权、申辩权；对行政处罚不服的，有权依法申请行政复议或者提起行政诉讼；因行政处罚受到损害的，有权提出赔偿要求。

（五）一事不再罚原则

该原则要求：

1. 对当事人的同一个违法行为，不得给予两次以上罚款的行政处罚。

2. 违法行为构成犯罪，法院判处拘役或有期徒刑时，行政机关已经给予当事人行政拘留的，应当依法折抵相应刑期。法院判处罚金时，行政机关已经给予当事人罚款处罚的，应当折抵相应罚金。

第二节　行政处罚的种类及实施

一、行政处罚的种类

《行政处罚法》第 8 条规定：“行政处罚的种类：（一）警告；（二）罚款；（三）没收违法所得、没收非法财物；（四）责令停产停业；（五）暂扣或者吊销许可证、暂扣或者吊销执照；（六）行政拘留；（七）法律、行政法规规定的其他行政处罚。”可见，《行政处罚法》明确地列明了七种具体的行政处罚种类：

（一）警告

警告是国家对违反行政法律法规的行为人的谴责和告诫，是国家对行为人的违法行为的否定评价。其目的是使被处罚人认识其行为的违法性和社会危害性，纠正违法行为并不再继续违法。

（二）罚款

罚款是行政机关对违反行政法律法规的行为人强制收取一定数额的金钱，剥夺一定财产权利的制裁方法。其主要适用于以牟取非法经济利益为目的的违法行为。

（三）没收违法所得、没收非法财物

没收违法所得，是行政机关将违反行政法律法规的行为人占有的、通过违法途径和方法取得的财产收归国有的制裁方法。没收非法财物，是行政机关将违反行政法律法规的行为人实施违法行为时占有和使用的财产和物品收归国有的制裁方法。

（四）责令停产停业

责令停产停业是行政主体对作出违法行为的行政管理相对人作出的强制其暂时或永久地停止生产活动或者经营活动的行政处罚形式。

（五）暂扣或者吊销许可证、暂扣或者吊销执照

暂扣或者吊销许可证、暂扣或者吊销执照是行政主体对作出违法行为的行政管理相对人作出的暂时或永久地撤销违法行为人拥有的国家准许其享有某些权利或从事某项活动的资格文件，使其丧失权利或活动资格的制裁方法。

（六）行政拘留

行政拘留是行政主体对作出违法行为的行政管理相对人作出的限制其一定期间人身自由的处罚方法。行政拘留的实施处罚主体是特定的行政机关，即公安机关。

《行政处罚法》没有统一规定，而由单行法律、法规规定适用的行政处罚种类还有：

1. 通报批评。
2. 具结悔过、剥夺荣誉称号。
3. 劳动教养。
4. 驱逐出境、禁止入境或出境、限期离境等。

二、行政处罚的实施机关

行政处罚权原则上由行政机关行使，因为行政处罚权在性质上是一项重要的国家行政权和制裁权。但是考虑到行政管理的实际需要及行政组织编制管理的现状，法律规定符合条件的组织，经法律法规授权或行政机关的委托也可以实施行政处罚。

（一）行政主管机关

国家行政机关行使行政处罚权应当符合法律的要求，即只有法律规定享有行政处罚权的行政机关才有权实施行政处罚；享有行政处罚权的行政机关只能在法定职权范围内实施行政处罚。

为了提高行政执法效率，《行政处罚法》对行政综合执法问题也作出了明确规定，除限制人身自由的行政处罚只能由公安机关实施外，国务院或者经国务院授权的省、自治区、直辖市人民政府可以决定由一个行政机关行使有关行政机关的行政处罚权。

（二）法律法规授权的组织

作为行政机关行使行政处罚权的例外，某些组织在法定条件下，可以以自己的名义实施行政处罚，独立承担由此而引起的法律后果，成为行政处罚权的实施主体。这种组织被称为法律法规授权的组织。

法律法规授权的组织实施行政处罚的法定条件是：

①该组织具有管理公共事务的职能。

②有法律法规的明确授权。

③在法定授权范围内行使行政处罚权。

（三）行政机关委托的组织

由具有行政处罚权的行政机关委托代其行使行政处罚权的组织，称为行政机关委托的组织。该类组织实施行政处罚权须具备如下条件：

①该组织是依法成立的具有管理社会公共职能的事业组织。

②该组织有熟悉法律、法规、规章和相关业务的工作人员。

③对违法行为需要进行技术检查或者技术鉴定的，应当具备相应的条件。

④以委托机关的名义实施行政处罚。

⑤实施行政处罚不得超出委托范围。

⑥不得再委托其他组织或个人实施行政处罚。

实施委托的行政机关在进行委托时：

①委托事项必须在委托机关的法定权限以内。

②委托机关对被委托组织实施的行政处罚进行监督。

③委托机关对被委托组织实施行政处罚的后果承担法律责任。

三、行政处罚的管辖

行政处罚的管辖是关于行政处罚案件权限划分的制度。它对于及时处理行政案件，防止和解决行政机关之间权限冲突具有重要作用。《行政处罚法》规定的行政处罚管辖制度的主要内容是：

（一）级别管辖

行政处罚案件由县级以上地方人民政府具有行政处罚权的机关管辖。换言之，中央人民政府和乡级人民政府不行使行政处罚权。

（二）地域管辖

行政处罚案件由违法行为发生地的有权机关管辖。如果法律、行政法规规定可以由行为人居住地的有权机关管辖的，应遵从法律和行政法规的规定。

《行政处罚法》第20条规定，行政处罚由违法行为发生地（行为实施地和结果发生地）的县级以上地方人民政府具有行政处罚权的行政机关管辖。法律、法规另有规定的除外。

（三）共同管辖

在管辖权确定过程中，对于一个行政处罚案件根据法律的规定，既可以由违法行为实施地有处罚权的行政机关管辖，也可以由违法行为的结果发生地有行政处罚权的行政机关管辖，从而形成了共同管辖。对于这类案件管辖问题的解决方式是：一般由相关行政机关达成协议或按照惯例解决，或依“谁先查处谁处罚”的原则进行。

（四）指定管辖

对于出现的共同管辖问题，首先应由相关行政机关达成协议或按照惯例解决，或依“谁先查处谁处罚”的原则进行。但如果按照上述规则依然无法消除相关机关之间的异议，有关机关就管辖权发生争议时，其可报请共同的上级行政机关指定管辖。

（五）移送管辖

无行政处罚管辖权的行政机关或法律法规授权组织将已受理的相对人违反行政法律法规的案件依法移交有管辖权的机关或组织管辖的制度。如《行政处罚法》规定，违法行为构成犯罪的，行政机关必须将案件移送司法机关，依法追究刑事责任。

第三节　行政处罚的程序

一、行政处罚的决定程序

（一）行政处罚的一般程序

行政处罚的一般程序，是指除法律规定应当适用简易程序和听证程序以外，行政处罚通常应适用的程序。其具体程序如下：

1. 调查。行政主体在发现公民、法人或者其他组织有依法应当给予行政处罚的行为的，必须全面、客观、公正地调查，依法收集有关证据。

2. 审查。在调查取证完成之后，行政主体需要进行核实已经取得的证据，分析和研究相应的法律法规的规定。要做到在作出行政处罚决定时，事实清楚，适用法律法规正确。

3. 决定。当行政主体对作为事实的证据和作为根据的法律规范作出了充分的分析之后，需要对调查的案件中的当事人是否作出行政处罚以及作出怎样的行政处罚作出结论。

根据《行政处罚法》第 38 条规定：

①对确有应受行政处罚的违法行为的，根据情节轻重及具体情况，作出行政处罚决定；

②违法行为轻微，依法可以不予行政处罚的，不予行政处罚；

③违法事实不能成立的，不得给予行政处罚；

④违法行为已经构成犯罪的，移交司法机关。

行政处罚决定的形式，除法律法规明文规定可以采取其他形式之外，作为一种行政行为，行政处罚决定必须制作行政处罚决定书。

（二）简易程序（也称当场处罚程序）

一般程序是行政主体实施行政处罚活动的标准程序，但在一些情况下，法律需要行政主体更有效地作出行政处罚决定。因此，《行政处罚法》规定了简易程序。

1. 适用该程序的条件。根据《行政处罚法》第 33 条规定，适用简易程序必须符合下列法律规定的要求：

①违法事实确凿。

②有法定依据。

③给予较小数额罚款或者警告的行政处罚（对公民处以50元以下，对法人或其他组织处以1 000元以下罚款为较小数额的罚款）。对于罚款数额要件，当其他法律规定的数额与《行政处罚法》规定不一致时，适用其他法律的特别规定，如《道路交通安全法》第107条规定，对道路交通违法行为人予以警告、200元以下罚款，交通警察可以当场作出行政处罚决定，并出具行政处罚决定书。

2. 适用简易程序的要点。符合上述法定条件，可当场作出行政处罚决定。但要注意以下两点：

①表明身份和制作行政处罚决定书；

②执法人员当场作出行政处罚决定，应当及时报其所属行政机关备案。

（三）听证程序

行政法上的听证，是指行政机关为了合理、有效地制作和实施行政决定，公开举行由全体利害关系人（或代表）参加的听证会。行政处罚的听证程序不是行政处罚的必经程序，一般依当事人的申请而启动。

1. 适用听证程序的案件范围。

①责令停产停业。

②吊销许可证或执照。

③较大数额罚款。

2. 适用听证程序应注意的事项：

①当事人不交行政机关组织听证的费用。

②听证原则上公开进行，但有三种例外不公开进行：一是涉及国家秘密；二是涉及商业秘密；三是涉及个人隐私。

③听证主持人为非本案调查人员。

④听证应制作笔录。

⑤听证以当事人申请为前提。

二、行政处罚的执行程序

行政处罚决定书送达当事人后，当事人应当自觉履行，否则行政主体或者根据行政机关申请的人民法院将依法强制执行。

（一）罚款的收缴

原则上作出行政处罚决定的行政机关应当与收缴罚款的机构相分离。作出行政处罚决定的行政机关及其执法人员不得自行收缴罚款。受到行政处罚的当事人应当在法定期间内（自收到行政处罚决定书之日起15日内）到指定的银行缴纳罚款。

但是，依法给予20元以下罚款的，不当场收缴罚款事后难以执行的以及《行政处罚法》第48条规定的情形，执法人员可以当场收缴罚款。当场收缴罚款的，必须向当事人出具省、自治区、直辖市财政部门统一制发的罚款收据；执法人员当场收缴的罚款应当自收缴罚款之日起（在水上当场收缴的罚款，应当自抵岸之日起）2日内交至行政机关，行政机关应当在2日内将罚款缴付指定的银行。

（二）行政强制措施

除经申请和批准当事人可以暂缓或分期缴纳罚款的以外，当事人逾期不履行行政处罚决定的，作出行政处罚的行政机关可以采取强制性措施：

1. 到期不缴纳罚款的，每日按罚款数额的3%加收罚款。

2. 根据法律规定，将查封、扣押的财物拍卖或者将冻结的银行存款划拨抵缴罚款。

3. 申请人民法院强制执行。

第十一章　具体行政行为之行政强制

第一节　行政强制概述

一、行政强制的概念及类型

（一）行政强制的概念

行政强制，是指行政主体为实现行政目的，对相对人的财产、人身自由等予以强制而采取的措施。

（二）行政强制的类型

现代法治国家中，行政强制包括行政强制执行和行政强制措施两种基本类型。具体表现为如下几种：

1. 对财产的强制。如查封、扣押、冻结、强制拆除建筑物、变卖（拍卖）财物、强制转让专利权（商标权）、扣缴、强制收购、限价出售等。

2. 对行为的强制。如强制许可、强制登记、强制检查、交通管制、现场管制、强行驱散等。

3. 对人身自由的强制。如强制检疫、强制治疗、强制戒毒、强制传唤、强制扣留、强制带离现场、强制隔离等。

二、行政强制的法律性质

行政强制行为在一定的情况下，是独立的具体行政行为，但在多数情况下，是从属性的具体行政行为，是为实现前一具体行政行为的目的，在相对人不履行或拒不履行时，而采取的强制性措施。

三、行政强制的基本原则

（一）法定原则

行政强制是一种体现国家强制力的行政行为，也显示出国家权力的权威性。因此不能任意实施，而应当遵循依法行政的原则，做到实行强制的事项法定、方式法定、主体法定、程序法定等。

（二）合理原则

合理原则是行政法的基本原则，所以行政强制作为行政行为的一种，必须要合理。具体来说，设定行政强制措施应当适当，兼顾公共利益和当事人的合法权益；实施行政强制应当依据法定条件，选择适当方式，既要达到行政管理的目的又要最小限度地损害当事人的合法权益。只有当采用非强制性措施不能达到行政管理目的的时候，才能依法实施行政强制。

（三）强制和教育相结合的原则

行政强制是行政机关对国家和社会事务进行管理的一种手段，而不是目的。所以，行政机关在实施行政强制前应适当对当事人进行督促教育，使其认识到自己的问题、自觉接受行政管理，并提高行政效率、节省资源。

（四）救济原则

行政强制是一种对当事人产生强烈影响的行政行为，按照现代法治行政和我国国家性质的要求，这种行政行为必须给予当事人对等的抗辩权和救济权。不管是采取行政强制措施还是实施行政强制执行，都应当给予当事人陈述权、申辩权、复议申请权、提起诉讼权和获得行政赔偿权等权利。而对即时强制，则更应该注重事后救济机制的强化和完善。

《行政复议法》赋予行政相对人对行政强制措施申请复议的权利。《行政诉讼法》规定，行政相对人“对限制人身自由或者对财产的查封、扣押、冻结等强制措施不服的”，可以向人民法院提起行政诉讼。违法强制造成合法权益受到损害的，相对人可依《国家赔偿法》请求国家赔偿。

第二节　行政强制执行

一、行政强制执行

行政强制执行是指在行政法律关系中，行政管理相对人不履行其应履行的法定义务时，行政机关或人民法院依法采取强制手段，迫使其履行义务，或者达到与履行义务相同状态的活动。

人民法院的行政强制执行，是人民法院依行政机关的申请所作的执法行为，实质上是行政权中执行权能的体现，是行政机关强制执行权的延伸和继续。人民法院只有根据行政机关的申请，并按照法律的明确规定和一定程序，才能实施行政强制执行。

二、行政强制执行的特征

（一）须有行政管理相对人不履行应当履行义务的前提条件

行政强制执行，只有在行政管理相对人的行为构成了无正当理由拒不履行应当履行的义务的条件下，法律明确规定可以实施行政强制执行时才能实施。对于不构成义务不履行的，如对未到限定期限的义务，就不能实施行政强制执行。

（二）执行的主体是行政机关或人民法院

由谁实施行政强制执行权，必须依据法律规定。一般情况下，行政机关有法律规定的强制执行权的，如公安机关、工商机关，对于采取行政强制执行的行政行为，都由行政机关自行负责；而对于没有行政强制执行权的行政机关所作出的行政行为，则由行政机关申请人民法院予以实施。

（三）执行的目的是实现义务的履行

无论由人民法院负责，还是由行政机关负责，行政强制执行的目的都是实现法定义务的履行。人民法院在接受行政机关的行政强制执行申请时，应对行政行为的合法性进行审查，合法就应按照行政行为的内容予以强制执行，不合法则可以拒绝执行。

（四）对象具有广泛性和法定性

行政强制执行可以针对一切阻碍行政行为执行的对象，以及应执行的一切对象进行。行政强制执行的对象可以是物，如强制划拨；可以是行为，如专利强制许可；也可以是人，如强制扣留。

行政强制执行的具体实施方式，必须由法律、法规明确规定，执行机关必须严格按照法定形式实施，不得任意创新或更改。

（五）不得进行执行和解

对于义务主体来说，只有一个选择，即履行其应履行的义务。对于行政主体来说，行使行政权力既是权利又是义务，必须依法行使，不得放弃或自由处置。在行政强制执行过程中不允许进行执行和解。

三、行政强制执行的种类

依据执行人是否可以亲自或请人代替义务人履行其应履行的义务为标准，将行政强制执行分为间接强制和直接强制两种。

（一）间接强制

间接强制，是指通过间接手段迫使义务人履行其应履行义务或达到与履行义务相同状态的行政强制执行方式。间接强制又可分为代执行和执行罚两种。

1. 代执行。代执行是行政强制执行机关或第三人代替应履行义务的人履行行政行为所确立的可代替作为义务，并向义务人征收必要费用的强制执行方式。

代执行避免了执行机关直接凭借国家强制力迫使义务人履行义务，从而缓解了义务主体对执行的抗拒心理，只要义务人在代执行过程中不妨碍执行的实施，就可达到执行的目的。因此，代执行在行政强制执行中应用范围较广，具有很大的实用价值。

代执行的对象是行政行为所确立的可代替作为义务，如违法建筑物的强制拆除。对于不可代替作为义务和不作为义务，如缴纳罚款，则不能采取代执行的方法。因此，可代替作为义务是代执行的唯一对象。

代执行的实施前提是，必须有合法的行政行为存在，且义务人无正当理由拒不履行行政行为所确立的义务。

代执行的主体，必须是行政强制执行机关或其他指定的第三人。行政强制机关自身代替义务主体履行义务，是完成其所承担任务的一种有效途径，这也是法律所允许的。由第三人来代为执行，只有在第三人与该行政强制执行机关发生某种关系，即接受该机关指定后才能进行。

代执行的程序，一般为告诫、代执行和征收费用三个阶段。

告诫应先以书面形式进行。在告诫设定的履行期限内，义务人未履行，并且确有不履行义务的故意时，才可以实施代执行。只有在特殊情况下，由于形势紧迫，来不及告诫时，才可以不经事先告诫和不待期限届满，立即代为执行，这种情况称为“即时代执行”。

代执行以向义务主体征收费用为终结。代执行费用的数额，应当以代执行实际支出的人力、物力为限。至于代执行费用征收的时间，是事前征收还是事后征收，目前我国法律中尚没有明确规定。一般来说，事前征收即可以给义务主体造成一定的心理压力，促使其自动履行义务，以便圆满地达到行政目的，又可以了解义务主体的支付能力，便于执行机关酌情确立采用执行方法，保证代执行的公正有效实施。因此，事前征收代执行费用具有一定的积极意义。

2. 执行罚。执行罚是行政强制执行机关对拒不履行不作为义务或不可代替作为义务的义务主体，科以新的金钱给付义务，以迫使其履行义务的强制执行方式。

执行罚与行政处罚中的罚款有相似之处，即二者都以行政违法为前提，都是科以相对人一定的金钱给付义务。但是，执行罚与罚款在性质和功能上却有原则的区别。首先，执行罚的目的不是对义务主体进行金钱处罚，而是通过罚缴一定数额的金钱，促使义务主体履行其应履行却尚未履行的义务；而罚款则是对已经发生的行政违法行为给予金钱制裁。其次，执行罚可以针对同一事项反复适用；而罚款则必须遵循“一事不再罚”的原则。

执行罚一般只应用于不作为义务和不可代替作为义务。执行罚在我国税务、海关等部门适用法律中已被广泛运用，最为典型的方式是加罚滞纳金。另外，执行罚的数额必须由法律、法规作出明文规定，执行机关不能自行其是。凡法律、法规明确规定了数额的，执行机关只能依法实施，无裁量余地，如税法明确规定了滞纳金的缴纳比例。如果法律、法规只规定了一定幅度，执行机关就可以在法定幅度内自由裁量。但具体数额应与相对人的责任相适应。执行罚的数额从义务主体应履行义务之日起，按日数计算，并可反复适用。例如，假定执行罚的数额为每日 10 元，那么，15 日后就是 150 元。通过这种不断递增的方法，逐渐加重义务主体的金钱给付义务，造成其心理压力，以达到促使其履行义务的目的。一旦义务主体履行了义务，执行罚则不应再进行。

执行罚的程序大体与代执行相同，即必须预先告诫，在适当的履行期限内义务主体仍不履行其义务时，才能实施执行罚。

（二）直接强制

直接强制是指义务主体逾期拒不履行其应履行的义务时，行政强制执行机关对其人身或者财产施以强制力，以达到与义务主体履行义务相同状态的一种行政强制执行方式。直接强制可分为人身强制和财产强制两种。

1. 人身强制。如公安机关依法对违反《治安管理处罚法》的人予以强制拘传、强制传唤，以及主管机关对拒绝或逃避隔离的检疫传染病患者予以强制隔离等。

2. 财产强制。根据《价格管理条例》规定，对拒缴非法所得或拒缴罚款的，物价检查机构可以按有关规定通知其开户银行予以划拨。

由于直接强制以国家机关所拥有的强制力为手段，以义务主体的人身权利或财产为执行对象，如适用不当，极易造成对义务主体的合法权利和权益的侵害。因此，法律对直接强制的适用条件和程序作了非常严格的规定，一般应遵循从轻至重按顺序选择的原则来选择适用行政强制执行措施，以确保在完成行政强制执行的同时，有效地避免相对人权益受到不应有的损害。

四、行政强制执行的程序

（一）行政机关自行强制执行的程序

按照我国现行法律、法规的规定，行政机关成为行政强制执行主体的资格条件主要有两个：第一，法律、法规中有关行政强制执行的规定明确授予该行政机关行政强制执行权；第二，该行政机关是作出待执行的具体行政行为的行政机关。行政机关自行强制执行一般需遵守以下程序：

1. 调查与审查。行政机关首先必须对有关事项认真进行调查，以确认不履行法定义务的事实是否存在，义务人是否有不履行法定义务的故意以及义务人的可供执行的财产等状况。为防止义务人合法权益受到违法或者不当的侵害，还应当对原行政行为进行严格审查，对执行手段进行探讨。若发现原行政行为有违法或者不当之处，不得实施强制执行；若还有其他更为缓和的手段同样可以达到义务履行的目的，则应采用更为缓和的手段，而不应实施行政强制执行。

2. 通知与告诫。在正式实施强制执行前，为给义务人再一次主动履行义务的机会，应该发出通知和告诫，限定适当的义务履行期限。所谓“告诫”，是指告诉义务人使其知悉并加以警戒。行政强制执行是对行政义务已经到期又不愿自行履行义务的当事人所实施的强制行为，这种行为对当事人会产生强烈的影响。为教育行政相对人，行政机关在实施强制执行前对行政相对人进行最后一次督促，具有一定的必要性。告诫是一种要式行为，必须采用书面形式，告诫书一般应包括以下内容：第一，明确的期限，期限应当达到当事人自行履行义务所需的合理时间；第二，明确的强制执行方式；第三，涉及金钱给付的，必须有明确的金额和给付方式；第四，明确的不履行义务的法律责任；第五，当事人依法享有的权利。当事人在行政机关督促告诫后自行履行行政决定的义务的，行政机关不再实施行政强制执行。

3. 当事人的陈述和申辩。行政机关在实施强制执行前向当事人发出告诫书，既督促当事人积极履行义务，也给当事人同行政机关一次沟通的机会，当事人正可借此机会向行政机关陈述理由并进行申辩，有利于澄清事实，使行政相对人与行政机关之间相互了解。

当事人在接到告诫书后所作的陈述和申辩，行政机关应当充分、认真听取，做好笔录，给予答复；必要时，行政机关可以对当事人提出的事实、证据进行调查核实，核实成立的，行政机关应当采纳。对当事人权益影响重大的行政强制执行，当事人有权要求听证；当事人提出听证要求的，行政机关应当组织进行。

4. 制作执行决定书并确定行政强制执行方案。在行政机关向当事人发出告诫书后，在合理期限内当事人仍不履行行政决定的，行政机关应当作出行政强制执行决定、制作行政强制执行决定书，决定书通常应包括下列内容：第一，当事人姓名或名称、地址；第二，违法事实和行政强制执行的依据；第三，行政强制执行的方式和期限；第四，申请行政复议或提起行政诉讼的途径和期限；第五，行政机关的名称和日期。

如果行政机关在作出行政强制执行决定前，没有告诫当事人或没有听取当事人的陈述和申辩；那么，行政机关作出的行政强制执行决定的行为是违反法定程序的，行政机关将承担相应的法律后果。

5. 强制执行决定书的送达。行政强制执行决定书必须送达当事人，原则上应在执行时当场交付当事人，但当事人是否接受决定书并不影响决定书的执行。当事人不在场的，依照《中华人民共和国民事诉讼法》的有关规定在执行后的 5 天内送达。鉴于行政强制执行的侵益性，应当尽量采取相应的措施，使当事人事前到执行现场。

6. 强制执行。义务人在行政强制执行决定书送达之前没有自行履行义务，行政机关将依据决定实施强制执行。行政强制执行应当制作现场笔录。属于代执行的，执行费用由义务人承担。

此外，当事人应当配合行政机关执行，如有暴力或其他阻止执行的情形，公安机关应当协助执行。

（二）申请人民法院强制执行的程序

1. 强制执行的申请。行政相对人在法定期限内不履行义务的，根据法律规定此类强制执行应由人民法院负责的情况下，行政机关或有利害关系的第三人可以向人民法院申请强制执行。法律规定当事人逾期不申请行政复议也不提起行政诉讼又不履行行政决定，行政机关才可申请人民法院强制执行，行政机关应当在行政复议或行政诉讼申请期限届满后，向人民法院申请强制执行。行政机关向人民法院申请强制执行的也应当向当事人发出书面催告，只有催告发出 10 日后当事人仍未履行义务时，行政机关方可向人民法院提出强制执行申请。

行政机关申请强制执行的应当提交申请材料。它包括：第一，行政机关的强制执行申请书；第二，行政机关的决定书以及作出决定的事实、理由和法定依据；第三，行政机关作出决定后当事人的意见以及催告情况；第四，申请强制执行的标的；第五，申请强制执行的期限；第六，行政机关负责人签字及行政机关的印章。

有利害关系的第三人，在申请人民法院强制执行时，应当提交以下材料：第一，行政机关的决定书原件或经行政机关盖章的决定书复印件；第二，申请强制执行的理由；第三，申请强制执行的标的和期限；第四，申请人的姓名或名称、地址。

2. 受理与审查。人民法院在接到行政机关或有利害关系的第三人的申请后，对不予受理的应当在5日内书面通知申请人并告知不予受理的理由和救济途径。

人民法院对已经受理的申请原则上只进行书面审查，对符合法律规定的，人民法院应当在5日内作出执行裁定。但是，公民、法人或其他组织提出要求，人民法院在审查中认为确有必要的，也可以对行政决定的事实、理由和依据进行实质性审查。

人民法院经过审查，认为存在下列情形之一的，裁定不予执行，并将理由告知行政机关：第一，行政机关作出的决定没有法定依据、明显事实不清或违反法定程序的；第二，执行该行政决定违背社会公共利益的。

3. 公告。人民法院作出执行裁定的，应当在3日内发布公告并送达当事人，限定当事人履行的期限。当事人在人民法院公告期限内自觉履行的，人民法院不再强制执行；当事人逾期不履行的，人民法院应当予以强制执行。

4. 执行。义务人在人民法院执行裁定限定的期限内没有自行履行义务，人民法院将依据裁定对义务人实施强制执行。执行结束后，还应将情况书面通知申请人。强制执行需支付费用的，一律由被执行人负担。

五、行政强制执行的原则

（一）依法执行的原则

依法执行的原则，是指行政强制执行必须严格依照法律的规定进行。首先，执行机关必须合法，无执行权的机关和组织均不得强制执行。其次，执行活动必须有法律依据。再次，行政强制执行必须依照法定程序进行。

（二）说服教育和强制结合的原则

在采取行政强制执行措施前，必须告诫当事人，通过说服教育工作，赋予当事人依法自觉履行法定义务的机会。行政强制执行，既要有严肃性、权威性，又要对当事人做必要的说服教育工作，在说服教育后当事人仍不自觉履行法定义务时，方可实行强制执行。

（三）及时、准确、正当的原则

在法律、法规规定了时限时，行政强制执行必须在法定期限内进行，不得逾期；当法律、法规没有就时限作出规定时，执行机关应该在不使相对人隐藏、转移、变卖、毁损强制执行标的物或不使其拒不履行的行为发展成为违法犯罪行为的适当期限内，采取强制执行措施。行政强制执行必须准确，证据确凿，执行手段合理、公平、适当，以取得最佳的社会效果。

（四）执行标的有限的原则

对财产和金钱给付义务的强制执行，应该有一定的范围和限度：首先，不得超出被执行人应当履行义务的范围；其次，对于负有法定义务而拒不履行的，应当保留被执行人及其所扶养家属的生活必需费用和生活必需品，以不影响被执行人及其所扶养家属的最低生活标准为限。

（五）强制与预防相结合的原则

通过强制措施，可以避免拒不履行法定义务的行为继续下去，避免其发展成为违法犯罪行为，给国家和社会公共利益造成更大的危害。但是，一旦实施行政强制执行，则难免造成行政主体和行政相对人之间某种程度上的对立、抵触，不利于社会稳定和发展。因此，在日常的行政活动中，应加强调查研究，分析预测，堵塞或减少拒不履行法定义务的行为。

（六）保护当事人合法权益的原则

在查封、扣押财产时，或者在强制迁出房屋、强制拆除违章建筑、强制退出土地时，应当通知被执行人或者其成年家属（法人或其他组织的法定代表人或者主要负责人）到场。应该赋予被执行人陈述、辩论的权利，必要时，也应该组织一定范围内的听证。

（七）协助执行的原则

在行政强制执行中，若执行标的物不由被执行人占有或持有，而由案外的有关第三人占有、持有或者保存时，执行机关应当通知有关单位或者个人协助执行，有关单位或者个人有义务按照通知精神协助执行。如果有义务协助执行的有关单位或者个人，无故推托、拒绝或者妨碍执行，则要依法追究责任。

第三节　行政强制措施

一、行政强制措施的含义和特征

行政强制措施和行政强制之间的关系是密不可分的，所指的内容是一致的。但行政强制措施是作为行政强制的一种类型来定位的，是从行政强制中排除了行政强制执行之后的狭义概念。

行政强制措施是指行政机关为查明事实情况，或者为了预防、制止、控制违法行为、危害状态，或者为了保障行政管理工作顺利进行以及在紧急情况下为排除紧急妨碍、消除紧急危险，根据需要，按照法定方式，依职权对有关相对人的人身、财产及行为进行暂时性限制，以实现一定的行政目的的行为。其主要特征表现为：

（一）直接强制性

行政强制措施不仅体现国家权力的权威性和强制性，而且不需要当事人的主动申请或要求当事人自觉接受，行政机关依职权对当事人主动采取强制措施相对于其他具体行政行为而言具有更强、更直接的强制性。一旦采取行政强制措施的法定条件成立，行政机关将不管行政相对人是否同意和接受，都会采取强制措施，行政相对人也不得自行抵抗。

（二）手段性

行政强制措施本身并不是结果，而是为了保障其他具体行政行为的顺利作出或实施而采取的措施，所以说其他具体行政行为是目的或结果，而行政强制措施是达到目的的手段。

（三）非制裁性

正因为行政强制措施具有手段性，所以它不是对相对人的一种制裁。行政机关采取行政强制措施不是为了制裁当事人，而是为了实现一定的行政管理目的。采取行政强制措施并非以当事人存在违法行为为前提，它可能针对的是违法行为（制止、控制违法），也可能针对的不是违法行为（预防违法和控制危险）；即使是前者，也不是为了制裁违法者，而是为制止当事人继续违法而采取的手段。

（四）暂时性

行政强制措施是对行政相对人权利进行暂时性限制或约束，不是对行政相对人权利作最终处理。行政强制措施只是行政主体在未作出其他具体行政行为之前暂时采取的措施，是对当事人的人身、财产或行为进行的暂时限制或约束。一旦行政管理目的得以实现，行政强制措施必须立即解除。

二、行政强制措施的方式

（一）限制公民人身自由和对公民身体强制检查

这种措施涉及我国《宪法》规定的公民的人身自由权，因此，其实施必须依据法律规定。

1. 限制公民人身自由。例如，《中华人民共和国人民警察法》第 14 条规定：“公安机关的人民警察对严重危害公共安全或者他人人身安全的精神病人，可以采取保护性的约束措施。需要送往指定的单位、场所加以监护的，应当报请县级以上人民政府公安机关批准，并及时通知其监护人。”《中华人民共和国传染病防治法》第 24 条规定：“医疗保健机构、卫生防疫机构发现传染病时，应当及时采取下列控制措施：（一）对甲类传染病人和病原携带者，乙类传染病中的艾滋病病人、炭疽中的肺炭疽病人，予以隔离治疗。隔离期限根据医学检查结果确定。拒绝隔离治疗或者隔离期未满擅自脱离隔离治疗的，可以由公安部门协助治疗单位采取强制隔离治疗措施……”对于这些措施，法律明确规定了具体实施机关和期限，并非任何行政机关都可以采取限制公民人身自由的强制措施。否则必将导致滥用，威胁到公民的合法权利。

2. 强制检查公民身体。它是行政机关基于公共利益的需要采取的常规措施，主要包括对公民身体的搜查和对公民身体状况的检查。例如，《中华人民共和国传染病防治法》第 26 条规定：“甲类、乙类传染病暴发、流行时，县级以上地方政府报经上一级地方政府决定，可以宣布疫区，在疫区内采取本法第 25 条规定的紧急措施，并可以对出入疫区的人员、物资和交通工具实施卫生检疫……”这类措施涉及我国宪法规定的公民的人格尊严不受侵犯的权利，属于广义的限制人身自由的范围，因此也应当严格限制行使。

（二）对财物的查封、扣押、冻结

对财物的查封、扣押、冻结是行政主体在执法过程中发现有非法物品或违禁物品而采取的措施。

1. 查封。查封是指行政主体为了顺利地作出具体行政行为而对行政管理相对人的有关财物予以就地封存的行为。例如，《〈中华人民共和国审计法〉实施细则》第32条规定："审计机关有根据认为被审计单位可能转移、隐匿、篡改、毁弃会计凭证、会计账簿、会计报表以及其他与财政收支或者财务收支有关的资料的，有权采取取证措施；必要时，经审计机关负责人批准，有权暂时封存被审计单位与违反国家规定的财政收支或者财务收支有关的账册资料。"

2. 扣押。扣押是指行政主体实施的将违禁物品等强行移至他处予以留置的行为。例如，《中华人民共和国海关法》第6条规定："海关可以行使下列权力：（一）检查进出境运输工具，查验进出境货物、物品；对违反本法或者其他有关法律、行政法规的，可以扣留……（三）查阅、复制与进出境运输工具、货物、物品有关的合同、发票、账册、单据、记录、文件、业务函电、录音录像制品和其他资料；对其中与违反本法或者其他有关法律、行政法规的进出境运输工具、货物、物品有牵连的，可以扣留……"

3. 冻结。冻结是指行政主体依法要求金融机构对行政相对人的存款和账号暂时停止业务的行为。例如，海关总署等《关于由银行协助海关追缴或冻结有关参与走私的单位存款的通知》第1条规定："凡海关发现有关单位在银行的存款是走私资金或非法所得的暴利，以及有重大走私嫌疑的单位在银行的存款，为了防止上述单位抢先提取或转移，可由县级以上（包括县级）海关出具正式公函，通知银行暂予冻结，待海关核实调查后，根据有关规定，予以处理……"

（三）强制检查

强制检查包括对生产经营场所和产品（商品）的强制检查。例如，《矿山安全法》第35条规定："劳动行政主管部门的矿山安全监督人员有权进入矿山企业，在现场检查安全状况；发现有危及职工安全的紧急险情时，应当要求矿山企业立即处理。"《农药管理条例》第23条规定："超过产品质量保证期限的农药产品，经省级以上人民政府农业行政主管部门所属的农药检定机构检验，符合标准的，可以在规定期限内销售；但是，必须注明'过期农药'字样，并附具使用方法和用量。"

（四）即时强制

这是在紧急状态下，为了公共利益而对行政相对人财产权利的暂时侵犯。例如，《中华人民共和国消防法》第33条规定：“公安消防机构在统一组织和指挥火灾的现场扑救时，火场总指挥员有权根据扑救火灾的需要，决定下列事项……利用临近建筑物和有关设施……为防止火灾蔓延，拆除或者破损毗邻火场的建筑物、构筑物……”《破坏性地震应急条例》第25条规定：“交通、铁路、民航等部门应当尽快恢复损毁的道路、铁路、水港和有关设施，并优先保证抢险救援人员、物资的运输和灾民的疏散。其他部门有交通运输工具的，应当无条件服从抗震救灾指挥部的征用或者调用。”

除了上述措施以外，法律可以根据需要设立其他强制措施。例如，《中华人民共和国游行示威法》第27条规定：“……不听制止的，人民警察现场负责人有权命令解散；拒不解散的，人民警察现场负责人有权依照国家有关规定决定采取必要手段强行驱散……人民警察可以将其强行带离现场……”

三、行政强制措施的程序

有权主体在其权限范围内采取行政强制措施时，应根据具体法律规定的程序进行。尽管各行政强制措施的方式不同，但都应当遵守一般程序：

①除当场采取行政强制措施外，需经行政机关负责人批准。

②由行政机关两名以上执法人员实施。

③出示执法身份证件以及行政决定书。

④当场告知当事人事实、理由、依据、救济途径以及依法享有的权利。

⑤制作现场笔录。

⑥实施查封、扣押的，制作查封、扣押清单；查封、扣押清单一式两份，由当事人和行政主体分别保存。

⑦现场笔录和清单由当事人或见证人和行政执法人员签名或盖章，当事人或见证人拒绝签名或盖章的，应当在笔录中予以注明。

⑧法律、法规规定的其他程序。

第十二章　具体行政行为之其他形式

第一节　行政处理行为

行政处理，是行政主体为了实现相应的法律、法规和规章所确定的行政管理目标和任务，应行政相对人的申请或者依据职权处理涉及特定行政相对人的特定权利义务事项的具体行政行为。其特征如下：

1. 行政处理是一种外部行政行为。

2. 行政处理是一种具体行政行为。

3. 行政处理是行政主体为了实现相应的法律、法规和规章所确定的行政管理目标和任务，处理行政相对人的特定权利义务事项的具体行政行为。这使行政处理区别于行政许可、行政处罚、行政强制等其他具体行政行为。行政处理与行政处罚不同，行政处理不具有惩罚性，无须以行政相对人的违法行为为前提；行政处理与行政强制不同，行政强制执行往往是行政处罚和行政处理的保障，在行政相对人不履行行政处理决定或者行政处罚决定时，为实现行政管理目的，行政主体可依法启动行政强制执行程序。

行政处理是具体行政行为中较为常用的形式，主要有行政征收、行政确认、行政给付、行政奖励等。

一、行政征收

（一）行政征收的含义及特征

行政征收是指行政主体根据国家和社会公共利益的需要，依法以强制方式无偿取得行政相对人财产所有权的一种行政执法行为。

行政征收具有以下特征：

1. 强制性。行政征收机关实施行政征收行为，实质上是履行国家赋予的征收权。这种权力具有强制他人服从的效力。因此，实施行政征收行为无须征得行政相对人的意见，甚至可以在违背相对人意志的情况下进行。行政相对人必须服从行政征收命令，否则应承担一定的法律后果。

2. 无偿性。国家为了完成其职能，维护其统治，必须拥有一定的物质资财。而国家行政机关本身又不直接从事生产经营活动、创造财富。因此，只能凭借国家行政权力，通过行政征收来取得所需物质资财。行政征收是财产的单向流转，无须向被征收人偿付报酬。

3. 法定性。行政征收直接指向的是行政相对人的经济利益，由于其强制性和无偿性决定了行政征收行为对相对人的权益始终具有侵害性。因此，为了确保相对人的合法权益不受违法行政征收行为的侵害，必须确定行政征收的法定原则，即行政征收对象法定、征收主体法定、征收环节法定、征收依据法定、征收程序法定、缴纳主体法定等。

（二）行政征收的内容

从我国现行的法律、法规的规定来看，主要有：

1. 税收征收。税收征收是指国税、地税行政机关依税收征管法和各种具体税法，直接向纳税人收取税款或通过扣缴义务人向纳税人代扣代缴、代收代缴税款的行政处理行为。我国税收征收主要包括对内税收征收和涉外税收征收两方面的内容。

2. 资源费征收。《宪法》规定，城市土地、矿藏、水流、山岭、草原、荒地和滩涂等自然资源属于国家所有。单位、个人在开采、使用国有自然资源时必须向国家缴纳资源费。如水资源费的征收、矿产资源补偿费的征收等。

3. 建设资金征收。为确保国家的重点建设，解决重点建设资金不足问题，中央或地方行政机关面向公民、法人或其他组织实施的征收。如公路规费、港口建设费、机场建设费、国家能源交通重点建设基金等的征收。

4. 排污费征收。

5. 行政管理规费征收。

6. 其他法定征收。

（三）行政征收的分类

以行政征收发生的根据划分：

1. 因使用权而引起的征收。此类征收实际上是公民、法人或其他组织有偿使用国有资源、资产的体现。它是所有权人的权益权能在行政法上的实现方式，如资源费、建设资金的征收。

2. 因行政法上的义务而引起的征收。此类征收的实质是国家凭借行政权力，强制无偿地参与公民、经济组织的收入分配，取得财产收入的一种形式。如税收、行政规费的征收。

3. 因违反行政法的规定而引起的征收，如排污费的征收。征收排污费虽带有惩罚性质，但不属于行政处罚，它只是为了消除相对人给社会带来的不良影响，国家征收一定经费，行政机关以此费用治理污染或补偿给社会造成的损失。当然，在相对人拒绝缴纳此项收费时，才导致警告、罚款等行政处罚。

（四）行政征收的方式、程序

根据我国现行法律、法规规定，行政征收的方式有：查账征收、查定征收、查验征收、定期定额征收以及代征、代扣、代缴等。在实际征收中具体运用哪种征收方式应由征收机关根据法律、法规的规定及应征人的具体情况而定。无论采取何种征收方式，都应当使用书面形式。行政征收的计算方式一般由法律、法规明确规定。

行政征收按其实现方式的不同，可分为相对人自愿缴纳和行政主体强制征收两种。法律应当明确规定实施强制征收的程序以及行政主体可以采取的强制措施。如《税收征收管理法》详细规定了税务机关征收税款的程序大致分为三个步骤：税务登记、纳税申报和税款征收。

二、行政确认

（一）行政确认的含义

行政确认，是指行政主体对行政相对人的法律地位或权利义务或有关的法律事实进行甄别，给予确定、认可、证明并予以宣告的具体行政行为。

（二）确认的主要形式

1. 确定。确定即相对人的法律地位与权利义务的确定。如对专利权归属的确定，对土地所有权的确定，对房屋产权的确定等。

2. 认可。认可即相对人已有法律地位和权利义务的承认和肯定。如对收养关系的认可、对企业性质的判定和对产品质量是否合格的认证等。

3. 证明。证明是指行政主体向其他人明确肯定被证明对象的法律地位、权利义务或某种情况。如各种学历（学位）证明、居民身份及宅基地使用证明等。

4. 登记。登记是指行政主体应申请人申请，在政府有关登记簿册中记载相对人的某种情况或事实，并依法予以正式确认的行为。如户口登记、房屋产权登记、工商登记、婚姻登记、社团登记等。

5. 批准。批准是指行政主体对相对人申请的事项或某种法律行为的审查，对其中符合法定条件者予以认可或同意的行为。如人事任免、行政拨款的审批。

6. 行政鉴定。行政鉴定是指行政主体或行政主体指定或委托的专门技术、专业检验的组织对特定法律事实或客体的性质、状态或质量等所进行的客观评价。如产品质量、交通事故、医疗事故鉴定，纳税鉴定，审计鉴定，会计鉴定等。

7. 鉴证。鉴证是指对某种法律关系的合法性、可行性、真实性予以审查核实的行为。如工商管理机关对合同真实性的鉴证。

（三）行政确认的原则

1. 依法确认的原则。行政确认的目的在于维护公共利益，保护公民、法人或者其他组织的合法权益，因此行政确认必须严格按照法律法规和规章的规定进行。

2. 客观、公正的原则。行政确认是对法律事实和法律关系的证明或者明确，因而必须贯彻客观、公正的原则。

3. 保守秘密的原则。行政确认往往较多地涉及商业秘密和个人隐私，尽管其确认程序要求公开、公正 ，但同时必须坚决贯彻保守秘密的原则，不得将确认结果随意用于行政管理行为以外的信息提供。

三、行政给付

（一）行政给付的含义和特征

行政给付是指行政物质帮助，它是行政机关在公民年老、疾病或丧失劳动能力或其他特殊情况下，依照有关法律、法规规定，赋予其一定的物质权益或与物质有关的权益的具体行政行为。

行政给付具有以下特征：

①它是行政主体依法向行政相对人的给付。

②给付对象是具有特定情形的行政相对人。

③它是一种应申请的行政行为。

④它是依据法律和行政法规实施的行政行为。

（二）行政给付的内容

1. 物质上的权益。其表现为给付相对人一定数量的金钱和实物。

2. 与物质有关的权益。这种行政给付的表现形式很多，如免费入学受教育、给予享受公费医疗待遇等。

（三）行政给付形式

根据有关法律、法规的规定，可将行政给付的形式概括为以下几种：

1. 抚恤金。这是最常见的行政给付形式。其主要包括：①牺牲、病故人员抚恤金；②伤残抚恤金；③烈军属、复员退伍军人生活补助费；④退伍军人安置费等。

2. 特定人员离退休金。其主要包括：①由民政部门管理的军队离退休干部的离退休金、生活补助费、副食品价格补贴以及取暖补贴、护理费、死亡后的丧葬费、遗属生活困难补助等；②由民政部门管理的军队退休干部、无军籍退休职工和由民政部门发放退休金的地方退休人员的退休金、副食品价格补贴以及取暖补贴、护理费、死亡后丧葬费、遗属生活困难补助费等；③由民政部门发放退职金的退职人员生活费、副食品价格补贴等。

3. 社会救济、福利金。其主要包括：①农村社会救济；②城镇社会救济；③精简退职老弱残职工救济；④社会福利金等。

4. 自然灾害救济金。其主要包括：①生活救济费；②安置抢救转移费等。

四、行政奖励

（一）行政奖励的概念和特征

1. 行政奖励的概念。行政奖励，是指行政主体依照法定条件和程序，对为国家和社会作出重大贡献的单位和个人，给予物质或精神鼓励的具体行政行为。

2. 行政奖励的特征。

（1）实施行政奖励的主体是国家行政机关或者法律法规授权的组织。

（2）行政奖励的目的在于表彰先进，激励和推动后进者赶超先进，调动和激发广大人民群众的积极性和创造性。

（3）行政奖励的对象是对国家、人民和社会作出突出贡献或者遵纪守法的模范集体或者个人。

（4）行政奖励的内容包括物质奖励和精神奖励。

（5）行政奖励是具体行政行为。

（二）行政奖励的形式

根据有关的法律、法规和规章规定，行政奖励的形式主要有：

1. 赋予物质方面的权益。如发给资金或奖品。
2. 赋予精神方面的权益。如通报表扬、通令嘉奖、记功、授予荣誉称号。
3. 赋予职权方面的权益。如晋级、晋职。

（三）行政奖励的原则

1. 依法奖励、实事求是的原则。
2. 奖励与受奖行为相当的原则。
3. 精神奖励与物质奖励相结合的原则。
4. 公正、合理、民主、平等的原则。

第二节　行政监督检查与行政裁决

一、行政监督检查

（一）行政监督检查的概念

行政监督检查是指行政主体依法定职权，对相对方遵守法律、法规、规章，执行行政命令、决定的情况，进行检查、了解、监督的具体行政行为。

（二）行政监督检查的分类

1. 以行政监督的对象是否特定为标准，可分为一般监督和专门监督。

2. 以行政监督的内容为标准，可分为公安行政监督、工商行政监督、海关监督、税务监督、审计监督等。

3. 以实施行政监督的时期为标准，可分为事前监督、事中监督、事后监督。

4. 以行政监督与监督主体的职权关系为标准，可分为依职权监督与依授权监督。

（三）行政监督检查的作用

1. 可以及时反馈法律、法规实施的社会效果。

2. 可以预防和及时纠正相对方的违法行为。

3. 可以防止行政主体及其工作人员违法、越权、滥用权力，保障行政权合法和正确地行使。

4. 维护国家社会公益，保障行政管理相对人合法权益。

5. 揭露和消除腐败现象，保证政府为政清廉。

6. 消除官僚主义，提高行政效率。

（四）一般行政监督检查

一般行政监督检查是指根据行政隶属关系，上级行政机关对下级行政机关所进行的监督检查，各级政府对所属工作部门的监督检查；各行政主体在职权范围内监督相对人遵守法律法规、政策的行为以及履行法定义务的情况。其监督检查的方式主要有：①报告；②检查；③调阅审查、调查、查验、检验、鉴定、勘验；④登记、统计、备案；⑤惩戒。

（五）专门行政监督检查

专门行政监督检查主要包括审计监督检查和监察监督检查。

1. 审计监督检查。

（1）审计监督检查的概念。它是指根据会计记录等有关经济资料和国家的法律法规，由国家审计机关依法审核和稽查被审计单位的财政财务收支活动、经济效益和财政法纪遵守情况，作出客观、公正的评价，并提出审计报告，以维护国家财政经济秩序，促进廉政建设的活动。

（2）审计的范围。根据《审计法》的规定，主要有：①对国家各级财政收支进行审计监督；②金融机构的财务收支进行审计监督；③对国有企业的财务收支进行审计监督；④对国家的事业单位、组织的财务收支进行审计监督；⑤对国家投资建设项目的财务收支进行审计监督；⑥对社会公共资金和国外援助、贷款项目的财务收支进行审计监督。

（3）审计机关的权限。根据《审计法》的规定，审计机关在进行审计监督时，主要行使下列职权：①要求报送权（被审计单位的预算或者财务收支计划、预算执行情况、决算、财务报告等材料）；②检查权（检查被审计单位的会计凭证、会计账簿、会计报表以及其他与财政收支或财务收支有关的资料和资产）；③调查权；④采取措施权（如必要时可采取封存账册和资财等临时措施，并追究直接责任人和有关领导人员的责任）；⑤通报权；⑥处理权（对审计单位违反国家规定的财政、财务收支行为，有权依照法律、行政法规的规定作出处理）。

2. 监察监督检查。

（1）监察监督检查的含义。监察监督检查，是指国家各级行政监察机关依法对国家行政机关及其公务员和国家行政机关任命的其他人员执行国家法律、法规和决定、命令的情况以及违法、违纪行为进行监察、纠举、惩戒等具有行政法律效力的专门活动。

（2）行政监察的权限。行政监察的权限为：检查权；受理控告、检举及申诉权；调查权；监察建议权；监察决定权。

（3）行政监察处理决定。监察机关根据检查、调查结果，可以作出以下监察决定：①对违反政纪的，给予警告、记过、记大过、降级、降职、撤职处分；②对违反行政纪律取得的财物，依法予以没收、追缴或者责令退赔；③已经给国家利益、集体利益和公民合法权益造成损害，需要采取补救措施的，决定采取补救措施；④对控告、检举重大违法违纪行为有功人员依法给予奖励。

二、行政裁决

（一）行政裁决的概念和特征

行政裁决，是指行政主体依照法律授权和法定程序，以第三者的身份，对平等主体之间发生的、与行政管理活动密切相关的特定民事、经济纠纷进行裁决的具体行政行为。其特征是：

1. 行政裁决的主体是法律授权的特定行政机关，如县级以上地方人民政府的土地管理部门、房管部门等。

2. 行政裁决的对象是特定的，即与行政管理密切相关的民事、经济纠纷，如草原所有权、使用权，土地所有权、使用权，专利权等。

3. 行政裁决在形式上具有准司法性。

4. 行政裁决在效果上具有强制性。

（二）行政裁决的机关

1. 一般行政机关。一般行政机关即依法律、法规授权的各级人民政府及其主管部门。

2. 专门行政机关。专门行政机关即在行政机关内设置的受理和裁决特定争议和纠纷的专门机构，如专利复审委员会、商标评审委员会。

（三）行政裁决的种类与程序

1. 行政裁决的种类包括：

（1）损害赔偿裁决。双方当事人就损害赔偿责任、赔偿数额、赔偿方式或赔偿期限产生纠纷后，权益受损方可依法要求法定机关进行裁决，确认赔偿责任和解决相关问题，使其受到损害的权益得以恢复。

（2）权属纠纷裁决。权属纠纷裁决是指行政主体对平等主体之间相关财产、资源所有权、使用权的归属发生争议所作出的裁决。

(3) 侵权纠纷裁决。这种裁决通常与损害赔偿裁决一起进行。

2. 行政裁决的程序。目前，我国法律、法规很少对裁决的程序作出相应的规范。根据有关法律的规定和实践，行政裁决的程序大致包括几个步骤：

①申请（适格的申请人须在法定期限内以书面的形式向有管辖权的行政机关提出）；

②受理（初步审查，决定受理或者不予受理，并说明理由）；

③审理；

④裁决（有终局裁决和非终局裁决）；

⑤复议。

第三节 行政合同与行政指导

一、行政合同

（一）行政合同的概念与特征

1. 行政合同的概念。行政合同是指行政主体之间以及行政主体与公民、法人或其他组织之间为实现行政目的，基于意思一致而缔结的协议，或称行政契约、公法契约。

行政合同的本质是行政机关利用协商机制和市场机制实现政府职能。所以，在行政合同中总是同时存在民事因素和行政因素。在市场经济条件下，行政合同以其不同于行政命令的自愿性、有偿性、竞争性，成为当代政府实现行政职能的重要方式，有利于改善和提高行政效率。

2. 行政合同的特征。行政合同虽然是基于双方意思一致而缔结的协议，但是因行政合同中存在国家公共利益和国家职权因素，行政主体的参与和干预将不可避免。所以，行政合同具有自身独立的特征。

(1) 行政合同的当事人一方必须是行政主体。行政合同实质上是行政主体通过与相对人协商的方式来行使其管理国家和社会公共事物的职权。但并非以行政主体为一方当事人的所有合同都是行政合同，如行政机关以平等的民事主体身份与对方订立合同就不是行政合同而是民事合同。

(2) 基于当事人的意思一致而成立的合同。这是行政合同区别于一般行政行为的一个特点。

(3) 贯彻行政优益权原则。根据行政优益权原则，行政主体一方可以选定合同的一方当事人，对合同的履行有监督权、指挥权，还可以根据国家行政管理的需要单方面行使合同的变更权、解除权，而相对一方当事人则没有这些权利，处于相对被动、劣势的地位。

（4）其纠纷通过行政法上的救济途径解决，即通过行政审判处理。

（二）我国行政合同的种类和具体表现形式

1. 行政合同的种类。行政合同可分为财产性行政合同和管理性行政合同两类。

（1）财产性行政合同。财产类行政合同，是指行政机关为了提高国有资产的使用效益及所需货物或服务采购效益而订立的合同。

（2）管理性行政合同。管理性行政合同，是指行政机关与对方之间规定以行政管理职权的行使为内容的行政合同。如地方政府为了吸引外资，通过提供优越条件的方式同企业、事业单位或者个人之间订立的减免税收、简化行政程序等内容的行政合同。

2. 行政合同的具体表现形式。行政合同的具体表现形式为：①国有土地有偿出让合同；②公用征收合同；③工业承包、租赁合同；④国家订货合同；⑤公共工程合同；⑥人事聘用合同；⑦土地承包合同；⑧科研合同；⑨计划生育合同等。

（三）行政合同的缔结、履行、变更和终止

1. 行政合同的缔结。

（1）缔结方式。行政合同的缔结方式主要有招标、邀请发价、直接磋商和拍卖等。

（2）缔结原则。行政合同缔结的原则主要有适于行政需要、不超越行政权限、内容合法、竞争和公开、书面形式等。

2. 行政合同的履行。行政合同依法成立后，在当事人之间产生法律约束力，各方当事人都应当自觉履行合同规定的义务。

行政合同的履行应遵循如下原则：

（1）实际履行的原则。行政合同所确定的内容必须获得实现。不允许任意变更标的或用违约金和赔偿损失的方式代替合同的履行。

（2）全面、适当、及时履行的原则。相对人不得违反合同的规定，不能只履行合同的一部分条款，而对另一部分条款置之不理，不得对合同的标的，履行时间、地点、方式等任意进行变更。

（3）自己履行的原则。行政合同缔结后，只要没有取得行政主体的同意，当事人就不得自行更换，也不得委托他人代为履行。

3. 行政合同的变更和终止。行政合同的继续履行将构成对国家公共利益

重大危害、重大损失或者重大不利的，行政机关当事人可以向对方当事人提出变更或者终止行政合同，并向对方提供书面说明文件。因行政机关原因变更或者终止行政合同的，行政机关应当向对方当事人提供经济补偿。

二、行政指导

（一）行政指导的概念和特征

1. 行政指导的概念。行政指导，是指国家行政机关在其所管辖事务范围内，对于特定的人、企业、社团等，运用非强制手段，取得相对人的同意或协助，指导行政相对人采取或不采取某种行为，以实现一定行政目的的行为。

显而易见，行政主体实施行政指导需要有正当的行政目的，可以主动作出，也可以应行政相对人的要求作出行政指导行为。

2. 行政指导的特征包括：

（1）非强制性。一般来说，行政管理相对人对于行政指导，没有必须服从的义务。

（2）事实行为性。行政指导虽为非强制性，但有时也产生一定的法律效果，当法律规定实行一定的权力限制之前必须采取行政指导的，行政指导便作为权力限制的事前程序，产生行政程序上的效果。

（3）能动性。能动性即既可基于相对人的申请作出，也可由行政机关根据形势的需要能动地实施。

（4）行政机关优越性。行政机关优越性即行政指导关系的形成均以行政机关掌握最新和最多的情报、知识和观念为前提，而相对人在这方面明显处于劣势。

（二）行政指导的方式与类型

1. 行政指导的方式。行政指导通常采用说服、教育、示范、劝告、建议、协助、政策指导、提供经费帮助、提供知识和技术帮助等非强制性手段和方法。

2. 行政指导的类型。行政指导包括助成性行政指导、规制性行政指导、调整性行政指导三大类。

（1）助成性行政指导。助成性行政指导，是指行政机关为行政相对人出主意以保护和帮助行政相对人利益而实施的行政指导。该类指导通常附之补助金、奖励金等利益。

（2）规制性行政指导。规制性行政指导，是指行政主体为了维护和增进国家和社会公共利益，对妨碍社会秩序、危害公共利益的行为，加以预防、规范、制约的行政指导。

(3) 调整性行政指导。调整性行政指导，是指行政主体在行政相对人之间发生冲突，而又协商不成时，出面调停以示达成协议的行政指导方式。

(三) 行政指导的法律救济

按照行政指导的非强制性和事实性的特征来分析，行政指导行为是法律外的行政指导，不具有强制性，行政机关和相对人之间不产生任何法律意义的权利义务关系，不产生任何法律效果。行政相对人是自愿接受行政指导而且自主实施相应行为的，因此而造成相对人合法权益的损害，行政指导者不承担法律责任。

但是，行政指导毕竟是通过一个合法的行政主体基于行政管理目的，行使行政职权作出的一种行为。行政相对人正是基于对合法行政主体的信赖才接受行政指导的。如果该行政指导行为对相对人产生了不利后果，显然不仅违背了执政为民的宗旨和目的，而且表现该行政指导主体在实施行政指导行为时未尽到审慎的责任。因此，行政主体应当承担法律责任。行政相对人有权向行政指导主体请求补偿，如果行政相对人对行政指导主体依据行政程序作出的补偿决定不服，可以依法寻求行政复议、行政诉讼途径进行救济，造成相对人损失的，还应允许其提起国家赔偿请求。

第十三章　行政程序

行政程序是现在行政法的核心内容之一，是行政主体行使其权力时必须遵从的轨道。行政程序法是行政机关行使行政权力时必须遵循的调整行政主体行政行为的程序的法律规范与原则的总和，是规定行政权运行的方式、方法、步骤、空间、时限的法律规范。根据行政法治原则，行政主体的行政行为，需要受到行政程序法的调控和制约。

第一节　行政程序概述

一、行政程序的含义

行政程序是指行政主体实施行政行为时必须遵守的方式、步骤、空间、时限。从其实质上看，行政程序反映了行政权的运行过程。由此，可以将行政程序的特性作如下概括：

（一）行政程序是行政权的运转过程

行政程序具有很强的国家权力性。行政主体实施行政行为，是基于行政权。行政权是行政行为的效力依据，没有行政权的行政行为，是无效的行政行为。

（二）行政程序是行政权运转的动态过程

行政程序具有很强的过程性，这也是其活力所在。程序除了能够提供有序的决定过程外，亦能很大程度地实现公正。行政程序的完成过程，就是行政法治的实现过程。

（三）行政程序具有形式性

任何行政行为都有反映在时间和空间上的形式。没有无形式的内容，也没有无内容的形式。行政程序是行政行为的时间和空间表现形式。所谓空间形式，是指行政行为过程的表现形式，如口头形式、书面形式、动作形式等。所谓时间形式，是指行政行为过程的先后顺序以及所必须履行的每个环节和每种形式的时间限制。

（四）行政程序具有参与性

这是行政程序民主性的一个重要表现。凡是以民主为旗帜或者以民主作标榜的国家，都不能忽视行政相对人对行政过程的参与。行政程序的民主参与性实际上是指行政参与，其基本内涵是：行政机关在进行行政决策、制定规范性文件和制定行政计划时，应尽可能地听取和尊重行政相对人的意见，并赋予利害关系人以申请发布、修改或者废除某项规章的权利。它一般通过情报公开制度、听证制度、咨询制度等制度加以实现。行政程序的参与性在行政立法程序中表现得尤为明显。行政立法质量的高低、效果的好坏，在很大程度上与行政立法程序是否完善、是否科学、是否公开、是否具有民主参与性直接相关。

（五）行政程序具有法定性

行政程序是国家权力的运转方式，由国家行政程序法进行规范，体现了国家意志，有别于一般组织和个人的行为程序。行政程序的法定性，决定了行政主体和行政相对人在进行法律活动时必须严格遵守法定程序，其行为的步骤和方法受法定程序的制约，违反法定程序将会招致不利的法律后果。尤其对于行政主体来说，依法行政作为行政法的基本原则，不仅要求行政主体实施行政行为时具有实体法上的依据，而且必须符合法定程序。

相对于行政主体享有的实体处理权而言，行政程序是行政主体在实施行政行为时必须履行的义务。它能够保证行政主体及时达到正确的目标。当然，其方式、步骤、空间、时限的设定，必须符合建立某种经济或社会秩序的需要，并与实施某一实体职权的客观进程相一致。

二、行政程序的意义

行政程序充分体现了行政权在实施过程中的个性特点，体现了行政程序对民主和效率的双重保护功能，以及行政程序在行政权和公民权之间的平衡和协调作用。一方面，行政权的实施过程是行政权基于主导地位的过程，公民在强大的行政机关面前显得较为弱小。因此，为了在行政权和公民权之间设置一个缓冲地带，就需要在行政权的实施过程中掺入一定的民主因素和建立某种事前制约机制，这样，行政程序保障公民权利的功能就显得十分重要。另一方面，行政权的实施过程又是一个迅速执法的过程，违法行为应当尽快予以追究，社会关系和社会秩序应当始终处于确定和稳定状态。因此，行政程序又必须具有促进行政效率的功能。

行政程序作为一个统一的有机整体，其每一环节、步骤和方法固然可以在保障民主和保障效率方面有所侧重，但却不可能脱离行政程序的整体功能而仅仅是绝对保障公平。如听证程序固然是保障民主的重要手段，但它又保证了个人利益与公共利益的一致，改善了行政主体与行政相对人的关系，调动了双方的主动性与积极性，推动了政治、经济和社会的健康发展，从而在深层次上促进了公正，其作用是促进而非阻碍了效率。行政程序的具体意义在于：

（一）行政程序可以确保行政权的有效行使

在行使行政权的过程中，实体法律的意义在于确认法律上行政权的存在，确定其必备的要件，但如何确认行政相对人的行为事实，则必须通过设定法定程序来实现。由于行政权的运用最终离不开人的因素，离不开行政人员的主观意志。因此，要避免其可能出现的偏差，必须由法律为行政主体设定轨道，对行政主体行使行政权的每一个环节都加以规范，从而使行政行为的实施结果与法定结果协调统一。

（二）扩大公民行使参政权的途径，确保公民民主权利的实现

通过行政相对人的民主参与，扩大公民行使参政权的途径，确保公民民主权利的实现。行政行为由行政主体的单方意志支配，这是形成行政行为专横、滥用权力的重要条件之一，也是引起行政争议的重要原因。因此，赋予行政相对人在行政程序中参与权利，建立与健全行政程序中的行政相对人参与机制，是防止行政专横和滥用职权、减少行政争议的有效途径。而且，随着建设社会主义国家法治进程的加快，公民作为国家权力的主体，无论是形式上还是实质上，都要求更多地参与国家的管理活动，尤其是对直接涉及本人利益的行政行为，表现出强烈的参与欲望。行政程序不仅实现了行政相对人对行政行为的有效监督，而且达到及时保护其合法权益的目的。在行政程序中的听证制度，就是保证公民直接参与行政行为的重要程序。

（三）从程序上保证行政相对人的合法权益

行政相对人的程序权益和实体权益是紧密联系在一起的。程序权益是实现实体权益的前提和基础；离开了程序权益的法律保护，实体权益也就难以完全实现。如果不从法律程序上对行政权行使的前提及过程进行规范，那么，便无从判定实体意义上行政权的行使是否合法，也无从补救行政相对人的权益。

（四）提高行政效率

行政程序为行政权的运行设定了必要的方式、步骤，并且具有明确的期间限制。行政程序不可削减，否则行政权力的行使会欲速则不达，甚至背离行政目的，减损行政效能。行政程序的一系列制度，也为行政效率的实现提供了保障。

三、行政程序的主要制度

行政程序制度是行政程序法基本原则的具体化，是指调整一定领域、一定种类行政行为的法律规范系统。现代行政程序主要有以下制度：

（一）情报公开制度

情报公开制度是指行政主体在实施行政行为时，应主动或依相对人申请而公开有关信息资料的制度。如行政主体的基本情况，作出行政行为所依据或适用的法律规范，有关文件和档案材料除依法应保密外，应允许相对人了解、查阅和复制等。

（二）调查制度

调查制度是指行政主体在作出行政决定之前必须进行充分调查，了解公众意见或查明事实、收集证据，以供作决定时依据或参考的制度。

（三）职能分离制度

如我国《行政处罚法》确立了调查控告职能与处罚裁决职能分离的制度，它要求行政主体在就相对人违法行为作出处罚决定时，负责调查和提起指控的人员与最后作出行政处罚裁决的人员分离，避免先入为主，确保行政行为公正合法。

（四）回避制度

行使职权的相应行政人员如与所处理或决定的事项有利害关系，应主动回避或当事人申请回避的制度。理由一般有：①是一方当事人；②是一方当事人的近亲属；③与一方当事人有其他关系，足以影响行政决定的公正性；④接受一方当事人的请客送礼等。与回避制度相关的另一项制度是不单方面接触制度，相应行政人员不得在另一方不在场的情况下单独与一方接触或听取其陈述，接受其意见。

（五）辩论制度

辩论制度是指在裁决争议时，各方当事人在行政主体的主持下，就有关事实和法律问题进行辩论、对质，在此基础上作出裁决的制度。

（六）听证制度

听证制度是指行政主体在作出影响相对人权利义务的决定前，应依法举行听证会，允许相对人发表意见、提供证据材料，或进行辩论与对质，并由行政主体根据听证结果作出行政处理决定的一种严格的程序制度。如《行政处罚法》规定，对作出责令停业、吊销许可证或执照、较大数额罚款等行政处罚决定之前，应当事人要求，可公开举行有利害关系人参加的听证会，在质证和辩论的基础上作出处罚决定。

（七）告知制度

告知制度包括表明身份、向相对人告知有关事项及说明理由等内容。

（八）案卷制度

案卷制度是指行政主体对作出行政行为的整个过程应制作记录、建立案卷。要求行政主体在作出行政决定时，必须而且只能以案卷所记录的证据和材料为依据，不得采用案卷以外的证据材料。

（九）时效制度

时效制度是指行政主体作出行政行为须遵循法定的期间限制，否则构成违法，须承担相应的法律责任。如行政主体接到相对人请求其作出某种行政行为的申请，须在法定期限内作出批准或拒绝满足其申请的决定，并说明拒绝的理由。否则，相对人可以以行政主体违反法定程序或不履行法定职责为由申请行政复议或提起行政诉讼。

（十）权利救济制度

权利救济制度是指行政相对人不服行政主体的行政决定时，法律为其提供获得行政救济的途径和机会的制度，如我国的行政复议、行政诉讼即是从程序上设置的、为相对人提供救济途径的制度。

第二节　行政程序的基本原则

一、行政程序基本原则的概念

行政程序基本原则，是指贯穿于所有行政程序的基本准则和内在精神，是行政主体创设、实施行政法及监督、检查行政法的贯彻与遵守过程中所应遵循的以规范行政关系、约束行政主体行政行为的全部内容的基本准则。

二、行政程序基本原则的内容

（一）行政民主原则

行政民主原则是指行政程序必须体现民主精神、符合民主要求。行政民主要求行政程序的内容更注重于行政民主化和对公民民主权利的保障。必须从保障公民民主权利的角度出发，通过对行政主体职责、权限、行为方式的规范，对行政权的运行进行控制、监督。行政民主化要求以法律规范行政，以法律为最高行政依据，并保证行政主体独立行使行政权。这就必须健全行政立法程序，使行政机关有法可依，避免其行使法外权力。在以法律规定国家机关行政职权的同时，要明确其职责、权限、相应的责任和义务及其行为方式、步骤。

（二）行政法治原则

行政法治原则是指行政程序必须贯穿法治精神，实行依法行政。行政法治原则是中国行政法的基本原则，也是中国行政程序法的基本原则。它是法治原则在行政程序法领域的具体运用，是依法行政原理的具体体现。

（三）行政公平原则

行政公平原则是指行政机关在实施行政行为时要在程序上平等对待行政相对人各方，排除各种可能造成不平等或偏见的因素。行政公平原则是程序正义的具体表现，是实现程序正义的具体要求。

（四）行政效率原则

行政效率原则是指为了保证行政活动的高效率，行政程序的各个环节应当有时间上的限制。例如，超过时限即构成违法，此即所谓时效制度。另外，对行政行为顺序性的要求也是行政效率原则的一个重要内容。行政程序的各项制度表现为一定的顺序性，顺序性是行政程序实现性的表现和要求之一，其实质在于保证行政程序的合理运用，防止因时间上的差异而使行政程序徒有虚名。

（五）行政公开原则

行政公开原则是指对重要的行政行为、与公民权利义务直接相关的行政行为，要通过一定的行政程序让公民了解。这些行政行为主要是制定行政规范、作出行政处理和行政决定、实施行政强制执行以及进行行政裁决的行为。行政公开原则实际上是行政程序的特有原则，它是行政活动公开化在行政程序上的体现，是公民参政权的延伸。行政行为的公开化有利于提高公民对行政机关的信任度，并使公民能够监督行政主体是否依法行政，从而克服官僚主义。行政公开原则是行政程序的生命，对行政公开原则的强调和重视，是现代行政程序法发展的必然趋势。

第三节　行政程序的内容

一、行政决定程序的内容

在行政决定程序中，又可根据其环节的简繁程度，分为普通决定程序和简易决定程序。其中普通决定程序中的听证程序，在行政决定程序乃至在行政程序中处于核心地位。

（一）普通决定程序

1. 普通决定程序的概念。普通决定程序或称一般程序，是指行政主体使用行政权时应当遵守的基本程序。它是行政程序中最完整的程序，是除符合简易程序以外的所有行政行为都应该遵循的程序。普通决定程序的设定，既要保证行政权合法有效地行使，又要保护行政相对人的合法权益，两者不可偏废。

2. 普通决定程序的内容。普通决定程序一般包括立案、调查和裁决三个环节，而听证程序和证据审查程序则在其中处于核心地位。

（1）立案。立案是指行政主体决定对有关行政事务进行调查处理的活动。除依法适用简易程序的行政案件，以及在法定情形下采取紧急措施的案件外，行政案件都必须有立案程序，先立案再进行调查处理。即使是在行政管理活动中发现急需立即查处的正在进行的违法行为，也必须在查处后及时补办立案手续。

行政立案程序是健全行政法制，促进依法行政的必然要求。经过立案程序的审查控制，可以防止行政主体无根据地对行政相对人追究法律责任，保护行政相对人的合法权益；同时，立案程序在时间上、查处标准上规范行政主体依法办案，避免推诿和久拖不决，有助于提高行政效率。

①立案的条件。行政案件的立案条件一般包括：一是有法定事实；二是有法律依据；三是依行政主体的职权，属于本部门管辖。此外，根据行政管理性质的不同和所依据的法律、法规的不同，有些行政案件的立案还要有特定的要件，例如《治安管理处罚法》及《行政处罚法》等还规定了追究时效。

②立案的手续和期限。行政案件的立案，应当填写立案登记表，报行政机关负责人审批同意后及时立案。对于需要作出行政处理的在法定期限内立案，对于不需要作出行政处理的不予立案，并通知提起案件的人；对于不属于本机关管辖的案件，将案件材料移送有关部门。

关于立案期限，现在各类关于行政管理的法律、法规中很少规定，应当在行政程序法中作原则性规定，同时也允许执行其他有关法律、法规的特殊规定。我国《行政诉讼法》和《民事诉讼法》规定的人民法院受理案件的立案期限都是7日。

行政主体在对行政违法行为进行立案时，也应遵守有关时效的规定。行政主体在法定期限内未发现的行政违法行为，或者超过法定期限后发现的行政违法行为，不予立案。如《行政处罚法》第29条规定，违法行为在两年内未被发现的，不再给予行政处罚。

行政主体认为可以立案时，应当填写《行政案件立案呈批表》，由行政主管负责人批准后立案。重大行政案件应报上一级机关批准或备案。《行政案件立案呈批表》包括如下内容：第一，行政相对人的姓名、年龄、职业、住址等（法人或其他组织的名称、地址、法定代表人的姓名）；第二，主要案件事实及法律依据；第三，主管领导意见；第四，行政机关法人代表意见；第五，具体承办人。

（2）调查。调查是案件承办人对所要处理的行政事务进行了解、核实和收集证据的过程。它是行政行为的核心程序，也是立案程序的延伸，是裁决程序的基础。调查的任务是弄清事实、查清行政相对人应否负行政法律责任的全部情况。调查包括调查人员的确定、表明身份、传唤、讯问和取证等方面。

①调查人员的确定。决定立案的行政案件，行政机关应当指派办案人员对案件进行调查，收集证据。必须先调查取证，再决定。负责调查的人员要由两人以上组成。调查人员调查取证所掌握的个人或者组织的秘密，没有正当理由不得用作证明案件以外的目的，不得泄露给他人或其他组织，否则应赔偿损失并追究法律责任。

调查人员的确定必须贯彻回避原则。办理行政案件的回避，包括执法者自行请求回避和行政相对人申请回避。执法人员应当回避的事由有：一是本案行政相对人或者与本案行政相对人有近亲属关系或者曾经有近亲属关系的；二是本人或近亲属与本案有利害关系的；三是本人或者近亲属与本案行政相对人有其他关系可能影响案件公正处理的。具有以上情形，行政执法人员应当请求回避；行政相对人和利害关系人有权向行政机关提出申请，要求执法人员回避。回避制度适用于案件受理、调查、听证、决定作出、执行及复议等各个阶段，回避也适用于鉴定人和翻译人。但是，行政执法人员在未被批准回避前，不得中断执行职务。

②表明身份。行政机关工作人员在调查、传唤、讯问时，必须向被调查人、被传唤人、被讯问人出示身份证明。法律规定执行职务需着装的，在进行调查时调查人员必须着装。

③传唤。传唤是指行政主体依法要求行政相对人在规定的时间内到指定场所接受讯问。传唤一般应使用传票或传唤证。行政机关应送达传票。传票须载明：传唤原因、依据、时间、地点。必要时，也可以以其他方式告知受传唤人，如电话。对于当场发现的行政违法人，可以口头传唤，从而有利于提高行政效率。

对于行政主体的合法传唤，受传唤人必须自觉履行。没有正当理由，无故拒绝或逃避传唤的，可以实施强制传唤，以保证行政程序的顺利进行。所谓“正当理由”，是指受传唤人因客观条件限制，如重病等，不能亲自到场接受讯问。在此种情况下，行政主体应取消传唤，由承办人到受讯问人居所进行讯问。

④讯问。讯问是指行政主体对被传唤人就其所实施的行政违法行为所进行的查问。对于办案人员来说，它是了解案件情况、取得证据、查明事实的一种手段；对于行政相对人来说，是陈述事实和进行辩解的一个机会。讯问行政相对人时，可以将行政相对人通知到行政机关进行，也可以到其住所或违法行为现场进行。讯问时应首先查明行政相对人身份有无差错，然后讯问其有无违法行为，要其陈述事实情节并作无违法行为的辩解。承办人员要耐心听取，仔细分析行政相对人陈述的每一个环节。在讯问过程中，要教育行政相对人如实陈述问题。在讯问行政相对人的过程中，要切实保障行政相对人的合法权益，严禁刑讯逼供或采取威胁、利诱、欺骗以及其他非法的方法进行讯问。行政相对人有两个或两个以上的，应分别讯问。对行政相对人提出的有关回避等问题，应依法予以办理。

讯问的时限应限定在经传唤后，到被传唤人到场之时起 24 小时之内。

讯问应当由两个以上的承办人参加，以保证讯问的合法性和真实性。讯问前必须告知被讯问人的权利和义务。被讯问人在被讯问过程中拥有申请承办人回避、要求告知被传唤理由、要求及时受讯问、拒绝诱供、逼供，保持沉默等权利。被讯问人在被讯问过程中应当遵守的义务是：如实回答与案件有关的合法提问。

承办人员讯问行政相对人时，应将讯问情况不失原意地记入笔录。讯问笔录的内容包括：时间、地点、讯问人、被讯问人、讯问的主要内容。讯问笔录应交被讯问人核对，对于没有阅读能力的，应当向其宣读；被讯问人提出补充或更正的，应当允许；被讯问人确认笔录无误后，应当在笔录上签名或盖章；被讯问人拒绝签名或盖章的，应当在笔录上注明。被讯问人要求自行书写陈述的，应当允许。必要时，承办人员也可以要求被讯问人自行书写，但自行书写人应签名或者盖章。讯问笔录可以作为认定案件事实、证明行政相对人有无违法行为的证据，被讯问人拒绝回答的，不影响对案件事实的认定。

⑤取证。取证是指行政主体就行政违法行为进行调查，以获取相关的证据材料。它是行政调查的一项重要内容，也是行政程序中的一项重要程序。它关系到行政决定是否有坚实的事实基础。因此，取证程序中要注意以下问题：首先，确保取证手段的合法性。其次，全面收集证据，即不仅要收集对受处罚人不利的证据，也要收集对受处罚人有利的证据。只有这样，才能全面、客观地反映案件的真实情况。最后，收集与案件有关的证据，提高行政效率。证据是用以证明案件事实真相的一切材料。因此，它与案件之间存在着关联性。正是这种关联性为证据产生法定的证明力提供了客观的依据。对那些与本案无关紧要的甚至没有关系的所谓“证据”，不应列入收集范围。否则，不仅难以达到取证目的，而且不利于提高行政效率。

取证过程中，行政主体认为案件中的行政相对人有隐匿、销毁证据的情况，对其违法所涉的物品，行政主体可以进行封存、扣押，但必须向行政相对人出具书面凭证。

（3）裁决。行政机关在主要证据充分、事实清楚的情况下，应征求对方的意见，对案件事实作出明确判断，并告知被裁决人拥有补救的权利。

行政裁决程序是整个行政程序的关键环节。它关系到行政权的行使能否做到合法、高效。具体而言，行政裁决程序包括以下环节：

①告知。行政机关立案调查后，应及时告知行政相对人拥有的各项权利，包括申辩权、出示证据权、要求听证权及必要的律师代理权。

行政程序开始后，行政机关应当在合理的时间内告知行政相对人、利害关系人在行政程序上的权利和义务。所谓合理的时间，是指告知被告后，行政相对人或利害关系人有必要的时间行使某些权利和能够承担某些义务。

行政机关将要作出对行政相对人科以义务或者损害其权益的行政决定时，

应当以书面形式通知行政相对人，必要时也可以通知利害关系人。向行政相对人及利害关系人进行必要的通知，使其有陈述意见、提出反证等参与意见的机会，有助于澄清事实和正确适用法律、法规，作出公正处理。

②评议。评议是指行政主体有关人员就行政相对人的行为，根据调查和听证获取的材料，作出行政处理的初步决定。评议程序具有如下内容：一是由行政案件的承办人汇报行政相对人行为的事实和应作出行政处理的依据。所汇报的情况必须包括：对行政相对人有利的事实、证据和不利的事实、证据。在汇报中承办人不能发表倾向性意见，误导其他评议人。二是由参加评议的人员全面审查行政相对人行为的事实和证据。审查可以从以下方面着手：一是事实是否清楚；二是证据是否充分、准确，获取证据的手段是否合法；三是作出的法律依据是否存在；四是其他情节。五是作出初步行政决定。参加评议人员在审查的基础上，作出初步的结论。如果参加评议人员不能就结论达成一致意见，则应当按少数服从多数的原则进行表决，并将表决结果记录在案。行政决定应当由本机关法定代表人审批后方可作出。

③制作行政决定书。制作行政决定书是指将行政决定以书面的形式表示出来。在普通程序中，由于行政行为比较复杂，因而其行政决定应当以书面形式作出。在行政决定中，应当列出行政行为的事实和证据、理由和依据等。它至少应当将事实、证据等作为其核心内容，同时也应列出行政相对人的申辩意见，并表明不予采纳的理由。

④送达。送达是指行政主体将行政决定书送交行政相对人的一种法律活动。行政决定书已经送达，即便是在申请复议或起诉期限内，都将发生法律效力，除法律、法规规定停止执行外，行政相对人必须执行。所以，送达程序实质上是使行政决定生效的程序。

送达方式可依据《民事诉讼法》的有关规定，如直接送达、留置送达、委托送达、邮寄送达、公告送达等。

（4）听证。听证亦称听证会，是指行政机关在作出有关行政决定之前听取行政相对人的陈述、申辩、质证而后据实作出处理的程序活动。行政机关在作出一项行政决定之前，应当给予行政相对人参与并发表意见的机会；或者在行政机关的决定对行政相对人有不利影响时，必须听取行政相对人的意见，不能片面认定事实，剥夺对方辩护的权利。这种听取行政相对人意见的程序，法律上称为听证。其目的在于赋予行政相对人了解行政主体作出的决定所依据的事实、理由并为自己辩护的权利，以促进行政活动的公正性。

听证程序是行政程序的核心内容，是通过公正、公开、民主的方式达到行政目的的重要程序。我国《行政处罚法》专门规定了行政处罚的听证程序。

听证程序的基本内容包括：

①听证程序的主持人。听证程序应由行政机关中具有相对独立地位的专门人员或者部门来主持。他（它）们是行政机关中非直接参与案件调查取证的人员或者单位，并且这些人员或者部门有权力也有职责独立办案，不受来自各方面的干扰，客观、公正地依据事实和法律作出判断。案件的调查和取证人员、行为人的近亲属、与案件处理结果有利害关系的人员不得被任命为听证主持人。

②参与听证程序的当事人和其他参加人。参与听证程序的当事人是指参加听证的申请人和被申请人。申请人是指行政机关中直接参与案件调查取证的人员或者部门。被申请人是指行政机关认为实施违法行为并将要受到行政处罚的公民、法人和其他组织。在听证程序中，申请人和被申请人权利义务平等，有权委托诉讼代理人，参加听证的辩论，提出有关证据，提出回避等；也有义务遵守听证的秩序，听从听证主持人的决定。此外，为保护被申请人的合法权益，被申请人还有辩护权及辩论后的最后陈述权。如果被申请人无正当理由未参加听证，应视为放弃听证。

此外，与案件处理结果有直接利害关系的第三人也有权要求参加听证。在听证中，第三人享有与被申请人相同的权利并承担与被申请人相同的义务。

申请人、被申请人的代理人享有受委托的权利，他们可以是律师，也可以是其他人员。代理人一般一至二人。

③听证的一般步骤。听证大致按以下步骤进行：第一，听证主持人宣布听证会开始；第二，申请人宣读指控书或作出处理决定的理由；第三，听证主持人询问被申请人、证人和其他人员并出示有关证据材料；第四，被申请人从事实和法律上进行答辩；第五，申请人和被申请人就与本案有关的事实与法律问题进行辩论；第六，辩论结束后，被申请人作最后陈述。

听证主持人可以根据情况，作出延期、中止或终止听证的决定。申请人或被申请人对主持人的决定不服，可以向主持人提出重新对其决定予以考虑的请求。主持人根据申请人或被申请人的请求，可以再作出决定。

④证据审查。证据包括证人证言、物证、书证、当事人陈述、勘验笔录、视听材料等。所有与认定案件的主要事实是否存在有关的全部证据都必须在听证中出示，并经认定、鉴定及辩论。否则，不得作为主持人认定案件事实的依据。此外，应做好作为证据的听证笔录。听证笔录应经听证主持人审阅后，由主持人签名或盖章。听证笔录中有关证人证言部分，应当场宣读或经证人审阅。证人确认没有错误后，应当场签名或盖章。听证笔录也应交申请人或被申请人审阅或者向他（它）们宣读，申请人或者被申请人可以进行补充、修改，

在确认无误后，应当分别签字或者盖章。

⑤作出行政决定。听证终结后，应该由主持听证的人员或者部门向实施行政行为的行政机关提出行政决定建议。行政决定必须以经过听证出示、鉴定、认定及辩论过的证据为事实依据，不得以未经听证的证据为依据。

⑥公开举行。听证一般公开进行。举行听证的行政机关要在举行听证前的适当时间内，把举行听证的时间、地点、案由公之于众。如《行政处罚法》第 42 条规定，行政机关应当在听证的 7 日前通知当事人举行听证的时间和地点。这样，有利于加强公众对行政机关的监督，也有利于通过听证来进行社会主义的民主法制教育。但是，公开举行听证有可能损害公共安全和被申请人合法权益或者法律、法规规定的其他情况，行政机关可以作出不公开举行听证的决定。

⑦费用。听证费用由国库承担，当事人不承担行政机关听证的费用。

（二）简易程序

1. 简易程序的概念。简易程序又称“非正式程序”，是指行政主体对事实清楚、案情简单的行政事务，给予即时处理和执行所应遵守的简捷程序。简易程序的确立，是为了提高行政效率。对于某些当场发现且案情简单的案件，如果统一使用普通程序，不仅行政主体的人力和物力不能胜任，而且不利于提高行政效率。

2. 简易程序的原则。简易程序作为行政程序的一部分，由于其程序简易，较之于其他行政程序更容易有失公正。因此简易程序必须有其自身的行为规则，以保证一般行政在简易程序中的实现。简易程序的原则大致如下：

（1）公正性原则。实施简易程序不应有失公正，不能因为其适用而使行政行为的合法性、有效性失去保障。这是判断是否适用简易程序的主要标准。该原则要求，行政机关及其工作人员实施简易程序不得存有偏私，作出行政决定应当具有合理性，不得滥用行政权。

（2）程序法定原则。由于程序的简化，使之易失公正，容易造成滥用处罚权、侵害公民利益的事情发生。法律应当明确规定简易程序，严格规范执法人员的行为。这一原则要求：简易程序是法定的，不得随意指定和变通；行政执法机关执行程序时，必须符合法律、法规规定的必经程序和权限。

（3）保障行政相对人权利原则。适用简易程序不得使行政相对人的正当权利受到影响。它是判断是否使用简易程序的直接标准。该原则要求：①行政主体应当告知行政相对人作出行政处理决定的事实、依据和理由，同时给予行政相对人陈述和申辩的机会和权利；②书面行政决定书中应告知行政相对人申请复议或者提起诉讼的权利与期限。

（4）效率原则。简易程序的设立是效率原则的一个具体要求和反映，而效率原则则是简易程序的一个基点。

3. 简易程序的适用条件。简易程序的适用条件一般包括：

（1）案情简单、事情清楚、证据确凿，无须进一步查证。这是适用简易程序与适用普通程序的关键区别。

（2）案件社会影响不大。简易程序一般以警告（申诫罚）和低额罚款为限。这是对简易程序条件的极好补充，充分体现了行政主体与行政相对人的便利原则。

4. 简易程序的内容。简易程序的内容主要包括：

（1）表明身份。行政执法人员应当向行政相对人出示必要的证件。这是简易程序的第一个步骤。它表明了行政主体有权作出行政行为的主体资格。

（2）指出事实。行政机关执法人员应当向行政相对人告知将要作出的行政处理决定的事实根据，并提出证据和法律依据。

（3）行政相对人申辩。听取行政相对人的陈述和申辩是适用简易程序的重要环节，它是相对人合法权利的必要保障。

（4）制作行政决定书，送达给行政相对人并告知权利。行政决定书是简易程序的唯一书面证据材料。决定书的制作是简易程序的最重要的内容。行政决定书应当载明以下各项：①行政相对人姓名、住所（单位名称、地址、法人代表）；②主要事实情节；③作出行政决定的法律依据；④执行的期限；⑤告知复议、诉讼权利及期限；⑥作出行政决定的机关及行政负责人；⑦执法人员的盖章或者签名、制作行政决定书的日期等。简易程序行政决定书制作后，应交付行政相对人一份，并留存根一份备查。

（5）执行。执行既可以在现场执行，也可以在规定的期限内执行。

（6）备案。行政主体适用简易程序作出行政处理决定后，应即时向其所在的行政机关备案。

二、行政执行程序的内容

（一）概念、特征和条件

1. 行政执行程序的概念。行政执行程序是指行政决定得以实施的方式、步骤、空间、时限的总称。行政决定一经作出，即具有法律效力，行政相对人应当履行行政决定的义务。行政相对人即使对行政决定不服，提起行政复议或行政诉讼，行政决定一般也不因此而停止执行，但法律、法规规定可以暂停执行的除外。

2. 行政执行程序的特征。行政执行程序具有如下特征：

（1）行政执行的机关是行政机关或人民法院。

（2）行政执行程序由法律规定。

（3）行政执行的目的是实现行政法律关系。

（4）行政执行的对象可以是物、行为，也可以是人身。

3. 行政执行的条件。行政执行必须具备以下条件：

（1）必须有执行依据，亦即必须有一定形式的具有执行内容的生效的法律文书，即法律文书规定了给付义务或者其他的作为行为。

（2）必须是行政相对人逃避或者拒绝履行义务。拒绝履行义务是指行政相对人在法定期限内既不起诉又不履行行政决定书所确定的义务。它必须是行政相对人有履行能力，而故意采取逃避和拒绝的行为而不履行义务。

（二）强制措施

行政决定作出后，可能会出现行政相对人拒绝履行的情况。这就产生了妨碍行政执行的问题，继而产生了行政决定的强制执行问题。

行政强制执行，是指行政主体依法对拒绝履行行政决定义务的行政相对人，依法自行或者向人民法院申请采取强制措施，强制其履行行政义务的行为。行政强制执行以行政相对人不履行行政决定的义务为前提，其目的是为了促成某项法律义务的履行。行政执行程序的强制措施包括如下：

1. 将查封、扣押的被执行人的财产拍卖。查封是指行政机关对被执行人的有关财产贴上封条，就地封存，不准任何人转移和处理的临时执行措施。扣押是将被执行人的财产运送到一定场所加以扣留，不准被执行人占有、使用、处分的执行措施。在行政机关查封、扣押以后，被执行人已履行义务的，人民法院应当解除查封或扣押；如被执行人仍不履行义务，则可以拍卖或者变卖该财产。国家禁止自由买卖的物品，交有关单位按照国家规定的价格收购。被执行人的财物拍卖或者变卖所得的价款，偿付被执行人应付罚款并支付执行费用，如有剩余，退给被执行人。

行政机关采取查封、扣押、拍卖或者变卖财产的强制执行措施，应当作出书面裁定，需要有关单位和个人协助的，发出协助执行通知书。查封、扣押、拍卖或者变卖被执行人的财产，应以抵偿罚款为限，而且必须保留被执行人及其所扶养家属的生活必需品。行政机关查封、扣押财产时，被执行人是公民的，应当通知被执行人或其成年家属到场；被执行人是法人的，应当通知其法定代表人或其主要负责人到场。拒绝到场的，不影响执行。被执行人是公民的，其工作单位或者财产所在地的基层组织应当派人参加。对查封、扣押的财产，执行人员必须造具清单一式两份，由在场人签字或者盖章，交给被执行人一份。被执行人是公民的，也可以交给其成年家属，另一份行政机关附卷。被查封的财产，执行人员可以指定被执行人保管，因被执行人的过错造成损失，由被执行人承担。

2. 冻结、划拨存款。为掌握被执行人的存款情况，一般要对存款进行查询。查询是指行政机关工作人员向银行、信用合作社或者其他有储蓄业务的单位了解被执行人存款情况的活动。查询要向有关金融单位出具正式公函，并提供有关线索。冻结是指行政机关在进行强制执行时，对被执行人在银行、信用合作社或者其他有储蓄业务的单位的存款采取的不准其提取或转移的一种强制措施。划拨是指行政机关通过银行、信用合作社或者其他有储蓄业务的单位，将被执行人的存款，按行政机关协助执行通知书指定的数额划入权利人账户内的一种强制措施。这种强制措施一般是对作为被执行人的法人或其他组织采取。

行政机关冻结、划拨被执行人的存款时，应当作出书面决定，并向有关银行、信用合作社等金融单位发出协助执行通知书，写明需要冻结、划拨的款项的数额。划拨要写明划拨银行、信用合作社等金融单位的名称及账户账号。冻结、划拨存款不得超过被执行人应当缴纳的范围。冻结被执行人的存款后，被执行人已经履行法律文书规定的义务的，行政机关应当发出解除冻结的通知；被执行人拒不履行的，以冻结的存款履行支付义务。根据中国人民银行、最高人民法院、最高人民检察院、公安部《关于查询、冻结、扣划企业事业单位、机关、团体银行存款的通知》第 2 条规定，冻结单位存款的期限最长不得超过 6 个月，如有特殊情况需要延长的，行政机关在冻结期满前办理继续冻结手续，逾期不办理继续冻结手续的，视为自动撤销冻结。

有关银行、信用合作社等其他金融单位及其工作人员应当根据行政机关协助执行通知书予以冻结或者划拨，不得无故推托、拒绝或者妨碍执行，否则依法追究责任。

3. 加收滞纳金。被执行人无正当理由到期不缴纳罚款的，每日按罚款数额的 3% 加收滞纳金。对加收的滞纳金，行政机关应在执行的决定中确定，也可以单独作出裁定，责令被执行人支付。被执行人拒绝支付的，强制执行。

4. 申请人民法院强制执行。它是指主管行政机关在行政行为中，对行政相对人作出行政决定，行政相对人在规定期限内既不起诉，又不履行行政决定所确定的义务，主管行政机关依法不享有行政强制执行权，于是申请人民法院强制执行。

行政决定的执行也要考虑到行政相对人的履行能力。《行政处罚法》第52条规定:“当事人确有经济困难，需要延期或者分期缴纳罚款的，经当事人申请和行政机关批准，可以暂缓或者分期缴纳。”

依法拍卖、变卖及加收的滞纳金所得的款项，必须全部上交国库。《行政处罚法》第53条规定：“除依法应当予以销毁的物品外，依法没收的非法财物必须按照国家规定公开拍卖或者按照国家有关规定处理。罚款、没收违法所得或者没收非法财物拍卖的款项，必须全部上交国库，任何行政机关或者个人不得以任何形式截留、私分或者变相私分；财政部门不得以任何形式向作出行政处罚决定的行政机关返还罚款、没收的违法所得或者返还没收非法财物的拍卖款项。”

第四编　行政法制监督与救济法律制度

第十四章　行政违法与行政责任

第一节　行政违法与行政不当

一、行政违法

（一）行政违法的概念

行政违法有广义和狭义之分。广义的行政违法是指行政法律关系主体违反行政法律规范，侵害行政法律关系，依法应承担行政法律责任行为。由于行政法律关系主体包括行政主体与行政管理相对人，因而行政违法包括行政主体的违法和行政相对人的违法。狭义的行政违法仅指行政主体的违法，又称违法行政，是指行政主体在行使行政职权、进行行政管理过程中实施违反行政法律规范，依法应当承担行政法律责任的各种违法行为的总称。本章内容是在狭义的意义上使用行政违法的概念。

（二）行政违法的基本形态

1. 事实根据不合法。事实根据不合法的情况有以下几种：①行政机关在没有事实根据的情况下作出的行政行为；②行政机关据以作出行政行为的主要事实不真实；③整个案件的主要事实没有确凿的证据支持或主要的证据不真实；④获取证据的方式不合法。

2. 行政机关在作出行政行为时适用法律、法规错误。适用法律错误的情形有：①应该适用甲法却适用了乙法；②适用了不适当的条款；③适用了无效的依据或尚未生效的依据等。

3. 行政机关在作出行政行为时程序违法。程序违法也称违反法定程序，主要包括以下情形：①步骤违法。步骤是完成某一程序的若干必经阶段。步骤违法有随意增加法定步骤和随意减少法定步骤两种表现形式。②方式违法。如行政行为没有采取法律要求的形式或者是采取了法律禁止的形式或者是在运用法定方式时存在缺陷。③顺序违法。顺序违法即颠倒了各个顺序的先后次序。

4. 行政行为超越行政职权。行政越权是指行政主体在行政管理活动中超越法定的权限，实施了法定职权范围以外的行为擅自处理其无权处理决定的事项。其表现形式为：①行政主体擅自行使其他国家机关的法定权力。②行政主体擅自行使其他行政主体的法定职权。

5. 行政行为内容违法。行政行为的内容违法主要是指行政主体在赋予权利或设定义务时违反了法律法规的规定或与法律法规相抵触。其主要形式有：①权利的赋予和义务的设定没有法律依据。②权利的赋予和义务的设定超过法律规定的范围和程度。③行政行为的内容与法律规定相抵触。

6. 行政机关滥用职权。滥用职权是指行政主体在行使职权时以权谋私，假公济私，不正确履行职责，或者随心所欲地作出处理决定，对不同的事项作出同样的处理和对同样的事项作出不同的处理等。滥用职权以行政主体的故意为构成要件，行政主体故意违法行使权力是滥用职权的本质特征。

7. 行政不作为。其表现形式有：①拒绝履行法定职责；②拖延履行法定职责；③不予答复；④过失未履行；⑤不正确履行；⑥不适当履行；⑦不完全履行；⑧延迟履行。

（三）行政违法的判断依据

1. 依据法律、行政法规、地方性法规。法律是全国人大及其常委会依《宪法》规定的职权制定的、具有法律效力的规范性文件。行政法规是指国务院为领导和管理国家各项行政工作，根据宪法和法律，并依法定程序制定的各种规范的总称。地方性法规是指省、直辖市、自治区人民代表大会及其常务委员会和省、自治区人民政府所在地的市以及经国务院批准的较大的市的人民代表大会及其常委会制定的规范性文件。《行政诉讼法》第 52 条规定：“人民法院审理行政案件，以法律和行政法规、地方性法规为依据。地方性法规适用于本行政区域内发生的行政案件。人民法院审理民族自治地方的行政案件，并以该民族自治地方的自治条例和单行条例为依据。”法律、行政法规、地方性法规，以及自治条例和单行条例作为判断和评价具体行政行为是否合法的依据和标准，在《行政复议法》、《行政处罚法》中也分别得到确认。

2. 参照规章。《行政诉讼法》第53条规定："人民法院审理行政案件，参照国务院部、委根据法律和国务院的行政法规、决定、命令制定、发布的规章以及省、自治区、直辖市和省、自治区人民政府所在地的市和国务院批准的较大的市的人民政府根据法律和国务院行政法规制定、发布的规章。人民法院认为地方人民政府制定、发布的规章与国务院部、委制定、发布的规章之间不一致的，以及国务院部、委制定、发布的规章之间不太一致的，由最高人民法院送请国务院作出解释或者裁决。"行政规章作为人民法院评价行政行为合法性的依据一直是一个有争议的问题。一方面规章的制定缺乏严格规范的程序，随意性很大，规章之间的矛盾、规章与上一层次的规范性文件的抵触十分普遍；另一方面，对"参照"一词法律没有作出明确的界定，学者们的意见也不一致，但有一点是明确的，即"参照"与"依据"是不同的。"依据"是人民法院审理行政案件不得拒绝、必须适用的规范，而"参照"则赋予人民法院行使司法自由裁量权，可以适用也可以不适用。

二、行政不当

（一）行政不当的概念

行政不当也称为行政失当，是指行政主体在行使行政职权，执行行政管理职能的过程中作出的，违反行政合理性原则的行政行为。

行政主体在作出行政行为时不但要求其行为符合行政法律规范的规定，即遵守行政合法性原则，而且要求其行为做到客观、适度、合理，即同时遵循行政合理性原则。行政不当的行政行为并不违法，换言之，此类行为并没有违反行政法律规范的羁束规定，但在内容和客观事实上不合理，有悖公平、公正的法律精神。行政违法与行政不当的划分与羁束行政行为和自由裁量的行政行为的划分相联系。行政违法既可以针对羁束的行政行为又可以针对自由裁量的行政行为，而且主要是针对羁束的行政行为，行政不当则仅基于自由裁量的行政行为，也就是说，行政不当是行政机关行使行政自由裁量权时作出的，显失公平、公正的行政行为。

（二）行政不当的特征

行政不当与行政违法相比较而言，具有如下特征：

1. 行政不当是合法行政行为，是合法范围内的失当。其表现为行政处罚、行政强制措施等行政行为畸轻畸重，显失公正。而行政违法是违反行政法律规范的行政行为。

2. 行政不当是行政主体行使自由裁量权的结果，行政违法则主要是行政主体实施羁束行政行为的结果。

3. 行政不当所带来的行政责任是补救性的，而行政违法既可以带来惩罚性的行政责任也可以带来补救性的行政责任。

4. 被认定行政违法的行政行为当然无效，其无效可追溯至行政行为作出之时。而行政不当的行政行为对效力的影响不是绝对的。

第二节　行政责任

一、行政责任的概念与特征

（一）行政责任的概念

行政责任是指行政主体因行政违法或行政不当，违反其法定职责和义务而依法应承担的否定性的法律后果。

（二）行政责任的特征

行政责任具有以下特征：

1. 行政主体的行政违法和行政失当行为是行政责任的前提。行政责任是与行使行政职权和履行行政职责有关的法律责任。行政行为以外的其他行为引起的法律责任不属于行政责任。

2. 行政主体是行政责任的主体。由于行政违法和行政不当是行政主体行使职权所为，根据权责统一原则，行政责任主体只能是行政主体。

二、行政责任的构成要件

1. 在客观方面表现为行政主体作出的行政行为被确认为行政违法或行政失当的行为。

2. 行政主体主观上有过错。根据《国家赔偿法》、《行政诉讼法》的有关精神，行政行为被确认违法，就当然地认定行政主体主观上有过错，即行政主体是在主观上有过失或故意的情况下作出的行政行为。

3. 行政责任必须为行政法律规范所确认，是一种法律所明确规定的责任。根据依法行政的法治精神，不仅要求主体权利义务的法定，而且要求对有关责任的追究也是法定的；不仅行政责任的方式须为法律规范所确认，而且行政责任的内容也必须为法律规范所确认。

三、行政责任的种类及方式

（一）行政责任的种类

1. 根据承担责任主体的不同，行政责任分为行政主体的责任和行政公务人员的责任。

国家行政机关是国家行政职能的载体，在享有广泛行政职权的同时也负有相应的行政职责。行政主体违法或不当行使职权，国家行政机关必须对因此而产生的法律后果承担责任。行政机关不仅要对自己的行政违法和行政不当行为的后果承担责任，而且还要在一定范围和程度上对行政公务人员和受其委托的组织和个人实施的违法行为的后果承担责任。但在行政公务人员有故意和重大过失的情况下，行政公务人员对违法和不当行政行为也负有责任。在这种情况下行政公务人员实施的违法或不当行为同时引发两种法律责任，即行政公务人员个人的责任和其所属行政机关的责任。这两种责任密切联系，但彼此独立。行政公务人员的责任不会因为行政机关的责任而消灭。行政机关的责任与行政公务人员的责任二者在主体上存在的差别决定了它们在内容、承担方式和追究程序上的不同。

2. 根据法律责任关系的不同，行政责任可分为内部行政责任和外部行政责任。内部行政责任是指基于内部行政法律关系而产生的行政责任，是内部行政法律关系在一定条件下的转化形式。如行政公务人员对行政机关的责任，受委托的组织和个人对委托的行政机关的责任等。外部行政责任是指基于外部行政法律关系，即行政管理者对管理事项行使行政管理职权时产生的行政责任。它是 种单向的责任，只能是行政主体及其工作人员对行政相对人承担的责任。而内部行政责任是一种双向的责任，责任关系主体的任何一方都有可能成为某种内部行政责任的承担者。

3. 根据责任功能和目的不同，行政责任可分为补救性行政责任和惩罚性行政责任。补救性行政责任是指以恢复遭受破坏的行政法律关系和行政法律秩序为主要目的的违法行政责任。惩罚性行政责任是指能够给责任主体造成某种痛苦，从而起到教育和预防作用的行政责任。

4. 根据责任内容的不同，行政责任可分为财产性行政责任和非财产性行政责任。财产性行政责任是指以财产的给付作为责任承担方式的行政责任。非财产性行政责任是指不以财产给付而以人身权利的限制、责令作出某种行为等作为责任承担内容的行政责任。

（二）行政责任的方式

就我国的国情来看，行政责任因承担责任主体的不同而分为行政主体承担的行政责任和行政公务人员承担的行政责任。

1. 行政主体承担行政责任的方式有以下几种：

（1）通报批评。通报批评是对行政主体作出的行政行为给予的一种否定性的评价，是一种惩戒性的行政责任。它通过对行政主体名誉实施的惩罚，对作出违法或不当行政行为的行政机关及其他行政主体起到一种警戒作用。

（2）赔礼道歉。赔礼道歉是一种外部的、非财产性的行政责任。行政主体在行政管理过程中由于违法行政或行政不当，损害行政相对人的合法权益时向相对人作出的承认错误表达悔意的意思表示。它的目的在于使受损害者在精神上得到安慰，平息行政相对人的愤怒情绪，维护行政法治的尊严。这是行政主体所承担的一种最轻微的补救性行政责任。

（3）恢复名誉、消除影响。恢复名誉、消除影响是一种补救性的、非财产性的行政责任。当行政主体的违法或不当行政行为给行政相对人的名誉造成损害，即降低了行政相对人的社会评价时，应在行政行为造成影响的范围内为行政相对人恢复名誉，消除影响。

（4）返还权益。当行政主体剥夺行政相对人合法权益的行为被确认属违法或不当时，行政主体应采取返还权益的方式承担责任。返还的权益既包括财产权益，又包括政治权益。这是一种补救性的行政责任。

（5）恢复原状。当行政主体被确认为违法或不当的行政行为给行政相对人的财产带来改变其原有状态的损害时，在改变后的状态有可能恢复时，由行政机关承担恢复原状的补救性行政责任。

（6）停止违法行为。被确认违法的行政行为，如果属于持续状态，并在行政行为被确认违法时仍在继续的，确认其违法的机关有权责令其停止违法行为。

（7）履行职务。履行职务是一种非财产性行政责任。在行政主体不履行或拖延履行其本应以积极行为履行的职务行为，给行政相对人造成损害时，其不作为行为被有关机关确认违法或不当后，应以履行职务的方式承担行政责任。

（8）撤销违法的行政行为。行政主体作出的行政行为有下列情形之一时，行政主体应承担撤销违法行政行为的责任：①主要证据不足的；②适用法律、法规错误的；③违反法定程序的；④超越职权的；⑤滥用职权的。撤销违法行为包括撤销已完成的行为和正在进行的行为。

(9) 纠正不当。纠正不当是行政机关在滥用行政自由裁量权时，应承担的行政法律责任。其具体方法是由确认行政机关行政不当的权力机关变更其不当的行政行为。《行政诉讼法》第54条规定，对行政处罚显失公正的，人民法院可以作出变更判决。

(10) 行政赔偿。行政赔偿是一种财产性的、补救性的违法行政责任。行政主体被确认违法的行政行为给行政相对人造成财产损害时，应依法承担行政赔偿责任。

2. 行政公务人员承担的行政责任主要是惩戒性的，其承担责任的方式有以下几种：

(1) 通报批评。通过对实施被确认违法或不当行政行为的行政公务人员给予公开、正式地指出其行为严重性和危害性的方式，教育有责任的公务人员本人，也对其他公务人员起到警戒作用。

(2) 赔偿损失。这种行政责任兼有惩罚性和补救性两种性质。它是指行政行为给行政相对人造成财产损失的情况下，公务人员承担损失赔偿额部分或全部的行政责任。这种行政责任的特点在于：公务人员并不直接向行政管理相对人作出赔偿，而是先由行政机关向行政相对人承担赔偿责任，再根据追偿权的原理向有故意和重大过失的公务人员追索已赔偿款项的一部分或全部。

(3) 行政处分。行政处分是国家行政机关依照行政隶属关系对违法失职的公务人员给予的惩戒措施。它具有以下特点：①行政处分是行政法律规范规定的公务人员因违法或失当的行政行为承担行政责任的法定方式。它不同于其他的纪律处分。②行政处分由与行政公务人员有隶属关系的行政机关、上级主管部门或监察机关作出。③行政处分是一种内部责任形式，由行政机关依内部职权作出，承担责任人是行政公务人员。不涉及行政相对人的权益。

根据《公务员法》的规定，行政处分必须严格依法进行，共有六种形式：警告、记过、记大过、降级、撤职和开除。

四、行政责任的追究和免除

（一）追究行政责任的原则

1. 责任法定原则。责任法定，是指法律无明文规定不追究。行政法律上的明文规定，是追究行政责任的依据。对行政责任的追究必须严格依法进行，只有这样才能防止追究责任的任意性，真正实现行政的法制化。

2. 责任与违法程度相一致的原则。追究行政责任的目的是通过惩戒责任承担者，赔偿受害的行政相对人，恢复受到破坏的行政管理秩序，并使行政主体及公务人员受到教育，避免类似情形的再次出现。它要求法律责任的种类和形式必须与违法行为的情节、责任能力及所造成的损害后果相一致。如果责任畸轻，遭到损害的权益得不到足够有效的补救，同时，使责任者受到的痛苦也不足以使其不敢再犯；如果责任畸重，则会使行政责任的承担违反公正原则，使责任承担者心存怨恨不利于良性循环的行政管理秩序的建立和完善。行政责任的畸轻畸重都背离了行政责任制度设立的目的，所以，必须严格遵守责任和违法程度相一致的原则。

3. 补救、惩戒和教育相结合的原则。行政责任的追究，表现为对责任者的惩罚、对受损害者权益的补救，但最终目的是为了教育和警戒违法责任者更好地履行职责或义务，建立良好的社会秩序，所以行政责任的种类、方式和强度都应体现补救、惩罚和教育相结合的原则。

（二）行政责任的追究

行政责任的追究，是指有权机关根据法律规定和行政责任的构成要件，按法定的程序和方式对行政主体及其公务人员行政责任的认定和追究过程。认定是对违法和不当行政行为依法予以确认；追究指有权机关迫使责任人因违法和不当的行政行为最终承担不利于自己的行政法律后果。认定行政责任是追究行政责任的前提。

（三）行政责任的免除

在特定的情形下，行政行为虽然符合追究行政责任的构成要件，但由于该行为具有排除行政违法性的性质，因而免除对行政主体和行政公务人员行政责任的追究。排除行政违法性的行为有以下几种：

1. 正当防卫。正当防卫是指为了使国家、公共利益、本人或者他人的人身与财产和其他权利免受正在进行的不法侵害，而采取的制止不法侵害且对不法侵害人造成损害的行为。正当防卫行为由于其防卫目的的正当性，即损害行为是为了保护国家、公共利益、本人和他人的合法权益免受正在进行的不法侵害而实施，因此即使使不法侵害人的人身或财产权利受到损害，也依法不承担行政责任。

正当防卫作为免除责任条件使用时必须注意，其行为不得超过必要限度而造成不应有的损害，否则构成防卫过当，行政主体及行政公务员仍应就防卫过当行为所造成的损害承担行政责任。

2. 紧急避险。紧急避险是指为了使国家、公共利益、本人或者他人的人身、财产和其他权利免受正在发生的危险，不得已采取的损害一个较小的合法权益以保护一个较大的合法权益的行为。紧急避险行为已对合法权益造成了损害，但仍然属于排除行政违法性的行为，因为它具有避险目的的正当性，即被损害的是一个较小的合法权益，但因此被保护的却是一个较大的合法权益。同时，损害是在不得已，即别无选择的情况下所实施的。所以紧急避险行为是排除行政违法性的行为。行政主体及公务员不因此而承担行政责任。

紧急避险作为免责条件使用时也应注意：被损害的合法权益一定要小于被保护的合法权益，同时，避险不能超过必要限度造成不应有的损害，否则属于避险过当行为，不能免除其行政责任。

第十五章　行政复议

第一节　行政复议的概念及特征

一、行政复议的概念

行政复议，是指作为行政管理相对人的公民、法人或者其他组织认为在行政管理活动中行政主体的具体行政行为侵犯其合法权益，依法向该行政主体的上一级行政机关或法定的复议机关提出复查该具体行政行为的申请，由复议机关依照法定程序对被申请的具体行政行为进行合法性和合理性审查，并作出复议决定的一种行政法律制度。这一概念包含了以下几层含义：

1. 行政复议是一种依申请而产生的具体行政行为，它以行政管理相对人的申请为前提。复议机关不会依职权主动提起复议活动，这一点类似于人民法院在审判活动中的“不告不理”方式。根据《行政复议法》第 2 条和第 10 条的规定，有权提起行政复议的申请人主要是行政主体实施的具体行政行为所直接指向的公民、法人或者其他组织。

2. 提起行政复议的原因是行政管理相对人不服行政主体的具体行政行为。相对人提起行政复议不以行政主体的行政违法性为前提。在实践当中，只要是行政管理相对人认为行政主体的具体行政行为侵犯其合法权益即可向复议机关提出复查的请求，至于事实上行政主体究竟有没有违反行政职权和职责的要求，是否构成对其合法权益的侵犯，需要复议机关加以认定，甚至最后需要人民法院加以认定。

3. 行政复议主要针对具体行政行为提起，一般不能对抽象行政行为提起行政复议。抽象行政行为是指政府机关制定和发布各种规范性法律文件的活动，对于此类行为可能对公民、法人和其他组织造成的侵害，一般通过其他救济途径来加以解决。例如，国家权力机关或上级行政机关通过撤销该不合法、不合理的条款来纠正。但根据《行政复议法》第 7 条的规定，如果行政管理相对人认为行政主体的具体行政行为所依据的规定不合法，可以在对相应具体行政行为申请复议时一并提出对该规定的复议申请，即对部分抽象行政行为可以申请行政复议，但范围有严格的限制。

4. 复议机关所作的审查包括合法性审查和合理性审查两个方面，即行政复议机关在对相对人提请的事项作复查时，应从合法性和合理性两个方面进行审查并作出相应的复议决定。

5. 复议机关是行政机关的上一级行政机关或法定的复议机关。行政机关上下级之间是领导与被领导的关系，所以上级行政机关对下级行政机关一些违法或不当行政进行纠正更直接和更容易实现。在特定情况下，也可以将复议权交于作出行政行为的行政机关自身，例如，对省、自治区、直辖市人民政府和国务院所属部门作出的行政行为引起的行政复议，省、自治区、直辖市人民政府和国务院所属部门本身作为行政复议机关，而不再是上一级行政机关。

二、行政复议的特征

（一）行政性

行政复议是行政机关依照行政管理相对人的申请而依职权进行的一种行政活动，属于一种具体行政行为，其主体只能是国家行政机关。这一点有别于国家权力机关和国家审判机关对行政行为的监督审查。因此，行政复议具有行政性，是行政机关内部的一种自我监督、自我约束、自我纠错的法律制度。

（二）程序性

行政复议和其他行政行为相比较，其在程序性方面的要求更高一些。因为行政复议是解决行政争议的一种方式，在复议的提起、复议的受理、作出复议决定以及送达等方面都有严格的程序要求，缺乏或违反其中任何一项程序，都有可能导致复议的中止或终止。行政法本身就具有实体性与程序性难以截然分开的特点，而行政复议更突出地体现了该特点。

（三）救济性

行政复议是对行政管理相对人的一种救济性程序。行政管理相对人由于在行政管理活动中处于弱势地位，其合法权益容易遭到行政主体的不法侵犯。所以，必须对其权利给以较行政主体格外的关注和保护，而复议制度的建立正好可以起到这种弥补作用。所以说行政复议制度是一种行政机关内部解决行政方与相对人争议的救济制度，它为行政机关提供了一次自我纠错的机会。

第二节 行政复议的基本原则

《行政复议法》第4条规定："行政复议机关履行行政复议职责，应当遵循合法、公正、公开、及时、便民的原则，坚持有错必究，保障法律、法规的正确实施。"该条规定所确立的几项原则贯穿于整个行政复议过程，它既体现了整个行政法的一些基本要求，又体现了行政复议这一行政行为有别于其他行政行为的一些特点，所以它是行政复议的基本原则，概括起来可分为以下七大原则：

一、合法性原则

合法性原则是行政法的三大基本原则之一，同样也适用于行政复议。具体到行政复议中，合法性原则从广义上讲主要是指在行政复议过程中，提起行政复议申请的行政管理相对人，被申请的作出具体行政行为的行政机关和主持裁决的行政复议机关，都应当遵守现行有效的有关行政复议的法律、法规和规章。其中主持裁决的行政复议机关依法进行行政复议活动是合法性原则的核心要求。从对复议机关的要求来看，该原则的主要内容包括以下几个方面：

（一）履行行政复议职责的主体应当合法

首先，行政复议机关必须是国家法定的各级各类行政机关，依法享有行政复议权，能够对复议事项依法作出裁决。其次，在具体复议活动中，复议机关对受理的复议案件，必须具有复议管辖权，对自己无权管辖的复议案件，不得进行审理和裁决，否则会造成行政越权。

（二）审理行政复议案件的依据应当合法

复议机关在审理复议案件时，应当以现行有效的法律、行政法规、地方性法规、行政规章、地方性规章、自治条例、单行条例等其他由上级行政机关制定的规范性文件为依据。针对不同情况适用不同的法律依据。

（三）审理复议案件的程序应当合法

行政复议本身是一种程序性行为，为确保行政复议的顺利进行，行政复议主体都必须严格遵守法定程序。《行政复议法》对行政复议各个阶段的程序都作出了明确的规定，所以复议机关及申请复议相对人和被申请复议的行政机关都要按照既定的程序进行复议活动，不得违反程序要求。具体来讲包括复议的步骤、顺序、时限、形式等都必须合法。

二、公正性原则

公正性原则是指行政复议机关在行使复议权时应当公正地对待复议双方当事人，不能有所偏袒，同时也包括了对被申请的具体行政行为应当从合法性和合理性两方面进行审查，以真正保障行政相对人的合法权益。公正性原则有以下几方面的要求：

（一）复议机关站在公正中立的立场来解决复议双方的行政争议

由于行政复议是一种行政机关内部自我监督、自我约束、自我纠错的机制，所以要求复议机关必须站在中立的立场来处理复议双方的矛盾和争议，对被申请复议的行政机关或其他行政主体不能有所偏袒。公正是法律的生命和价值所在，所以保证公正是实现行政法治的一个基本要求。

（二）复议机关在审查复议申请时从合法性和合理性两方面入手

由于行政机关在实践中拥有较多的自由裁量权，如果行使不当，很容易造成对行政相对人合法权益的侵犯，从而引发行政争议。所以，《行政复议法》规定复议机关在审查行政相对人的复议申请时必须既审查其合法性，又要审查其合理性。对于违法的行政行为给予撤销，对于不当的行政行为给予纠正，或责令被申请人重新作出具体行政行为，从而保证对相对人的公正处理。

三、公开性原则

公开性原则是指在行政复议过程中，除涉及到国家秘密、商业秘密和个人隐私外，行政复议机关应当将整个复议过程向行政复议双方当事人和社会公开。公开才能更好地保证公正，防止复议权的滥用，便于社会的监督。公开性原则具体表现为：

（一）行政复议过程公开

《行政复议法》第22条规定："行政复议原则上采取书面审查的办法，但是申请人提出要求或者行政复议机关负责法制工作的机构认为有必要时，可以向有关组织和人员调查情况，听取申请人、被申请人和第三人的意见。"这是行政复议过程公开的一个具体体现。

（二）行政复议资讯公开

《行政复议法》第23条第2款规定："申请人、第三人可以查阅被申请人提出的书面答复，作出具体行政行为的证据、依据和其他有关材料，除涉及国家秘密、商业秘密或者个人隐私外，行政复议机关不得拒绝。"

四、及时性原则

及时性原则是指行政复议机关应在法定的期限内，尽快完成复议案件的审查，并及时作出相应的决定。及时性原则是实现行政效率的要求，以保证行政相对人合法权益能得到及时补救并为其进一步提起司法保护节省时间，该原则在复议过程中有以下要求：

1. 行政复议机关应当严格遵守法定的期限，不得随意拖延或者故意延长，以免进一步增加行政相对人和行政机关之间的对立情绪，不利于矛盾的化解。若在复议期限内未能及时对复议事项作出处理，必然引起行政相对人的行政诉讼活动，有违设立行政复议的本意，使复议程序价值降低。

2. 复议的各个环节都应遵循及时性的原则要求，包括复议申请的受理，复议案件的审查，复议决定的作出，对复议当事人不履行复议决定情况的处理都应当迅速而高效。只有这样，才能保证整个行政复议的高效率，以实现行政法律公正与效率的基本价值。

五、不适用调解原则

不适用调解原则是指复议机关在复议过程中，不能对复议双方当事人的行政争议进行调解，并依据调解达成的协议作出复议决定。而调解原则主要适用于民事活动，因为在民事纠纷中，民事争议的主体地位是平等的，故民事争议的当事人在法律规定的范围内有权处分自己的权利。但在行政争议中，行政机关与行政相对人的地位并不平等，行政机关作为管理者依法行使的是国家赋予的权力，因此行政机关不能对国家的管理权作出处分。所以，复议活动只能依照法定的方式进行合法性和合理性的审查，不容许进行调解，否则会损害国家的利益。

六、一级复议原则

一级复议原则是指复议机关对具体行政行为作出复议决定后，一般不允许行政相对人再向法定的复议机关申请二次复议。除非复议决定为终局决定，如果当事人对行政复议裁决不服只能向人民法院提起行政诉讼，通过司法途径来补救自己的合法权利。法律之所以作这样的规定主要基于以下原因：

（一）提高行政效率的要求

设立两级复议或多级复议虽可以起到更充分的保护行政管理相对人的申请补救权，但它必然会造成行政效率的降低和资源的浪费。且与行政高效原则相违背。

（二）司法最终解决原则

行政诉讼的存在为一级复议提供了补救保障。公正与效率是一对不可调和的矛盾，一级复议的原则虽然保证了行政效率的提高，但同时也可能造成公正的下降，但行政诉讼的存在恰好又弥补了这一不足。司法是社会生活的最后一道屏障，所以法律一般都规定了对于复议决定不服的，相对人可以在规定的时间内向人民法院提起行政诉讼，通过司法途径补救自己的合法权益。当然法律也对一些特定的行政争议规定了只能向复议机关提请复议，复议机关的裁决为最终裁决，不能再寻求司法保护，如《行政复议法》第30条第2款规定："根据国务院或省、自治区、直辖市人民政府对行政区划的勘定、调整或征用土地的决定，省、自治区、直辖市人民政府确认土地、矿藏、水流、森林、山岭、草原、荒地、滩涂、海域等自然资源的所有权或者使用权的行政复议决定为最终裁决。"

所以，一级复议的原则既可以起到提高行政效率作用，又不至于影响相对人的救济途径，是我国行政复议法的一项基本原则。

七、便民原则

便民原则是指行政复议机关在行政复议过程中尽可能为行政复议申请人提供一些便利条件，以方便其顺利的行使权利。这就要求行政复议机关在复议过程中要因地制宜，避免让复议当事人不必要的耗费时间、财力和精力。如《行政复议法》第11条规定："申请人申请行政复议，可以书面申请，也可以口头申请；口头申请的，行政复议机关应当当场记录申请人的基本情况、行政复议请求、申请行政复议的主要事实、理由和时间。"再如，《行政复议法》在对复议管辖的规定中，规定申请人多数情况下可以向具体行政行为发生地的县级地方人民政府提出行政复议申请，由接受申请的县级地方人民政府依法进行转送。这些都体现了行政复议便民的原则。

第三节 行政复议参加人

一、行政复议参加人的概念

行政复议参加人是指具备法律赋予的资格参加行政复议活动并维护自己合法权益的当事人以及与当事人地位相近的人。它包括行政复议申请人、行政复议被申请人、行政复议第三人和行政复议代理人。他们参加行政复议的原因不同，在行政复议中的地位以及法律后果也不同。

在行政复议法律关系中，一般来说，包括三大基本主体，即主持复议活动的复议机关（具体而言应是复议机关中专门负责复议工作的复议机构）、提出复议申请的行政管理相对人和被申请参加复议活动的作出具体行政行为的行政主体。在一些情况下，可能还存在需要参加到复议活动中的复议第三人和复议代理人。所以，我们此处所指的复议参加人可以简单理解为在行政复议法律关系中除复议机关以外的其他所有加入到复议活动中的人。

二、行政复议申请人

行政复议申请人，是指认为行政主体的具体行政行为侵犯其合法权益，依据有关法律、法规的规定，以自己的名义向行政复议机关提出申请，要求复议机关对该具体行政行为进行复查并依法作出裁决的人。并非所有的公民、法人和其他社会组织都可以提起行政复议，提起行政复议申请的人须具备一定的条件，即要具备复议申请人资格。《行政复议法》第2条规定："公民、法人或者其他组织认为具体行政行为侵犯其合法权益，向行政机关提出行政复议申请，行政机关受理行政复议申请、作出行政复议决定，适用本法。"第10条第1款规定："依照本法申请行政复议的公民、法人或者其他组织是申请人。"

（一）复议申请人资格

根据上述这些规定，复议申请人资格应符合以下几点要求：

1. 复议申请人是公民、法人或者其他组织，即申请人是行政管理相对人。行政机关内部工作人员不服行政机关的行政处分或者其他人事处理决定的，不能作为复议人提起行政复议。复议活动是一种依申请的外部行政行为，故申请人只能是行政主体在实施管理过程中所针对的被管理一方。

2. 复议申请人必须是认为具体行政行为侵犯其合法权益的人，即申请人与被申请复议的具体行政行为有法律上的利害关系。申请人只有与具体行政行为之间存在某种利害关系，才有必要通过行政复议寻求救济。实践中与具体行政行为有利害关系的具体情况较为复杂，一般有以下两种情况：①具体行政行为直接针对的对象，即具体行政行为所直接指向的公民、法人或者其他组织，这是行政复议中最常见的、最主要的申请人；②具体行政行为间接针对的对象，即与具体行政行为有利害关系，但并非具体行政行为直接的对象。如直接针对的对象因一些特殊的原因不能行使申请权，可以由其他和该行政行为有利害关系人来行使等情况。

3. 有权申请行政复议的公民为无民事行为能力人或者限制民事行为能力人的，其法定代理人可以代为申请行政复议。当法定代理人认为无民事行为能力人或者限制民事行为能力人的合法权益受到行政主体的侵犯后，为保证其合法权利得到及时的保障，法定代理人必须依法担负起这一职责，这是法定代理人履行保护被代理人利益职责中的一项重要内容。

（二）复议申请人资格的转移

一般来讲，复议申请人为具体行政行为所指向的相对人，但在某些情况下，申请人资格会发生转移。根据《行政复议法》第 10 条第 2 款的规定，申请人资格的转移有以下两种情况：

1. 有权申请行政复议的公民死亡的，其近亲属可以申请行政复议。因为在这种情况下，如果不把复议申请权转移至其近亲属，死者的合法权利就无法得到保障。根据最高人民法院《关于执行〈中华人民共和国行政诉讼法〉若干问题的解释》第 11 条的规定，近亲属包括配偶、父母、子女、兄弟姐妹、祖父母、外祖父母、孙子女、外孙子女和其他具有扶养、赡养关系的亲属。近亲属申请行政复议，其地位等同于死亡的公民。

2. 有权申请行政复议的法人或者其他组织终止的，承受其权利和义务的法人或者其他组织可以申请行政复议。法人或者其他组织终止有多种原因，可以是合并，也可以是分立、撤销、破产等。无论何种原因，都将发生申请人资格的转移。

三、行政复议被申请人

（一）行政复议被申请人的概念

行政复议被申请人是指行政相对人不服其具体行政行为并将其提请复议机关裁决，由复议机关通知参加行政复议的行政主体。即作出被申请复议的具体行政行为的行政主体。根据《行政复议法》第 10 条第 4 款规定：“公民、法人或者其他组织对行政机关的具体行政行为不服申请行政复议的，作出具体行政行为的行政机关是被申请人。”

（二）行政复议被申请人的情形

实践中行政复议被申请人主要有以下几种情形：

1. 申请人对行政机关作出的具体行政行为不服，直接申请复议的，该行政机关是被申请人。

2. 两个或者两个以上的行政机关以共同名义作出同一具体行政行为的，其共同作出具体行政行为的行政机关是共同被申请人。

3. 法律、法规授权的组织作出的具体行政行为引起行政复议，该授权组织是被申请人。

4. 行政机关委托的组织作出的具体行政行为引起行政复议，由作出委托的行政机关作为被申请人。

5. 作出具体行政行为的行政机关被撤销的，继续行使其职权的行政机关是被申请人。

四、行政复议第三人

（一）行政复议第三人的含义

行政复议第三人是指申请人和被申请人以外的同申请复议的具体行政行为有利害关系，申请参加或者由复议机关通知参加复议的公民、法人或者其他组织。第三人在行政复议中具有独立的法律地位。第三人与申请人和被申请人不同，其参加行政复议是为了维护自己的合法权益，在行政复议中不依附于申请人或者被申请人，享有与申请人基本相同的复议权利。作为行政复议第三人应具备四个条件：

1. 与所复议的具体行政行为有利害关系，或者与复议结果可能有法律上的利害关系。

2. 主要是公民、法人和其他组织。

3. 复议程序已经开始但尚未终结。如果复议程序尚未开始，与具体行政行为有利害关系的公民、法人和其他组织也可以作为复议申请人提起行政复议；如果复议程序已经终结，与具体行政行为有利害关系的公民、法人和其他组织只能通过其他独立的途径来维护自己的合法权益。

4. 参加复议活动必须经过复议机关批准。第三人加入到复议程序中，有助于复议案件的全面查清，并能起到维护第三人利益的作用，防止重复复议或者诉讼。

（二）第三人的主要种类

1. 在治安、食品卫生、药品管理等行政处罚案件中的被处罚人或者权益受被处罚人侵害的人。在行政复议中，如果被处罚人提起行政复议，则受害人可以作为第三人参加行政复议；如果受害人提起行政复议，则受处罚人可以作为第三人参加行政复议。

2. 行政处罚案件中的共同被处罚人。在有共同被处罚人的行政案件中，一部分被处罚人提起行政复议的，另外的被处罚人可以作为第三人参加行政复议。

3. 不服行政确权的复议案件中，被确权的民事纠纷的一方当事人申请复议的，另一方当事人可以作为第三人参加行政复议。

4. 其他与具体行政行为有利害关系的公民、法人或者其他组织。

五、行政复议代理人

行政复议代理人是指在行政复议中接受当事人的委托，以当事人的名义代理当事人进行复议的人。在行政复议中，当事人既可以亲自参加复议，也可以委托复议代理人参加复议。《行政复议法》第 10 条第 5 款规定："申请人、第三人可以委托代理人代为参加行政复议。"从代理权产生看，代理可以分为法定代理、指定代理和委托代理。在行政复议中，复议代理人主要是指委托代理人，包括申请人的委托代理人、被申请人的委托代理人和第三人的委托代理人，在实践中，委托代理人一般为律师、法人或者其他组织的内部工作人员、当事人的一些近亲属等。当事人委托他人为代理人时，应向复议机关递交由其签名的授权委托书，委托书应对委托事项和代理权限作出明确规定。

第四节　行政复议的范围

一、行政复议范围的概念

行政复议范围即行政复议的受案范围，是指行政复议机关依法可以受理的行政争议案件的范围。简而言之，就是指行政相对人对行政机关的哪些行政行为不服可以提起行政复议申请并会被复议机关依法受理。行政复议作为一种法律救济手段，并不意味着可以包罗万象，解决一切行政争议，其本身仍然具有一定的局限性，因一些行政争议不能或者不宜适用行政复议制度予以调整。为此有必要通过立法来明确具体的复议范围。

二、行政复议范围的内容

根据《行政复议法》第 6、7、8 条的规定，行政复议的受案范围包括以下几个方面：

（一）具体行政行为

《行政复议法》第 6 条用列举的方式规定了行政相对人可以向复议机关提起复议的 11 种情形。这些都是因行政机关的具体行政行为引发的，具体规定如下：

1. 对行政机关作出的警告、罚款、没收违法所得、没收非法财物、责令停产停业、暂扣或者吊销许可证、暂扣或者吊销执照、行政拘留等行政处罚决定不服的。在实践当中，因行政相对人不服行政处罚而引发的行政争议较多且较为普遍，所以《行政复议法》第 6 条把行政处罚行为列于复议范围的首位。行政处罚的种类较多，但无论何种行政处罚，只要是行政相对人不服，认为行政机关的具体处罚侵犯其合法权益都可以提起行政复议。

2. 对行政机关作出的限制人身自由或者查封、扣押、冻结财产等行政强制措施决定不服的。行政强制措施是行政主体对无正当理由拒不履行法定义务或者违反法定义务的行政相对人实施的一种强制性的具体行政行为，由于行政强制措施的采取会使行政相对人承担一种不利的法律后果，所以要求行政机关在行使该强制权时在实体上和程序上都要保证合法、适当，否则相对人可以就此提起行政复议。

3. 对行政机关作出的有关许可证、执照、资质证、资格证等证书变更、中止、撤销的决定不服的。这类证书通常是行政相对人享有某项权利或从事某种活动的资格条件，属于行政许可的范围。如果行政机关对这类证书作出变更、中止、撤销的决定，将会影响到相对人的权益和利益。若相对人认为行政机关的上述行为侵犯了其合法权益，可以通过行政复议来进行补救。

4. 对行政机关作出的关于确认土地、矿藏、水流、森林、山岭、草原、荒地、滩涂、海域等自然资源的所有权或者使用权的决定不服的。对土地、矿藏、水流等自然资源的所有权或使用权的确认是行政机关的一种行政确权行为，其关系到公民、法人或者其他组织的切身利益。如果行政机关违法或不当行使该权力，必然会给行政相对人造成极大的财产损失，因此要将其纳入复议范围。

5. 认为行政机关侵犯合法的经营自主权的。经营自主权是公民、法人或者其他组织从事商业活动的一项重要权利，市场经济条件下，政府起宏观调控的作用，一般不直接干涉企业或者个人的生产经营活动，所以如果行政机关实施管理活动时侵犯了行政相对人的经营自主权时，行政相对人可以提起行政复议。

6. 认为行政机关变更或者废止农业承包合同，侵犯其合法权益的。农业承包合同是以行政机关或者集体经济组织为发包方，农民为承包方，双方签订的有关农业生产经营方面的合同，双方按照合同各自享有一定的权利和义务。合同签订后，行政机关不得擅自对合同进行变更或者废止合同，如果行政机关未经承包方同意，随意对合同进行变更、废止或中止，作为承包方的农民可以依法申请复议。此类案件是《行政复议法》新增加的一项内容，其目的在于维护农业承包合同的稳定性和长期性，保护承包的合法权益，促进农业经济的发展。

7. 认为行政机关违法集资、征收财物、摊派费用或者违法要求履行其他义务的。在行政法上，公民、法人或者其他组织应当承担什么义务，由法律、法规、规章加以规定。行政机关要求公民、法人或者其他组织履行义务，必须有明确的法律依据。如果行政机关在没有法律根据的情况下要求行政相对人履行义务或者违反法律规定设定义务，均属于违法要求履行义务。如在实践中常见的“三乱”，即行政机关乱罚款、乱收费、乱摊派等，在此情况下，行政相对人不仅可以申请复议，而且在一定情况下可以拒绝履行义务。

8. 认为符合法定条件，申请行政机关颁发许可证、执照、资质证、资格证等证书，或者申请行政机关审批、登记有关事项，行政机关没有依法办理的。这类行为属于行政许可，行政许可对行政相对人来讲是一种受益性行为，如果行政相对人提出许可申请后，行政机关拒绝颁发有关证书或者不予答复，必然会影响到行政相对人从事某种活动的资格，所以复议法把此类行为也纳入了复议的范围。

9. 申请行政机关履行保护人身权利、财产权利、受教育权利的法定职责，行政机关没有依法履行的。行政机关的职责是由法律、法规或者规章规定的，不同的行政机关有不同的职责，行政机关的职责既是一种权利，又是一种义务，如果行政机关不履行的话，就构成了行政失职。需注意的是，并非所有的行政机关都负有保护相对人的人身权、财产权和受教育权的职责，只有那些负有该职责的行政机关不履行法定职责的，才可以申请复议。故此类复议案件应注意被申请人的资格。在实践中，不履行法定职责一般表现为拒绝履行或者不予答复。

10. 申请行政机关依法发放抚恤金、社会保险金或者最低生活保障费，行政机关没有依法发放的。该类行为属于行政给付或者行政救助，行政给付、行政救助是国家给予生活或者生产陷于困难的相对人的一种帮助行为。由于各个地区的不同，在发放抚恤金、社会保险金或者最低生活保障费的情况上也存在一定的差别，但无论行政机关出于何种原因，只要其未给以发放或者拖延发放，有权领取此类费用的行政相对人都可以提起复议。

11. 认为行政机关的其他具体行政行为侵犯其合法权益的。这是一项概括性的规定。因为社会生活是千变万化、错综复杂、丰富多彩的，复议法不可能把所有的复议情形都归纳进来，所以只能采用此种立法技术，以适应社会生活的不断变化，使复议范围得以由复议机关在一定程度上灵活掌握。

（二）抽象行政行为

《行政复议法》第7条是有关抽象行政行为可以提起复议的规定，在已废止的1990年制定、1994年修订的《行政复议条例》中并没有将抽象行政行为纳入行政复议的范围，可以说对抽象行政行为可以复议的规定是1999年《行政复议法》的一个重大突破。

抽象行政行为是行政机关制定、发布一些带有普遍性的行政法律规范的活动，是一种行政立法行为。所以抽象行政行为不针对具体的、特定的相对人，与具体行政行为有着较大的差别。对于抽象行政行为是否应纳入行政复议范围是近年来学者和实践工作部门工作者一直争论的一个焦点，也是1999年制定《行政复议法》的一个热点、难点，在立法讨论会上，经过大量的辩论，最后采纳了大多数人的意见，将复议范围扩大至抽象行政行为，但对具体范围作出了严格的限制。《行政复议法》第7条规定，公民、法人或者其他组织认为行政机关的具体行政行为所依据的下列规定不合法，在对具体行政行为申请行政复议时，可以一并向复议机关提出对该规定的审查申请：

①国务院各部门的规定；

②县级以上地方各级人民政府及其工作部门的规定；

③乡、镇人民政府的规定。

前款所列规定不含国务院部、委员会规章和地方人民政府规章。规章的审查依照法律、行政法规办理。

通过该条规定可以看出，在对抽象行政行为申请复议时，应当满足两个条件：①只能对抽象行政行为中效力等级较低的规定申请行政复议，对于行政法规、行政规章、地方性规章等效力等级较高的抽象行政行为不能申请复议，而应依法由其他途径处理。规定的范围也在第7条有明确的界定。②不能单独提起对抽象行政行为的复议申请，必须在对具体行政行为申请复议时，认为具体行政行为所依据的规定不合法的情况下才可以一并提出对所依据的抽象行政行为的复议审查的要求。所以1999年制定的《行政复议法》虽规定了可以对抽象行政行为申请复议，但在范围和程序上有严格的要求。行政相对人只有针对法定的抽象行政行为申请复议，并依据法定的程序才会被复议机关受理。

（三）行政复议的排除

行政复议的排除，即在行政复议范围以外，复议机关不能受理的行政争议。对于这些事项，申请人不得提起行政复议，只能通过其他方式来加以救济。《行政复议法》第8条对此作出了明确的规定，可以分为两种情形：

1. 不服行政机关作出的行政处分或者其他人事处理决定的，依照有关法律、行政法规的规定提出申诉。

行政处分是行政机关对其内部工作人员作出的惩戒性决定，是行政机关的一种内部行政行为。行政处分包括警告、记过、记大过、降级、撤职、开除等几种类型。行政机关对其工作人员作出的其他人事处理决定一般包括考核、奖励、职务升降、辞职、辞退、职务任免、工资福利等方面。这些内部行政行为之所以排除在行政复议范围之外，主要是因为内部行政行为涉及的是行政机关的内部事务。对此，我国法律已规定有其他救济途径，如果纳入复议范围，则会出现行政复议与人事、监察部门职权重叠、交叉的现象，造成行政机关管辖权的混乱，不易解决此类争议。按照《行政监察法》的规定，国家行政机关公务员和国家行政机关任命的其他人员对主管行政机关作出的行政处分决定不服的，可以向监察机关提出申诉；按照《国家公务员法》的规定，行政机关对工作人员作出的有关任免、录用、考核、调动等人事处理决定，行政机关公务员或者其他国家工作人员可以向原机关申请复核，或者向同级人民政府人事部门申诉，还可以向设置在县级以上人事部门的人事争议仲裁委员会或者人事仲裁厅提起仲裁申请。

2. 不服行政机关对民事纠纷作出的调解或者其他处理，依法申请仲裁或者向人民法院提起诉讼。

根据行政法律规定，某些行政机关享有处理民事纠纷的调解、处理权力。对此类行为不能复议的原因在于，行政机关处理民事纠纷是针对平等主体之间的民事纠纷作出的行为，这类纠纷原本可以由仲裁机关或者人民法院处理，只是行政机关的先行调解或处理起到了过滤或提高效率的作用，而这类纠纷最终仍要由仲裁机关或者人民法院处理解决。如果允许民事纠纷的主体申请复议，复议机关也只能就原调解处理是否合法、适当作出判断，不能最终解决当事人之间的民事纠纷。所以在此情况下，将此类行为排除在复议之外。

以上是《行政复议法》第8条对复议范围排除作出的明确规定，另外，对于抽象行政行为中的规章等效力等级较高的行政法规等也不能申请复议。

第五节　行政复议的管辖

一、行政复议的管辖的概念

行政复议的管辖，是指行政复议机关受理复议申请的权限和分工，即某一行政争议发生后，应当由哪一个复议机关来行使行政复议权。管辖是行政复议机关复议活动发生的基础，也是复议活动合法化的前提。

二、行政复议的管辖的划分

根据《行政复议法》第 12、13、14、15 条的规定，行政复议的管辖大致可以划分为以下几种情况：

（一）对地方政府工作部门的具体行政行为不服的管辖

行政相对人如果认为政府工作部门的具体行政行为侵犯其合法权益，可以向作出该具体行政行为的政府工作部门的上一级主管部门或者其所属的本级人民政府提起行政复议。也即行政相对人可以在有权进行复议的行政机关中择一申请复议。地方县级以上各级人民政府都设立有政府工作部门，如公安部门、卫生部门、教育部门、民政部门等，如果这些政府工作部门的行政行为引发了行政相对人的不满，就可以选择向该部门的上一级主管机关或者其所属的政府申请行政复议。例如，某县公安局对该县一公民作出了行政拘留的处罚决定，若该公民不服这一行政处罚，就可以向该县公安局的上一级公安机关，即市公安局申请复议，或者向该县人民政府申请行政复议。对此，《行政复议法》第 12 条明确规定："对县级以上地方各级人民政府工作部门的具体行政行为不服的，由申请人选择，可以向该部门的本级人民政府申请复议，也可以向上一级主管部门申请行政复议。"

（二）对地方政府的具体行政行为不服的管辖

行政相对人如果对地方政府作出的具体行政行为不服，可以向该地方政府的上一级政府申请复议。《行政复议法》第 13 条规定："对地方各级人民政府的具体行政行为不服的，向上一级地方人民政府申请复议。"所以，如果行政相对人不服地方政府的具体行政行为时，只有一种复议选择。例如，公民、法人或者其他组织认为县政府的具体行政行为侵犯其合法权益，就可以向市人民政府申请行政复议。

（三）对国务院各组成部门及省级政府的具体行政行为不服的管辖

《行政复议法》第14条规定："对国务院部门或者省、自治区、直辖市人民政府的具体行政行为不服的，向作出该具体行政行为的国务院部门或者省、自治区、直辖市人民政府申请行政复议。对行政复议决定不服的，可以向人民法院提起行政诉讼；也可以向国务院申请裁决，国务院依照本法的规定作出最终裁决。"所以对于国务院各部委或者省级人民政府的具体行政行为不服的，由国务院各部、委或者省级人民政府本身作为复议机关。按照一般复议管辖的规则，复议机关应比作出具体行政行为的行政机关级别更高一些，这样才利于复议机关纠正行政违法或者行政不当。而本条之所以这样规定，主要是因为若按照一般复议管辖规则，对国务院各部门或者省、自治区、直辖市人民政府的行政行为不服申请复议时，复议管辖机关应是其上级机关国务院，但因国务院是国家最高行政机关，其本身担负着比较繁重的任务，因此不宜将此复议事项再交于国务院，这是一种复议管辖规则的例外。由作出具体行政行为的行政机关本身作为复议机关，根据"自己不能做自己案件的法官"这一基本的公正原则，一般不利于保护行政相对人的利益，故复议法又规定了相对人若对复议决定不服，可以提起诉讼或者申请国务院作出最终裁决，可以说是对此例外复议规则的一种补救性规定。

根据这一规定，对国务院部门或者省级人民政府所作出的具体行政行为不服的，首先应向原机关申请复议，若对复议决定不服的，才可以进入第二个步骤：直接向法院提出行政诉讼，或者再向国务院提起二次复议申请，由国务院作出终局复议决定，这是一级复议原则的一种例外情形。

（四）对派出机关的具体行政行为不服的管辖

《行政复议法》第15条第1款第（一）项规定："对县级以上地方人民政府依法设立的派出机关的具体行政行为不服的，向设立该派出机关的人民政府申请行政复议。"派出机关是指由地方各级人民政府设立的依法在一定行政区域内享有综合性行政职权的行政机关。派出机关不是一级人民政府，但却依照有关组织法行使着一定行政区域所有行政事务的组织与管理权，并能以自己的名义作出行政行为和对行为后果承担法律责任。在我国现阶段，派出机关一般分为三类：省、自治区人民政府之下设立行政公署（或者地区公署），不设区的市、市辖区人民政府之下设立街道办事处，县、自治县人民政府之下设立区公所。如果行政相对人对于这些政府派出机关的具体行政行为不服，复议管辖机关为设立该派出机关的人民政府。例如，相对人对某行政公署的具体行政行为不服，复议管辖机关为设立该行政公署的省级人民政府。

（五）对派出机构的具体行政行为不服的管辖

《行政复议法》第15条第1款第（二）项规定：“对政府工作部门依法设立的派出机构依据法律法规或者规章规定，以自己的名义作出的具体行政行为不服的，向设立该派出机构的部门或者该部门的本级地方人民政府申请行政复议。”派出机构是指由县级以上地方各级人民政府工作部门依法设立的行使一定行政职权的行政机关。一般认为派出机构不属于独立的行政主体，不能以自己的名义独立地作出具体行政行为，但在一些情况下，若行政机构得到了法律、法规、规章的授权，则可以以自己的名义独立地作出具体行政行为，此时，复议管辖机关为设立该派出机构的政府工作部门或者该部门的本级人民政府。例如，某县公安局设立的派出所以自己的名义对行政相对人作出了行政拘留或者其他行政处罚，此时，复议机关为该县公安局或者该县人民政府。

（六）对被授权组织的具体行政行为不服的管辖

《行政复议法》第15条第1款第（三）项规定：“对法律、法规授权的组织的具体行政行为不服的，分别向直接管理该组织的地方人民政府、地方人民政府工作部门或者国务院部门申请行政复议。”法律、法规授权的组织依法获得了行政主体的资格，能够以自己的名义独立地作出具体行政行为，所以如果对法律、法规授权的组织的具体行政行为不服，应当向直接管理该组织的行政机关申请行政复议。实践中，根据不同情况，法律、法规授权的组织的直接主管机关可能是地方人民政府，也可能是地方人民政府工作部门，有些时候也可能是国务院有关部门，所以在发生行政争议时，应根据具体情况确定向哪级哪类行政机关申请行政复议。

（七）对行政机关以共同名义作出的具体行政行为不服的管辖

《行政复议法》第15条第1款第（四）项规定：“对两个或者两个以上行政机关以共同的名义作出的具体行政行为不服的，向其共同上一级行政机关申请行政复议。”为了方便行政管理活动，有时需要几个行政机关共同行动来完成一个具体行政行为，在这种情况下，复议管辖机关为其共同上一级行政机关。需要注意的是，实践中认定行政机关是否为共同行政行为，必须以是否以共同名义作出具体行政行为为准，即行政决定书是否以两个或者两个以上的行政机关名义作出（公章是否为两个以上行政机关），若只是一般的协助活动，则不能认定为共同行政行为。如卫生机关查处食品加工企业违法经营活动，请求公安机关给予协助，卫生机关作出处罚决定后，相对人不服，只能向该卫生机关的上一级卫生机关或者其所属本级人民政府申请复议，而不能向协助执行的公安机关上一级机关申请复议。两个或者两个以上的行政机关以共同名义作出具体行政行为的情况较为复杂，应区别情况由不同的上级行政机关作为复议机关。如同一人民政府所属的两个以上工作部门以共同名义作出具体行政行为，则以该工作部门所属的人民政府作为复议管辖机关；如同一级别或者不同级别的两个以上地方各级人民政府以共同作出的具体行政行为，则以他们的共同上一级人民政府作为复议管辖机关；如同一级别或者不同级别政府的两个以上工作部门以共同名义作出的具体行政行为，则由他们的共同上一级人民政府工作部门或者共同上一级人民政府作为复议管辖机关。

（八）作出具体行政行为的行政机关被撤销后的管辖

《行政复议法》第 15 条第 1 款第（五）项规定："对被撤销的行政机关在撤销前所作出的具体行政行为不服的，向继续行使其职权的行政机关的上一级行政机关申请行政复议。"在实践中，有可能出现行政机关被撤销的情况，引起行政机关撤销的原因是多种多样的，如机构改革等，如果对已被撤销的行政机关撤销前的行政行为不服的，提起复议时，因该行政机关已不复存在，故应由继续行使其职权的行政机关的上一级行政机关来管辖。

（九）移送管辖

移送管辖是指复议机关对已受理的复议案件，经审查发现自己对该案件无管辖权时，将该案件移交给有管辖权的复议机关管辖。移送管辖一般应具备三个条件：①复议机关已受理了相对人的复议申请，若复议机关没有受理复议案件，则不会出现移送的问题，所以受理是移送管辖的前提；②受理复议申请的复议机关确无管辖权，这是发生移送管辖的根本原因；③向有管辖权的复议机关移送，注意此处接受移送的复议机关并不一定就是确定有管辖权的机关，而是已受理的复议机关认为有管辖权的机关，若移送后，接受移送的复议机关发现自己也无管辖权时，则不能再行移送，而应由上级行政机关指定管辖，也即只能进行一次移送。移送管辖包含了两种情形：一是一般移送管辖，即上述概念中所述的情形；二是法定移送管辖，《行政复议法》第 15 条第 2 款规定："有前款所列情形之一的，申请人也可以向具体行政行为发生地的县级地方人民政府提出复议申请，由接受申请的县级地方人民政府依照本法第 18 条的规定办理。"第 18 条规定："依照本法第 15 条第 2 款的规定接受行政复议申请的县级地方人民政府，对依照本法第 15 条第 1 款的规定属于其他行政复议机关受理的行政复议申请，应当自接到该行政复议申请之日起7日内，转送有关行政复议机关，并告知申请人。接受转送的行政复议机关应当依照本法第17条的规定办理。”这是一种便民的规定，因为实践中行政相对人有时并不清楚自己不服行政机关具体行政行为时，到底应当向哪级哪类行政机关提出复议申请，所以为了方便相对人行使这一救济权利，复议法作出了上述规定，即相对人不服行政机关具体行政行为时，一般都可以向行政行为发生地的县级人民政府提起复议申请，然后由县级人民政府转送有复议管辖权的复议机关，这就极大地方便了相对人的复议申请权利的行使。

第六节　复议机关与复议机构

一、复议机关的概念与种类

（一）复议机关的概念

复议机关是指依法能够受理行政相对人复议申请并作出复议裁决的行政机关。复议的主体是行政机关，它依法履行行政复议职责，并独立承担因履行职责而带来的相应法律后果。

我国行政复议由行政机关承担，但行政复议并不是由特别设立的专门行政机关处理，而是采取复议机关与行政机关一致的原则，即具有行政管理职权的行政机关也就是承担行政复议职责的行政复议机关。当然，这并不意味着所有的行政机关都是行政复议的行政机关，因为行政复议实行上一级复议的原则，对于最为基层的行政机关来说，则不可能承担行政复议的职能。

（二）复议机关的种类

根据我国现行法律法规的规定，行政复议机关的种类主要有：

1. 作出被申请具体行政行为的行政机关的上一级行政机关。这是行政复议的一个基本原则，因为行政机关上下级之间是领导与被领导的关系，所以交由上一级行政机关来处理复议事项，能更好地发现并纠正下级行政机关的违法或者违反合理性的具体行政行为，有利于实现行政机关的内部监督。

2. 作出被申请具体行政行为的行政机关本身。这是一种特殊的复议机关，即指对省、自治区、直辖市人民政府和国务院所属部门作出的具体行政行为不服而引发的行政复议，由省、自治区、直辖市人民政府和国务院所属部门本身作为复议机关。由作出具体行政行为的行政机关本身作为复议机关，容易引起行政复议申请人对复议裁决公正性的怀疑，因此，只能在上述严格的范围内加以适用，不能随意扩大。

3. 作出被申请具体行政行为的行政机关所属的人民政府。由本级人民政府作为复议机关，有利于行政复议机关利用人民政府的权威及时、有效地解决行政争议，同时又方便相对人申请复议。所以《行政复议法》在复议管辖中多数情况下都规定了本级人民政府可以作为复议机关。

二、复议机构

（一）复议机构的概念

复议机构是指复议机关内部设立的专门处理复议事项的工作机构。复议机构属于复议机关的一个办事机构或者工作部门。因为我国并未设立专门的复议机关，复议职能由一般的行政机关来行使，而一般的行政机关内部都设立有许多工作机构来处理具体的工作事项。如公安局内部设立有户籍科、行政科、保卫科、办公室等具体工作机构。复议机构即享有复议权的行政机关内部设立的一个专门接受复议申请，作出复议审查，并最终作出复议决定的工作机构。

（二）复议机构的职责

复议机构不具备行政主体的资格，不能以自己的名义作出复议决定，不能独立承担法律后果。所以复议机构在作出处理决定时只能以复议机关的名义作出，并由复议机关来承担复议的法律后果。根据《行政复议法》第 3 条的规定，复议机构是复议机关内部负责法制工作的机构，其在办理复议事项中，须履行下列职责：

1. 受理行政复议申请。
2. 向有关组织和人员调查取证，查阅文件和资料。
3. 审查申请行政复议的具体行政行为是否合法与适当，拟定行政复议决定。
4. 处理或者转送对本法第 7 条所列有关规定的审查申请。
5. 对行政机关违反本法规定的行为依照规定的权限和程序提出处理建议。
6. 办理因不服行政复议决定提起行政诉讼的应诉事项。
7. 法律、法规规定的其他职责。

第七节　复议程序

一、复议程序的概念

复议程序是指复议机关受理复议申请，进行复议审查，作出复议决定以及复议决定的执行等贯穿于整个复议过程的时限、方法、形式和步骤。

二、复议程序的四个阶段

一般一个完整的复议程序包括复议的申请、受理、审理、决定四个阶段。

（一）复议申请

复议申请是指具有复议申请资格的申请人向法定的复议机关提出申请，请求复议机关对复议申请事项给以审查并作出裁断。复议申请是复议程序的第一个阶段，是复议活动的启动程序。复议申请权是行政相对人的一项重要的救济权利，任何单位和个人不能随意剥夺。在复议申请阶段，应注意以下三方面的问题：

1. 复议申请人的资格，复议申请人必须适格，这是行政复议申请的基本要求。复议申请人必须是依法能够提起复议申请的相对人，复议申请人的资格问题详见第三节“复议参加人”所述。

2. 申请复议的方式，根据《行政复议法》的规定，有书面申请和口头申请两种方式。《行政复议法》第11条规定：“申请人申请行政复议，可以书面申请，也可以口头申请；口头申请的，行政复议机关应当当场记录申请人的基本情况、行政复议请求、申请复议的主要事实、理由和时间。”

3. 申请复议的期限，一般情况下为60日。《行政复议法》第9条规定：“公民、法人或者其他组织认为具体行政行为侵犯其合法权益的，可以自知道该具体行政行为之日起60日内提出行政复议申请；但是法律规定的申请期限超过60日的除外。”法律规定60日的期限，一方面保证了相对人有充足的时间来决定是否复议，并为复议作准备，另一方面也督促相对人及时行使该权利，若长时间不关注自己的权利，则有可能丧失该救济权。如果部门法规定有超过60日复议申请期限的，依照部门法的规定。另外，在《复议法》第9条的第2款规定了特殊情况下复议期限的中止，即因不可抗力或者其他正当理由耽误法定申请期限的，申请期限自障碍消除之日起继续计算。

（二）复议申请的受理

复议申请的受理，是指复议机关在收到复议申请人的复议申请后依法作出的处理。复议机关在收到复议申请书或者申请人口头申请形成书面材料后，应当在5日内进行审查，对不符合复议法规定的行政复议申请，决定不予受理，并书面告知申请人；对符合复议法规定，但是不属于本机关受理的行政复议申请，应当告知申请人向有关行政复议机关提出；除此之外，行政复议申请自行政复议机关负责法制工作的机构收到之日起即为受理。此处所称的复议条件，主要包括：①复议申请人适格，即复议申请人必须是依法能够提起复议申请的相对人，在特殊情况下，申请人资格也会发生转移；②有明确的被申请人；③有具体的复议请求及相应的事实、理由；④属于可复议事项并未向人民法院起诉；⑤属于本复议机关管辖。

复议机关在作出初步的审查后，针对不同的情况可以作出不同的处理。

1. 对于可以提起复议的事项，经审查符合复议条件，并且未向人民法院提起行政诉讼，依法作出受理决定。因为根据行政复议法律、法规和行政诉讼法律、法规的规定，行政相对人不服行政机关的具体行政行为，不能同时选择复议和诉讼，若选择诉讼后，就不能再申请复议，并且根据司法最终解决的原则，诉讼结束后，即使相对人仍不服，也不能再进行复议，而只能依据法律规定的其他途径来救济自己的权利；同样，若相对人选择复议后，也不能再提起诉讼，除复议为终局的复议和不允许诉讼事项外，相对人只能等到复议决定作出后或者超过法定复议期限复议机关不予答复时，才能再提起行政诉讼。所以，复议机关在收到复议申请后，应审查其是否已先向人民法院提起了行政诉讼，若其已向法院提起诉讼并被法院依法受理，则要作出不予受理的决定。

2. 对于不符合申请复议条件的，依法决定不予受理，并告知申请人不予受理的原因。

3. 对于复议申请书的内容有欠缺的，依法发还申请人并告知令其限期补正，若在规定期限内未能补正的，依法决定不予受理。

4. 对于符合复议条件，但不属于该机关管辖的，应当告知申请人向有管辖权的复议机关提出。

（三）复议案件的审理

复议审理是指复议机关对于复议案件的事实、证据、法律适用等问题进行合法性与合理性全面审查的过程。这是行政复议程序的关键阶段。

1. 审理原则及审理方式。行政复议审理原则为合法性审查与合理性审查相结合的原则，即全面审查原则。复议机关在审查复议申请事项时，围绕被申请的具体行政行为，应从合法性与合理性两方面入手，这样才能保证复议的公正性，并使申请人的权益得到全面的保护。

行政复议审理方式是以书面审查为主，其他方式为辅的审查方式。书面审查是指复议机关在审理复议案件时可以仅就双方提供的书面材料进行审查并依法作出复议决定。复议法之所以规定书面审查为主要的审理方式，是因为书面审理复议案件具有高效简便的优点，一方面可以提高行政机关的行政效率，另一方面对相对人来讲也比较便捷、经济。其他方式是指复议机关根据申请人的要求或者自己认为有必要时，也可以向有关组织和人员调查情况，听取申请人、被申请人和第三人的意见。

2. 审理依据。行政复议机关判断复议案件究竟是否合法与合理的依据主要为法律、行政法规、地方性法规、规章以及上级行政机关依法制定和发布的具有普遍约束力的命令、决定。复议机关审理民族自治地方的复议案件，还要以民族自治地方的自治条例和单行条例为依据。

3. 复议审理的具体步骤及一些特殊要求。《行政复议法》第 23 条规定："行政复议机关负责法制工作的机构应当自行政复议申请受理之日起 7 日内，将行政复议申请书副本或者行政复议申请笔录复印件发送被申请人。被申请人应当自收到申请书副本或者申请笔录复印件之日起 10 日内，提出书面答复，并提交当初作出具体行政行为的证据、依据和其他有关材料。"通过复议案件双方当事人形成的这些书面材料，复议机关就可以进行书面的审理，如果案情较为复杂，还应进行调查取证，以便能作出一个公正的裁决。

在复议过程中，还有一些特殊的要求，主要有两方面：

（1）复议过程中被申请人不得自行向申请人和其他有关组织或者个人收集证据。因为行政法律、法规要求行政机关在作出具体行政行为时必须先进行调查取证，才能作出行政决定，如果在作出行政决定后，再来补充有关证据，其本身就是一种违反行政程序法的行为，故行政复议法规定不允许被申请人事后取证。

（2）复议期间不停止执行原具体行政行为。因为相对人提出复议申请后，被申请人的具体行政行为是否合法、是否适当，需要复议机关依法进行审理后才能作出评断，若只是因为相对人提出了申请就停止执行原具体行政行为，很可能造成对国家利益的损害，所以一般在复议期间原具体行政行为仍应继续执行。但单纯的强调复议不停止原具体行政行为的执行，有时又的确对相对人的合法利益造成较大的损失，故复议法采取了一种灵活的规定，规定在一些特殊情况下，可以停止执行，根据《行政复议法》第 21 条的规定，可以停止执行的情况有：①被申请人认为需要停止执行的；②行政复议机关认为需要停止执行的；③申请人申请停止执行，行政复议机关认为其要求合理，决定停止执行的；④法律规定停止执行的。

（四）复议决定

复议决定是指复议机关依法对复议案件审理结束后，根据不同情况作出的复议裁决。复议决定是复议程序的最后一个阶段，是对行政争议作出结论性评价的阶段。

1. 作出复议决定的期限。《行政复议法》第31条规定：“行政复议机关应当自受理申请之日起60日内作出复议决定；但是法律规定的行政复议期限少于60日的除外。情况复杂，不能在规定期限内作出行政复议决定的，经行政复议机关的负责人批准，可以适当延长，并告知申请人和被申请人；但是延长的期限最多不超过30日。”即一般复议的期限为60日。

2. 复议决定的种类。

（1）维持决定。复议机关经审查认为被申请人的具体行政行为认定事实清楚，证据确凿，适用依据正确，程序合法，内容适当的，应作出维持原具体行政行为的决定。

（2）履行决定。履行决定针对被申请人不履行法定职责而引发的复议，一般行政机关不履行法定职责的情况有两种，一是行政机关明确表示拒不履行法定职责；二是行政机关无正当理由故意拖延履行法定职责。在此情况下，复议机关应作出责令被申请人在一定期限内履行法定职责的决定。

（3）撤销、变更和确认违法决定。复议机关经审理，发现被申请人作出的具体行政行为有下列情形之一的，依法作出撤销、变更或者确认该具体行政行为违法的决定，决定撤销或者确认该具体行政行为违法的，可以责令被申请人在一定期限内重新作出具体行政行为：

①主要事实不清、证据不足的；

②适用依据错误的；

③违反法定程序的；

④超越或者滥用职权的；

⑤具体行政行为明显不当的。

另外，被申请人不按规定提出书面答复、提交当初作出具体行政行为的证据、依据和其他有关材料的，视为该具体行政行为没有证据、依据，应作出撤销该具体行政行为的决定。

（4）赔偿决定。申请人在申请行政复议时一并提出行政赔偿请求的，行政复议机关经审查，如认为符合国家赔偿法的有关规定应予赔偿的，应在作出撤销、变更具体行政行为或者确认具体行政行为违法时，同时决定被申请人依法给予赔偿。申请人在申请行政复议时没有提出行政赔偿请求的，行政复议机关在依法决定撤销或者变更罚款，撤销违法集资、没收财物、征收财物、摊派费用以及对财产的查封、扣押、冻结等具体行政行为时，应当同时责令被申请人返还财产，解除对财产的查封、扣押、冻结措施，或者赔偿相应的价款。

3. 对抽象行政行为的处理。根据《行政复议法》第26、27条的规定，申请人一并提出对作出具体行政行为的规定进行审查请求的，或者复议机关在审查过程中认为具体行政行为的依据不合法，如果复议机关对该规定有权处理的，应当在30日内依法处理，无权处理的，应当在7日内按照法定程序转送有权处理的行政机关依法处理，有权处理的行政机关应当在60日内依法处理。处理期间，中止对具体行政行为的审查。

第十六章　行政赔偿

第一节　行政赔偿概述

一、行政赔偿的概念和特征

（一）行政赔偿的概念

行政赔偿是指行政机关及其工作人员在行使行政职权过程中，违法侵犯公民、法人或者其他组织的合法权益造成损害的，由国家给予受害人赔偿的制度。

行政赔偿是行政机关对其侵权行为依法承担的一种行政法律责任，主要目的是补救国家给行政相对人因此受到的损失。依法行政不仅要求行政机关积极认真履行其行政职责，而且要求行政机关正确行使其行政权力。行政机关不履行其职责或不正确行使其行政权力，构成违法行政或者不正确行政，就要承担相应的法律责任。行政赔偿就是行政机关及其工作人员在行使行政职权时行为违法，造成公民、法人或者其他组织合法权益受到损害，由国家承担赔偿责任的一种责任形式。

行政赔偿是一种国家赔偿，行政机关及其工作人员行使行政职权的活动是代表国家进行的，从根本上说是一种国家职权活动，其后果应由国家来承担，行政赔偿费用来源于国家财政。行政赔偿义务主体是法律规定的行政赔偿义务机关。国家是一个抽象的主体，行政赔偿责任要由具体的行政主体履行。《国家赔偿法》第 7 条规定："行政机关及其工作人员行使行政职权侵犯公民、法人和其他组织的合法权益造成损害的，该行政机关为赔偿义务机关。"由此可见，具体履行国家赔偿责任的主体是行政赔偿义务机关。

（二）行政赔偿的特征

行政赔偿具有如下特征：

1. 行政赔偿以公民、法人或者其他组织的合法权益遭受损害为前提。这里的损害包括人身权和财产权等方面的损害。损害必须是已经造成的、现实一定发生的，而不是想象的或者间接的。例如，公安机关非法拘留某公民，该公民因非法拘留而遭受的人身自由权和正常收入减少的损害即是直接的、现实的损失，国家只赔偿这一部分的损失。

2. 行政赔偿是国家对行政机关及其工作人员的违法行为造成公民、法人或者其他组织的合法权益损害而承担的赔偿责任。造成损害的行为必须是行政机关及其工作人员的行政违法行为，行政机关及其工作人员是实施损害行为的主体，这是行政赔偿、行政补偿与司法赔偿的根本区别所在。

3. 行政赔偿针对的损害是由行政机关及其工作人员行使行政职权时造成的。所谓"行使行政职权时"是指"行使行政职权的过程中"或者"在管理过程中"。行政机关及其工作人员在行使行政职权时进行的行为与行政管理具有密切的联系，无论是否符合行政管理的目的或者法定的目的，都应当认定为"行使行政职权时"的行为，国家对此负责。但是，如果行政机关及其工作人员并未行使行政职权，其非法侵害行为只能视为其个人的行为。例如，某公务员在上班时擅自离岗外出办私事过程中打伤人而引起的赔偿，只能视为其个人的违法行为，由其个人承担赔偿责任。总之行使行政职权"时"或者"过程中"是界定行政侵权行为的标准之一。

4. 行政赔偿的范围由国家法律规定。行政赔偿是一种法律责任，只有法律明确规定的，国家才能够承担。行政机关及其工作人员的行政违法行为给公民、法人或者其他组织造成损害的形式多种多样，对于这些损害的损失多少，国家是否赔偿，赔偿多少，均由法律明确规定。

二、行政赔偿的归责原则

《国家赔偿法》第2条规定："国家机关和国家机关工作人员违法行使职权侵犯公民、法人和其他组织的合法权益造成损害的，受害人有依照本法取得国家赔偿的权利，国家机关应当依照本法承担赔偿责任。"根据该条规定，我国国家行政赔偿的归责原则为违法原则。

什么是违法?《国家赔偿法》未作解释，理论界对此认识不一。有的学者认为，违法不仅包括程序上的违法，而且包括实体上的违法；不仅包括形式上的违法，而且包括实质上的违法。具体指没有事实根据或法律根据、适用法律或法规错误、违反法定程序、超越职权、滥用职权以及拒不执行法定职责等情况。还有的学者认为，违法应指广义上的违法，除上述情形外，还包括具体行政行为不当。

但是，按照《行政诉讼法》第54条规定的精神，违法应指违反严格意义上的法律。这里的法律包括宪法、法律、行政法规与规章、地方性法规与规章以及其他规范性文件和我国承认或参加的国际公约、条约等。违法的种类可以是适用法律法规错误、违反法定程序、超越职权、滥用职权、不履行或拖延履行法定职责等。违法形式可以是作为，也可以是不作为，但不作为必须以存在法定作为义务为前提。

另外，根据《行政诉讼法》第54条第4项和第67、68条规定，行政机关及其工作人员因行政处罚显失公正而致损害者，受害人有权请求赔偿。也就是说，行政机关在行使行政处罚权明显不当时所负的侵权责任是违法原则适用的例外。

三、行政赔偿的构成要件

（一）行政赔偿构成要件的概念

行政赔偿的构成要件，是指法律规定的、决定某一行为构成行政赔偿所必需的一系列要素的总和。

（二）行政赔偿构成要件的内容

根据《国家赔偿法》第2条的规定，国家承担行政赔偿责任的构成要件包括职务行为主体、职务行为违法、损害事实与因果关系四个部分。

1. 职务行为主体。行政赔偿的职务行为主体包括：行政机关及其工作人员，法律、法规授权的组织。

2. 职务行为违法。职务行为违法是国家行政赔偿责任中最根本的构成要件。所谓职务行为违法，是指执行行政职务行为违法。这里的"违法"是指违反规定行政主体执行行政职务的有关法律；"执行行政职务"是指行使行政职权"时"或者"过程中"。

3. 损害事实。确立国家赔偿责任的目的在于对受害人进行赔偿，因此，损害事实的发生是国家赔偿责任产生的前提条件。由于我国国家赔偿制度尚属初创，还需要不断摸索与完善，加之国家财政紧张，因此，《国家赔偿法》暂将损害确定为人身权与财产权的损害。

但是，值得注意的是，这里损害事实必须是已经造成的、现实一定发生的损害，它不包括精神损害和间接损害。

4. 因果关系。因果关系指行政职务行为违法与公民、法人或者其他组织合法权益的损害事实之间存在直接联系。因果关系是联结责任主体与损害的纽带，是责任主体对损害承担法律责任的基础与前提，如果缺少这种因果关系，那么行为人就没有义务对损害事实负责。

第二节 行政赔偿的范围

行政赔偿的范围是指国家对行政机关及其工作人员行使行政职权时给公民、法人或者其他组织合法权益造成损害承担赔偿责任的范围，即国家对行政机关及其工作人员的哪些行为承担赔偿责任。行政机关及其工作人员违法行使行政职权时有侵犯公民、法人或者其他组织人身权、财产权行为并造成损害的，国家承担赔偿责任。

一、侵犯人身权的违法行政行为

人身权包括人身自由权、人格权和身份权。人格权包括生命健康权、姓名权、肖像权、名誉权；身份权包括荣誉权和婚姻自主权。根据《国家赔偿法》第3条的规定，行政机关及其工作人员在行使行政职权时有下列侵犯人身权情形之一的，受害人有取得赔偿的权利。

1. 违法拘留或者违法采取限制公民人身自由的行政强制措施。这主要表现为两方面：

（1）违法拘留。这里所说的拘留是行政拘留，而不是司法拘留，指依法拥有拘留权的行政机关作出违法的行政拘留决定并且已执行，从而侵犯了公民的合法权益。行政拘留是一种行政处罚。《国家赔偿法》第3条第1项规定的"拘留"是指作为行政处罚的行政拘留。《行政处罚法》第16条规定："国务院或者经国务院授权的省、自治区、直辖市人民政府可以决定一个行政机关行使有关行政机关的行政处罚权，但限制人身自由的行政处罚权只能由公安机关行使。"违法拘留的表现形式有：一是主体违法，例如，公安派出所直接行使拘留权，即构成主体违法。二是程序违法，就是公安机关没有按照法定程序作出行政拘留决定。公安机关在行使行政拘留权时违反法定程序无论是否导致实体违法，国家均应承担行政赔偿责任。三是拘留决定的内容违法，即公安机关作出行政拘留决定所依据的事实不清或者认定事实错误，或适用法律错误。四是执行违法，指公安机关执行拘留的实际期限超过了拘留决定所确定的日期。

（2）违法采取限制人身自由的行政强制措施。行政强制措施是指行政机关为了查明案件情况或有效控制违法状态，依法对有关的人身或财物进行暂时性控制的强制性措施（可以分为行政强制预防措施、行政强制制止措施和行政强制执行措施）。对人身自由的强制措施主要包括：扣留、强制传唤、强制约束等。行政强制措施若存在认定事实错误、适用法律错误、违反法定程序或执行中违法，由此给公民、法人或者其他组织的人身权造成损害或者死亡的，国家应当承担赔偿责任。

2. 非法拘禁或者以其他方法非法剥夺公民人身自由。此种情形是指拘留和行政强制措施之外的其他非法限制或剥夺公民人身自由的行为，即行政机关及其工作人员不享有拘留权或者剥夺公民人身自由的行政强制措施的实施权限，而剥夺公民人身自由，构成“非法拘禁”行为。

3. 以殴打等暴力行为或者唆使他人以殴打等暴力行为造成公民身体伤害或者死亡。

4. 违法使用武器、警械造成公民身体伤害或者死亡。监狱、公安机关的干警可以佩带武器、警械。《人民警察使用警械和武器条例》对可以使用警械、武器的情况作了具体规定，违反这些规定使用警械、武器，造成公民身体损害或者死亡的，国家应当承担赔偿责任。

造成公民身体损害或者死亡的其他违法行为，是指上述四种情形之外行政机关及其工作人员造成公民身体损害的行为。例如，经公民、法人或者其他组织申请，行政机关应履行保护人身权的法定责任，能够履行而不履行，造成公民身体伤害或者残废的；又如监狱干警进行刑讯逼供、打骂体罚等。

二、侵犯财产权的违法行政行为

财产权包括所有权、继承权、土地使用权、承包经营权、经营自主权、租赁权、抵押权、继承权、商标权和著作权等。

根据《国家赔偿法》第 4 条的规定，行政机关及其工作人员在行使职权时有下列侵犯财产权情形之一的，国家应当承担赔偿责任：①违法实施罚款、吊销许可证和执照、责令停产停业、没收财产等行政处罚；②违法对财产采取查封、扣押、冻结等行政强制措施；③违反国家规定征收财物、摊派费用；④造成财产损失的其他违法行为。

三、国家不承担赔偿责任的情形

根据《国家赔偿法》第 5 条的规定，符合下列情形之一的，国家不承担赔偿责任：

1. 行政机关工作人员与行使行政职权无关的行为。国家承担赔偿责任仅限于行政机关工作人员在行使行政职权时侵犯公民、法人或者其他组织合法权益的情形。行使行政职权的行为本身、为行使行政职权所必要的行为、有助于行使行政职权的行为，以及在客观上足以使公民、法人或者其他组织认为是与行使职权有关的行为，均属于“行使行政职权”行为。行政机关工作人员从事上述行为以外的行为，与行政职权或者行政管理没有密切的联系，是与行政职权无关的行为。例如，行政机关工作人员在工作之余与邻居发生纠纷殴人致伤的行为。对此，《国家赔偿法》第2条规定："国家机关和国家机关工作人员违法行使职权侵犯公民、法人或者其他组织合法权益造成损害的，受害人有依照本法取得国家赔偿的权利。"

2. 因公民、法人或者其他组织自己的行为致使损害发生。公民、法人或者其他组织自己的行为所造成的损害，公民、法人或者其他组织具有过错，不具备行政赔偿责任的构成要件，国家当然不负赔偿责任。如果损害发生的原因既有公民、法人和其他组织的行为，也有行政机关或其工作人员违法行使职权的行为，国家应当承担相应的赔偿责任。例如，行政机关或其工作人员违法行使职权的行为发生后，受害人有能力采取措施而不采取，导致损害结果的扩大。对于扩大的损害，国家不承担赔偿责任。

3. 法律规定国家不承担赔偿责任的其他情形。这里的"法律"仅仅是指全国人民代表大会制定的法律。法律规定国家不承担赔偿责任的其他情形，主要是指以下几种情形：

①国防、外交等国家行为。

②行政法规、规章或者行政机关制定、发布的具有普遍约束力的决定、命令。

③行政机关对行政机关工作人员的奖惩、任免等决定。

④不可抗力、正当防卫等情形。

第三节 行政赔偿请求人

行政赔偿请求人是指因合法权益受到行政机关及其工作人员违法行使行政职权行为的侵害，有权向有关行政机关请求赔偿的公民、法人和其他组织，即依法享有行政赔偿请求权的人。行政赔偿请求人是自己的合法权益受到行政机关及其工作人员违法行使职权行为的侵犯，因而以自己的名义请求赔偿的公民、法人或者其他组织。

一、行政赔偿请求人的资格

《国家赔偿法》第6条第1款规定："受害的公民、法人和其他组织有权要求赔偿。"据此，在我国，合法权益受到行政机关及其工作人员违法行政行为侵害的公民、法人和其他组织具有行政赔偿请求人的资格。

二、行政赔偿请求人的范围

行政赔偿请求人的范围，即指请求国家行政赔偿的人包括哪些人。根据《国家赔偿法》规定，我国行政赔偿请求人包括以下三类：

1. 自然人（公民）。自然人是指基于自然出生而成为法律关系主体的人。自然人除包括我国公民和外国公民以外，还包括无国籍人。对于我国公民为行政赔偿请求人，《国家赔偿法》规定：受害的公民合法权益受行政机关及其工作人员侵害时，公民本人有权作为行政赔偿请求人。当受害的公民本人是无民事行为能力人或限制民事行为能力人时，其法定代理人或监护人可以代为行使请求权。

2. 法人。法人是指具有民事权利能力和民事行为能力，依法独立享有民事权利和承担民事义务的组织。在我国，法人包括：企业法人、机关法人、事业法人、团体法人。因国家行政机关及其工作人员违法行使职权而受到侵害的企业、机关、事业及团体法人，在赔偿范围内有权作为行政赔偿请求人。

3. 其他组织。其他组织指不符合法人条件或不具有法人资格的其他组织。这类组织的合法权益如果受到行政机关及其工作人员违法行使职权的侵害，也有权依照法律成为行政赔偿请求人。

此外，根据《国家赔偿法》第 33 条规定："外国人、外国企业和组织在中华人民共和国领域内请求中华人民共和国国家赔偿的，适用本法。"可见，外国人、外国企业和组织也可以成为我国行政赔偿请求人。

三、行政赔偿请求人资格的转移

行政赔偿请求人资格的转移指行政赔偿请求人因出现法定情形而无法行使行政赔偿请求权，依法由相关人行使请求权的法律制度。根据《国家赔偿法》第 6 条第 2、3 款的规定，行政赔偿请求人资格的转移包括下列情形：

1. 受害的公民死亡，其继承人和其他有抚养关系的亲属有权要求赔偿。

2. 受害的法人或者其他组织终止，承受其权利的法人或者其他组织有权要求赔偿。

第四节 行政赔偿义务机关

一、行政赔偿义务机关的概念

行政赔偿责任是国家责任，但国家是抽象的政治实体，其责任的承担必须通过具体的国家机关才能实现。行政赔偿义务机关，就是按照法律规定承担国家赔偿责任的行政机关，它也是行政赔偿诉讼的被告。

二、行政赔偿义务机关的种类

根据《国家赔偿法》第7、8条的规定，我国行政赔偿义务机关包括以下几类：

（一）实施侵害行为的行政机关

实施侵害行为的行政机关包括两种情况：

1. 行政机关违法行使行政职权侵犯公民、法人和其他组织的合法权益造成损害的，该行政机关为行政赔偿义务机关。在此情况下，违法行使职权的行为是以该行政机关的名义作出，作出该行为的工作人员完全是为了执行命令或决定，如某行政机关违法作出摊派费用的决定，由其工作人员执行。该项违法行为属该行政机关违法行使职权，而非执行人员违法行使职权。

2. 行政机关的工作人员违法行使职权侵犯公民、法人和其他组织的合法权益造成损害的，该工作人员所在的行政机关为赔偿义务机关。这种情况是指，违法侵害行为完全是由该工作人员在行使职权时自行决定的行为，该行为不是根据行政机关的明确命令或决定而作出，但也不是与行使职权无关的个人行为。如某公安人员在抓获一盗窃犯时，在对方没有任何反抗或逃脱危险的情况下，使用警械使该犯致残，此种侵害行为属工作人员违法行使行政职权的行为，该公安人员所在的公安机关为赔偿义务机关。

工作人员所在的行政机关，指工作人员实施侵害时，其职权所属的行政机关，而不一定是该工作人员所属的行政机关，如赵某是县政府办公室的安全保卫干部，被借调到县公安局，在借调期间的一次执行任务中，违法剥夺某人的人身自由。在这里，县政府办公室是赵某的所属机关，县公安局是赵某所在单位，县公安机关即为行政赔偿义务机关。

（二）法律、法规授权的组织

法律、法规授权的组织及其工作人员在行使法律、法规授予的行政权时，侵犯公民、法人和其他组织的合法权益造成损害的，被授权的组织为行政赔偿义务机关。作为行政赔偿义务机关的此类组织须具备以下条件：

1. 有法律、法规所明确授予的行政权。法律指全国人民代表大会及其常委会所通过的各类立法及具有法律效力的规范性文件，如决定、决议等。法规指行政法规和地方法规。在我国，法规制定权的机关为国务院、省级（包括省、自治区、直辖市）人民代表大会及其常委会以及省、自治区人民政府所在地的市和经国务院批准的较大的市的人民代表大会及其常委会。

2. 在行使被授予的行政权时侵犯公民、法人和其他组织的合法权益并造成损害。值得注意的是，该组织在行使其固有职权或所授予的非行政权时侵犯公民、法人和其他组织的合法权益造成损害，该组织不能成为行政赔偿义务机关，因为法律、法规授权的组织只有在行使被授予的行政权时侵犯公民、法人和其他组织的合法权益造成损害才会发生行政赔偿的问题。

（三）委托机关

受行政机关委托的组织或个人在行使受委托的行政权时侵犯公民、法人和其他组织合法权益造成损害的，委托的行政机关为赔偿义务机关。

（四）行政复议机关

行政复议是指行政管理相对人对行政机关的具体行政行为不服而要求行政机关进行审查并作出裁决的制度。受理复议申请，依法对具体行政行为进行审查并作出裁决的行政机关即行政复议机关。

被复议的行政行为侵害了公民、法人和其他组织的合法权益造成损害，并由复议机关的复议决定加重了损害的情况下，复议机关才能成为行政赔偿义务机关，且仅对加重的损害部分承担赔偿责任。对于由最初作出具体行政行为的行政机关所造成的损害，该最初作出具体行政行为的行政机关为赔偿义务机关。

（五）上述赔偿义务机关被撤销后的赔偿义务机关

上述赔偿义务机关被撤销的，继续行使其职权的行政机关为赔偿义务机关；没有继续行使其职权的行政机关，撤销该赔偿义务机关的行政机关为赔偿义务机关。在此情况下，可能有两类行政机关作为赔偿义务机关。

1. 继续行使被撤销的赔偿义务机关职权的行政机关。这种情况常见于机构改革中的机关合并。机关合并后，原机关被撤销，其职权由合并后新成立的机关继续行使。若合并前的机关为行政赔偿义务机关，则合并后新成立的机关为该行政赔偿的赔偿义务机关。

2. 决定撤销该赔偿义务机关的行政机关。只有当没有继续行使被撤销的赔偿义务机关职权的行政机关时，决定撤销该赔偿义务机关的行政机关才能作为行政赔偿义务机关，这样才不会出现行政赔偿义务机关重叠的现象。

第五节 行政赔偿程序

行政赔偿程序指行政机关进行行政赔偿所遵循的步骤、方式、顺序和时间等规则。《国家赔偿法》第 9 条规定："赔偿义务机关对依法确认有本法第 3 条、第 4 条规定的情形之一的，应给予赔偿。赔偿请求人要求赔偿应当先向赔偿义务机关提出，也可以在申请行政复议和提起行政诉讼时一并提出。"可见，公民、法人或其他组织可以单独请求行政赔偿，也可以在申请行政复议和行政诉讼时一并提起。

一、单独提出赔偿请求的程序

单独提起的行政赔偿程序由两个程序组成：行政赔偿义务机关处理前置程序和赔偿诉讼程序，即赔偿请求人向人民法院提起赔偿诉讼以前，应当首先向赔偿义务机关提出书面请求，由行政赔偿义务机关先行处理或者主动处理，如果行政赔偿义务机关逾期不予赔偿或者赔偿请求人对赔偿数额有异议的，赔偿请求人可以自期间届满之日起 3 个月内向人民法院提起诉讼，适用行政诉讼程序。

存在共同赔偿义务机关的，赔偿请求人可以向共同赔偿义务机关中的任何一个要求赔偿，该赔偿义务机关应当先予赔偿。行政赔偿程序因赔偿请求人的申请而发生的，赔偿请求人应当向赔偿义务机关递交申请书，赔偿请求人根据受到的不同损害，可以在申请书内同时提出数项赔偿要求。根据《国家赔偿法》第 12 条规定，申请书应当载明下列事项：①受害人姓名、性别、年龄、工作单位和住所，法人或者其他组织的名称、住所和法定代表人或者主要负责人的姓名、职务；②具体的要求、事实根据和理由；③申请的年、月、日。赔偿请求人书写申请书确实有困难的，可以委托他人代书，也可以口头申请，由赔偿义务机关记入笔录。申请人还应该提供有关的附件，主要有行政复议机关关于撤销具体行政行为的决定，法院的判决书等文件。申请人还应该提供证据，如医疗证明等。

赔偿义务机关处理赔偿问题的基本步骤是：

1. 提出赔偿方案，内容包括赔偿方式、赔偿金额、计算金额的依据和理由等。

2. 给予赔偿。赔偿请求人同意赔偿义务机关的处理意见的，赔偿义务机关应当给予赔偿。期间为自赔偿义务机关收到申请书之日起 2 个月内。

3. 提出异议。赔偿请求人对赔偿义务机关的赔偿数额有异议的，以及赔偿义务机关对赔偿申请逾期不予答复或者逾期不履行经赔偿请求人同意的赔偿方案的，自2个月期间届满之日起3个月内，赔偿请求人可以向人民法院提起行政赔偿诉讼。

二、一并提出赔偿请求的程序

行政赔偿请求人在行政复议中提出赔偿请求的，由行政复议机关按照行政复议程序解决赔偿问题；在行政诉讼中提出赔偿请求的，适用行政诉讼程序解决赔偿问题。

第六节 行政赔偿的方式与计算标准

一、行政赔偿的方式

行政赔偿方式是指行政赔偿义务机关承担赔偿责任的形式。《国家赔偿法》第25条规定："国家赔偿以支付赔偿金为主要方式；能够返还财产或者恢复原状的，予以返还财产或者恢复原状。"据此，我国行政赔偿的方式有返还财产、恢复原状和赔偿损失三种。

根据《国家赔偿法》第25、28条规定，对行政赔偿方式是不能任意进行选择的，而应当遵循一定的顺序规则进行选择。对于侵害人身权的赔偿方式只有支付赔偿金一种方式，不存在适用顺序问题。在侵害财产权的行政赔偿方式上应遵循下列顺序适用：能够返还原物的返还原物；应当返还的原物受到损坏，如当事人申请则考虑恢复原状，如当事人未申请则行政机关可在合法、合理的范围内酌定；如果应当返还的原物未受到根本性损坏，但又不能恢复原状的，应当适用返还原物及支付赔偿金；如果应当返还的原物受到根本性的损坏无法恢复原状的，或者该物已经彻底损毁或灭失，应当适用赔偿损失。

二、行政赔偿的计算标准

（一）侵犯人身自由的赔偿标准

《国家赔偿法》第26条规定："侵犯公民人身自由的，每日的赔偿金应按照国家上年度职工日平均工资计算。"《最高人民法院关于贯彻执行〈中华人民共和国国家赔偿法〉几个问题的解释》第6条规定，"上年度"应当指赔偿义务机关的复议机关作出赔偿决定时的上年度，复议机关维持原赔偿决定的，按作出原赔偿决定时的上年度执行。国家上年度职工的日平均工资数额，应当以职工平均工资除以全年法定工作日数的方法计算。年平均工资以国家统计局公布的数字为准。

（二）侵犯生命健康的赔偿标准

根据《国家赔偿法》第 27 条规定，行政机关违法行政侵犯生命健康权的，赔偿金按下列标准计算：

1. 造成身体伤害的，应当支付医疗费以及赔偿因误工减少的收入。减少的收入每日的赔偿金应按照国家上年度职工日平均工资计算，最高额为国家上年度职工年平均工资的 5 倍。

2. 造成部分或者全部丧失劳动能力的，应当支付医疗费、残疾赔偿金。残疾赔偿金根据丧失劳动能力的程度确定，部分丧失劳动能力的，最高额为国家上年度职工平均工资的 10 倍；全部丧失劳动能力的，最高额为国家上年度职工平均工资的 20 倍。造成全部丧失劳动能力的，对其抚养的无劳动能力的人，还应当支付生活费。

3. 造成公民死亡的，应当支付死亡赔偿金、丧葬费，总额为国家上年度职工年平均工资的 20 倍。对死者生前抚养的无劳动能力的人，还应当支付生活费，其标准参照当地民政部门有关生活救济规定办理。被抚养的是未成年人，生活费给付至 18 周岁止；其他无劳动能力的人，生活费给付至死亡时止。

（三）侵犯财产权的赔偿标准

侵犯公民、法人和其他组织的财产权造成损害的，以赔偿直接损失为原则，具体标准是：

1. 处罚款、罚金、追缴、没收财产或者违反国家规定征收财物、摊派费用的，返还财产。

2. 查封、扣押、冻结财产的，解除对财产的查封、扣押、冻结，造成财产损害或者灭失的，给付相应的赔偿金。

3. 应当返还的财产损坏的，能够恢复原状的恢复原状，不能恢复原状的，按照损坏程度给付相应的赔偿金。

4. 应当返还的财产灭失的，给付相应的赔偿金。

5. 财产已经拍卖的，给付拍卖所得的价款。

6. 吊销许可证和执照、责令停产停业的，赔偿停产停业期间必要的经常性费用开支。

7. 对财产权造成其他损害的，按照直接损失给予赔偿。

三、赔偿费用和赔偿时效

国家赔偿费用列入各级人民政府的年度预算，用于支付本级人民政府和下属职能部门的赔偿费用。赔偿请求人提出赔偿请求的时效为两年，自行政机关及其工作人员行使职权的行为被依法确定为违法之日起算，但受害人被羁押的时间不计算在内；在赔偿请求时效的最后6个月，赔偿请求人因不可抗力或者其他障碍不能行使赔偿请求权的，时效中止，障碍消除后，赔偿时效继续计算。

第七节 行政追偿

一、行政追偿的概念

行政追偿是指行政赔偿义务机关履行赔偿义务之后，依法责令其有故意或重大过失的工作人员，受委托的组织或个人承担部分或全部赔偿费用的法律制度。行政追偿制度是国家赔偿制度发展完善的重要体现，它产生于20世纪50年代以后。行政追偿制度是国家赔偿制度中一个重要的、特殊的制度，它可以使受害人利益、公务员利益、国家利益得到平衡。

目前，世界各国国家赔偿法确定的行政追偿制度中的追偿形式有两种：一种为公务员先向受害人赔偿损失，然后请求国家予以补偿，即“先赔后补”形式；另一种为国家先向受害人赔偿，然后再责令致害公务员支付赔偿费用，即“先赔后追”的形式。《国家赔偿法》中确定的行政追偿制度虽属“先赔后追”形式，但是根据《国家赔偿法》和《行政诉讼法》的规定，我国行政追偿制度具有自己的特点：

1. 我国行政追偿的产生及行使以行政赔偿请求人向行政赔偿义务主体提出行政赔偿请求为前提条件。

2. 行政追偿的时间必定在行政赔偿义务主体对行政侵权受害人的损害赔偿之后。

3. 行政赔偿义务主体只能对有过错的责任人员追偿，这里的“过错”只限于“有主观故意或重大过失”。

4. 国家有权向行政赔偿义务机关追偿，这是其他国家所没有的规定。

5. 对于国家已经支付的赔偿费用，可以是部分追偿，也可以是全部追偿。追偿数额的多少，要根据国家机关和国家机关工作人员过错大小、造成损害程度和国家机关工作人员的收入等情况决定。

二、行政追偿的性质

行政追偿制度的实质，就是行政机关代表国家对有故意或重大过失行政工作人员及受委托组织和个人的追偿权。关于追偿权的性质，理论界有两种观点：一种是代位责任说，即公务人员对其违法行使职权所造成的损害应负有赔偿责任，国家赔偿义务机关如果代其支付损害赔偿费时，可以向原实施加害行为的公务人员请求偿还；另一种是自己责任说，即公务人员不法侵害相对人的合法权益，即违反他对国家的职务上的义务，本应自负其责，国家依理应向公务人员追偿。我们认为，行政追偿权产生独立的追偿责任，这种责任的基础是国家与被追偿人之间的特别权力关系。追偿责任依赖于国家赔偿责任而存在，是公务人员的个人责任，这种责任在法律上不具备民事责任的性质，也不是行政处分，它是一种独立的责任。如果属于民事责任的范畴，国家应当毫无例外地对所有侵害公正权益的公务人员享有追偿权，而事实上，对绝大多数侵害公正权益的公务人员，国家是不追偿的，不追偿是原则，追偿是例外；追偿的数额是部分或全部，如果是民事责任范畴，则应追偿全部费用。同样，追偿责任也不是行政处分。追偿责任不归属于其他法律责任形式，也正因如此，追偿制度成为法律上一项独立的制度。

三、行政追偿的构成要件

根据《国家赔偿法》和《行政诉讼法》的规定，行政追偿的追偿对象有两种：一种为追偿有故意或重大过失的行政机关工作人员，另一种为追偿有责任的行政机关。追偿对象的不同决定了构成要件的不同。

（一）对于有故意或者重大过失的行政机关工作人员的追偿要件

国家行政机关行使追偿权必须满足一定的条件，这在许多国家法律中都有类似的规定。根据《国家赔偿法》和《行政诉讼法》的规定，行政机关行使追偿权的要件为：

1. 赔偿义务机关已经向受损失的公民、法人和其他组织支付了赔偿金或返还了财产或恢复了原状。在赔偿义务机关向受害人赔偿之前，追偿权是不存在的。赔偿义务机关的赔偿可以基于人民法院的判决或调解，也可以根据行政赔偿协议程序的协议书。无论何种根据，在赔偿之后，均有追偿权。

2. 受害人的损害必须是由该机关工作人员在执行职务中造成的：该机关工作人员的行为是执行职务的行为；该机关工作人员执行职务的行为与损害事实具有因果关系。

3. 行政机关工作人员及受委托的组织和个人对加害行为有故意或重大过失。在侵权责任法学理论上，通常把加害人的过错分为三级：一是故意（称一级过错），指加害人实施加害行为时，主观上认识到自己的行为违法并可能造成相对人合法权益的损害，却仍然希望或放任这种结果发生的主观态度；二是重大过失（称为二级过错），即行政人员或受委托之人，不但没有注意到其身份或职务上的要求，而且未能预见和避免普通人均能预见或避免的主观状态；三是一般过失（称为三级过错），即行政人员或受委托之人欠缺其职务要求的注意，或者欠缺普通人通常应有的注意。作为国家赔偿制度中的追偿要件，只限于故意或重大过失两种过错。

（二）对于有责任的行政赔偿义务机关的追偿要件

《行政诉讼法》第69条规定："赔偿费用，从各级财政列支。各级人民政府可以责令有责任的行政机关支付部分或者全部赔偿费用。"显然，这一规定说明追偿的构成要件为：

1. 政府通过各级财政部门已向受害人支付了赔偿金。

2. 只有"有责任的行政机关"才有此义务，即无责任的行政机关不必以自己的行政经费或预算外资金支付赔偿费用。

四、行政追偿的金额

赔偿义务机关有权责令有故意或重大过失的工作人员或者受委托的组织或个人承担部分或全部费用。但在什么条件下部分追偿？又在何种情况下全部追偿？法律并未作明确规定。就世界上通行的做法来看，赔偿机关在行使追偿权，确定追偿金额时，一般都遵循下列原则：

1. 追偿金额的范围以赔偿义务机关支付的损害赔偿金额（包括赔偿金和恢复原状、返还财产所需费用）为限，在行政赔偿案件处理过程中，赔偿义务机关所支付的办案经费、诉讼费用等应从行政机关的行政经费中支付，不宜列入追偿范围；如果请求权人放弃部分请求权，而赔偿义务机关也减少给付的，减少的部分不能追偿；如果请求权人放弃全部请求权，而赔偿义务机关全部未给付的，不能追偿。

2. 如果赔偿义务机关因为自己的过错而支付了过多的赔偿金时，对超额部分无权追偿。

3. 追偿金额的大小，要与过错程度相适应，同时考虑被追偿者的薪金收入。一般来说，过错重的多赔、过错轻的少赔是合乎公理的，也符合建立追偿制度的立旨。在此原则下，追偿金的具体数额就与被追偿者的薪金相适应，应允许分期支付追偿金，并酌情考虑被追偿者的家庭生活费用。而且，追偿金的执行只能涉及行政工作人员及其委托之人的薪金和津贴，不能涉及其他个人财产和其家庭财产。

4. 追偿金额的确定应与被追偿者相协商，协商不成的，行政机关有权作出处理决定；同时，经被追偿人申请，可酌情减免追偿之责。

第十七章　监督行政

第一节　监督行政概述

一、监督行政的概念

监督行政，又称为行政法制监督，是指具有法律规定的监督权限的主体，依照法律规定，对行政机关的行政行为或者行政机关工作人员的职务行为进行监察、督促和检查纠正。其核心内容是依法监督行政机关和行政机关工作人员是否严格依法行使职权。监督行政包括行政系统内部监督和行政系统外部监督两种方式。

监督行政的主体比较广泛，既可以是行政系统外部的国家权力机关、国家司法机关以及社会团体、群众个人，也可以是行政系统内部的专门监督机关、上级行政机关。通过多种监督渠道，就可以使行政机关的管理活动置于社会监督之下，以促进行政机关及其工作人员依法行政，并在行政机关违法行政的情况下能够及时加以纠正。

监督行政的对象是行政主体及国家行政机关公务员。行政主体包括行政机关及法律、法规授权的组织，行政主体的行政行为往往需要通过其内部公务员的行为具体体现出来，所以行政机关公务员是监督行政的一个重要对象。

行政监督的主要内容是行政主体行使职权的行为和国家行政机关公务员遵纪守法的行为。监督行政的方式多种多样，既有行政机关内部的监察，也有相对人的申诉、控告、检举和揭发，同时还包括国家司法机关的审查处理等。

监督行政不同于行政监督检查，行政监督检查是指行政机关对行政相对人遵守行政法律、法规情况进行的强制性了解的具体行政行为。两者的区别主要表现在：

1. 监督的对象不同，行政监督检查的对象是作为行政相对人的一般的公民、法人和其他组织；监督行政的对象是行政主体及国家行政机关公务人员。

2. 行为的法律性质不一样，行政监督检查是行政机关的一种具体行政行为；监督行政既可能是行政行为，也可能是司法行为，或者其他行为。

3. 内容不同，行政监督检查的内容针对的是相对人的生产经营活动或者其他违反行政法律、法规的行为；监督行政的内容是行政主体的职权行为以及国家行政机关公务人员的遵纪守法行为。

二、监督行政的重要性

权力失去制衡必然导致腐败，而保证权力制衡的重要手段就是要建立完善的监督机制。只有将行政机关的管理活动置于社会监督之下，才能使行政机关行使管理职权时更加注意其社会影响，并在其发生违法或者不当时能得以及时的纠正。

监督行政的重要性首先体现为可以保障行政相对人的合法权益。因为行政机关的行政职权主要是针对行政相对人，所以其行为的后果直接影响到相对人的利益。如果加强了行政监督，必然使行政机关的行政行为受到社会各方面的监控，这样就可以使行政机关的行政行为不至于无所忌惮，促进其合法、合理地行使行政职权。

监督行政的重要性其次体现为可以更好地促进我们国家的社会主义法制建设，法制建设的内涵就是要使社会各方面的活动都能在法律的调控下进行，而完善的法律制度是保证法制建设的前提，行政机关作为社会的一个重要纽带机关，加强其相关的法律制度的建设当然有着重要的意义，作为行政法律制度中重要的一个环节，监督行政当然也就显得非常重要。

第二节　具体监督

一、行政系统的内部监督

行政系统的内部监督指的是上级行政机关对下级行政机关的行政监督以及行政机关内部专门的监察机关的行政监督。行政机关系统内部的监督具有直接、灵活、及时、有效的优点，具体来讲，行政系统的内部监督又可以分为一般行政监督与专门行政监督两类。

（一）一般行政监督

所谓一般行政监督，是指上级行政机关根据行政层级的隶属关系对下级行政机关的监督。国务院作为最高国家行政机关，有权对全国各级各类行政机关的行政行为进行监督；省、自治区、直辖市人民政府有权对本辖区内各级各类行政机关的行政行为进行监督；相应的市、县人民政府有权对本市或者本县的各级各类行政机关的行政行为进行监督；而乡级人民政府由于是最低一级的行政机关，本身不能设立工作部门，所以其只能接受上级行政机关的行政监督。

国务院各部委有权对本部门的下级行政机关的行政行为进行监督。所以，一般的政府工作部门受双重监督，即它要受到上级主管部门和本级所属政府的监督。

一般行政监督在实践中分为依职权的直接监督和依申请的间接监督两种方式。依职权的直接监督有以下几种方式：

1. 工作报告。下级行政机关必须定期或者不定期地向上级行政机关汇报工作，以使上级行政机关及时了解情况以保证正确的领导和监督。

2. 执行检查。执行检查是对下级行政机关的执行计划、决议、命令、任务的情况进行检查。检查可以采取全面检查和专项检查的形式。

3. 审查。审查是对某一行政决定、命令、预算、决算、财政收支计划、报表账册、单据等进行审阅核对，确定其是否合理合法。通常以事先审查为主，但也有事后审查的。

4. 专项调查。专项调查是上级行政机关对下级行政机关发生的较为重大、复杂的违法乱纪问题组织专案调查。依申请的间接监督指行政复议，即相对人不服行政机关行政行为依法向复议机关提起复议申请，由复议机关通过审查被申请复议的行政机关的行政行为的合法性、合理性而对行政机关进行的监督。

（二）专门行政监督

专门行政监督是指由行政系统内部设立的专门行使监督权的行政机关或者行政机构进行的监督。具体来讲根据监督的性质不同分为审计监督和行政监察两种。

1. 审计监督。审计监督是指国家审计机关对国务院各部门和地方各级政府的财政收支，对国家的财政金融机构和企事业组织的财务收支通过核查、审计等方式进行的监督。根据宪法和审计条例的规定，国务院设立审计署，属于中央政府的组成部分，在国务院的直接领导下开展工作，审计署在全国各省、自治区、直辖市设立派出机构，即审计署驻各地特派办；地方各级行政机关设立审计机关，属于地方行政机关的一部分，受上级审计机关和地方政府的双重领导。审计机关对国务院各部门、地方各级政府各部门、下级人民政府、国家金融机构、全民所有制企业事业单位以及其他国有资产单位的财政、财务收支的真实、合法、效益进行审计监督。通过审计，借以达到检查错误、揭示弊端、改善管理、提高效益的目的，提高国家经济管理的效益和水平。同时通过追究有关人员的行政责任、刑事责任来达到对行政机关监督的目的。

2. 行政监察。行政监察是指在行政系统内设置的专司监察职能的监察机关，对行政机关及其工作人员在行使行政职权时是否有故意或者过失的行政违法行为，并因此必须承担何种行政责任进行监督、检查、纠举、惩戒的活动。我国于1997年5月9日颁布了《中华人民共和国行政监察法》，对监察机关如何行使监察职权、监察的对象、监察的方式和方法等问题作出了明确的规定。依据行政监察法，监察机关的主要职责是：

（1）监督检查国家行政机关及其工作人员和国家行政机关任命的其他人员贯彻执行国家法律、法规和政策、决定、命令的情况。

（2）受理对上述监察对象违反国家法律、法规以及违反政纪行为的检举、控告。

（3）调查处理上述监察对象违反国家法律、法规以及违反政纪的行为。

（4）受理上述监察对象不服行政处分的申诉，以及法律、法规规定的其他由监察机关受理的申诉。

行政监察是行政系统内部监督的一种主要方式，随着行政监察法的不断完善，监察机关应在新的形势下发挥其更大的作用。

二、行政系统的外部监督

行政系统的外部监督是指由行政系统以外的各级国家机关的监督以及社会团体、人民群众、新闻媒体等进行的监督。监督行政的外部主体包括国家权力机关、国家检察机关、国家审判机关、各种社会团体、社会舆论以及公民个人。

（一）国家权力机关的监督

国家权力机关指全国人民代表大会和地方各级人民代表大会。《宪法》第3条规定：“中华人民共和国的国家机构实行民主集中制的原则。……国家行政机关、审判机关、检察机关都由人民代表大会产生，对它负责，受它监督。”权力机关在国家机构中处于最高的地位，所以行政机关必然要受到权力机关的监督，权力机关的监督可以分为法律监督、工作监督和对工作人员的个体监督三类。法律监督主要指国家权力机关监督和保证宪法、法律的实施；审查和撤销行政机关制定颁布的同宪法、法律、法规相抵触的规范性文件；检查纠正行政机关的违宪、违法活动。工作监督主要指权力机关审查、批准国民经济的社会发展计划；审议政府工作报告，审查其是否符合国家政策和权力机关决议的要求，是否代表人民群众的根本利益和意志，是否符合社会发展需要。对行政机关工作人员的个体监督主要指调查、检查权力机关选举、任命的公务员是否有以权谋私、玩忽职守、徇私舞弊、严重官僚主义等违法、犯罪行为，以及是否胜任本职工作。对于确有违法、犯罪行为的人员和不称职人员，按法律规定责成有关部门依法处理。

国家权力机关对行政机关及其工作人员的监督主要采取以下几种方式：

1. 审议和批准政府议案。
2. 审查和批准政府工作报告。
3. 审查和批准政府编制的国民经济和社会发展计划以及执行计划的报告。
4. 审查和批准政府的预算和决算。
5. 撤销政府作出的不适当的或者违法的行政行为。
6. 人事监督。
7. 组织人民代表对政府工作进行视察和检查。
8. 质询和询问。
9. 组织关于特定问题的调查委员会。
10. 受理人民群众的申诉和控告。

（二）国家检察机关的监督

检察机关是国家专门的法律监督机关。各级检察机关享有对政府及其工作人员进行监督的权力。检察机关对行政机关及其工作人员的监督主要有两大类：

1. 在刑事案件中对行政机关及其工作人员的监督。

（1）对公安机关的监督。《人民检察院组织法》第5条第（三）项规定，各级人民检察院“对于公安机关侦查的案件，进行审查，决定是否逮捕、起诉或者免予起诉；对于公安机关的侦查活动是否合法，实行监督”。

（2）对监狱、看守所、劳动改造机关的监督。《人民检察院组织法》第5条第（四）项规定，各级人民检察院“对于刑事案件判决、裁定的执行和监狱、看守所、劳动改造机关的活动是否合法，进行监督”。

（3）对行政机关工作人员犯罪的监督。人民检察院对一些案件享有自侦权，这些案件一般都是国家机关工作人员的职务犯罪案件，如贪污、受贿、挪用公款等犯罪行为。通过对行政机关工作人员犯罪案件的侦查和提起公诉，实施对国家行政机关工作人员的监督。

2. 对行政机关及其工作人员的一般监督。检察机关对于各级政府及其工作人员在进行国家行政管理活动过程中的行政活动同样享有监督权，对其是否依法进行行政活动和是否廉洁奉公守法进行监督。

（三）国家审判机关的监督

人民法院是国家审判机关。人民法院对行政机关的监督主要体现为通过对行政案件或者其他案件的审理来对行政机关的违法犯罪活动加以事后监督。人民法院的监督不同于其他机关对行政机关及其工作人员的监督，人民法院的监督具有被动性，因为人民法院审理案件的原则是“不告不理”，所以即使人民法院发现行政机关有违法或者犯罪活动，也不能主动提起诉讼程序。人民法院对行政机关实施监督最直接和最主要的方式是审理行政案件，通过对行政案件的审理，发现行政机关的具体行政行为违法或者不当，用法律的手段来加以纠正，以使行政相对人的合法权益得以弥补。

（四）各种社会团体的监督

各种社会团体的监督，在我国主要指政协和各民主党派、工会、共青团、妇联、文联、科协等各种社会团体对国家行政机关及其工作人员的监督。各种社会团体对政府的监督不是法定机关的监督，一般不具有直接的法律效力，不能直接产生法律后果。各民主党派、各社会团体主要通过参政、议政，与政府协商对话，提出申诉、控告、检举、揭发，或者帮助公民提出申诉、控告、检举、揭发等途径来实现其对行政机关及其工作人员的监督。

（五）社会舆论监督

这种监督主要是通过报纸、杂志、书籍、广播、电影、电视、内参等形式表现出来。社会舆论主体通过传播媒介，对国家行政机关及其工作人员的违法犯罪行为和官僚主义行为等发表具有社会普遍性的意见，引起社会关注，形成舆论力量，迫使行政机关对其违法的和不当的行为以及违纪违约的工作人员进行处理。社会舆论监督对揭露行政机关的不正之风，督促行政机关克服官僚主义，净化干部队伍，促进行政管理改革等方面具有极为重要的作用。

（六）公民个人的监督

公民对行政机关及其工作人员的违法行为、不当行为有权提出批评并要求其改正；对工作中的缺陷和不足，有权提出改进或改善的建议。公民对行政机关及其工作人员的违法失职行为，有向有关国家机关提出申诉、控告或者检举的权利。公民个人监督的形式主要有两种，一是通过信访，二是提起行政复议或者行政诉讼。在我国，县级以上人民政府普遍设立信访机构，专门用于接受人民群众的来信来访，并定期开会，督促检查，向有关机关反映公民的愿望和要求，促进行政机关依法行政。行政复议制度是一整套较为完备的行政法律制度，公民如果不服行政机关的具体行政行为，一般都可以通过申请复议来补救自己的权益。公民也可以通过行政诉讼的途径来维护自己的合法权益。

除以上几种监督主体及方式以外，监督行政还包括了执政党对行政机关及其工作人员的监督，所以我国的行政监督体现出一种多渠道、多层次的特点，它有助于对行政机关行政行为的监控，有利于我国的法制建设。

第十八章　行政诉讼概述

第一节　行政诉讼的概念

一、行政诉讼的概念与特征

（一）行政诉讼的概念

行政诉讼是解决行政争议的重要法律制度。所谓行政争议，是指行政机关和法律法规授权的组织因行使行政职权而与另一方发生的权利义务纠纷。其主要包括：①行政机关之间因行使行政职权而发生的争议；②行政机关与其所属的公务员之间因行使行政职权而发生的争议；③行政机关或者法律法规授权的组织与公民、法人或其他组织之间因行使行政职权而发生的争议。行政争议发生的基本起因是行使行政职权，而行政职权包括内部行政职权和外部行政职权。因此，行政争议也分为内部行政争议与外部行政争议。上述①、②项属内部行政争议，③项则是外部行政争议。在我国，解决外部行政争议的法律制度主要有行政复议和行政诉讼。

关于行政诉讼的概念，基于不同的法律观念和不同的法律实践，有不同的表述。如在法国，行政诉讼称为行政审判，是指当事人对于行政机关违法的行为，请求行政法院通过审判程序给予救济的手段，也是行政法院监督行政机关依法行政的方式。在英美国家，行政诉讼称为司法审查，是指法院应行政相对人的申请，审查行政机构行为的合法性，并作出相应裁决的活动。在我国，根据《中华人民共和国行政诉讼法》第 5 条的规定，行政诉讼是指公民、法人或者其他组织认为行政机关的具体行政行为侵犯其合法权益，依法向人民法院提起诉讼，人民法院在当事人及其他诉讼参与人的参加下，对具体行政行为的合法性进行审查并作出裁判的活动。

（二）行政诉讼的特征

行政诉讼与刑事诉讼、民事诉讼一起构成我国三大基本诉讼制度。它们同为诉讼制度，因而具有一些共性，如都是在人民法院主持下进行，有一些司法原则是共同的，在具体程序上也有一些相同之处等。但是，行政诉讼作为一项独立的诉讼制度与刑事诉讼、民事诉讼相比较，又有其特殊性。行政诉讼的特征主要表现在以下几个方面：

1. 行政诉讼是人民法院运用国家审判权来监督行政机关依法行使职权和履行职责，保护公民、法人和其他组织合法权益的一种司法活动。这是行政诉讼在目的和性质上与其他诉讼的区别。行政诉讼的根本目的是通过处理、解决行政争议案件来监督行政机关依法行使职权和履行职责，以保护公民、法人和其他组织的合法权益不受行政机关违法行政行为的侵害。行政诉讼的这一目的决定了它具有司法监督性质，是通过国家审判机关行使司法权来监督国家行政机关依法、正确地行使行政权。实践证明，行政诉讼是一种十分有效的监督行政的方式。

2. 行政诉讼是解决一定范围内行政争议的活动。如前所述，行政机关和法律法规授权的组织在行使职权过程中通常会与另一方发生行政争议。但是，并不是所有的行政争议都可以通过行政诉讼得到解决，只有外部行政争议才由人民法院通过行政诉讼的方式解决。所以，行政诉讼只解决限于一定范围内的行政争议。根据《行政诉讼法》第 2 条规定："公民、法人和其他组织认为行政机关和行政机关工作人员的具体行政行为侵犯其合法权益，有权依照本法向人民法院提起行政诉讼。"这表明我国行政诉讼解决行政争议的范围限定为行政管理相对人因不服具体行政行为而产生的争议。

3. 行政诉讼的核心是审查具体行政行为的合法性。在行政诉讼中，审查的对象是具体行政行为，且对具体行政行为的审查仅限于合法性范围。行政机关作出的抽象行政行为及具体行政行为的合理性不具有可诉性，即不是人民法院审理的对象，不能通过行政诉讼的方式解决。只有当抽象行政行为（除国务院制定的具有普遍约束力的行政法规、决定、命令外）作为被诉具体行政行为的依据时，人民法院才可以对该抽象行政行为的合法性进行审查，且只是决定是否予以适用。

行政诉讼之所以以审查具体行政行为的合法性为核心，是因为行政诉讼制度的根本作用在于督促行政机关依法行政，这一作用决定了行政诉讼必须重点审查行政行为的合法性，整个诉讼活动都必须围绕这一问题展开。同时，具体行政行为合法性问题的确认和裁判是解决其他问题（如决定是否责令行政机关赔偿公民损失等）的前提。

4. 行政诉讼中的原告、被告具有恒定性。行政诉讼中的原告只能由公民、法人或者其他组织充当。这是因为，在行政管理中，他们处于被管理者的地位，当他们认为行政机关作出的具体行政行为侵犯自己的合法权益，没有自行抗衡的能力时，只能作为原告向人民法院对行政机关提起行政诉讼，请求司法机关运用司法权来保护自己的合法权益。行政诉讼被称为“民告官”的原因即在于此。而作出具体行政行为的行政机关及法律法规授权的组织，则不享有起诉权和反诉权，只能充当行政诉讼的被告。这是因为，在行政管理中，行政机关或法律法规授权的组织代表国家意志，拥有各种行政职权，处于主导者和管理者的地位，可以通过强制手段实施具体行政行为。并且，行政诉讼审查的核心是具体行政行为的合法性，诉讼的目的在于审查行政主体是否依法行使职权，是否依法行政。因此，原告和被告的这种身份和位置是恒定不变的。这一点与民事诉讼有很大的区别。在民事诉讼中，发生民事争议的双方当事人都有资格充当原告或者被告。

值得注意的是，行政机关不能当原告，是指它在以行政主体的身份出现、处于管理者的地位时而言的。如果它不是以行使行政职权的行政主体身份出现，而是处于被管理者地位并受到其他行政机关实施的具体行政行为侵害时，它与公民、法人和其他组织一样，可以机关法人的身份向人民法院提起行政诉讼，成为行政诉讼的原告。

二、行政诉讼与民事诉讼

民事诉讼是指人民法院在当事人和其他诉讼参与人的参加下，审理和解决民事、经济争议的活动。一般说来，行政诉讼是从民事诉讼中分离出来的，其发展初期，往往适用民事诉讼程序。1989 年我国制定了行政诉讼法典，但内容简略，因而在审理行政案件过程中，必然要参照民事诉讼法的有关规定。因而行政诉讼与民事诉讼有许多相同之处，但作为两种不同的诉讼制度，二者仍有许多差异，主要表现在以下几个方面：

（一）案件的性质不同

行政诉讼审理的是行政案件，解决的是行政主体与作为行政管理相对人的公民、法人或者其他组织之间的行政争议；而民事诉讼审理的是民事案件，解决的是平等主体之间的民事争议。

（二）所依据的实体法律规范不同

行政诉讼所依据的实体法是调整行政法律关系的法律规范，如《警察法》、《公民出入境管理法》等；而民事诉讼所依据的实体法则是调整平等主体间财产关系、人身关系的法律规范，如《民法通则》等。

（三）当事人及其诉权不同

行政诉讼中原告、被告具有恒定性，原告只能是作为行政管理相对人的公民、法人或者其他组织，被告只能是行使行政职权的行政机关或者法律、法规授权的组织，二者的位置不能互换；而在民事诉讼中，公民、法人或者其他组织既可以当原告，也可以当被告。在行政诉讼中双方当事人的诉讼权利是不对等的，如只能由公民、法人或者其他组织一方起诉，行政主体一方没有起诉权和反诉权；而在民事诉讼中，双方当事人的诉讼权利是对等的，如一方可以起诉，另一方也可以反诉。

（四）提起诉讼的先行条件不同

行政诉讼要求以存在某个具体行政行为为先行条件；民事诉讼则不需要这样的先行条件。

（五）举证责任不同

民事诉讼中遵循的是“谁主张”、“谁举证”的原则，即哪一方提出主张，哪一方就要对自己的主张负举证责任；而在行政诉讼中，法律规定举证责任主要由作为被告的行政主体单方面承担。

（六）结案方式不同

在行政诉讼中，只能以判决或裁定的方式结案，不能以调解的方式结案（除国家行政赔偿诉讼外）；而在民事诉讼中，除了以判决或裁定的方式结案外，还可以调解的方式结案。

三、行政诉讼与刑事诉讼

行政诉讼与刑事诉讼是两种不同性质的诉讼制度，其区别主要表现在以下几个方面：

（一）案件的性质不同

行政诉讼审理的是行政案件，被告是因行使行政职权而与行政管理相对人发生争议的行政主体；刑事诉讼审理的是刑事案件，被告是被指控犯有某种罪行并被起诉到人民法院的当事人。

（二）所依据的实体法律规范不同

行政诉讼所依据的实体法是调整行政法律关系的法律规范，如《治安管理处罚法》、《国务院组织法》等；刑事诉讼所依据的实体法是规定犯罪与刑罚的法律，如刑法典、单行刑事法律、附属刑法规范等。

（三）提起诉讼的主体不同

行政诉讼是由不服行政主体具体行政行为的公民、法人或者其他组织提起的诉讼；刑事诉讼中的公诉案件由人民检察院代表国家依法向人民法院提起公诉，自诉案件由被害人或者他的法定代理人直接向人民法院提起诉讼。

（四）审理的目的和结果不同

审理刑事案件的目的是为了查明犯罪事实，正确适用法律，以惩罚犯罪，保护人民；审理结果是宣告被告无罪或有罪并处以一定的刑罚。审理行政案件的目的是为了维护和监督行政主体依法行使职权，保护公民、法人和其他组织的合法权益；审理结果是维持或撤销行政主体的具体行政行为或判决行政主体作出一定的行政行为，决定是否给予行政管理相对人行政赔偿等。

第二节　行政诉讼法的概念

一、行政诉讼法的概念

行政诉讼法与行政诉讼是两个既有联系又有区别的概念，行政诉讼是为处理、解决行政争议所进行的一系列诉讼活动；行政诉讼法则是进行行政诉讼活动必须依照的一系列法律规范。所谓行政诉讼法，是指调整人民法院和诉讼参加人以及其他诉讼参与人在审理行政案件中所进行的各种诉讼活动，及其在诉讼活动中所形成的各种诉讼关系的法律规范的总称。简言之，行政诉讼法就是调整行政诉讼关系的法律规范的总称。

从法律渊源的角度划分，行政诉讼法又有狭义和广义之分。狭义的行政诉讼法又称形式意义的行政诉讼法，仅指行政诉讼法典。在我国，即指1989年4月4日由七届全国人大二次会议通过的《中华人民共和国行政诉讼法》。广义的行政诉讼法也称实质意义的行政诉讼法，是指有关行政诉讼程序的全部法律规范，包括行政诉讼法典以及国家机关制定的有关行政诉讼程序的各种规范性文件，如各种单行法律法规中有关行政诉讼的规定，最高司法机关有关行政诉讼的司法解释等。

二、行政诉讼法的渊源

行政诉讼法的渊源也称行政诉讼法的表现形式，我国广义的行政诉讼法的表现形式主要有以下几种：

（一）宪法

宪法是行政诉讼法制定的依据，也是指导行政诉讼实践的重要法律规范，属于广义行政诉讼法中具有原则性、指导性意义的组成部分。

（二）法律

法律作为行政诉讼法的渊源，主要有三种情形：一是行政诉讼法典，即《中华人民共和国行政诉讼法》，这是广义行政诉讼法最基本、最主要的组成部分。二是单行法律中有关行政诉讼问题的规定，如《行政处罚法》、《税收征收管理法》等。这些法律中有关受案范围、诉前程序、起诉时限等方面的规定直接构成了行政诉讼法的组成部分。三是审理行政案件时适用的《民事诉讼法》的有关规定，即行政诉讼法中未作规定的，行政诉讼可以参照《民事诉讼法》的相关规定办理。

（三）法律解释

它主要包括国家权力机关对行政诉讼法律规范所作的立法解释和国家最高审判机关、最高检察机关有关行政诉讼的司法解释。例如，2000 年 3 月 10 日《最高人法院关于执行〈中华人民共和国行政诉讼法〉若干问题的解释》和 1990 年 10 月 29 日《最高人民检察院关于执行行政诉讼法第六丨四条的暂行规定》等。这些法律解释同样是进行行政诉讼活动应当遵守的准则，属于广义的行政诉讼法不可缺少的组成部分。

（四）国际条约

国际条约主要在涉外行政诉讼法中适用，它是作为确定外国人起诉资格及诉权的重要依据。在我国同外国签订或缔结的国际条约中，有与行政诉讼法相抵触的，优先适用国际条约，但我国声明保留的条款除外。

三、行政诉讼法的作用

（一）保证人民法院正确、及时地审理行政案件

行政诉讼法是人民法院审判行政案件的程序法，如何保证人民法院正确、及时地审理行政案件是行政诉讼法要解决的首要问题。“正确”是指人民法院在查明事实的基础上，准确、公正地处理行政案件。为了保证人民法院正确审理行政案件，行政诉讼法从许多方面作出了具体规定。例如，证据制度规定了人民法院在审理行政案件中必须依据的证据种类，明确了人民法院对证据的收集和审查判断的责任；《行政诉讼法》第52、53条规定了审判依据，即人民法院审理行政案件适用的行政实体法律规范；第54条就人民法院如何判定具体行政行为的合法与适当问题设定了具体标准；其他有关诉讼程序的规定，如合议、回避、公开审理、两审终审制度的确立以及审判监督程序的规定等，也都为人民法院正确审理行政案件提供了必要的保证。

“及时”是对人民法院审理行政案件效率上的要求。为了防止行政案件久拖不决，行政诉讼法作了一系列相互衔接的期限规定，如申请复议期限、起诉期限、受理期限、审理期限等，要求人民法院和诉讼参加人必须严格按照期限规定进行各项诉讼活动。

（二）保护公民、法人和其他组织的合法权益

国家的行政管理活动范围广泛，直接影响到公民、法人和其他组织的生产与生活，也不可避免地会出现行政侵权现象。为了保护公民、法人和其他组织的合法权益，《行政诉讼法》主要从以下方面作了相应规定：

1. 扩大了人民法院的受案范围，形成了“以权利对抗权力”的法律监督模式。《行政诉讼法》列举了人民法院可以受理的八大类行政案件，并且规定，人民法院还受理法律、法规规定可以提起诉讼的其他行政案件，这为受案范围随着民主法制进程的加快而逐步扩大留有了余地。与《行政诉讼法》施行以前的状况相比，大大扩大了受案范围，为行政管理相对人正确行使诉讼权利以及人民法院正确审理行政案件提供了法律依据。

2. 设专章规定了行政机关侵权赔偿责任原则，对申请赔偿的程序、赔偿责任以及赔偿费用来源等，都作了明确规定。

3. 规定了公民、法人和其他组织在诉讼各阶段的权利。如人民法院裁定不予受理起诉，原告对裁定不服的，可以提起上诉；除法律明确规定外，行政管理相对人有权选择直接起诉或先行复议；可以申请停止具体行政行为的执行

和提出撤诉申请等。这些规定，对于公民诉讼权利的落实，并进而通过诉权的行使维护自己的实体权利，有着重要的意义。

（三）维护和监督行政机关依法行使行政职权

《行政诉讼法》对行政机关的作用分为两个方面，一是维护行政机关依法行使行政职权；二是监督行政权的行使。所谓维护，是指通过人民法院的审判活动，判决维持行政机关的正确决定。这有助于维护行政机关的权威性，保障国家机器正常运转。所谓监督，是指人民法院在调查分析的基础上，及时发现和纠正行政机关错误的决定，监督行政活动，防止行政机关滥用职权。通过人民法院的监督活动，有助于促使行政机关依法行政，提高工作质量，忠实地维护人民的利益。

第十九章　行政诉讼基本原则

第一节　行政诉讼基本原则概述

一、行政诉讼基本原则的概念与意义

（一）行政诉讼基本原则的概念

原则通常是指观察问题和处理问题的准绳。据此，行政诉讼基本原则就是指行政诉讼法规定的，贯穿于行政诉讼的全过程，为司法机关和诉讼参与人进行行政诉讼活动所必须遵守的基本准则。

行政诉讼基本原则的确立依据包含以下内容：

1. 行政诉讼原则应当贯穿整个行政诉讼活动全过程，体现在诉讼活动的各个方面。换言之，行政诉讼原则应当具有行政诉讼通则的性质，在诉讼的各个阶段都能起到作用，而非只在诉讼的某一阶段起作用。

2. 行政诉讼基本原则必须具有普遍的指导意义。对于行政诉讼基本原则，不仅国家行政机关及其工作人员应当遵守，而且诉讼参与人也应当遵守。

3. 行政诉讼基本原则的确立必须以我国法律的有关规定为法律依据。

（二）行政诉讼基本原则的意义

行政诉讼基本原则的意义主要体现在两个方面：第一，为有关的专门机关和诉讼参与人进行行政诉讼明确了方向。第二，为行政诉讼主体解决有关的诉讼问题提供了法律依据。尤其是在法律的有关条文含义模糊、规定不清时，可以通过基本原则的含义来指导诉讼活动。

二、行政诉讼基本原则的体系和分类

（一）行政诉讼基本原则的体系

西方国家的行政诉讼基本原则主要来源于两个方面：一方面是立法中的有关明确规定，以法律条文的形式固定下来的；另一方面是学者在研究过程中总

结归纳出来的。我国行政诉讼法的基本原则主要体现在《行政诉讼法》条文之中。按照法律的规定，我国行政诉讼基本原则的体系应当包括以下内容：①人民法院独立行使审判权原则；②以事实为根据，以法律为准绳原则；③当事人法律地位平等原则；④使用本民族语言文字进行诉讼原则；⑤辩论原则；⑥人民检察院对行政诉讼进行法律监督原则；⑦人民法院特定主管原则；⑧选择复议原则；⑨审查具体行政行为的合法性原则；⑩行政诉讼期间不停止执行的原则；⑪不适用调解的原则；⑫司法变更权有限的原则；⑬被告负举证责任的原则。

（二）行政诉讼基本原则的分类

按照其是否为行政诉讼所独有，可以把上述行政诉讼原则分为两大类：行政诉讼的一般原则和行政诉讼的特有原则。

1. 行政诉讼的一般原则。行政诉讼的一般原则是指那些为行政诉讼和其他性质的诉讼所共同遵循的基本准则。它具体包括以下原则：人民法院独立行使审判权原则；以事实为根据，以法律为准绳原则；使用本民族语言文字进行诉讼原则；当事人法律地位平等原则等。

2. 行政诉讼的特有原则。行政诉讼特有原则是指为行政诉讼所独自遵循的基本准则。它具体包括以下原则：人民法院特定主管原则；选择复议原则；审查具体行政行为合法性原则；行政诉讼期间不停止执行原则；不适用调解的原则；司法变更权有限原则；被告负举证责任原则。由于行政诉讼一般原则适用于所有的诉讼活动，所以本章不再阐述，仅就行政诉讼特有原则进行重点阐述。

第二节　行政诉讼的特有原则

一、人民法院特定主管原则

（一）人民法院特定主管原则的含义

人民法院特定主管是指人民法院只对特定的行政案件进行主管而非主管全部行政案件。不是所有的行政争议都由人民法院通过审判活动加以解决，行政机关可以通过行政复议解决争议，个别情况下，行政复议甚至可以成为解决行政争议的最终形式。

世界各国均根据各自不同的政治、文化、经济背景及历史条件的差异，不同程度地排斥司法权对行政权的干预，但目前总体趋势是扩大法院对行政案件的主管范围。由于行政权与司法权分属于两种不同的国家权力，相互之间具有较强的独立性，从行政权、司法权分立的角度看，司法机关不能也不可能代替行政机关的职权职责行使行政职能；况且很多国家，法院系统内在行政案件的主管能力上也有很大的不足，甚至表现出对许多行政争议无力行使审判权，行政诉讼从理论到实践都不太成熟，不能与对刑事、民事案件的主管能力相比。此外，行政管理行为和行政争议的广泛性以及人民法律意识的淡薄等问题也是人民法院对行政争议进行特定主管的原因。

（二）人民法院对行政争议特定主管的意义

人民法院只对部分行政案件进行管辖，在行政诉讼中具有重要的意义。

首先，从人民法院系统本身来讲，可以使人民法院避免陷入大量纷繁复杂的行政争议的处理工作当中，使得人民法院可以抽出时间对行政争议案件的审判经验进行总结，研究成熟的行政审判工作方法，为扩大主管范围打下良好的基础。同时，人民法院只解决必要的行政争议，避免案件来源的泛滥，对处理好每一起行政争议也有帮助。有许多争议是无须通过人民法院诉讼途径来解决的，用行政复议解决既可以提高工作效率，又可以加强对行政机关管理工作的监督。

其次，对于行政机关而言，人民法院司法权对于行政争议的限制性管辖意味着行政机关对大多数的行政争议拥有主管权，这是对行政权广泛程度的保证，也是对行政权在国家权力中地位的保护。

再次，对于行政相对人而言，知道了人民法院对行政争议的特定主管也就知道了究竟哪些争议可以通过行政诉讼的途径来解决，哪些争议只能通过行政复议的方式来解决。明确自己对哪些行政争议拥有诉权，可以方便相对人解决行政争议。《行政诉讼法》将关系到公民、法人或其他组织人身权益、财产权益等重大权益的行政案件都纳入了行政诉讼主管的范围，这样可以最大限度地保护他们的合法权益。

二、选择复议原则

（一）选择复议原则的法律依据及具体含义

《行政诉讼法》第37条第1款规定："对属于人民法院受案范围的行政案件，公民、法人或者其他组织可以先向上一级行政机关或者法律、法规规定的行政机关申请复议，对复议不服的，再向人民法院提起诉讼，也可以直接向人民法院提起诉讼。"对于相对人在诉讼与复议的选择权问题上《贯彻意见》第

31 条也规定："法律规定当事人不服行政机关的具体行政行为，可以向人民法院起诉，也可以申请复议并由复议机关作出终局裁决的，当事人选择了申请复议，就不能再向人民法院提起行政诉讼，如果当事人既提起诉讼又申请复议的，以先收到有关材料的机关作为当事人所选择的机关；同时收到的由当事人选择。"《若干解释》对该问题也作了规定，二者的内容基本相同。

总结上述规定不难看出我国的行政诉讼以自由选择为原则，当事人可以选择向法院起诉，通过诉讼的方式解决行政争议，也可以选择复议，通过向有关行政机关申请复议的方法解决问题。该原则基本含义至少包括以下几方面的内容：

1. 相对人对复议和诉讼的选择权。相对人对复议和诉讼的选择权是基于法律、法规没有规定复议为行政诉讼必经程序为前提。在该前提之下，相对人才拥有诉讼与复议的选择权。

2. 相对人既提起诉讼又申请复议的，由最先收到的机关行使管辖权。《贯彻意见》中明确规定，"以先收到有关材料的机关作为当事人所选择的机关"。

3. 行政复议机关和人民法院同时收到的，由相对人自行选择其中一个。相对人这种选择权的行使基于法律有关规定相对人享有的申请复议和提起诉讼的选择权而产生。

4. 相对人已经申请复议，在复议裁决作出前，又向法院提起诉讼的，法院不予受理，这是对行政机关行政复议权的保护和巩固。

（二）选择复议原则的例外情形

通常情况下，行政争议的解决途径都须遵守选择复议的原则，使得相对人可以选择一种自己满意的方式解决争议，即有利于保护相对人的合法权益，尊重相对人对自己权利的处置权，又可以提高办案的效率。但是，有些情形下，相对人对争议的解决途径、救济方式是没有选择权的。例如《行政诉讼法》第 37 条第 2 款规定："法律、法规规定应当先向行政机关申请复议，对复议不服再向人民法院提起诉讼的，依照法律、法规的规定。"《行政复议法》第 30 条第 1 款规定："公民、法人或者其他组织认为行政机关的具体行政行为侵犯其已经依法取得的土地、矿藏、水流、森林、山岭、草原、荒地、滩涂、海域等自然资源的所有权或者使用权的，应当先申请行政复议；对行政复议决定不服的，可以依法向人民法院提起诉讼。"《专利法》第 41、46 条及《商标法》第 32、43 条对此也都明确地作出了复议前置的规定。《若干解释》第 33 条进一步解释："法律、法规规定应当先申请复议，公民、法人或者其他组织未申请复议直接提起诉讼的人民法院不予受理。复议机关不受理复议或者在法定期限内不作出复议决定，公民、法人或其他组织不服，依法向人民法院提起诉讼的，人民法院应当依法受理。”

上述规定说明行政复议在某些案件中是解决争议的必经程序。原告必须先向行政机关申请复议，经复议后对复议结果仍然不服才可以起诉；未经复议的不能起诉，此时原告没有选择的自由。根据《若干解释》第33条的规定，如果当事人所要求解决的争议必须先复议，对于复议结果不满的还可以提起诉讼，那么复议机关不受理复议或在法定期限内不作出复议决定的，公民、法人或其他组织当然可以向法院提起行政诉讼。但假如当事人所要求解决的争议是以复议作为终局裁决方式不得再进行起诉的争议，那么，在复议机关不受理复议申请或受理之后在法定期限内不作出复议决定的情况下，当事人能否向法院提起行政诉讼？对于这个问题，有的学者认为，复议决定为终局裁决的，也就意味着排除了法院对此类具体行政行为的司法审查权，相对人对复议机关不作为不服，提起行政诉讼，法院应不予受理。我们认为，法律、法规规定复议决定作为终局裁决时，仅仅从实体方面排除了法院对于行政机关某类具体行政行为的司法审查权，并没排除法院对复议机关的复议行为进行程序上的司法审查。否则，相对人有可能陷入完全失去救济途径的困境。当然，法院对于复议机关此时的不作为只能责令其作出复议决定，而不能直接对实体内容作出判决。

三、具体行政行为合法性审查原则

（一）具体行政行为合法性审查原则的法律依据及含义

1. 法律依据。《行政诉讼法》第5条规定，人民法院审理行政案件，对具体行政行为是否合法进行审查。由此确立人民法院通过行政审判对具体行政行为合法性审查的特有原则，简称合法性审查原则或司法审查原则。

2. 含义。人民法院只就行政机关的具体行政行为进行合法性审查，这一原则的要求是：

（1）只对被诉的具体行政行为进行审查。人民法院根据宪法和法律的授权可以对特定的行政案件进行管辖，当事人将行政争议起诉到人民法院后，人民法院首先应当审查引起该争议的行为是具体行政行为还是抽象行政行为，人民法院只能对具体行政行为进行司法审查。如果当事人是对行政机关制定的行政法规、规章或行政机关制发的具有普遍约束力的决定、命令不服，即对行政机关抽象行政行为不服的，尽管这些抽象行政行为可能与案件的是非曲直有关，人民法院仍然不能将其作为主要的审查对象。发现该具体行政行为所依据的行政机关的抽象行政行为是违法的，也只能以判决的形式撤销具体行政行为，而不得用人民法院判决的形式确认或宣告该抽象行政行为违法，更不能用判决的形式将其撤销。

（2）只能对被诉的具体行政行为的合法性进行审查，而不能及于其合理性，即人民法院的审查内容仅限于行政机关是否有作出该具体行政行为的职权；是否滥用职权；据以作出具体行政行为的事实是否有充分确凿、合法、有效的证据予以证明；作出该具体行政行为适用的法律是否正确；作出具体行政行为的程序是否合法。

我国行政权与司法权都属于国家权力，两者是相互独立的，彼此不能代替。各自均有属于自己的管辖范围，司法权经过法律授权之后才能进入行政领域，对行政权的正确行使进行监督。但这种监督必须要适当、适度，行政权在行使过程当中，出于客观原因的复杂性，行政机关都有一定的自由裁量权。一般认为，行政机关在法定幅度内裁量，作出正确决定的，该具体行政行为即为合理。所以人民法院只对具体行政行为的合法性进行审查，是司法权对行政机关权力的尊重，给行政机关足够的自由裁量的空间。否则，国家职能分工的平衡状态将被打破。至于行政机关作出的在合法但不适度的超出自由裁量范围的行政行为，大多数情况都由行政机关自己进行监督和纠正。

（二）合法性审查原则的例外情形

根据合法性审查原则的精神，法院原则上不对行政机关具体行政行为的合理性进行审查，但是在特定情形下也有例外。如当行政机关的行政处罚行为显失公正时，人民法院可以作出变更判决。这里对于行政处罚的审查就既有合法性又有合理性的审查。之所以将对于显失公正的行政处罚行为作为例外，是由于行政处罚行为本身就是对相对人的合法权益产生直接不利影响的行政行为。如果显失公正，那么对相对人合法权益的侵害就会加大，因而出于保护公民、法人或者其他组织合法权益的需要，将这种情形作为本原则的一个例外。此外，当行政机关滥用自由裁量权时，人民法院可以干涉。

四、行政诉讼期间不停止执行原则

（一）行政诉讼期间不停止执行原则的法律依据及含义

1. 法律依据。《行政诉讼法》第 44 条规定，诉讼期间不停止具体行政行为的执行。该条规定为处理起诉与被诉具体行政行为关系的一项准则。

2. 行政诉讼期间不停止执行原则的含义。具体行政行为一经成立即具有推定合法的公定力、不得变动的确定力、约束双方的约束力和必须履行的执行力。行政行为的效力并不因相对人起诉而终止。同时，行政行为不因起诉而停止执行也是国家行政管理的需要。因为行政机关在作出具体行政行为时所代表的是社会公共的利益，因相对人的起诉而停止执行其具体行政行为会给社会公共利益造成损害。

（二）行政诉讼期间不停止执行原则的例外情形

《行政诉讼法》第44条在规定诉讼期间不停止执行原则的同时，还规定对于下列几种情形可以作为例外，停止具体行政行为的执行：

1. 被告认为需要停止执行的。

2. 原告申请停止执行，人民法院认为该具体行政行为的执行会造成难以弥补的损失，并且停止执行不损害公共利益时，裁定停止执行的。

3. 法律、法规规定需要停止执行的。

应当明确一点，起诉不停止执行原则只适用于行政机关有强制执行权并能够自行强制执行其具体行政行为的情况。不适用于行政机关必须申请人民法院强制执行其具体行政行为的案件。行政机关申请人民法院强制执行是以相对人在法定期间内既不起诉又不履行为前提的，因此相对人一旦起诉，在诉讼过程中，被告人申请人民法院强制执行被诉具体行政行为的，人民法院不予执行，只有在不及时执行就可能给国家利益、社会公共利益或他人的合法权益造成不可弥补的损失的，人民法院才可以先予执行。

五、不适用调解原则

（一）法律依据

《行政诉讼法》第50条规定："人民法院审理行政案件，不适用调解。"

（二）不适用调解原则的含义

所谓调解，即在审判人员主持下，当事人通过协商达成协议，就此结束案件审理的一种诉讼活动。注重调解是民事诉讼的突出特点和必经程序。在刑事诉讼中也存在调解，这是基于当事人之间诉讼地位平等，以及当事人意思自治决定的。但在行政诉讼案件中，一般不得以调解作为审理和结案的方式，而必须以判决或裁定的形式结案。

（三）不适用调解原则的基本要求

法院不得以调解方式结案，审判人员也不应参与调解工作。这一原则在一定程度上是由于诉讼双方当事人在行政管理活动中地位的不平等所产生的。双方地位的不平等就很难实现意思的自治。

但是这一原则也有例外：

1. 行政赔偿诉讼可以调解。行政赔偿诉讼是在本案的主要法律问题已经解决，行政侵权行为的违法性也已经确认的情况下进行的。此时，行政机关与相对人可以就具体的赔偿数额问题进行协商。如果原告方同意行政机关少赔，则应当允许双方以调解的方式解决其赔偿纠纷。

2. 附带民事诉讼可以调解。行政诉讼附带民事诉讼是行政诉讼的一种特殊形式，其中附带民事诉讼部分与普通的民事诉讼一样，可以调解。

六、司法变更权有限原则

（一）司法变更权有限原则的法律依据及内容

1. 法律依据。根据《行政诉讼法》第54条规定，人民法院经过审理，行政处罚显失公正的，可以判决变更。

2. 内容。《行政诉讼法》规定，法院对于行政机关被诉的具体行政行为审查后，可以作出四种判决，即维持判决、撤销判决、履行判决和变更判决。其中前三种判决都是单纯地支持或不支持被告的行政机关，对于行政行为也仅规定了合法、不合法或责令作出，而没有从内容上对行政行为本身进行变更和改动。对于第四种判决，是人民法院经审理，认定行政处罚行为显失公正时运用国家审判权直接对行政行为的内容进行变更的判决。这是我国行政诉讼中人民法院行使司法变更权的具体体现。与撤销判决最大的区别在于变更判决直接确定了当事人的权利与义务。

从国家职能分工来看，审判机关与行政机关应当相互尊重各自的权力，如果过多地赋予人民法院对于行政机关具体行政行为的司法变更权，会造成审判权对行政权的侵犯，因此人民法院在诉讼中仅享有有限的司法变更权。

（二）司法变更权有限原则的体现

1. 只能对行政处罚行为进行司法变更。对其他的具体行政行为则无权变更。

2. 只适用于显失公正的行政处罚行为，并非对所有的行政处罚行为均拥有司法变更权。所谓显失公正的行政处罚行为是指行政处罚虽然在形式上不违法，但处罚结果明显不公正，从而损害了行政相对人的合法权益。通常表现为：①行政处罚畸轻畸重，行政机关的处罚与被处罚人的实际违法行为不匹配，相差悬殊；②同等情况不同等对待或不同等情况同等对待；③行政处罚超过必要的限度，如对违反交通规则闯红灯的车主给予行政拘留的处罚；④行政处罚反复无常。在有多种处罚手段可供选择时，行政机关应在裁量范围内，尽量选择对违法者影响较小的处罚。

（三）贯彻司法变更权有限原则的要求

根据行政诉讼法司法解释的有关规定，人民法院在行使司法变更权时，应当做到：

1. 一般情况下法院在行使司法变更权时，不能加重对被处罚人的处罚。

2. 如果存在利害关系的共同原告时，法院可以加重对原告的处罚。如受害人和致害人同时起诉行政机关，受害人认为行政机关的处罚过轻，致害人认为行政机关的处罚过重时，法院可以变更行政机关的处罚决定，加重对致害人的行政处罚。

3. 对行政机关未处罚的相对人，法院在判决中不得直接给予相对人处罚。因为对违法行为人进行管理不是法院的职责，而是行政机关的职责，如果法院直接给予相对人处罚，那么就侵犯了行政机关的管理权。

七、被告负举证责任原则

（一）被告负举证责任原则的立法依据

《行政诉讼法》第32条规定，被告对作出的具体行政行为负有举证责任。在立法上明确作为被告的行政机关对具体行政行为负举证责任是行政诉讼举证责任分担的基本原则。具体行政行为的合法性问题是行政诉讼双方争议的焦点，当作为被告的行政机关不能拿出证据证明自己的行政行为合法时，就将承担败诉的后果。而作为原告方的相对人即使举不出任何证明具体行政行为违法的证据，也不会承担败诉的后果。

之所以规定被告负举证责任主要基于以下原因：

1. 按照行政行为应当“先取证，后裁决”的程序要求，行政机关在作出具体行政行为时应当事前已经收集到了足够的证据，因此在行政行为被诉至法院之后，也应当有充分的证据证明行为的合法性，这是被告承担举证责任的基础。

2. 从现实角度讲，行政机关在行政法律关系中处于主动的地位，其实施具体行政行为时，无须征得有关公民、组织、法人的同意。同时，行政机关拥有足够的人力、物力、财力、技术资源，与相对人相比有很强的取证优势和举证能力。

（二）被告负举证责任的范围

行政诉讼中，被告举证责任的范围包括作出具体行政行为的证据和所依据的规范性文件。理解时应注意，被告对被诉的具体行政行为负有举证责任，并不意味着在行政诉讼中被告对一切事实都负有举证责任，而只是在确定具体行政行为合法性时，必须由被告承担举证责任。在行政诉讼的其他方面，如解决行政赔偿问题，则不一定都由被告负举证责任。被告负举证责任原则并不表明原告在诉讼中不负任何举证责任。根据行政诉讼理论与实践，原告应对诉讼成立条件的部分事实负举证责任。如其人身财产权方面因被告的具体行政行为或被告不实施具体行政行为而受到损害大小的事实等。

第二十章　行政诉讼制度

行政诉讼制度是人民法院审理行政案件所必须遵守的基本操作规程。在行政诉讼活动中，人民法院依法独立行使审判权所指的“依法”，就是指人民法院必须在行政诉讼基本原则的指导下，遵循具体的行政诉讼制度对行政案件进行审理和裁判。行政诉讼制度和行政诉讼基本原则不同，它并不贯穿于整个行政诉讼过程并具有普遍指导意义，而是就行政诉讼某一方面的问题进行具体规定，其内容明确、具体，可操作性强。

根据《行政诉讼法》第 6 条规定，人民法院审理行政案件，依法实行合议制度、回避制度、公开审判制度和两审终审制度。

第一节　行政诉讼的合议制度

一、合议制度的含义

所谓合议制度，是指由三名以上的审判员或者审判员与陪审员依法组成合议庭，代表人民法院行使审判权，对行政案件进行审理并作出裁判的制度。

与合议制相对应的是独任制。与民事诉讼、刑事诉讼不同，人民法院审理行政案件不适用独任制的组织形式，而必须组成合议庭对案件进行审理和裁判，包括一审程序、二审程序、审判监督程序等，均实行合议制。这是因为，一方面，行政管理活动范围广泛，行政管理法律、法规数量庞杂，行政案件往往具有较强的专业性和复杂性；同时，起诉到人民法院的行政案件，大多已经过复议程序但未能得到解决，故难度较大。另一方面，行政诉讼的当事人一方为行政机关，独任审判难以胜任。实行合议制有利于发扬民主、集思广益，对行政案件的正确裁判具有重要意义。

二、合议庭的组成方式及活动原则

合议庭作为人民法院内部审理行政案件的具体组织形式，其组成方式分为两种：一种是由审判员组成的合议庭（二审一律由审判员组成合议庭）；另一种是由审判员、陪审员组成的合议庭。根据《行政诉讼法》第 46 条的规定，合议庭的成员，应当是三人以上的单数。

对于二审人民法院发回重审的以及再审的案件，根据法律规定，必须另行组成合议庭，原来审判该案件的合议庭成员不得参与重审或者再审的工作。

合议庭的活动实行民主集中制原则。在合议庭中，每一组人员均享有同等的权利，履行同等的义务。在对案件进行评议或者作出决定，合议庭成员的意见不一致时，按照少数服从多数的原则，以多数人的意见为合议庭的意见，但少数人的意见可以予以保留。评议应当制作笔录，并由合议庭成员签名，评议中的不同意见也必须如实记入笔录。

至于合议庭与审判委员会的关系，不是行政领导关系，而是指导监督关系。尽管如此，但合议庭必须接受审判委员会的指导和监督，并执行审判委员会的决定。

第二节　行政诉讼的回避制度

一、回避的概念

行政诉讼中的回避，是指行政诉讼的审判人员或者其他有关人员在遇有法律规定应当回避的情形时，经法定程序退出行政诉讼活动的制度。法律设立回避制度的目的，是为了保证诉讼活动公正、公平地进行，使案件得到客观的处理。

二、回避的条件

根据《行政诉讼法》第47条的规定，回避主要适用于与本案有利害关系或者有其他关系可能影响公正审判的审判人员。具体来说主要是指以下几种情形：

1. 是本案当事人或者本案当事人的近亲属的。本人是本案的当事人，或者是当事人的夫、妻、父、母、子、女和同胞兄弟姐妹的，不能同时又担任承办本案的审判人员。这样可以避免他们从维护自身利益的角度进行诉讼活动，影响对案件作出客观公正的处理。

2. 与本案有利害关系的。审判人员同本案有利害关系，即同案件事实、案件的当事人或其近亲属有某种牵连，案件的处理结果会影响到审判人员的利益的，应当回避。

3. 与本案有其他关系，可能影响公正审判的。所谓其他关系，是指审判人员与当事人一方有师生、朋友、同学、战友等关系，或者与当事人有过恩怨关系，可能导致案件的审理不公。

上述回避条件，不仅适用于审判人员，也适用于书记员、翻译人员、鉴定人和勘验人。

三、回避的程序

（一）回避申请的提出

回避的提出可由当事人申请回避，也可以由有关人员自行回避。前者又称申请回避，是指当事人认为审判人员或其他有关人员具有法定回避情形，依法向人民法院提出申请，要求他们回避；后者又称自行回避，是指审判人员或其他有关人员认为自己符合回避条件，而主动申请回避，退出本案审判活动。

当事人申请回避，应当在案件开始审理时提出，并说明理由；但如果回避事由是在审理开始以后知晓的，或者回避事由是在审理开始以后发生的，也可以在法庭辩论终结前提出。审判人员或者其他有关人员的回避申请则应自知道回避事由后即行提出。当事人申请回避的，可以口头方式提出，也可用书面形式提出。

（二）回避的决定

人民法院应当在回避申请提出的 3 日内，以口头或者书面形式作出是否同意申请的决定。也就是说，人民法院解决是否回避的问题，应当使用“决定”的形式。决定可以是口头的，也可以是书面的，口头的决定应当记录在案备查。当事人申请回避与审判人员及其他有关人员自行回避，均应根据法律的规定，由相应的组织或人员决定：

1. 院长担任审判长时的回避，由审判委员会决定。
2. 审判人员的回避，由院长决定。
3. 书记员、翻译人员、鉴定人、勘验人的回避，由审判长决定。

被申请回避的人员，在人民法院依法作出是否回避的决定前，应当暂停参与本案的审判工作，但案件需要采取紧急措施的除外。

（三）对驳回回避申请决定的复议

为了保障诉讼当事人的合法权益，保证回避决定的正确公正，《最高人民法院关于执行〈中华人民共和国行政诉讼法〉若干问题的解释》第 47 条第 4 款还规定，在人民法院作出驳回回避申请的决定后，申请人对决定不服的，可以向该人民法院申请复议一次。在复议期间，被申请回避的人员不停止参与本案的工作。人民法院对复议申请应当在回避申请的 3 日内作出复议决定，并通知复议申请人。

第三节　行政诉讼的公开审判制度

一、公开审判的含义

行政诉讼中的公开审判制度，是指人民法院审理行政案件，除法律特别规定外，都应当依法向社会公开的制度。实行公开审判制度，将行政审判活动置于人民群众和社会舆论的监督之下，便于发现明显的执法不当甚至违法现象，增强诉讼的透明度，也有利于增强审判人员依法办案的责任感，提高办案质量，正确公开地解决行政争议。同时，公开审判制度也是对公民进行法制宣传与法制教育，增强公民法制观念的重要途径。

公开审判制度的内容包括三个方面：一是公开案件当事人姓名、案由及开庭的时间和地点，便于群众旁听和新闻记者采访报道。二是公开审判过程，除依法不予公开审理的案件外，人民法院应当将案件审判的整个过程向社会公开。三是公开审判结果，根据法律规定，无论案件是否公开审理，其审判结果都必须公开宣告。在这里应注意公开审判与公开审理二者的关系。公开审理是人民法院遵循公开审判制度的要求，在实际诉讼活动中一个具体的公开的庭审过程，即在当事人和其他诉讼参与人共同参加的情况下，合议庭在法庭上按一定程序主持审理行政案件的整个过程，是公开审判制度的一个主要方面。而公开审判制度，不仅是公开审理活动应遵循的规则，而且是审理活动开始前的准备阶段和庭审宣判阶段应遵循的规则。

二、依法不公开审理的案件

公开审判是行政诉讼法的一项基本制度，但是，如果案件本身的性质或特点使得公开审理将产生消极的社会影响，则不应当公开审理。根据《行政诉讼法》第45条的规定，对于下列案件，人民法院依法不公开审理，但应当公开宣判：

1. 涉及国家秘密的案件。国家秘密是指关系国家的安全和利益，依照法定程序确定的，在一定的时间内只限一定范围的人知晓的事项。保护国家秘密是公民的基本义务，也是维护国家安全和利益的一项重要制度。案件如果涉及到国家秘密，则应当依法不公开审理。

2. 涉及个人隐私的案件。所谓个人隐私，是指依法受法律保护的不应公开的私人资料和情况。之所以将涉及个人隐私的案件纳入不公开审理的范围，一方面是为了保护公民个人的隐私权，另一方面也是为了防止此类案件的公开审理对社会产生不良影响。

3. 法律另有规定的。这是对不公开审理案件所作的概括性规定。除上述两类依法不公开审理的案件外，其他法律中明确规定不公开审理的，均应不公开审理。例如涉及商业秘密的案件等。

第四节　行政诉讼的两审终审制度

一、两审终审制度的含义

所谓两审终审制度，是指一个行政案件经过两级人民法院的审判即告终结的审级制度。具体来说，当事人不服地方各级人民法院审理第一审行案件所作的判决、裁定，可以向上一级人民法院提起上诉。上一级人民法院按照第二审程序对上诉案件进行审理后所作的判决、裁定，是终审的判决、裁定，即发生法律效力的判决、裁定，当事人不得再提起上诉。

行政诉讼实行两审终审制度具有重要意义。两审终审制度能够保证案件得到客观、公正的处理，通过当事人提起上诉，充分行使其正当权利，防止因一锤定音而出现错案。实行两审终审制度，还有利于降低诉讼成本，提高办案效率，减轻当事人的讼累和人民法院的负担。

二、两审终审制度的内容

根据两审终审制度的要求，对地方各级人民法院的一审判决、裁定，当事人如果不服的，可以在法定的期限内向上一级人民法院提起上诉，由上一级人民法院进行第二审。二审人民法院作出的判决、裁定为终审判决、裁定，当事人即使不服，也不得再提起上诉。当然，并不是每个行政案件都必须经过两级人民法院的审理，这是赋予当事人以选择权。如果经一审人民法院审理后，当事人对判决、裁定均无异议，在法定期限内不向上一级人民法院提起上诉，则该判决或裁定即发生法律效力。实际上该案件只经过一级人民法院的审理即告终结。另外，最高人民法院是国家最高审判机关，它所作的一审判决、裁定，是终审的判决、裁定，当事人不得提起上诉。

第二十一章　行政诉讼的受案范围

第一节　受案范围概述

一、受案范围的含义

（一）受案范围的概念和意义

行政诉讼的受案范围，是指人民法院依法主管行政案件的权限范围。即根据《行政诉讼法》的规定，人民法院对行政行为进行司法审查，对行政机关依法行使行政权进行司法监督的范围。

行政诉讼的受案范围在行政诉讼法的理论与实践中具有重要意义。

1. 它明确了人民法院行使司法权对行政机关的行政权进行司法审查的权限范围。由于行政诉讼涉及国家行政权与司法权的关系，一方面行政权要接受司法权的一定监督和制约，因为不受监督的权力容易被滥用；另一方面，行政行为的性质决定了它不可能无限制地接受司法审查，因为许多国家事务需要行政机关及时行使行政权解决，司法机关过多干预行政机关的活动，不利于行政机关对国家的有效管理。以司法自由裁量权取代行政自由裁量权会造成国家职权分工的混乱。这就必须划出一条明确的界限，确定哪些行为可受司法审查，哪些行为不受司法审查。

2. 明确了人民法院和行政主体在解决行政争议上的权限分工。行政诉讼是行政法上的救济制度之一。作为一种司法救济，其救济范围必须和行政法的其他救济制度有明确的界限。目前，我国法律规定解决行政争议的途径主要有两种：一是行政机关作为裁决人的解决方式，即行政复议；二是行政相对人向人民法院提起行政诉讼，人民法院行使国家审判权对行政争议进行裁决。对人民法院受理行政案件的范围进行明确的规定，有利于行政机关与司法机关各司其职、各负其责，使行政争议得到及时的、有效的解决，既保护行政管理相对人的合法权益，又有利于监督行政主体依法行政，同时使行政复议与行政诉讼有机衔接，互为补充。

3. 明确了作为行政法制监督制度之一的行政诉讼与其他行政法制监督制

度的分工。行政法制监督体系包括权力机关的监督、人民法院的监督、人民检察院的监督、行政监察机关的监督、审计机关的监督、人民群众和舆论机关的监督，等等。在行政监督体系中，行政诉讼主要是对行政机关具体行政行为合法性进行的司法监督。为了和其他的监督制度区分开来，有必要通过立法明确确立人民法院以行政诉讼方式实现对行政行为监督的范围，亦即行政诉讼的受案范围。

（二）确定行政诉讼受案范围的主要依据和标准

1. 保护公民、法人和其他组织的合法权益与维护国家社会利益的平衡。保护公民、法人和其他组织的合法权益是行政诉讼的主要目的和宗旨之一，确定行政诉讼受案范围必须从这一宗旨出发。但同时，如果行政行为都可以被诉，则可能造成国家利益的损失。维护国家社会利益与保护公民的合法权益在绝大多数情况下是一致的，但在某种特殊条件下，可能会发生冲突。比如，行政行为具有某种紧迫性，不及时实施可能给国家利益带来无可挽回的损失，如果允许行政相对人可以通过请求人民法院行使司法监督权的行政诉讼方式来对行政行为的合法性进行审查，为行政相对人提供司法救济，势必会给国家、社会带来危害，同时不利于国家行政机关行使国家的行政管理职能。因此，确定行政诉讼受案范围要综合考虑对行政相对人合法权益的保护和对国家社会利益的维护，努力求得二者的平衡。

2. 兼顾司法机关解决行政争议的能力与公民权利意识发展的程度。一方面，司法机关解决行政争议的能力取决于审判权在国家权力体系中的宪法地位和它在现实生活与行政权力抗衡的能力。换言之，整个社会的法制化程度、国家制度的设计和司法机关工作人员的素质，影响着立法者对行政诉讼受案范围的界定。另一方面，行政权力固有的扩张性决定了行使行政权力的机关接受监督的意识，总是弱于其扩张权力的意识，因而接受监督的意识只有在外在压力足够强大的情况下才有可能形成。而这种外在压力的大小与公民权利意识的觉醒与发展程度有关，因而公民权利意识及其发展程度也制约着受案范围。

二、确定受案范围的方式

纵观世界各国行政诉讼法对受案范围的规定，基本上有以下三种方式：

（一）概括式

概括式是指人民法院在行政诉讼受案范围的标准上，法律只作原则的、抽象的规定，不作具体的列举。它的特点是范围较大，较为灵活，行政管理相对人可在尽可能广泛的范围内，通过谋求司法救济来维护自身的合法权益，可避免列举式的挂一漏万。但由于界限不清楚，不易掌握，因而容易使行政诉讼主体对某类行政争议是否属于受案范围而发生歧义。

（二）列举式

列举式是指由行政诉讼法明确规定属于和不属于人民法院受案范围的具体事项。这些具体列举的事项即为行政相对人起诉和审判机关受理的标准。列举式的特点是容易掌握，一般不会发生歧义，但由于无法列举穷尽，因而会影响当事人的诉权和人民法院司法审查权的行使。列举式分为肯定列举式和否定列举式两种，肯定列举确定列举事项属于行政诉讼的受案范围；否定列举确定列举事项被排除在人民法院的受案范围之外，行政相对人不得起诉，人民法院也不得受理。

（三）混合式

混合式是指采取概括和列举相结合的方法划分受案范围的立法方式。其特点在于可以避免列举式无法列举穷尽和概括式范围过宽、标准不易掌握的缺陷，发挥各自的优点。目前许多国家的行政诉讼法都采取这种方式对受案范围进行规定，我们国家也如此。我国《行政诉讼法》对受案范围的规定既有概括式又有列举式；同时采取肯定式与否定式并用的方法。《行政诉讼法》第2条规定："公民、法人或者其他组织认为行政机关和行政机关工作人员的具体行政行为侵犯其合法权益，有权依照本法向人民法院提起诉讼。"该条采取的是概括式的方法，行政诉讼法第11条是肯定列举式的规定，第12条则是否定列举式的规定，具体内容我们将在第二节和第三节中详细说明。

第二节 人民法院受理的行政案件范围

本节内容是《行政诉讼法》及相关司法解释所确定的人民法院受理行政诉讼案件的具体受案范围，法律和司法解释对此采取的是概括式与肯定列举式相结合的规定。自2000年3月10日起施行的《最高人民法院关于执行〈中华人民共和国行政诉讼法〉若干问题的解释》，（以下简称"解释"）第1条对人民法院的受案范围作出了概括式的规定："公民、法人或者其他组织对具有国家行政职权的机关和组织及其工作人员的行政行为不服，依法提起诉讼的，属于人民法院行政诉讼的受案范围。"根据该规定，符合受案范围的案件具有下列特点：

1. 被诉对象是行政行为。亦即有行政执法权的行为主体在行政管理活动中针对公民、法人或者其他组织作出的，影响其人身或财产利益的行政行为。

2. 行为主体是具有国家行政职权的机关和组织及其工作人员。包括国家行政机关和法律法规授权的组织及其工作人员，以及行政机关委托的组织或者个人。

《行政诉讼法》第11条对人民法院受案范围的规定是列举式的，其列举的受案范围包括以下内容：

一、不服行政处罚的行政案件

行政处罚是指行政机关或其他行政主体，依法对违反行政法规但尚不构成犯罪的行政管理相对人即公民、法人或者其他组织，所实施的法律制裁。

根据《行政诉讼法》第11条第1款第（一）项的规定，对拘留、罚款、吊销许可证和执照、责令停产停业、没收财物等行政处罚不服的能够提起行政诉讼。换言之，不服行政处罚的行政案件包括拘留、罚款、吊销许可证和执照、责令停产停业、没收财产五种，但从条文的规定看，也没有排除公民、法人或者其他组织可以就没有列举的其他种类的行政处罚向人民法院起诉，如警告、通报、劳动教养、计划生育主管部门作出的征收超生费及罚款决定等。

二、不服行政强制措施的行政案件

行政强制措施是指行政主体为实现行政管理目的，依其职权采取强制手段限制特定人行使某项权利或者迫使特定人履行某种义务的行为。《行政诉讼法》第11条第1款第（二）项规定，人民法院受理公民、法人或者其他组织对限制人身自由或者查封、扣押、冻结财产等行政强制措施不服的案件。据此，作为人民法院受案范围的行政强制措施有两类：一类是对限制人身自由的强制措施不服的，主要指收容审查、强制戒毒、扣留、对盲目流动而又扰乱社会秩序的人实施的强制遣返、对醉酒人的约束措施、对传染病人的隔离措施等。另一类是对查封、扣押、冻结财产的强制措施不服的。行政机关对负有金钱给付义务或物品给付义务的公民、法人或者其他组织在其无正当理由拒不履行义务时，可以查封、扣押、冻结其财产。另外，从行政诉讼法规定的精神来看，强制划拨、强制退还、强制拆除、强制履行等，也应在受案范围之中。

三、认为行政机关侵犯法律规定的经营自主权的案件

《行政诉讼法》第11条第1款第（三）项规定，人民法院受理公民、法人或者其他组织认为行政机关侵犯法律规定的经营自主权的案件。侵犯法定经

营自主权是指行政机关非法干预、截留、限制或取消法律、法规赋予行政相对人在生产经营活动中处理其所属人、财、物以及决定产、供、销等方面的权利，特别是其对财产享有的占有、使用和依法处分的权利。《行政诉讼法》在第11条第1款第（三）项中所使用“法律”一词应作广义理解，即应包括法律、法规和规章。我国许多法律、法规都规定了各种企业的经营自主权，如《全民所有制工业企业转换经营机制条例》、《私营企业法》、《中外合资经营企业法》、《中外合作经营企业法》、《外资企业法》等。将行政机关侵犯法律规定的经营自主权纳入行政诉讼的范围，对于我国的经济体制改革有着重要的意义，也适应了市场经济体制下转变政府职能的客观要求。对于市场经济的要求来说，国家不应当以公共权力主体的身份介入司法关系。否则，行政权力过多的和不适当的干预，不仅会对行政相对人的合法权益，而且会对市场经济制度造成损害。因此，人民法院以行使司法审查权方式来维护企业的经营自主权是非常必要的。

四、对行政机关拒绝颁发许可证和执照或不予答复的案件

《行政诉讼法》第11条第1款第（四）项规定，人民法院受理公民、法人或者其他组织认为符合法定条件申请颁发许可证和执照，行政机关拒绝颁发或者不予答复的案件。许可证是主管行政机关给予行政相对人从事某种活动的权利或者给予行政相对人某种身份或权能的法律证书。许可证和执照的颁发统称为行政许可行为，其法律特征是，许可行政相对人从事的行为，乃为法律禁止一般人从事的法律行为。公民、法人或者其他组织凡是符合法定条件申请许可证和执照，主管行政机关都应在法定期限内予以颁发。否则，就可能侵犯公民、法人或者其他组织的可得利益。根据《行政诉讼法》的规定，这类案件主要有两种情形：一是行政机关拒绝颁发，即行政机关明确表示不同意将许可证和执照发放给公民、法人或者其他组织。“拒绝颁发”包括全部拒绝颁发、部分拒绝颁发、拒绝延续、拒绝变更某项许可证内容等。二是行政机关“不予答复”，即行政机关超过法律、法规及规章规定的审查期限，既不核发，也不作出明确拒绝核发的决定。许可证和执照的拒绝发放，限制了公民、法人或者其他组织从事某种职业、进行某种活动的机会，实质上是对行政相对人合法权益的剥夺，其危害有时比错误的行政处罚要大。

颁发证照行为作为受案范围应具备三个条件：第一，行政相对人已向行政机关提出了取得证照的申请，履行了法定的申请手续；第二，行政相对人认为自己符合取得证照的条件；第三，行政机关拒绝颁发或不予答复。对拒绝颁发的行为，行政相对人自收到拒绝颁发决定书或通知之日起或超出合理颁发期限

（此期限可由人民法院根据一般行政惯例确定）之日起提起诉讼。

五、申请行政机关履行法定职责而被拒绝或不答复的案件

《行政诉讼法》第11条第1款第（五）项规定，人民法院受理公民、法人或者其他组织申请行政机关保护人身权、财产权的法定职责，行政机关拒绝履行或者不予答复的案件。该项规定中的"法定职责"是指法律、法规明确规定行政主体在行政管理活动中，负有处理、解决某类事务的责任。处理提起此类案件的条件是：第一，行政机关负有保护人身权、财产权的法定职责；第二，行政相对人的人身权、财产权正受到或已受到或即将受到实际的而非想象的侵害；第三，行政相对人向行政机关提出保护其人身权、财产权的请求；第四，行政机关拒绝履行或不予答复。

人身权是指与自然人的人身和法人或其他组织实体不可分离的无直接财产内容的权利，包括公民享有的生命健康权、人身自由权、姓名权、名誉权、荣誉权、肖像权等，法人或其他组织的名称权（字号）、名誉权、荣誉权等，以及公民、法人或其他组织的知识产权中的人身权等。财产权是指有直接财产内容的民事权利，如物权、债权、继承权、知识产权中的财产权等。负有法定职责的行政主体拒绝履行法定保护职责或不予答复，无疑是对违法犯罪行为的放纵，是一种渎职行为，它一方面使行政相对人合法的人身权、财产权因得不到应得的保护而受到不法侵害；另一方面，损害了行政机关管理社会的权威。将这种情况纳入行政诉讼的受案范围，能使行政相对人受损害的权利可通过司法救济得到保护，同时，也可以监督行政机关认真、及时地履行职责。

根据《最高人民法院关于公安机关不履行法定行政职责是否承担赔偿责任问题的批复》（2001年6月26日最高人民法院审判委员会第1182次会议通过法释［2001］23号）的精神，由于公安机关不履行法定行政职责，致使公民、法人和其他组织的合法权益遭受损害的，应当承担行政赔偿责任。在确定赔偿的数额时，应当考虑该不履行法定职责的行为在损害发生过程和结果中所起的作用等因素。该规定明确了行政机关对于"拒绝履行法定职责"或"不予答复"所应承担法律责任的方式和范围，可以更好地促使行政机关履行职责。

六、认为行政机关没有依法发放抚恤金的案件

《行政诉讼法》第11条第1款第（六）项规定，人民法院受理公民、法人或者其他组织认为行政机关没有依法发给抚恤金的案件。抚恤金是国家或组织发给因公受伤或残疾的人员，或因公牺牲以及病故人员家属的费用。抚恤金

是特定公民依法享有的财产权利，必须由国家法律对发放对象、范围、标准和方法等作出明确的规定。

行政相对人对抚恤金发放行为不服提起行政诉讼应具备下述条件：第一，行政相对人具备领取抚恤金的法定条件；第二，相对人已向行政机关提出发放抚恤金的要求；第三，行政相对人认为行政机关没有依法发给。没有依法发给包括没有依法律、法规规定的条件、标准、数额、时限和程序发给，如行政机关所发给的抚恤金少于应发数额，以及行政机关将抚恤金错误地发给无权受领人而拒绝有权受领人提出的发放申请等情况。

抚恤金按发放机关的不同又可以分为两类：一类是企业或组织发放的抚恤金。对于企业不发放抚恤金的行为，当事人只能向劳动部门申请仲裁。另一类是行政机关依法发给的抚恤金，它包括一次性抚恤金、伤残抚恤金、伤残保健金等，行政机关不依法发给的，抚恤对象可依法向人民法院提起行政诉讼。

七、认为行政机关违法要求履行义务的案件

《行政诉讼法》第 11 条第 1 款第（七）项规定，人民法院受理公民、法人或者其他组织认为行政机关违法要求履行义务的案件。法定义务是指法律所规定的义务人为满足权利人利益，按照权利人要求作出一定的行为或不作为的必要性。行政机关在一定范围内，可依法要求公民、法人或者其他组织履行行政法上所规定的义务，对此行政相对人必须自觉履行。对公民、法人或者其他组织履行义务的要求，必须具有法律上的明确依据，并按照法律规定的程序进行。如果现行法律、法规没有关于行政相对人履行某项义务的规定，行政机关要求当事人履行不应负担的义务的，实质上构成对当事人合法权益的侵犯，行政相对人可诉诸法院要求撤销该项决定。违法要求履行义务的行为主要分为两类：一是违反法律规定的条件或程序，要求公民、法人或者其他组织履行义务；二是行政机关没有任何法律依据，而强行要求公民、法人或者其他组织履行义务。

八、认为行政机关侵犯其他人身权、财产权的案件

《行政诉讼法》第 11 条第 1 款第（八）项规定，人民法院受理公民、法人或者其他组织认为行政机关侵犯其他人身权、财产权的案件。该条规定属于一定范围内的概括式规定，即明确了行政机关只要是侵犯了公民、法人或者其他组织人身权、财产权的，行政机关都有权向人民法院提起诉讼。根据我国现行法律、法规的规定，人民法院受理的侵犯其他人身权、财产权案件，主要有四类：第一类是不服行政机关确认土地、矿产、森林、山岭、草原、荒地、滩

涂等资源的所有权和使用权归属的行政处理决定的案件。这类案件的性质原本是民事纠纷，因行政主体对纠纷的行政处理决定使其性质发生变化而转化为行政争议。《土地管理法》第16条规定，土地所有权和使用权争议，由当事人协商解决，协商不成的，由人民政府处理；当事人对有关人民政府的处理决定不服的，可以在接到处理决定通知之日起30日内，向人民法院起诉。《森林法》、《草原法》等法律、法规也作了类似规定。第二类是不服确认专利权、商标权等处理决定的案件。根据《专利法》和《商标法》的有关规定，对专利权属案件及商标权属案件当事人可以在收到裁决通知之日起3个月内向人民法院起诉。第三类是不服行政机关对平等主体间赔偿问题所作裁决的案件。这类案件本来也是民事案件，因行政机关介入处理并作出裁决而转化为行政争议。第四类是不服行政机关依照职权作出的强制性补偿决定的案件。需要注意的是，如果行政机关对平等当事人之间有关补偿问题作调解处理的，当事人不服，只能提起民事诉讼。

九、其他法律规定的行政案件

《行政诉讼法》第11条第2款规定："除前款规定外，人民法院受理法律、法规规定可以提起诉讼的行政案件。"该条规定的意义在于：首先，《行政诉讼法》第11条第1款第（一）至（七）项的列举性规定以及第（八）项的部分概括式规定都没有穷尽行政机关可诉行政行为的全部，在《行政诉讼法》以外，如果其他法律、法规规定可以提起行政诉讼的，行政相对人可以依照规定提起行政诉讼。这里所指的"法律、法规"，从法的渊源上说，包括全国人大常委会制定的法律、国务院制定的行政法规、地方人大制定的地方性法规以及民族自治地方权力机关制定的自治条例、单行条例。这里的"其他行政案件"应指行政机关侵犯人身权、财产权以外的行政案件，如行政机关侵犯公民的计划生育权、没有依法履行保护公民受教育的权利等。

第三节　人民法院不予受理的行政案件范围

《行政诉讼法》第12条规定了司法审查的排除性条款，即行政诉讼的否定范围，是指行政相对人不得起诉，人民法院也不得受理的行政争议范围。这些事项有以下四类：

一、国防、外交等国家行为

《行政诉讼法》第12条第1项规定，人民法院不受理公民、法人或者其他组织对国防外交等国家行为提起的诉讼。国家行为又称“统治行为”、“政治行为”，根据《最高人民法院关于执行〈中华人民共和国行政诉讼法〉若干问题的解释》（以下简称“解释”）第2条的规定，国家行为是指国务院、中央军事委员会、国防部、外交部等根据《宪法》和法律的授权，以国家名义实施的有关国防和外交事务的行为，以及经《宪法》和法律授权的国家机关宣布紧急状态、实施戒严和总动员等行为。“国家行为不可诉”是世界各国行政诉讼立法的通例。法国、美国等国家都对此有明确的规定，排除对国家行为的司法审查，其原因在于：首先，这类行为不仅涉及到行政相对人的利益，而且涉及到国家的整体利益，法院很难作出该行为合法与否的判断；其次，此类行为主要由国家权力机关来实施，从我国国家机构的设置来看，司法机关不具备监督国家权力机关的职能；再次，国家行为的失误导致国家领导人的政治责任，而政治责任的承担只能通过权力机关才能决定，人民法院无权解决国家领导人的政治责任问题。必须明确的是，国家行为主要包括国防行为和外交行为，但又不限于国防行为和外交行为，同时，并非所有与国防外交有关的行为都是国家行为。

二、抽象行政行为

《行政诉讼法》第12条第2项规定，人民法院不受理公民、法人或者其他组织对行政法规、规章或者行政机关制定、发布的具有普遍约束力的决定、命令提起的诉讼。根据最高人民法院“解释”第3条的规定，“具有普遍约束力的决定、命令”是指行政机关针对不特定对象发布的，能反复适用的行政规范性文件。抽象行政行为包括两类：第一类是行政立法行为，包括行政机关制定行政法规和规章的行为。行政法规指国务院以条例、规定、办法三项名称发布的规范性文件，规章指国务院各部委、直属机构、省级人民政府、省会市人民政府、国务院批准的较大的市的人民政府根据法律、行政法规发布的规范性文件。第二类是一般抽象行为，指行政机关制定、发布具有普遍约束力的决定、命令的行为。“决定”、“命令”可以是抽象行政行为也可以是具体行政行为，区别的关键看其是否具有普遍约束力。

三、内部行政行为

内部行政行为是指行政机关对其所属机构及其工作人员所实施的不直接涉及行政相对人权益的组织、指挥、协调、监督等行为。行政机关对工作人员的奖惩、任免、考核、调动、工资、福利待遇等都属于内部行政行为。《行政诉讼法》第12条第3项规定，人民法院不受理公民、法人或者其他组织就行政机关对行政机关工作人员的奖惩、任免等决定提起的行政诉讼。根据最高人民法院“解释”第4条的规定，“对行政机关工作人员的奖惩、任免等决定”是指行政机关作出的涉及该行政机关公务员权利义务的决定。内部行政行为只属于组织管理问题，不构成法律问题，因而也就是一种没有法律意义的行政机关的行为，不应通过行政诉讼的途径来解决。根据世界各国行政立法的通例，法院对于行政机关纯内部行政措施的行为不应干预。

四、行政机关的最终裁决行为

《行政诉讼法》第12条第4项规定，人民法院不受理公民、法人或者其他组织对法律规定由行政机关最终裁决的具体行政行为提起的诉讼。根据最高人民法院“解释”第5条的规定，“法律”是指全国人民代表大会及其常务委员会制定、通过的规范性文件。从解释的精神来看，它不包括法规、规章、司法解释等广义的法。凡是法律规定由行政机关最终裁决的具体行政行为，就排除了人民法院对其行使司法审查权的可能性。由行政机关作出最终裁决的具体行政行为情况主要有以下几种：

1. 明确列举的方式。法律明确规定当事人不服行政机关的某项行政处理决定，只能向有关行政机关申请复议，复议决定为最终裁决，不得再向人民法院起诉。如《集会游行示威法》第13条规定：“集会、游行、示威的负责人对主管机关不许可的决定不服的，可以自接到通知之日起3日内，向同级人民政府申请复议，人民政府应当自接到申请复议书之日起3日内作出决定。”该法没有规定当事人对人民政府复议决定不服，可以向人民法院起诉，《行政诉讼法》也未对此作出明确规定。因此，人民政府关于集会、游行、示威申请的复议决定就是法律明确列举的终局裁决。

2. 当事人自己选择以行政机关的最终裁决作为解决纠纷的方式。当事人不服行政机关的处理决定，可以向作出决定的行政机关的上一级机关申请复议，复议决定为终局决定；也可以直接向人民法院起诉。而当事人选择申请行政复议，这样当事人的选择就排除了司法审查的可能性。如《外国人入境出境管理法》第29条第2款规定：“受公安机关罚款或者拘留处罚的外国人，对其处罚不服的在接到通知之日起15日内，可以向上一级公安机关提出申诉，由上一级公安机关作出最后裁决，也可以直接向当地人民法院提起诉讼。”《行政复议法》第30条第2款规定：“根据国务院或者省、自治区、直辖市人民政府对行政区划的勘定、调整或者征用土地的决定，省、自治区、直辖市人民政府确认土地、矿藏、水流、森林、山岭、草原、荒地、滩涂、海域等自然资源的所有权或者使用权的行政复议决定为最终裁决。”

3. 根据《行政诉讼法》的规定，行政机关对人民法院受案范围以外的具体行政行为发生的争议作出的裁决就是一种事实上的终局裁决。如患者及家属对行政机关医疗事故鉴定结论有异议向人民法院起诉的，人民法院不予受理；劳动争议经过仲裁后，当事人不服向人民法院起诉的，法院在审理时不作为行政案件审理；行政机关居间对公民、法人或者其他组织之间以及他们相互之间的民事权益争议进行的调解或者根据法律、法规规定进行的仲裁处理，当事人对调解、仲裁不服，向人民法院起诉的，人民法院不作为行政案件受理。

另外，根据最高人民法院“解释”第 1 条第 2 款的规定，下列行为也不属于人民法院的受案范围：公安、国家安全等机关依照《刑事诉讼法》明确授权实施的行为；调解行为以及法律规定的仲裁行为；不具有强制力的行政指导行为；驳回当事人对行政行为提起申诉的重复处理行为；对公民、法人或其他组织权利和义务不产生实际影响的行为，如在作出行政决定前的讨论意见。

第二十二章　行政诉讼的管辖

第一节　行政诉讼管辖概述

一、行政诉讼管辖的概念与特征

（一）行政诉讼管辖的概念

行政诉讼管辖是指人民法院之间受理第一审行政案件的职权分工。这种职权分工有两方面的后果：其一，对于审判机关来说，它既确定了同级人民法院之间审理行政案件的具体分工，也明确了上下级人民法院之间受理第一审行政案件的权限划分。其二，对于当事人来说，则解决了发生争议后到哪一级的哪一个人民法院去起诉或应诉的问题。

（二）行政诉讼管辖的特征

行政诉讼管辖具有以下特征：

1. 行政诉讼管辖是行政审判权的分工，划分的是人民法院内部关于行政案件的审判权限，不涉及人民法院与其他国家机关之间处理行政争议的权限分工。

2. 行政诉讼管辖包括“纵”、“横”两方面的内容，既要确定上下级人民法院之间受理第一审行政案件的权限分工，又要确定同一级人民法院之间受理第一审行政案件的权限分工。

3. 行政诉讼管辖仅指受理第一审行政案件的权限分工，不包括第二审和审判监督程序行政案件的管辖问题。按照行政诉讼审级的规定，一审管辖明确之后，二审及审判监督程序的管辖自然也就确定了，无须另行规定。

4. 行政诉讼管辖一经确定，即具有排他性和恒定的效力，非法定情形，管辖法院始终对其受理的行政案件有管辖权，不受其他任何人民法院的干涉。

可见，行政诉讼管辖与行政诉讼主管是两个既相联系又相区别的概念。行政诉讼主管是指人民法院受理行政案件的范围，解决的是人民法院与其他国家机关之间在处理行政争议上的权限分工。只有确定了行政诉讼主管的内容，行政争议属于人民法院的受案范围，才有必要和可能确定案件由哪一个人民法院管辖。同时，只有确定了行政诉讼管辖，才能使行政诉讼主管得到具体落实。

行政诉讼管辖与行政诉讼主审也有所不同。管辖解决的是人民法院受理第一审行政案件的权限分工，主审则是在确定管辖后，人民法院内部由哪一个审判庭及合议庭审理。管辖是主审的前提，没有管辖权就无从确立主审。

二、行政诉讼管辖的确定原则

《行政诉讼法》关于管辖的确定，主要依据以下几项原则：

（一）原告诉权保障原则

行政诉讼的原告是行政管理相对人，在行政关系中，相对于处于管理者优越地位的行政机关，处于被管理和服从的地位。行政诉讼就是专为行政相对方维护自己的合法权益，当受到行政机关不法侵害时而设立的司法救济渠道。行政管理相对人通过提起行政诉讼，请求人民法院撤销违法行为，要求赔偿损失，从而使合法权益得到保障，被侵害的权益得以恢复或弥补。起诉是寻求司法救济的第一步。所以，充分保障原告诉权是行政诉讼管辖必须首先遵循的原则。如我国《行政诉讼法》明确规定，除法律特别规定由中级人民法院、高级人民法院和最高人民法院管辖的第一审行政案件外，基层人民法院管辖第一审行政案件。基层人民法院辖区往往是原告所在地，这一规定便于原告行使诉权。再如对限制人身自由的行政强制措施不服提起的诉讼，由被告所在地或者原告所在地人民法院管辖。这样，原告在起诉时可以权衡利弊，自行选择最有利于自己诉讼的管辖法院。

（二）有利于人民法院有效行使审判权的原则

人民法院是行政争议的司法裁判者，行政诉讼从人民法院的角度讲，就是行使审判权的活动过程。《行政诉讼法》规定，基层人民法院管辖第一审行政案件，因不动产提起的行政诉讼由不动产所在地人民法院管辖，考虑了就地审判，便于查证、认定事实，便于执行的因素。海关处理的案件、确认专利权的案件专业性较强，由整体素质较高、条件较好的中级人民法院管辖，才能有效行使审判权。高级人民法院、最高人民法院只管辖本辖区或全国范围内的重大、复杂的第一审行政案件，上级人民法院有权审判下级法院管辖的行政案件，由于特殊原因不能行使管辖权的由上级人民法院指定管辖等规定，均是从有效行使审判权原则出发，考虑到审判能力与可行性，考虑到高级人民法院、最高人民法院承担的主要工作，考虑到排除行政机关干扰作出的。

（三）管辖经济原则

管辖经济是诉讼经济原则在管辖中的体现，诉讼经济是指以最小的诉讼成本实现最大的诉讼效益。诉讼总是需要一定的成本，总有时间、精力、物力、财力上的耗费，在保证及时、公正审判的基础上，尽量减少人力、物力、财力的投入。对人民法院而言，是其完成司法职能必须借助的，这是由司法资源的有限性和人民法院职责的繁重性决定的。对当事人而言，在时间、精力、和财力上的耗费也是越少越好。所以，在管辖上应遵循经济原则，充分利用司法资源，合理配置各级各地人民法院的审判任务。《行政诉讼法》关于级别管辖、地域管辖和指定管辖的规定，无不贯彻管辖经济原则。如由基层人民法院审理绝大多数第一审行政案件，不仅便于当事人诉讼，而且便于人民法院调查取证，减少司法耗费。

（四）管辖唯一原则

管辖唯一并不是说行政诉讼管辖是绝对的，原告没有任何选择的机会，人民法院没有任何变通的可能。所谓管辖唯一原则，是指一个案件最终只能确定一个法院管辖。如果没有这一原则的约束，就会出现争讼或者推诿的现象，不利于维护行政相对方的合法权益。《行政诉讼法》规定，两个以上人民法院都有管辖权的案件，由最先收到起诉状的人民法院管辖，人民法院对管辖权发生争议，由争议双方协商解决。协商不成的，报请它们共同的上级人民法院指定管辖。级别管辖、地域管辖的规定，也都是为使具体案件最终能确定一个人民法院管辖，使原告的诉权和人民法院的管辖权得到落实。

第二节　行政诉讼的级别管辖

一、级别管辖的概念

级别管辖，是指按照人民法院组织系统划分上下级人民法院之间受理第一审行政案件的分工和权限。确定级别管辖是明确行政案件管辖权的前提条件。根据《宪法》和《中华人民共和国人民法院组织法》的规定，我国人民法院的设置分为四级，即基层人民法院、中级人民法院、高级人民法院、最高人民法院。《行政诉讼法》关于级别管辖的规定，是划分各级人民法院审理第一审行政案件的分工，确定第一审行政案件具体由哪一级法院进行审理的依据。总之，级别管辖是在人民法院系统内，纵向解决哪些第一审行政案件应由哪一级法院审理的问题（专门人民法院和人民法庭不受理行政诉讼案件）。

二、级别管辖的具体内容

依据《行政诉讼法》确定管辖权的基本原则，根据行政案件的性质、复杂程度以及影响范围，《行政诉讼法》对各级人民法院管辖第一审行政案件的权限划分如下：

（一）基层人民法院的管辖

《行政诉讼法》第 13 条规定："基层人民法院管辖第一审行政案件。"联系《行政诉讼法》关于管辖的所有规定可知，基层人民法院管辖的第一审行政案件，是中级人民法院、高级人民法院和最高人民法院管辖的第一审行政案件以外的那些行政案件，之所以这样规定，是因为我国基层人民法院是按县（市）、旗、区的行政区划设置的，数量众多，遍布全国，又没有上级人民法院承担的上诉审、审判监督、指导等职责，有能力承担大量的第一审行政案件的审判工作。加之，基层人民法院辖区大都既是原告与被告所在地，又是行政争议的发生地，由基层人民法院管辖，便于当事人参加诉讼、便于人民法院调查取证、便于及时处理行政案件。

（二）中级人民法院的管辖

根据《行政诉讼法》第 14 条的规定，下列行政案件由中级人民法院管辖：

1. 确认专利权、商标权的案件。根据《中华人民共和国专利法》第 41、46、55 条规定，确认专利权的案件主要包括：因申请专利权而引起纠纷的案件，因宣告授予的专利权无效或维持专利权而引起纠纷的案件，因实施强制许可而引起纠纷的案件。《中华人民共和国商标法》第 32、43 条的规定，确认商标权的案件包括：因申请商标权而引起纠纷的案件，因宣告授予的商标权无效或维持商标权而引起纠纷的案件。

2. 海关处理的案件。根据《中华人民共和国海关法》的有关规定，可以提起行政诉讼的海关处理的案件主要包括：相对人对海关作出的行政处罚不服提起的诉讼，对海关的扣押决定不服提出的诉讼，对海关作出的交纳关税的决定不服提起的诉讼。

3. 对国务院各部门或者省级人民政府所作的具体行政行为提起诉讼的案件。根据《宪法》和有关法律、法规的规定，涉及国家和社会重大利益的事项，必须由国务院各部门或者省、自治区、直辖市人民政府作出具体行政行为。如在中国境内设立中外合资企业，必须经对外贸易经济合作部批准，征用土地必须由省级人民政府批准等。不服国务院各部门或者省级人民政府作出的具体行政行为，不管这些机关是以自己的名义作出的最初决定，还是作为复议机关作出的变更或撤销具体行政行为的复议决定，都属于中级人民法院管辖。

4. 中级人民法院辖区内重大、复杂的行政案件。这是一项比较灵活的规定，"重大"、"复杂"是综合评价因素。如当事人的具体情况、案件所涉范围、影响等。根据最高人民法院《解释》第8条的规定，下列情况属于此项行政案件：

（1）被告为县级以上人民政府，基层人民法院不适于审理的案件。这里需要注意：被告须是人民政府而不是人民政府的职能部门；被告须是县级以上的人民政府；且基层人民法院不适宜审理。

（2）社会影响重大的共同诉讼案件、集团诉讼案件。集团诉讼是共同诉讼的一种特殊形式，其当事人一方或者双方至少为5人以上。这类诉讼主要是农村土地承包案件、土地征用案件、城市规划拆迁案件。

（3）重大涉外行政案件。涉外行政案件必须是案件的当事人、依据、客体或者执行涉及其他国家或者国际组织。具体而言，包括原告是外国的公民、法人或者其他组织；案件的审理涉及国际条约的适用；案件的客体是涉及国际关系协调的事项；裁判的执行需要外国法院承认；国际贸易、反倾销、反补贴等行政案件。

（4）涉及香港、澳门、台湾地区的行政案件。

（5）其他重大、复杂案件。这是一个备用性规定，凡是上述法律、司法解释没有明确规定，基层人民法院认为案件重大，不适合由自己管辖的，可以请求中级人民法院移转管辖。中级人民法院认为是本辖区内重大、复杂的行政案件，也可以由中级人民法院管辖。

（三）高级人民法院的管辖

高级人民法院是地方各级人民法院中的最高一级，它主要承担着对本辖区内的中级人民法院和基层人民法院的审判工作进行监督和指导，对不服中级人民法院判决、裁定的上诉、抗诉案件的审理工作，不宜管辖过多的第一审行政案件。《行政诉讼法》第15条规定："高级人民法院管辖本辖区内重大、复杂的第一审行政案件。"这是一条原则性和灵活性相结合的规定。原则性体现在必须是本辖区内的重大、复杂的行政案件，非本辖区或非重大、复杂均不属于高级人民法院管辖。灵活性体现在是否重大、复杂，由高级人民法院根据具体情况进行判断决定。一般来说，在一省、自治区、直辖市范围内有重大影响，或所涉当事人众多且有特殊身份，或涉及重大公共利益，或所涉及的法律、法规规定不明确，需报请国务院或最高人民法院作出解释等案件，属于“本辖区内重大、复杂”的行政案件。如深圳市贤成大厦有限公司、泰国贤成两和公司诉深圳市工商局、深圳市招商局行政纠纷案，由于诉讼标的大（涉及金额13 000万元人民币），又是涉外案件，所以，第一审由广东省高级人民法院管辖。此外，根据《行政诉讼法》第23条的规定，高级人民法院还可以审判下一级人民法院管辖的第一审行政案件。

（四）最高人民法院的管辖

最高人民法院是我国的最高审判机关，其主要任务是对全国各地各级人民法院的审判工作实行监督和指导，对行政审判过程中具体适用法律问题作出司法解释，审理不服高级人民法院判决、裁定的上诉、抗诉案件。因此，最高人民法院只能受理极少数的第一审行政诉讼案件。《行政诉讼法》第16条规定：“最高人民法院管辖全国范围内重大、复杂的第一审行政案件。”什么是“全国范围内重大、复杂”的行政案件？有关司法解释没有明确规定。联系到关于级别管辖的其他规定，应主要指对全国有重大影响的行政案件或在国际上有重大影响的涉外行政案件。具体案件是否属于“全国范围内重大、复杂”的行政案件，由最高人民法院认定。此外，根据《行政诉讼法》第23条的规定，最高人民法院还可以审判下一级人民法院管辖的第一审行政案件。

第三节　行政诉讼的地域管辖

一、地域管辖的概念

地域管辖又称土地管辖或区域管辖，它是指在同级人民法院之间横向划分其各自辖区内受理第一审行政案件的权限和分工。

地域管辖和级别管辖既有区别又有联系。区别表现在：级别管辖是纵向确定各级人民法院对案件的管辖权限，它所解决的是案件应由哪一级人民法院管辖的问题；而地域管辖则是横向确定同级人民法院之间对案件的管辖权限划分，它所解决的是案件应由哪一个人民法院管辖的问题。二者的联系表现在：地域管辖是在级别管辖的基础上划分的，只有确定级别管辖后，才能确定地域管辖。当然，在确定了级别管辖之后，也必须借助于地域管辖进一步落实具体的受诉人民法院，这样才能最终确定第一审行政案件的管辖问题。

二、地域管辖的具体内容

根据《行政诉讼法》的规定，地域管辖分为一般地域管辖和特殊地域管辖。

（一）一般地域管辖

一般地域管辖是指以最初作出具体行政行为的行政机关所在地为标准来确定行政案件的管辖法院。它是相对于特殊地域管辖而言的。《行政诉讼法》第17条规定："行政案件由最初作出具体行政行为的行政机关所在地的人民法院管辖。经复议的案件，复议机关改变原具体行政行为的，也可以由复议机关所在地人民法院管辖。"根据这一规定，凡是未经复议机关复议而直接向人民法院起诉的行政案件，以及经过复议，不论复议机关决定维持或改变具体行政行为，只要行政相对人不服，向人民法院起诉的行政案件，都采取一般地域管辖的原则，由最初作出具体行政行为的行政机关所在地的人民法院管辖。复议机关改变原具体行政行为的，也可以由复议机关所在地的人民法院管辖。所谓复议机关改变原具体行政行为是指：①复议决定改变原具体行政行为所认定的主要事实和证据的；②复议决定改变原具体行政行为的主要规范依据且对定性产生影响的；③复议决定改变原具体行政行为的处理结果，即撤销、部分撤销或者变更原具体行政行为的。

（二）特殊地域管辖

特殊地域管辖是相对于一般地域管辖而言的，是一般地域管辖的例外。因为某些行政案件，如果适用一般地域管辖规则，会不利于人民法院审理行政案件和当事人参加诉讼。为此《行政诉讼法》第18、19条专门作出了有关特殊地域管辖的规定。特殊地域管辖分为专属管辖和共同管辖两种。

1. 专属管辖。专属管辖是指法律以诉讼标的所在地为标准，强制规定特定的行政诉讼案件只能由特定人民法院予以管辖。专属管辖的显著特征是它在管辖上的排他性。

《行政诉讼法》第19条对专属管辖作了具体规定："因不动产提起的行政诉讼，由不动产所在地人民法院管辖。"不动产是相对于动产而言的，一般是指不能移动，或者移动后会失去其使用价值的实物，如土地以及土地上的附着物（房屋、林木等）。因房屋拆迁、征用土地等不动产而提起的行政诉讼，规定由不动产所在地人民法院专属管辖，主要是为了便于人民法院对案件进行调查、勘验，以便人民法院正确及时地审理相应案件。同时，《行政诉讼法》规定此种管辖也是为了在案件判决之后有利于对判决的执行。

2. 共同管辖（任意管辖）。共同管辖，是指依照法律规定，两个以上的人民法院对同一行政案件都有管辖权而由原告选择具体管辖法院的管辖。根据

《行政诉讼法》的规定，共同管辖主要有以下两种情况：

(1)《行政诉讼法》第 17 条规定，经过行政复议的案件，复议机关改变原具体行政行为的，由最初作出具体行政行为的行政机关所在地或者复议机关所在地的人民法院管辖。

(2)《行政诉讼法》第 18 条规定："对限制人身自由的行政强制措施不服提起的诉讼，由被告所在地或者原告所在地人民法院管辖。"这里的"原告所在地"既包括原告的户籍地、原告连续居住满一年以上的经常居住地，也包括原告被限制人身自由地。行政机关基于同一事实既对人身又对财产实施行政处罚或者采取行政强制措施的，被限制人身自由的人对两项措施同时提起诉讼，既可以向被告所在地人民法院提起诉讼，也可以向原告所在地人民法院提起诉讼，受诉人民法院应一并管辖。

共同管辖只是表明了各有关人民法院对同一行政案件都拥有管辖权，而这并不意味着几个有关的人民法院应共同审理同一行政案件，该行政案件究竟应由哪一个具体的人民法院行使管辖权，还必须借助于当事人（原告）的选择来加以解决。

所谓选择管辖，是指对于两个以上的人民法院都拥有管辖权的诉讼，原告可以选择其中任何一个人民法院起诉，从而确定具体人民法院的管辖。《行政诉讼法》第 20 条规定："两个以上人民法院都有管辖权的案件，原告可以选择其中一个人民法院提起诉讼。原告向两个以上有管辖权的人民法院提起诉讼的，由最先收到起诉状的人民法院管辖。"

由此可见，共同管辖和选择管辖是就同一问题分别从管辖权和当事人两个不同的角度作出的规定，共同管辖是选择管辖的前提和基础，选择管辖又是共同管辖的必要补充和具体落实。《行政诉讼法》作出这样规定的目的，是为了避免和解决人民法院管辖权问题的争议。

第四节　行政诉讼的裁定管辖

根据人民法院的裁定而不是法律的直接规定而确定的管辖，称为裁定管辖。裁定管辖是法定管辖的必要补充，它可以帮助人民法院解决在具体案件管辖上出现的一些特殊问题。《行政诉讼法》第 21、22、23 条分别规定了裁定管辖的各种情形：移送管辖、指定管辖和管辖权的转移等。

一、移送管辖

移送管辖是指人民法院对已经受理的案件经审查发现不属于本法院管辖

时，将案件移送给有管辖权的人民法院管辖的一种法律制度。它是无管辖权的人民法院受理了不属于其管辖的案件所采取的一种补救措施，实质上是案件的移送，而不是管辖权的转移。移送管辖必须具备以下三个条件：第一，移送的案件必须是已经受理的案件；第二，移送的人民法院对案件没有管辖权；第三，向（自己认为）有管辖权的人民法院移送。我国《行政诉讼法》第21条规定："人民法院发现受理的案件不属于自己管辖时，应当移送有管辖权的人民法院。受移送的人民法院不得自行移送。"如果受移送的人民法院认为自己也无管辖权时，应报请上级人民法院指定管辖，以免影响行政相对人依法行使诉权和人民法院对行政案件的及时审理。

二、指定管辖

指定管辖是指上级人民法院用裁定的方式，将某一案件交由某个下级人民法院进行管辖的法律制度。根据我国《行政诉讼法》第22条的规定，指定管辖有以下两种情况：

1. 由于发生了特殊的原因，使有管辖权的人民法院不能行使管辖权。这里的"特殊原因"包括法律上的原因和事实上的原因。法律上的原因主要是指出现了法律规定的情形，如因回避，审判人员不够，不能组成合议庭审理案件。事实上的原因如发生了严重的自然灾害等。根据最高人民法院司法解释的精神，有下列情形之一的，有管辖权的人民法院应报请上级人民法院指定管辖：①原告是受诉人民法院的工作人员、受诉人民法院所在地的党政主要负责人、受诉人民法院主要领导人或者行政审判人员的近亲属；②受诉人民法院参与了被诉具体行政行为，当事人申请回避，理由成立的；③因其他特殊原因应当报请指定管辖的。

2. 管辖权发生争议，争议的双方人民法院又协商不成。在这种情况下，应报请它们共同的上级人民法院指定管辖。

三、管辖权的转移

管辖权的转移，又称移转管辖，是指由上级人民法院决定或者同意，把案件的管辖权由上级人民法院交给下级人民法院，或者由下级人民法院移交给上级人民法院。管辖权转移不同于移送管辖，前者转移的是管辖权，后者转移的是案件。根据我国《行政诉讼法》第23条的规定，管辖权的转移可以分为以下三种情况：

1. 上级人民法院有权审判下级人民法院的第一审行政案件。在行政诉讼实践中，对于下级人民法院既不受理又不作不予受理裁定的案件，上级人民法院认为符合受理条件的，可以先行受理。受理后可以指定下级法院审理，也可以自行审理。

2. 上级人民法院可以把自己管辖的第一审行政案件交给下级人民法院审判。

3. 下级人民法院对其管辖的第一审行政案件，认为需要由上级人民法院审判的，可以报请上级人民法院决定。

第二十三章　行政诉讼参加人

第一节　行政诉讼参加人概述

一、行政诉讼参加人与行政诉讼参与人

行政诉讼参加人，是指依法参加行政诉讼活动，享有诉讼权利，承担诉讼义务，并且与行政争议或诉讼结果有利害关系的人及与其地位相似的人。根据《行政诉讼法》的规定，行政诉讼参加人一般包括原告、被告、第三人和诉讼代理人四类。

行政诉讼参加人和行政诉讼参与人是两个概念，行政诉讼参与人是一个泛指的概念，是与行政诉讼结果有利害关系的行政诉讼当事人以及依法为帮助人民法院查明案件事实真相而参与到行政诉讼中的其他人员，它除了包括所有的行政诉讼参加人以外，还包括证人、鉴定人、翻译人、勘验人等其他与案件没有利害关系的人，这类人员在行政诉讼活动中同样享有相应的诉讼权利，承担相应的诉讼义务。

二、行政诉讼当事人的概念和特征

（一）行政诉讼当事人的概念

行政诉讼当事人是指以自己的名义进行诉讼，并受人民法院裁判羁束的利害关系人。行政诉讼当事人是行政诉讼参加人的核心主体，也是整个诉讼活动的核心主体。在第一审程序中，行政诉讼当事人包括原告、被告和第三人；在第二审程序中，称为上诉人和被上诉人；在审判监督程序中，称为申诉人和被申诉人；在执行程序中，称为申请执行人和被申请执行人。在行政诉讼中，当事人的称谓，不仅仅是一个名称问题，它直接表明了当事人在行政诉讼中的诉讼地位及其所享有的诉讼权利和所承担的诉讼义务。在不同的诉讼阶段，他们享有不同的诉讼权利和承担不同的诉讼义务。一般情况下，人们都习惯用一审程序中的原告、被告和第三人来概括当事人的范围。

（二）行政诉讼当事人的特征

1. 当事人是具体的行政法律关系中发生争议的双方主体。具体的行政法律关系的主体包括行政主体一方和行政管理相对人一方。因此，当事人中必然有一方是行政主体（尤其是行政机关），而另一方则是认为行政主体侵犯其合法权益的公民、法人和其他组织。行政法律关系与行政诉讼法律关系是性质不同的两个关系，但存在着密切的联系。在具体行政法律关系中，如果行政相对人不服行政主体的管理，就会产生行政争议，争议的双方诉诸人民法院，双方就转化为行政诉讼当事人。即是说，双方之间首先是一种行政法律关系，一旦这种关系诉诸人民法院，就转化为行政诉讼法律关系。

2. 以自己名义参加行政诉讼。在行政诉讼中，只有以自己名义参加行政诉讼活动的，才属于行政诉讼当事人。无论原告、被告还是第三人，都是通过诉讼解决自己的权利义务争议，自己承担诉讼裁判的后果和责任。如果某人不是以自己的名义而是以他人名义参加行政诉讼活动，就不属于行政诉讼当事人，而是诉讼代理人。

3. 与案件有利害关系。利害关系指权利义务的得失或变更。在行政诉讼中，当事人是为了维护自己的合法权益而参与到行政诉讼活动中的，案件的处理结果与其有直接的利害关系。因此，同案件没有利害关系的当事人以外的其他诉讼参与人，如证人、鉴定人、翻译人、勘验人等，虽然也是诉讼中不可缺少的，但并不是基于自身的利益参加到诉讼之中，只是为了协助人民法院进行诉讼，使诉讼活动能够顺利进行，与案件的结果没有利害关系，这类人员就不是行政诉讼的当事人。

4. 受人民法院裁判的羁束。由于行政诉讼是人民法院解决行政争议的过程，人民法院的裁判是针对当事人之间行政权利和行政义务的争执作出的。因此，裁判的效力只是针对当事人，当事人要受到裁判的羁束。人民法院在裁判中所确定的权利义务，就是当事人享有的权利和必须承担的义务，如果当事人拒不履行法院裁判，人民法院依法可以强制执行。

三、当事人的诉讼权利能力与诉讼行为能力

（一）行政诉讼权利能力

行政诉讼权利能力是指能够以自己的名义参加行政诉讼，享有行政诉讼权利和承担行政诉讼义务的资格。一般来说，行政诉讼权利能力的有无取决于权利能力的有无。权利能力是指以自己的名义依法享有权利和承担义务的资格。

诉讼权利能力和权利能力是两个有区别但又有联系的概念，它们是对不同法律关系的反映。诉讼权利能力指的是进入诉讼法律关系的资格，权利能力指的是进行实体法律关系的资格。对于享有权利能力的个人或组织，人民法院必须赋予他们诉讼权利能力，使他们能够通过诉讼程序保护自己的权利。国务院和地方各级人民政府是最高国家权力机关和各级国家权力机关的执行机关，是最高行政机关和地方各级国家行政机关，他们当然享有权利能力。但与公民、法人的权利、义务不同，他们享有的权利是国家的行政权力，他们承担的义务是依法履行职责和依法行使权利。因此，他们也享有行政诉讼权利能力。享有权利能力的必然享有行政诉讼权利能力，这是一般规则，但也有享有行政诉讼权利能力的并不享有权利能力的特例。《行政诉讼法》第 2 条规定的“其他组织”即不具备法人条件的组织就是这种特例，例如尚处于筹建阶段的企业、工矿筹建处、可以自己的名义组织学术研究活动的学术团体等，就是享有行政诉讼的权利能力，但不享有权利能力的组织。

（二）行政诉讼行为能力

行政诉讼行为能力，指能够以自己的行为独立实现行政诉讼权利、承担行政诉讼义务的资格。具有行政诉讼权利能力的不一定具有行政诉讼行为能力，只有能亲自进行诉讼活动的人或组织才具有行政诉讼行为能力。法人、其他组织和行政机关等都具有这种能力。法人和其他组织的行政诉讼行为能力由其法定代表人或负责人实施，行政机关的行政诉讼行为能力由其主管人员实施。法律规定确认公民的诉讼行为能力的标准，是依据人的辨认与控制能力，主要是自然人的年龄和精神状态。在公民中，18 周岁以上的和 16 周岁以上但不满 18 周岁、以自己的劳动收入为主要生活来源的公民可以亲自进行行政诉讼，具有行政诉讼行为能力。

四、当事人的诉讼权利与诉讼义务

（一）当事人的诉讼权利

赋予当事人在诉讼过程中以一定的权利，既是其用以维护自己合法权益的诉讼手段，也是人民法院及时全面地查明案件事实，正确适用法律的保证之一。当事人在行政诉讼中享有广泛的诉讼权利，主要有：①使用本民族语言文字进行诉讼；②在诉讼中进行辩论；③委托诉讼代理人进行诉讼；④查阅本案材料；⑤申请证据保全；⑥申请财产保全；⑦申请回避；⑧提起上诉；⑨提出申诉；⑩申请强制执行等。

（二）当事人的诉讼义务

当事人在享有上述诉讼权利的同时，须履行下列诉讼义务：①依法正确行使诉讼权利，不得滥用诉讼权利；②遵守诉讼秩序，服从法庭指挥，不得实施妨害诉讼秩序的行为；③自觉履行人民法院已经生效的裁判；④被告行政机关在行政诉讼中负有举证责任等。

第二节 行政诉讼的原告

一、行政诉讼原告的概念与特征

（一）行政诉讼原告的概念

原告是指认为行政机关及其工作人员的具体行政行为侵犯其合法权益，以自己的名义向人民法院提起诉讼，从而引起诉讼程序发生的公民、法人或者其他组织。

（二）行政诉讼原告的特征

原告具有以下法律特征：

1. 行政诉讼的原告必须是认为具体行政行为侵犯其合法权益的人。首先，行政机关的行为是直接影响了公民、法人和其他组织的权益，二者之间是实质性联系；其次，必须是认为具体行政行为侵犯了自己的合法权益，而不是他人的合法权益。具体行政行为侵犯了自己的合法权益时，公民、法人或者其他组织才有资格向人民法院起诉。

2. 以自己的名义向人民法院起诉。

3. 受人民法院裁判的羁束。

二、行政诉讼原告的资格条件

（一）原告资格的构成要件

我国《行政诉讼法》第 24 条第 1 款规定："依照本法提起诉讼的公民、法人或者其他组织是原告。"综合有关法律规定，我国行政诉讼原告资格的构成要件是：

1. 在行政法律关系中，处于行政相对人的地位。所谓"行政相对人"是指在行政法律关系中与行政主体相对的一方当事人，即公民、法人或其他组织。相对人不仅指具体行政行为的直接对象，也包括其权益受具体行政行为影响的人，如行政机关批准某公民建房，导致另一住宅的采光遭受严重影响的公民。相对人不仅指公民、法人和一般社会组织，也包括处于被管理地位时的国家机关，如因违章建筑受到政府规划部门处罚的国家机关。

在行政法律关系中处于行政主体地位的行政机关或法律法规授权的组织不具有行政诉讼原告的资格，不能提起行政诉讼。

2. 认为具体行政行为侵犯其合法权益。它包括几个方面的内容：

（1）具体行政行为（作为和不作为）对相对人合法权益的侵犯，不一定造成了既成的损害。只要具体行政行为对相对人已经实施终了，即可认为侵犯了利害关系人的合法权益。但如果具体行政行为尚未实施或者尚未执行，那么，它对利害关系人合法权益的损害就还只是一种可能性，尚不能认为已构成“侵犯”要件。

（2）作为原告资格的一个条件，法律并不要求以具体行政行为确实侵犯了相对人的合法权益为前提，而只要起诉人“认为”具体行政行为侵犯其合法权益即可。因为具体行政行为是否真正侵犯起诉人的合法权益，只能在诉讼结束时才能最后确定。

（3）起诉人不能毫无根据地“认为”某一具体行政行为侵犯其合法权益，而应说明必要的“事实根据”。至少应说明其是被诉具体行政行为的利害关系人，被诉具体行政行为同其权益的损害具有法律上的因果关系。

可见，“认为具体行政行为侵犯其合法权益”虽然带有一定的主观性，但并不完全取决于一个人的任意性。人民法院在决定某一个人或组织是否具有原告资格时，应当审查这种“认为”是否具有一定的客观基础，即审查提起诉讼的人与被诉具体行政行为客观上是否具有利害关系。

（二）原告资格的转移

行政诉讼的原告资格是法律赋予特定人的资格，在一般意义上是不能转移的。但在法律所承认的特定情况下，原告资格也可能发生转移，接受转移的一方就承受了原告资格。

行政诉讼中原告资格的转移是指有权起诉的公民、法人或其他组织死亡或终止，其原告资格依法自然转移给有利害关系的特定公民、法人或其他组织。原告资格在以下两种情况下发生转移：

1. 具有原告资格的公民死亡，原告资格可转移给其近亲属享有。根据《最高人民法院关于执行〈中华人民共和国行政诉讼法〉若干问题的解释》第11条的规定，“近亲属”包括配偶、父母、子女、兄弟姐妹、祖父母、外祖父母、孙子女、外孙子女和其他具有抚养、赡养关系的亲属。这里需要注意的是，公民因被限制人身自由而不能提起诉讼，其近亲属可以依其口头或书面委托以该公民的名义提起诉讼，此时其近亲属并不是原告，只是委托代理人。

2. 有原告资格的法人或其他组织终止，原告资格可以转移给承受其权利的法人或者其他组织享有。法人或者其他组织终止有多种原因，可以是并入其他组织，可以是分立、撤销、破产等。无论何种原因，只要有承受其权利的组织，原告资格就可以转移给其享有。

在上述两种情况下，因转移而取得原告资格的公民、法人或者其他组织提起诉讼，其诉讼地位即为原告，而不是已死亡或终止的原告的诉讼代理人。

（三）原告资格的承受

行政诉讼出现原告资格转移的情形时，必然有特定的主体来充任原告，这种由于发生转移而获得原告资格的过程，就是原告资格的承受。原告资格的承受与转移是同时的，只要法定条件出现，转移和承受均自然发生，不以当事人意志为转移。

发生原告资格的转移与承受后，承受方可以按自己的意志决定是否提起诉讼，并没有一定提起诉讼的义务；在诉讼过程中其享有原告的所有权利，同时也承受原告的所有义务。在实践中，原告资格的承受方要行使其作为原告的权利，应当向人民法院提供其近亲属的证明文件或者作为被终止组织权利义务承受者的证明文件。

三、行政诉讼原告的类型

认为具体行政行为侵犯其合法权益，既是原告的特征之一，也是对原告资格的规定。根据《最高人民法院关于执行〈中华人民共和国行政诉讼法〉若干问题的解释》的有关规定，行政诉讼中的原告包括：

1. 与具体行政行为在法律上有直接利害关系的公民、法人或其他组织，即具体行政行为直接指向的对象。主要有：

（1）公民。公民是指具有中国国籍的自然人。外国人、无国籍人在我国进行行政诉讼，在对等的原则下，也适用《行政诉讼法》关于原告的规定，同我国公民享有同等的诉讼权利。

（2）法人。法人是指具有民事权利能力和民事行为能力，依法独立享有民事权利、承担民事义务的组织。法人是民法上的概念，包括两类：一是企业法人，另一类是机关、事业单位和社会团体法人。

（3）其他组织。其他组织是指不具备法人条件，没取得法人资格的社会组织或经济组织。也称为“非法人组织”，这种组织一般没有代表人或管理人，它不一定具有独立的财产、组织机构和组织章程，只要经有关主管部门认可，准许其进行某种业务活动即可成立。在我国，这种非法人组织有三类：①经国家有关部门认可的从事一定生产或经营活动的实体。如合伙组织、联营组织等；②经一定主管机关认可的处于筹备阶段的企业、事业单位和群众性团体；③经批准在我国活动，但未取得我国法人资格的外国组织，如外国公司设于我国的产品维修服务机构、商务代办处等。非法人组织向人民法院提起行政诉讼，由该组织的主要负责人作法定代表人，没有主要负责人时，可以由实际上的负责人作代表人。

2. 不是具体行政行为直接针对的对象但与具体行政行为有法律上的利害关系的公民、法人或者其他组织。主要有：

（1）认为被诉的具体行政行为涉及其相邻权或者公平竞争权的人，如排水、通风、采光权，政府在若干企业竞投出租车营运权过程中以行政决定的形式将出租车营运权批给某个企业的行政行为等。

（2）与被诉的行政复议决定有法律上利害关系或者在行政复议程序中被追加为第三人。

（3）要求主管行政机关依法追究加害人法律责任的人。

（4）与撤销或者变更具体行政行为有法律上利害关系的人。

3. 合伙企业向人民法院提起诉讼的，应当以依核准登记的字号为原告，由执行合伙企业事务的合伙人作诉讼代表人；其他合伙组织提起诉讼的，合伙人为共同原告。

4. 联营企业、中外合资或合作企业的联营、合资、合作各方，认为联营、合资、合作企业权益或自己一方权益受具体行政行为侵害的，均可以以自己的名义提起行政诉讼。

5. 农村土地承包人等土地使用权人对行政机关处分其使用的农村集体所有土地的行为不服，可以以自己的名义提起诉讼。

6. 非国有企业被行政机关注销、撤销、合并、强令兼并、出售、分立或改变企业隶属关系的，该企业或者其法定代表人可以提起诉讼。这里应注意，企业的原法定代表人起诉时是以自己的名义，而不是以企业的名义。

7. 股份制企业的股东大会、股东代表大会、董事会等认为行政机关作出的具体行政行为侵犯企业经营自主权的，可以以企业名义提起诉讼。这里应注意起诉时必须以企业名义。

第三节　行政诉讼的被告

一、行政诉讼被告的概念与特征

（一）行政诉讼被告的概念

行政诉讼中的被告是被原告指控侵犯其合法权益，而由人民法院通知应诉的行政机关或法律、法规授权的组织。

（二）行政诉讼被告的特征

被告具有以下法律特征：

1. 行政诉讼的被告只能是国家行政机关或法律、法规授权的组织，即行政主体。行政机关是指行使国家行政职能，依法独立享有并行使行政职权的国家机关；法律、法规授权的组织是指本身并不是主管行政机关，但为了行政管理的需要，法律、法规明确授予其某些方面的行政管理职能的组织。

2. 被告是有争议的具体行政行为的实施主体。作为被告一方的国家机关或者法律、法规授权组织作出的必须是具体行政行为。我们知道，在社会生活中，国家行政机关也有可能以民事主体的身份参与社会活动，如果对其在民事活动中作出的民事行为产生异议请求人民法院解决，则只能以民事案件的途径解决，而不能提起行政诉讼，而此时该行政机关是民事诉讼的被告。

3. 被告必须是被原告指控并由人民法院通知应诉的人。原告的指控是前提，人民法院的审查是法律上的标准，这两方面必须同时具备才能确定为被告。

二、行政诉讼被告的确定

鉴于行政管理主体和行政管理活动的复杂性，《行政诉讼法》及《最高人民法院关于执行〈中华人民共和国行政诉讼法〉若干问题的解释》分别对不同情况的行政诉讼被告作了规定：

1. 公民、法人或者其他组织依法直接向人民法院提起诉讼的，作出具体行政行为的机关是被告。

2. 经复议的案件，复议机关决定维持原具体行政行为的，作出原具体行政行为的行政机关是被告；复议机关改变原具体行政行为的，复议机关是被告。

如果复议机关在法定期间内不作复议决定，当事人对原具体行政行为不服提起诉讼的，应当以作出原具体行政行为的行政机关为被告；当事人对复议机关的不作为不服提起诉讼的，应当以复议机关为被告。

3. 两个以上行政机关作出同一具体行政行为的，这些行政机关是共同被告。

4. 由法律、法规授权的组织所作的具体行政行为，该组织是被告；由行政机关委托的组织所作的具体行政行为，委托的行政机关是被告。

行政机关在没有法律、法规或者规章规定的情况下，授权其内设机构、派出机构或其他组织行使行政职权的，应当视为委托。当事人不服提起诉讼的，应当以该行政机关为被告。

5. 行政机关被撤销的，继续行使其职权的行政机关是被告。综合起来，有三种情况：第一，由新设立的行政机关取代被撤销的行政机关；第二，被撤销机关并入另一个行政机关的，接受合并的行政机关为继续行使其职权的行政机关；第三，既没有新设立的行政机关取代，也没有并入另一个行政机关，只是简单地将行政机关予以撤销，那么作出撤销决定的行政机关为继续行使其职权的机关。

6. 当事人不服行政机关经上级机关批准实施的具体行政行为，向人民法院提起诉讼的，应当以对外发生法律效力的文书上署名的机关为被告。

7. 行政机关组建并赋予行政管理职能但不具有独立承担法律责任能力的机构，以自己的名义作出具体行政行为，当事人不服提起诉讼的，应当以组建该机构的行政机关为被告。

8. 派出机构所作出的具体行政行为，取决于是否有法律法规授权。一般情况下，派出机构作出的行为，应当以设立派出机构的行政机关为被告。但是，如果派出机构行使的是法律、法规或者规章明确授予的职权，无论其作出的行政行为是否超出法定授权范围，都是法律后果的承担者，当事人不服提起诉讼的，则应该以该派出机构为被告。

9. 行政机关的内设机构或者派出机构在没有法律、法规或者规章授权的情况下，以自己的名义作出具体行政行为，当事人不服提起诉讼的，应当以该行政机关为被告。

第四节　行政诉讼的共同诉讼人

一、共同诉讼人的概念

共同诉讼是指当事人一方或者双方为两人以上，因同一具体行政行为发生争议的行政案件，人民法院应当合并审理，或者因同类的具体行政行为发生争议的行政案件，人民法院可以合并审理的诉讼。原告是两个以上的，称为共同原告；被告是两个以上的，称为共同被告。共同原告或共同被告，又统称为共同诉讼人。

共同诉讼是诉的合并的一种形式，属于诉的主体合并。其作用在于减少诉讼、简化诉讼程序，节省时间和费用，避免人民法院在同一事件或同类事件上处理时畸轻畸重，甚至相互矛盾的裁判。它既便于当事人诉讼，又可减轻人民法院的负担。

二、共同诉讼人的种类

根据行政诉讼共同诉讼成立的条件不同，可分为必要的共同诉讼和普通的共同诉讼两种：

（一）必要的共同诉讼

必要的共同诉讼是指当事人一方或者双方为两人以上，诉讼标的是同一具体行政行为的行政案件，人民法院必须合并审理的诉讼。在行政诉讼中，以下几种情况可以引起必要共同诉讼的发生：

1. 两人以上共同实施违反行政管理法规的行为，被行政机关在同一决定中分别制裁，被制裁人均不服起诉的。

2. 行政机关在同一决定中给予法人或者其他组织及其负责人分别制裁，二者均不服而起诉的。

3. 两个以上的共同被害人不服行政机关对加害人所作的行政制裁而起诉的。

4. 被制裁人和被侵害人双方均不服行政机关的制裁决定而起诉的。

5. 两个以上行政机关作出同一具体行政行为，相对人不服而起诉的。

两个以上行政机关共同作出一个具体行政行为，或者一个具体行政行为针对两个以上相对人，就会发生共同的、不可分的共同诉讼。这种共同诉讼中的任何一人的诉讼行为都会影响其他人的利益，任何一人都无权代替全体，诉讼应当是全体参加。如果只有一人起诉或应诉，人民法院可基于申请或者依职权通知他人参加诉讼。比如，认定几个合伙人的经营活动违法，决定吊销其营业执照；认定兄弟两人共有的房屋为违章建筑，决定拆除。相对人如果提起诉讼，由于他们的权利义务是不可分的，谁也无权单独提出诉讼请求，对他们的共同财产表示意见，因此必须进行共同诉讼。两个以上行政机关共同作出具体行政行为，如果该行为被诉，他们对此行为有着相同的不可分的权利义务，要共同承担责任，应是共同被告。

（二）普通的共同诉讼

普通的共同诉讼是指当事人一方或者双方为两人以上，诉讼标的是同类，或者说因同样的具体行政行为发生争议的行政案件，人民法院认为可以合并审理的诉讼。可以引起普通共同诉讼发生的情况是众多的。普通共同诉讼的形成需要具备以下条件：

1. 必须是基于“同样”的具体行政行为。所谓“同样”，是指具体行政行为性质相同或作出具体行政行为依据的法律理由或者法律事实类似。例如，某区进行卫生大检查，对五家卫生不好的饮食店分别处以罚款、停业整顿等处罚；某服装店没有烟草专卖许可却擅自销售香烟，烟草专卖局依据烟草专卖条例的规定对其处罚，工商局依据法人登记条例对其进行处罚。对五家饮食店的五个处罚行为和对服装店的两个处罚行为分别是同样的具体行政行为，在发生诉讼后，人民法院合并审理是可以的，但要分别作出裁判，因为他们没有共同的、不可分的权利和义务。对五家饮食店的处罚理由、事实根据和处罚轻重均有不同，烟草专卖局和工商局的两个决定根据的法律事实虽然相同，但理由各异，也应分别作出裁判。

2. 共同被告或共同原告必须是在同一人民法院的辖区内。

3. 必须是人民法院认为可以合并审理的。如果人民法院认为不可以合并审理，则分别成为独立的诉讼。人民法院决定是否合并审理，主要取决于合并审理是否有利于简化诉讼程序、节省时间和费用。

必要的共同诉讼与普通的共同诉讼的主要区别在于：必要的共同诉讼是因行政机关的同一具体行政行为而引起的两个以上的原告或者被告之间因该具体行政行为而有着相互联系或者共同的利害关系，人民法院必须合并审理，因而属不可分之诉；普通的共同诉讼是因行政机关同样的具体行政行为而引起两个以上的原告或者被告之间没有相互联系的或者共同的利害关系，当人民法院合并审理时，形成共同诉讼，当人民法院分开审理时，成为各个独立的案件，因而属可分之诉。

第五节　行政诉讼第三人

一、行政诉讼第三人的概念与特征

（一）行政诉讼第三人的概念

行政诉讼第三人是指与诉讼争议的具体行政行为有利害关系，为了维护自己的合法权益而参加诉讼的公民、法人或者其他组织。

（二）行政诉讼第三人的特征

行政诉讼第三人的特征是：

1. 同被诉具体行政行为有利害关系。所谓“有利害关系”是指“有法律上的权利义务关系”，包括具体行政行为使其获得某种权利，减少某种义务，或者使其丧失某种权利，增加某种义务，或者对其权益造成不利影响。公民、法人或其他组织如果与被诉具体行政行为没有这种法律上的权利义务关系，而只是在具体行政行为发生时其曾到过现场，亲眼见过或亲耳听到过具体行政行为发生的事实，或者其与作出具体行政行为的政府工作人员或具体行政行为所针对的相对人有亲属关系、朋友关系或其他关系，均不具有行政诉讼第三人的资格。

行政诉讼第三人参加诉讼具有维护自身合法权益的目的，同时也具有协助人民法院查明案件事实、正确解决争议的客观作用。因此，对“有利害关系”一词应作宽泛的解释。这里的“有利害关系”，既包括与行政行为的利害关系，也包括与诉讼结果的利害关系；既包括直接的利害关系，也包括间接的利害关系。如规划部门批准了甲的建房申请，但甲的房屋被交通部门以违章建筑强行拆除，甲对交通部门的拆除行为表示不服，向人民法院起诉。规划部门与交通部门的拆除决定没有直接的利害关系，但对拆除决定的审查结果有利害关系。

2. 是原、被告以外的具有独立诉讼地位的公民、法人或者其他组织。第三人既不是提起诉讼的人，也不是被诉的一方，而是在原告起诉后，一审庭审结束前参加到诉讼中的人。

3. 经本人申请或人民法院通知参加诉讼。具有第三人资格的人只有本人申请或人民法院通知其参加诉讼才可成为实际诉讼的第三人。如本人不申请参加诉讼，人民法院也未通知其参加诉讼，即不能成为实际诉讼的第三人和取得行政诉讼第三人的实际资格。

二、行政诉讼第三人的范围

《行政诉讼法》和司法解释未对行政诉讼第三人的范围作出明确界定，在实际中，作为行政诉讼第三人的个人、组织大致包括下述六类：

1. 行政处罚中的被处罚人或受害人。行政机关就同一违法事实处罚了两个以上共同违法的人，其中一部分被处罚人对处罚不服，向法院起诉，另一部分被处罚人或受害人可作为第三人参加诉讼。此外，行政机关对违法行为人实施行政处罚后，被处罚人未起诉，受被处罚人侵犯的受害人起诉，在这种情况下，被处罚人也可作为第三人参加诉讼。

2. 具体行政行为的直接相对人。行政机关作出某种具体行政行为（如发放许可证，批准建房用地等），具体行政行为的直接相对人未起诉，其权益受到具体行政行为不利影响的人不服，提起诉讼，具体行政行为的直接相对人可作为第三人参加诉讼。

3. 具体行政行为涉及或影响其权益的人。行政机关作出某种具体行政行为，既涉及或影响直接相对人权益，又涉及或影响非直接相对人的其他人的权益。具体行政行为的直接相对人对之不服，向人民法院起诉，具体行为涉及或影响权益的其他人可以作为第三人参加诉讼。

4. 行政裁决的一方当事人。行政机关依职权裁决双方当事人之间有关所有权、使用权归属争议或有关赔偿、补偿争议，一方当事人不服，向人民法院提起行政诉讼，另一方当事人可以作为第三人参加诉讼。

5. 与行政机关共同作出具体行政行为的非行政主体。行政机关与非行政主体共同署名作出某种具体行政行为。相对人不服，向人民法院提起行政诉讼。非行政主体因为不具有行政主体资格，不能作被告，只能作为行政诉讼第三人参加诉讼。

6. 作出相互矛盾的具体行政行为的两个行政机关。两个行政机关就同一事实作出相互矛盾的具体行政行为，其中一机关被诉时，另一机关可作为第三人参加诉讼。

三、行政诉讼第三人的诉讼地位

在行政诉讼法律关系中，第三人是当事人之一，享有当事人的诉讼权利，同时也承担当事人的诉讼义务。其中对于第三人较为重要的权利是：其在诉讼过程中，有权提出与本案有关的诉讼请求，对人民法院的一审判决不服，有权提出上诉。

第六节　行政诉讼代理人

一、行政诉讼代理人的概念与特征

（一）行政诉讼代理人的概念

根据法律规定或者接受当事人、法定代理人的委托，以当事人的名义，并代理当事人进行诉讼活动的人，是诉讼代理人。

（二）行政诉讼代理人的特征

1. 以被代理人的名义而不能以自己的名义进行诉讼活动。

2. 参加诉讼的目的是维护被代理人的权利和利益，而不是为了维护自己的权益。

3. 诉讼代理人在其代理权限范围内实施的诉讼行为，其法律后果由被代理人承担。

4. 只能代理当事人一方，而不能在同一诉讼中代理当事人双方。

5. 诉讼代理人必须是有诉讼行为能力的人。

诉讼代理制度是《行政诉讼法》的组成部分，在行政诉讼中具有重要意义。一方面它能够使无诉讼行为能力的人通过诉讼保护自己的权利，为缺乏法律知识的当事人提供诉讼上的帮助，维护其合法权益；另一方面也可以帮助人民法院及时、正确地审结行政案件，解决行政争议。

二、行政诉讼代理人的种类

行政诉讼的代理人分为法定代理人和委托代理人。

（一）法定代理人

法定代理人是指根据法律的规定，代理无诉讼行为能力的公民进行行政诉讼活动的人。行政诉讼上的法定代理，是为无诉讼行为能力的当事人设立的一种代理制度。法定代理人的代理权不是被代理人授予的，而是法律赋予的。

在行政诉讼中，法定代理人只适用于代理未成年人、精神病人等无诉讼行为能力的原告或行政诉讼第三人的公民进行行政诉讼，而不适用于法人、其他组织或作为被告的行政机关或组织。《行政诉讼法》第 28 条规定：“没有诉讼能力的公民，由其法定代理人代为诉讼；法定代理人互相推诿代理责任的，由人民法院指定其中一人代为诉讼。”被指定的法定代理人不得拒绝。可见，被人民法院指定代理的人仍然是法定代理人。也就是说，指定代理人是从法定代理中派生而来，是法定代理的一种。故本书没有把指定代理人作为单独的一种代理类型。

法定代理人同被代理人存在着特殊的法律关系，为了被代理人的合法利益，代理人有权依法处分被代理人的实体权利。法定代理人既然有权依法处分当事人的权利，那么，为了被代理人的合法权益，法定代理人也有权行使当事人享有的诉讼权利和承担当事人应当承担的诉讼义务。他和被代理人处于类似的诉讼地位。但不能把他们等同起来，法定代理人毕竟不是实体权利的享有者和实体义务的承担者。因此，他必须以被代理人的名义而不能以自己的名义进行诉讼。

法定代理关系的消灭有以下的原因：①被代理的未成年人在诉讼进行过程中达到了成年年龄；②被代理的精神病人在诉讼进行过程中恢复了健康；③如被代理人是基于收养关系发生的未成年的养子女，在诉讼过程中收养关系解除；④法定代理人死亡等。

（二）委托代理人

受当事人、法定代理人的委托，代为诉讼行为的人称为委托代理人。委托代理人具有以下三个特点：

1. 代理权基于当事人、法定代理人的意思表示并同代理人合意而发生。

2. 代理事项及权限一般由当事人和代理人合意而确定。

3. 当事人、法定代理人委托他人代为诉讼，必须向受诉人民法院提交授权委托书。

《行政诉讼法》第29条规定："当事人、法定代理人，可以委托一至两人代为诉讼。律师、社会团体、提起诉讼的公民的近亲属或者所在单位推荐的人，或者经人民法院许可的其他公民，可以受委托为诉讼代理人。"

依照《行政诉讼法》的规定，社会团体可以以其名义接受委托代理诉讼，这主要是对原告作出的规定。在行政诉讼中，妇联可以为妇女代理诉讼，个体劳协可以为个体工商户代理诉讼，工会可以为工人代理诉讼。以社会团体的名义代理原告进行诉讼，体现了社会对于公民行使诉权的支持，它可以更有效地保护原告的合法权益，实现原告同被告在实际上的法律地位平等。这一规定不同于《民事诉讼法》，《民事诉讼法》规定的是社会团体推荐的人可以代理诉讼，是以个人名义代理。

委托代理权的消灭，原因有：诉讼终结；当事人解除委托；委托代理人辞去委托；委托代理人或当事人死亡等。

第二十四章　行政诉讼证据

第一节　行政诉讼证据概述

一、行政诉讼证据的概念与特征

（一）行政诉讼证据的概念

行政诉讼证据，是指用来证明案件事实情况的材料。曾有一种观点认为，能够证明案件真实情况的材料才叫证据。这种观点混淆了诉讼证据与定案证据。人民法院作为定案根据的证据，必须是真实的、与案件有关联的、用合法手段取得的。但是，一个证据是否具备上述属性，是否可以被采纳，往往需要经过质证、鉴别并与其他事实材料相比较才能确定。当事人向法庭提交的事实材料，经过质证和法庭辨认，有的被法院采纳为确定案件事实的依据，有的没有被法院采纳，甚至被“戳穿”，证明是假的，但是，在概念上，它们都算证据。

有人把行政行为所依据的规范性文件也称作证据，这是对证据概念的误解。导致这种误解的原因是《行政诉讼法》在“证据”一章中规定“被告对作出的具体行政行为负有举证责任，应当提供作出该具体行政行为的证据和所依据的规范性文件”。事实上，规范性文件是用来表明具体行政行为合法性的法律依据，而不是用来证明事实的材料，所以，不是证据。

（二）行政诉讼证据的特征

行政诉讼证据的特征，表现为以下三个方面：

1. 客观性。客观性即指作为行政诉讼证据的事实和材料，必须是客观存在的，而不是主观捏造或想象的。案件事实是在过去时间里发生的，脱离人们主观意志存在的客观情况。当人们要证明过去发生的事实，就需要借助于所能收集的各种材料。当事人对证据的收集和提供，往往受自身利益需要的影响，这极可能影响证据真实的程度。人民法院为了作出公正裁判，在对证据进行审查确认时，必须以客观真实作为最重要的标准，经人们的意志行为采集提供的材料能否成为有价值的证据，最根本的条件就是它能否客观地反映案件的真实情况。

2. 关联性。关联性即指作为行政诉讼证据的材料，必须与它所要证明的案件事实有内在的联系。这一性质是要求证据材料的对象化。只有能够反映特定案件事实的真实材料，才可以被认为是有价值的证据。使用不能反映客观真实情况的证据材料与使用不能反映某一特定案件事实的证据材料，对于一个特定案件而言，都会引起同样错误的结论。所以，只有将证据材料与一个具体的争议事实联系起来，才能判断该材料是否具有证据属性。

3. 合法性。合法性即指证据材料的形式必须合法，必须依照法定条件提供、收集和审查核实。证据的合法性涉及行政诉讼证明活动参加者与国家意志的关系。国家通过规定行政诉讼的各种证据制度，调整和规范证明活动参加者的行为，确保证据的客观真实性和关联性并达到国家所期望的程度。法律虽然有人们的主观意志参与其间，但是证据的合法属性并不是对证据客观性这一本质属性的背离，而是一种有效和统一的保障。法律为人们追求证据客观真实性的活动提供基本规范。所以，合法性与客观真实性、关联性是统一的，是诉讼证据不可缺少的基本属性之一。

二、行政诉讼证据的分类

依照《行政诉讼法》第31条的规定，行政诉讼证据有以下几种：

1. 书证。书证是指用文字、图形或符号等记载或表达人的思想或行为的证明材料。其基本特征是用它记载或者反映的内容来反映案件事实。

2. 物证。物证是指用来证明案件事实的物品或者痕迹。其基本特征是以其存在的形状、质量、特征、规格等反映案件事实。物证较为客观、真实，但通常情况下只是间接证据，单独时并不能全面和充分地证明案件事实。

3. 视听资料。视听资料是指利用录音、录像、计算机等现代科技工具和手段记载法律事件或者法律行为的证据。由于技术的进步，视听资料可以用剪接、拼凑的方法进行伪造或加工，因而需要用专门技术进行审查。

4. 证人证言。证人证言是指证人就其所了解的有关案件事实情况依法所作的陈述。了解案件情况的公民都可以作证，但精神病人（间歇性精神病人则指在精神病发作期间）和没有辨识能力的幼儿不能作证。司法实践中，在某些情况下，单位也可以提供证明，但应当由单位的负责人签字并加盖单位印章。

5. 当事人的陈述。当事人的陈述是指当事人在诉讼中向法庭所作的关于案件事实情况的陈述。在行政诉讼中，被告行政机关对案件事实情况的书面陈述、被告法定代表人在法庭上的陈述，都是当事人的陈述。由于当事人与案件有直接利害关系，其所陈述的真实性需经严格审查，并且需有其他证据佐证，才能作为定案根据。

6. 鉴定结论。鉴定结论是指由鉴定人运用自己的专门知识或技能，利用专门的设备和材料，对案件中出现的专门问题所作的结论性意见。鉴定结论可以由当事人自行委托法定的鉴定机构作出鉴定，并在诉讼中向人民法院提供；人民法院在必要时，也可以指定或者委托法定的鉴定机构进行鉴定，没有法定的鉴定机构的，人民法院可以委托其他鉴定机构进行鉴定。鉴定结论所涉及的问题往往具有相当的技术性，但仍然需要在法庭上出示，并经过质证、审查属实才能认定。

7. 勘验笔录、现场笔录。勘验笔录是指行政机关工作人员或人民法院审判人员对能够证明案件事实的现场或者对不能、不便拿到法庭的物证，就地进行检验、测量、勘测后作出的记录。现场笔录是指行政机关工作人员在实施行政行为的现场对现场情况所作的书面记录。现场笔录是行政法中特有的证据。它是为了防止行政机关某些情况下事后难以取证而设置的一种特殊证据。我国某些法律也对现场笔录的运用作了规定。例如，《行政处罚法》第37条规定："行政机关在调查或者进行检查时……当事人或者有关人员应当如实回答询问，并协助调查或者检查，不得阻挠。询问或者检查应当制作笔录。"

现场笔录在以下情况出现时运用：

（1）由于对象的物理性质变化致使证据难以保全的，例如变质食品。

（2）由于可能的人为因素致使事后难以取证的，例如对不洁餐具，对违章机动车驾驶员的处罚等。

现场笔录的制作应当遵循如下有关程序：

（1）现场笔录应当是现场制作的，事后补作无效。

（2）应当由当事人签名或者盖章，没有当事人的签名盖章，现场笔录没有法律效力；如果当事人拒绝签名盖章，则可以在笔录上记明情况，并由在场证人签名或者盖章证明。人民法院对现场笔录应当进行严格审查，只有符合上述规则的现场笔录才能作为定案证据。

第二节 行政诉讼的举证责任

一、行政诉讼举证责任的概念

行政诉讼的举证责任是指诉讼当事人对法律直接规定的事项或者自己提出的主张，向人民法院提出证据证明其真实性的责任。否则，该当事人将承担败诉的法律后果。

需要说明的是，第一，一方当事人负有举证责任，并不与该当事人和其他当事人提供证据的权利相矛盾。当事人提供证据，除了法律允许的例外情况，法庭有义务接受（当然不一定采纳）。对于负有举证责任的一方当事人来说，提供证据既是权利也是义务。第二，举证责任是诉讼当事人的义务，而不是人民法院的义务。尽管在某些情况下，人民法院依职权调查取证，但如果经人民法院调查，还不能查明事实，仍由负有举证责任的当事人承担败诉的后果。第三，举证责任不同于原告和其他诉讼参与人提供证据的义务。根据我国法律规定，凡是掌握与案件有关的证据的个人、单位，无论是当事人还是其他诉讼参与人、案外人，都有义务向人民法院提供证据。但这些人不一定与案件有利害关系，他们如果拒绝提供证据，不承担败诉后果，而承担其他法律责任。尤其是对于伪造、隐藏、毁灭证据的，将受到训诫、罚款或责令具结悔过，情节严重的将受到刑事处罚。

二、行政诉讼举证责任的分担

（一）被告的举证责任

我国《行政诉讼法》第32条明确规定："被告对作出的具体行政行为负有举证责任……"据此，当被告行政机关不能提供作出具体行政行为的证据、依据时，就由被告承担败诉的后果，原告并不因为举不出证据反驳行政机关认定的事实而败诉。比较典型的是，在行政处罚案件中，应当由行政机关向法庭证明原告违法的事实，而不是由原告来证明自己没有违法。例如，食品卫生监督机关认定某企业销售变质食品并对其处以罚款，在法庭上，原、被告对所售食品是否属于变质有争议，但双方都举不出确凿证据证明自己主张，这时就应当认定被告所作的行政处罚"主要证据不足"，判决被告败诉。这一规定显然对行政诉讼中的原告是比较有利的。

《行政诉讼法》之所以规定由被告行政机关承担举证责任，有以下原因：

第一，行政诉讼审查的是行政机关具体行政行为的合法性，而不是公民、法人或者其他组织行为的合法性。依据行政法治原则，行政机关作出具体行政行为应当建立在证据充分确凿的基础上，没有充分确凿的证据即实施行政行为，本身就是违法。由行政机关承担举证责任将引导行政机关在作出行政决定前收集充分的证据，从而促进依法行政。

第二，在行政行为过程中，行政机关居于主动和优势地位，可以依职权进行各种调查和检查，其实施行为时无须征得相对人的同意，相对人在行政行为过程中处于被动地位。要求占优势一方举证，有助于实现双方当事人实际地位的平等。

第三，行政机关掌握国家权力和强大的资源，由行政机关举证更能节省社会成本。在一些特定情况下，查明事实需要一定的专业知识、专门技术和设备以及高昂的经济支出。行政机关通常具备这些资源，而相对人往往是不具备的。相对人很难甚至无法自己收集到行政诉讼证据，即使收集到也可能难以保全。例如，是否对环境造成污染、污染程度多大，某项技术是否为专利，销售的药品是否属于劣药，要求原告举证可能是超出其承受能力的。即使在某些情况下原告也能举出证据，但由行政机关举证往往更有效率。

第四，被告对作出的具体行政行为负举证责任是“谁主张，谁举证”的一般举证责任原则在行政诉讼中的特殊体现。举证责任的一般原则是“谁主张，谁举证”，行政诉讼的举证责任规则从表面上看与之不同，但从实质上看恰恰异曲同工，因为，行政诉讼是审查被告行为的合法性，而不是原告行为的合法性。无论是被告给予原告行政处罚，对原告采取强制措施，还是拒绝向原告颁发许可证、执照等，都是被告认为原告的行为违法或不合法、原告不具备某种条件等。总之，这都是被告的主张。被告必须在法庭上为自己的主张辩护，向法庭表明其主张是有事实根据的；否则，人民法院就推定其主张不能成立。

《行政诉讼法》要求被告承担举证责任，充分体现了行政诉讼的目的。首先，它有利于促进行政机关依法行政，严格遵守“先取证，后裁决”的规则，从而防止其恣意妄为、凭空裁决。其次，有利于保护原告的合法权益。当被告不能证明其行为有事实根据时，作出有利于原告的判决，防止公民、法人和其他组织的合法利益遭受违法行政行为的损害。

（二）原告的举证责任

《最高人民法院关于执行〈中华人民共和国行政诉讼法〉若干问题的解释》第27条规定，原告对下列事项承担举证责任：

1. 证明起诉符合法定条件，但被告认为原告起诉超过起诉期限的除外。
2. 在起诉被告不作为的案件中，证明其提出申请的事实。
3. 在一并提起的行政赔偿诉讼中，证明因受被诉行为侵害而造成损失的事实。
4. 其他应当由原告承担举证责任的事项。

具体地说，原告在起诉时应当证明如下内容：

首先，存在一个具体的行政行为。在实践中，行政机关通常会作出一个书面的处理决定，原告在起诉时应附上这个书面的处理决定；有时行政机关没有作出书面的处理决定或者原告没有收到书面的处理决定，原告可以用其他证据证明该行政处理决定存在。例如，某行政机关工作人员收取了原告的罚款1 000元，只给原告一个“白条”，原告持此“白条”也足以证明；如果连“白条”也没有，原告如果能够提供证人证明被告工作人员收取了原告罚款这一事实也行。

其次，原告还应当证明，原告与该具体行政行为有利害关系。

三、举证的期限

《证据若干问题的规定》对原、被告举证的期限作出了不同规定。

（一）被告的举证期限

按照规定，被告应当在收到起诉状副本之日起 10 日内提供据以作出被诉具体行政行为的全部证据和所依据的规范性文件。被告不提供或者无正当理由逾期提供证据的，视为被诉具体行政行为没有相应证据。

被告因不可抗力或者客观上不能控制的其他正当理由，不能在规定的期限内提供证据的，应当在收到起诉书副本之日起 10 日内向人民法院提出延期提供证据的书面申请。人民法院准许延期提供的，被告应当在正当事由消除后10 日内提供证据。否则，视为被诉具体行政行为没有相应的证据。

（二）原告的举证期限

按照规定，原告或者行政诉讼第三人应当在开庭审理前或者人民法院指定的证据交换之日提供证据。因正当事由申请延期提供证据的，经人民法院准许，可以在法庭调查阶段提供。逾期提供证据的视为放弃证据。

四、被告不举证的法律后果

《行政诉讼法》第 32 条规定：“被告对作出的具体行政行为负有举证责任，应当提供作出该具体行政行为的证据和所依据的规范性文件。”《最高人民法院关于执行〈中华人民共和国行政诉讼法〉若干问题的解释》第 26 条规定：“被告应当在收到起诉状副本之日起 10 日内提交答辩状，并提供作出具体行政行为时的证据、依据；被告不提供或者无正当理由逾期提供的，应当认定该具体行政行为没有证据、依据。”

在行政诉讼中，被告不提供或者不能提供作出具体行政行为的主要证据和所依据的规范性文件的，人民法院可以依据《行政诉讼法》第 54 条第 2 项的规定，判决撤销被诉具体行政行为，被告承担败诉的法律后果。

第三节　行政诉讼证据的调取、审查与保全

一、行政诉讼证据的调取

当事人的举证和人民法院的调取证据，是我国行政诉讼证据的两大来源。当事人举证前面已讲述过，下面仅仅介绍一下人民法院调取证据的有关内容。

人民法院调取证据可以分为依职权主动调取和依申请调取两种情形：

（一）人民法院依职权主动调取证据

根据《证据若干问题的规定》人民法院依职权主动向公民、法人、其他组织和行政机关调取证据仅限于两种情形：

1. 相关事实认定涉及到国家利益、公民利益和他人合法权益。
2. 涉及依职权追加当事人、中止诉讼、终结诉讼和回避等程序性事项。

（二）人民法院依申请调取证据

在行政诉讼中，原告或者第三人与被告行政机关虽在法律地位上平等，但就事实地位而言，仍处于相对而言的弱势地位，其举证能力较弱。因此，需要人民法院给予更多的帮助。根据《证据若干问题的规定》对下列三种证据材料，如果原告或者第三人不能不自行收集，在能够提供确切线索时，可以申请人民法院调取：

1. 由国家有关部门保存而须由人民法院调取的证据材料。
2. 涉及国家秘密、商业秘密、个人隐私的证据材料。
3. 确因客观原因不能自行收集的其他证据材料。

从《证据若干问题的规定》可以清楚看出，申请人民法院调取证据的申请人仅限于原告或者第三人，不包含被告。这一点是非常值得注意的问题。

二、行政诉讼证据的审查

对证据的审查关键是排除不予采用的证据。法庭没有排除某一证据，只是表明法庭认为该证据具备与案件的关联性、合法性以及初步可信的真实性和一定的证明力，而不意味着法庭认为该证据就是确凿可靠的。一个证据证明力的大小，往往要根据该证据的性质和证据来源渠道、收集过程等具体情况综合判断。法庭审核证据应从以下几方面进行：证据是否与本案有关、证据是否依法取得、证据是否真实可信。

下面从证据的关联性、合法性和真实性的角度分别讨论证据不可采用的

情形。

（一）对证据关联性的审查

与本案无关的证据，即与行政诉讼所要证明的对象无关的证据，不予采纳。在行政诉讼中，法院所要审查的内容主要是具体行政行为是否合法。相对人请求行政机关作出具体行政行为的，还应证明其要求是合法的。在国家赔偿诉讼中，还应证明当事人的损失情况等。

例如，交警队在处理一交通肇事事件时暂扣了刘某的车辆，刘某提起行政诉讼。人民法院没有对交通事故责任认定作出判决，也没有对刘某是否交通肇事作出判决，被一些人认为“避重就轻”。更有人因人民法院对与上述争议有关的证据“不采纳、不说明、不否定”，指责它为“背叛正义的技巧”。但依据《行政诉讼法》的规定，人民法院只能审查交警扣车行为的合法性。《道路交通事故处理办法》规定：“公安机关为了检验或者鉴定的需要，可以暂时扣留有交通肇事嫌疑的车辆……”至于刘某是否真的撞了人，交警事故责任认定是否正确，与扣车行为是否合法无关，人民法院不予审查和认定。

（二）对证据合法性的审查

证据因不具备合法性而不予采用的情形，《最高人民法院关于执行〈中华人民共和国行政诉讼法〉若干问题的解释》基本确立了下述几条规则：

1. 未经法庭质证的证据材料不能作为人民法院裁判的根据。当事人质证，是司法公正的一块基石。互相亮出“底牌”让一方当事人知晓对方当事人主张的依据，并有机会进行反驳，从而使诉讼程序变得透明。

任何证据，不论是当事人提供的，还是人民法院自行收集的，都必须在法庭上出示，并经对方当事人辨认和质证。未经法庭质证的证据材料不能作为人民法院裁判的根据。即使涉及国家秘密、商业秘密或者个人隐私而不公开审理的案件，证据也应当在法庭上公开出示，允许质证。在某些非常特殊的情况下，公开出示证据有可能泄漏国家机密并给社会公共利益带来重大损害，例如，具体行政行为所依据的事实涉及军事秘密。在此情况下，公开出示证据的要求可能需要作些让步。但是，为了防止行政机关以保守国家秘密为借口，任意拒绝出示证据，阻碍法庭调查，行政机关保密的要求也应当作严格限制。如果行政机关以保密为由拒绝出示证据，法庭可以查阅该证据，审查其是否确实应当保密，然后决定是否出示，在公共利益与当事人利益之间、国家秘密与司法公正之间，需要达成恰当的平衡。

2. 复议机关在复议过程中收集和补充的证据，不能作为人民法院维持原具体行政行为的根据。这条规则适用于下述情况：原具体行政行为可能主要证据不足，复议机关在复议过程中经过收集和补充证据后，维持了原具体行政行为，当事人不服，以原作出该具体行政行为的行政机关为被告向法院提起诉讼。在诉讼过程中，复议机关在复议过程中收集和补充的证据，如果能够证明原具体行政行为非法，法院可以采用，作为撤销原具体行政行为的根据；但不能作为维持原具体行政行为的根据，即使它能够证明原具体行政行为所认定的事实。这样规定是防止复议机关掩盖违法的具体行政行为，使行政复议流于形式。

当然，如果复议机关经过复议，改变了原具体行政行为，则不适用这一条规则。因为复议机关改变原具体行政行为，意味着产生一个新的具体行政行为，当事人如果不服，则以该复议机关为被告对新的具体行政行为提起诉讼。在这种情况下，复议机关在复议过程中收集和补充的证据，可以作为人民法院维持被诉具体行政行为的根据。

3. 被告在二审过程中向法庭提交的在一审过程中没有提交的证据，不能作为二审人民法院撤销或者变更一审裁判的根据。在行政诉讼实践中，一些行政机关法制意识淡薄，对“做被告”有抵触，在一审中拒不提交证据，直到一审败诉，才在上诉中提出证据。当事人如果在一审时没有提出证据，到二审时再提出，人民法院不予接受，更不能作为二审法院撤销一审裁判的根据。

这种情况理论上也适用于原告。如果原告在一审中有条件提交却未提交，到二审时再提交，人民法院不予采用。但是，原告在一审中未提交证据可能有正当理由，例如，一个关键的证据当时还未发现，或者已经发现但无法取得。原告对此情况如果能够令人信服地说明，人民法院可以采用。

4. 被告及其诉讼代理人在作出具体行政行为后自行收集的证据，不能作为认定被诉具体行政行为合法的根据。《行政诉讼法》第33条规定：“在诉讼过程中，被告不得自行向原告和证人收集证据。”这样规定的理由如下：

（1）先取证，后裁决，是行政机关实施具体行政行为的基本要求。如果被告在没有取得足够证据的情况下，就作出具体行政行为，其行为本身已经构成违法。在行政诉讼过程中再收集证据，即使其收集到的证据是真实的，也不能使违法的行为变得合法。法律不允许行政机关用以后收集证据的办法来规避其应当承担的法律责任。

（2）行政机关享有种种权利，包括采取强制手段，一旦允许被告在行政诉讼过程中自行向原告和证人收集证据，被告有可能利用手中的权力，伪造证据，或者对原告和证人威逼利诱，获取虚假证词，以掩盖其具体行政行为的违法情形。

(3) 如果被告在作出具体行政行为时使用过的证据现不存于被告处，被告应诉时无法提供，或者有其他正当理由需要收集证据，可以请求人民法院调取或者征得人民法院同意后加以收集，被告没有自行收集的权利。

被告的代理人，包括代理被告一方的律师，在行政诉讼过程中也不能自行收集证据。尽管《律师法》第31条规定，“律师承办法律事务，经有关单位或者个人同意，可以向他们调查情况”，但是，代理人在行政诉讼中的权限来源于当事人的委托，被告没有的权力，其代理人也不可能享有。法律对被告诉讼行为的限制，同样也应适用于被告的代理人。

5. 被告严重违反法定程序收集的证据不能作为认定被诉具体行政行为合法的根据。被告违反法定程序收集的证据，即使其可能是真实的，也不能作为认定被诉具体行政行为合法的证据。我国某些行政法律规定了行政机关收集证据的法定程序。行政机关违反这些法定程序，将导致其所取得的证据不予采用。例如，《行政处罚法》第37条第1款规定：“行政机关在调查或者进行检查时，执法人员不得少于两人，并应当向当事人或者有关人员出示证件……询问或者检查应当制作笔录。”据此，行政机关在调查或者进行检查时，如果只有一名执法人员，或者没有向当事人或者有关人员出示证件，或者询问、检查没有制作笔录，所取得的证据不能采用。该法第37、42条均有类似规定。

除了法律条文明确规定的程序，有些基本的程序原则也是行政机关必须遵守的。严重违反这些基本的程序原则也将导致其所取得的证据不能采用。

在某视觉光学技术有限公司诉某省标准计量局一案中，被告依据抽样检验结论认为原告生产的隐形眼镜属于伪劣产品，对原告作了行政处罚决定。人民法院的判决认为，被告在技术监督执法中，未严格依照有关地方性法规及技术监督行政案件办理程序的规定履行职务，在现场查处时未出示执法证件，所出具的法律文书及签封上加盖的是非技术监督行政管理机关的印章，抽检封存物时未填写《封存通知书》，也未开列清单，故抽样检验的结论不予采用。

（三）对证据真实性的审查

在一般情况下，通过法庭质证，可以确凿无疑地判定证据是虚假的。例如，经过鉴定确认书证是当事人伪造，声称目睹了现场的证人被证明不可能看到他描述的情景。这时，法庭可以当即排除该证据。但是，一个证据是否真实，往往难以单独根据该证据本身确定，而需要其他佐证或者反证才能确定。在司法实践中，有些法庭过于教条地实行“一证一采纳”，即对众多证据分别质证后，当场对其真实性一一予以认定，并决定是否采纳，这种做法强调了法庭质证的作用，对每一个证据是否采纳当即予以确定，并不科学。在某些情况下，各种证据互相矛盾而又鱼龙混杂、真伪莫辨，特别是当事人的陈述和证人证言一时难以确定真伪，这就需要结合全部证据进行综合判断，确定其真实性。

（四）不需证明的事实

在诉讼中，有些事实不需当事人加以证明，主要有以下几种：

1. 众所周知的事实。众所周知的事实就是大众所普遍知悉或者查阅工具书就能轻易而确凿地获知的事实。例如，妇女的正常怀孕期是280天左右；中华人民共和国1949年成立等。某一事实是否众所周知，总有一定的相对性，要根据它传播范围的大小、可靠性等因素而定。

2. 被人民法院其他生效裁判所认定的事实。由于该事实在其他案件中已经被审查和认定，本案中再次涉及时，只需提出前诉讼的裁判，该事实就可以认为成立，无须另外证明。这样不但有助于省去人民法院再次查证的麻烦，节约诉讼成本，还能够维持原裁判的既判力，保持司法判决的前后一致。

3. 为对方当事人承认的事实。一方当事人主张的事实，如果对方当事人在法庭上明确予以承认的，法庭可以直接认定，主张该事实的当事人不必再对该主张举证。

4. 推定的事实。推定是指鉴于A事实与B事实之间存在高度可靠的联系，从已知的某事实B推断未知的某事实A。只要证明了前提事实B的客观真实，事实A无须证明便可认定成立，作为定案根据。推定有可以反驳的推定和不可反驳的推定。对于根据科学规律推定的事实，不可反驳，对于根据“经验法则”推定的事实，可以提供反证予以反驳。

5. 经公证证明的法律行为、法律事实和文书。公证是公证机构依据法定的程序和标准，以公证书的形式，对事实和行为的真实性、合法性予以确认的行为。经公证证明的法律行为、法律事实和文书，可靠性比较强，在行政诉讼中不需另外证明即可采纳，作为定案根据。但是，如果另一方当事人提出充分证据，足以推翻公证证明的，提供公证文书的一方仍有义务对其内容加以辩驳和证明。

三、行政诉讼证据的保全

（一）行政诉讼证据保全的概念

行政诉讼证据保全是指在行政诉讼过程中，在证据可能灭失或者以后难以取得的情况下，人民法院依申请或者依职权对证据采取保护性措施的制度。

证据保全是一项收集和保存证据的有效措施，它既是当事人提供证据的补救方法，也是人民法院取得证据的一种手段。它对于保护当事人合法权益、保证行政诉讼的顺利进行具有重要的意义。

（二）行政诉讼证据保全的条件

《行政诉讼法》第36条规定："在证据可能灭失或者以后难以取得的情况下，诉讼参加人可以向人民法院申请保全证据，人民法院也可以主动采取保全措施。"这一条要掌握以下几点：

1. 申请证据保全的事由包括证据可能灭失或者以后难以取得的情况。"可能灭失"指物证可能变形变质、毁灭消失，证人死亡，案件现场被破坏等情形。"以后难以取得"指证据虽不致灭失，但如不及时取得，以后取得将发生严重困难，如证人将长期出国，证据可能被人转移、隐藏等情形。

2. 诉讼参加人，包括原告、被告、第三人、诉讼代理人，都有权提出申请。

3. 诉讼参加人如果申请保全证据，应当向人民法院提交申请书，说明所申请保全的证据的内容、所存处所以及申请保全的理由。人民法院如果准许申请，应当作出裁定，保全措施立即开始实施。

（三）行政诉讼证据保全的方法

对不同种类的证据，本着固定证据本来面貌、保存证据证明作用的宗旨，可以采取不同的保全措施。一般来讲，对于证人、证言，可以录音或者制作询问笔录，或者由证人写下书面证言；对于物证，可以封存原物，或者进行勘验，制作勘验笔录，或者进行拍照、录像等；对于需要鉴定的物证、书证、视听资料等，及时进行鉴定；对于某些现场，可以及时勘验，等等。总之，保全证据的方法灵活多样。

第二十五章 行政诉讼的法律适用

第一节 行政诉讼的法律适用规则

一、行政诉讼法律适用的含义

行政诉讼法律适用是指在行政诉讼中人民法院按照法定程序，将法律、法规（包括决定参照的规章）具体运用于各种行政案件，从而对被诉行政机关具体行政行为的合法性进行审查的专门活动。

行政诉讼的法律适用主要解决人民法院对被诉具体行政行为的合法性进行审查判断的标准问题，即人民法院以何种标准、依据何种法律规范来审查被诉具体行政行为的合法性，并进而对被诉具体行政行为的合法性作出裁判。我国行政法规范制定主体多元，行政法规范的等级、效力不一，这些行政法规范是否都属于人民法院的行政诉讼法律适用范畴，对人民法院的约束力和效力如何，是行政诉讼法律适用重点要解决的问题。

二、行政诉讼法律适用的特征

行政诉讼的法律适用与行政机关在行政程序中的法律适用以及与刑事、民事诉讼的法律适用相比，有以下几方面的特征：

（一）行政诉讼法律适用的主体为人民法院

行政诉讼活动中的法律适用是人民法院运用法律规范对被诉具体行政行为的合法性进行审查判断的一种司法活动。而行政机关在行政程序中的法律适用是指行政机关在行政管理活动中适用法律去规范行政管理相对人，或者规范自身的管理行为，其主体为行政机关。二者有着根本的区别。此外，行政机关适用法律具有主动性，且不同于司法机关“不告不理”的审判原则。除行政许可等依申请的行政行为带有被动性外，对于大多数行政管理活动而言，都是行政机关主动适用法律，这是为了保证社会秩序的良好运转。

（二）行政诉讼法律适用是一种二次适用

行政诉讼中的法律适用，是人民法院对行政案件的第二次适用，也就是对行政机关在行政程序中作出具体行政行为时已进行过的法律适用的再适用，也可称为审查适用。这是行政诉讼法律适用与刑事、民事诉讼法律适用最根本的区别，也是行政诉讼法律适用的独特之处。第一次适用和第二次适用的目的、任务是不一样的。第一次适用是对公民、法人或者其他组织的行为进行调整，目的是为了规范行政管理相对人的行为或者规范自身的行为；第二次适用则是对行政机关的具体行政行为的合法与否作出判断，目的是为了发现行政机关是否存在违法活动，以保障行政管理相对人的合法权益。

（三）行政诉讼法律适用具有最终的法律效力

行政管理中行政机关适用法律，公民、法人或者其他组织不服，可以申请复议，也可以提起诉讼，即行政机关适用法律不具有最终性。但是在行政诉讼中，人民法院适用法律的效力要高于行政机关适用法律的效力，这种适用具有最终性，一旦依法作出判决，行政机关及行政管理相对人都必须遵守。

（四）行政诉讼法律适用的目的主要是为了解决被诉具体行政行为的合法性问题

人民法院审理行政案件主要是围绕着被诉行政机关的具体行政行为是否合法的问题进行。而如何审查该具体行政行为的合法性取决于人民法院法律适用的问题。所以法律适用是人民法院审理行政案件并作出裁判的关键。

三、行政诉讼法律适用的一般规则

行政诉讼法律适用的一般规则是指人民法院在行政诉讼过程中，审查行政行为的合法性时所遵循的规则。以事实为依据、以法律为准绳是诉讼的基本原则，但这一原则在不同的诉讼中有不同的含义。行政诉讼法律适用的基本规则是：人民法院审理行政案件，以法律、法规为审判依据，参照规章，对于合法有效的规章及其他规范性文件可以在判决书中引用。归纳起来，行政诉讼法律适用的一般规则可以分为以下几种：

（一）宪法、法律效力最高规则

宪法、法律效力最高规则，可以说是全世界通用的规则，只要是民主、共和国家，无论是总统制，还是议会制，都遵循这一基本法律适用规则。根据

《立法法》第78、79、80、81条的规定，宪法、法律效力最高规则包括如下内容。宪法具有最高的法律效力，一切法律、行政法规、地方性法规、自治条例和单行条例、规章都不得同宪法相抵触；法律的效力高于行政法规、地方性法规、规章；行政法规的效力高于地方性法规、规章；地方性法规的效力高于本级和下级地方政府规章；省、自治区的人民政府制定的规章的效力高于本行政区域内较大的市的人民政府制定的规章。

自治条例和单行条例依法对法律、行政法规、地方性法规作变通规定的，在本自治地方适用自治条例和单行条例的规定。经济特区法规根据授权对法律、行政法规、地方性法规作变通规定的，在本经济特区适用经济特区法规的规定。

根据《立法法》第87条的规定，法律、行政法规、地方性法规、自治条例和单行条例、规章有下列情形之一的，构成违反法律规范秩序的原则。

1. 超越权限的。
2. 下位法违反上位法规定的。
3. 下位规章违反上位规章的。
4. 规章的规定被认为不适当，应当予以改变或撤销的。
5. 违背法定程序的。

（二）法律适用横向冲突规则

宪法、法律效力最高规则，可以认为是法律规范冲突纵向选择规则。在行政诉讼中，还会遇到横向冲突，因此还应有横向冲突适用规则。具体而言，横向冲突适用规则包括规章之间的横向冲突适用规则、时际冲突的适用规则和特别规定与一般规定的冲突适用规则等。有关这方面的内容将在第三节中进行详细的阐述。

（三）报请、送请有关机关作出解释或者裁决规则

在行政诉讼中，人民法院在相互冲突的法律、法规、规章之间以及其他形式的法律规范冲突中，不能确定如何适用时，应报请或者送请有关机关作出解释或裁决。有关此方面的详细论述参见第三节的相关内容。

第二节　行政案件的审理依据

一、行政案件审理依据的范围

行政案件审理的依据是人民法院审理行政案件，对具体行政行为合法性进

行审查和裁判的标准与尺度。根据《行政诉讼法》的规定，人民法院审理行政案件应当以法律、法规为依据，并参照适用规章。《行政诉讼法》第52条规定："人民法院审理行政案件，以法律和行政法规、地方性法规为依据。地方性法规适用于本行政区域内发生的行政案件。""人民法院审理民族自治地方的行政案件，并以该民族自治地方的自治条例和单行条例为依据。"第53条又规定："人民法院审理行政案件，参照国务院部、委根据法律和国务院的行政法规、决定、命令制定与发布的规章以及省、自治区、直辖市和省、自治区的人民政府所在地的市和经国务院批准的较大的市的人民政府根据法律和国务院的行政法规制定、发布的规章。"

（一）法律

法律（包括宪法）是由全国人民代表大会及其常务委员会制定的，在全国范围内具有普遍约束力的规范性文件。法律在人民法院的司法审查依据中具有最高效力。这是因为，全国人民代表大会及其常务委员会是最高国家权力机关。全国人民代表大会通过制定法律和监督法律的实施，保证国家法制的统一。行政机关的一切活动，都必须依法办事，不能与法律的精神相抵触。司法机关在解决行政争议、审查行政行为的合法性时，也必须以法律为依据。所谓合法，首先是符合具有最高效力的法律。与全国人民代表大会及其常务委员会制定的法律不相符合的行政行为，无论有多少规范性文件作依据，都改变不了其违法的性质。

广义的法律包括宪法，宪法是国家的根本大法，具有最高的法律效力。但宪法对具体行政行为的调整只能是抽象的、原则的、间接的，宪法的规定一般通过法律具体化，成为可直接适用和遵循的法律规范。因此，行政机关作出具体行政行为和人民法院审查具体行政行为，通常直接适用法律而不直接适用宪法。当然，这并不排除在没有法律规定的情况下，人民法院可以直接适用宪法。

（二）行政法规

由于我国法制建设尚在起步时期，特别是在用法律对经济关系进行宏观调控中，不少方面尚缺乏足够的经验，不可能立即制定出成熟的法律，而是往往先由全国人民代表大会授权国务院制定行政法规，使这些方面有法可依。所以有些领域的行政法规往往是行政机关进行管理活动的唯一依据。这就使得在行政管理活动中，适用行政法规仍有特殊的重要性。人民法院在司法审查中当然也应以行政法规为依据。

（三）地方性法规

我国地方性法规从其性质上分有两类：一类是法律在地方贯彻中的具体化；另一类是中央将地方作为立法的试验基地，在制定中央级法律、行政法规之前，先在地方以地方法规的形式出现，并在地方试行，为以后进行中央的立法作准备。地方法规是地方行政机关进行行政管理的重要依据，它也是人民法院对在其辖区内的行政争议进行审理、审查行政行为合法性的依据之一。

（四）自治条例和单行条例

从性质上说，它是民族自治地方的地方性法规的一种。民族自治地方应该根据民族的不同特点，享有比一般地方机关更多的权力。地方性法规是行政诉讼中适用法律的依据。民族自治地方的自治条例和单行条例，是该地方进行行政管理的依据，当然应该是人民法院审查具体行政行为合法性的依据。只是一般地方法规的立法权最低须达到国务院批准的较大的市一级，而民族自治地方的自治条例和单行条例，可以到自治县一级，即自治县的人民法院在行政诉讼中，可以以本县人大制定的自治条例和单行条例为依据。

二、参照适用规章

（一）规章的范围

规章包括部门规章和地方政府规章两种。部门规章在全国范围内具有约束力和执行力，属于中央行政立法的范畴，在效力等级上低于法律和行政法规。地方政府规章只在所辖区域内具有效力，属于地方立法的范畴，在效力等级上低于法律、行政法规和地方性法规。

（二）规章在行政审判中的地位

规章在人民法院审理行政案件时处于参照地位，“参照”规章是与“依据”法律、法规相对的，具有特定含义。“依据”是指人民法院审理行政案件时必须适用该规范，而不能拒绝适用；而“参照”则是指人民法院审理行政案件，对规章进行斟酌和鉴定后，对符合法律、行政法规规定的规章予以适用，作为审查具体行政行为合法性的根据；对不符合或不完全符合法律、法规原则精神的规章，人民法院有灵活处理余地，可以不予适用。因而“参照”不是无条件地适用，而是有条件地适用，即在某些情况下可以适用，在某些情况下也可以不予适用。因此，参照规章实际上赋予了人民法院对规章的审查权。人民法院对规章的作用和效力不是一概否定或肯定，而是对规章有选择适用权。《最高人民法院关于执行〈中华人民共和国行政诉讼法〉若干问题的解释》第62条第2款规定："人民法院审理行政案件，可以在判决书中引用合法有效的规章及其他规范性文件。"

规章的参照地位是由目前规章在我国法律规范体系中的特殊地位所决定的。首先，规章不能作为行政审判的依据。由于制定规章的行政机关的级别不高，有权制定规章的行政机关也有权作出具体行政行为，如果以规章作为依据，就等于承认相应行政机关可以自己制定司法审查的标准，这将极不利于保护公民、法人或者其他组织的合法权益，也不符合行政机关依法行使职权的原则。另外，由于规章制定主体的多元化，法律对制定规章的权限范围、制定标准和制定程序无统一规范，致使规章制定中存在大量问题。许多规章从本部门利益出发，借法争权、扩权，各规章之间冲突与抵触的现象屡见不鲜。而且，由于我国尚缺乏有效的监督机制，规章中也时有违反法律的规定。因此，如果行政诉讼中的法律适用以规章为依据，显然是不适当的。其次，鉴于规章存在的问题，规定人民法院依据规章审理行政案件并不适宜，但是简单地将规章排除在人民法院适用范围之外也同样不合适。因为宪法和有关法律确认了规章的法律地位和法律效力，而且目前规章在我国行政管理中起着相当重要的作用。在我国法律不完备的情况下，规章是我国法律体系的重要组成部分，是法律、法规的直接延伸和具体化，尤其是在行政管理领域，行政管理关系在很大程度上是依靠规章来调整的。而且在法律、法规没有规定的情况下，规章还能起到填补空白、及时提供规范的作用。所以，如果行政诉讼完全撇开规章，则对行政机关的那些没有法律、法规依据而直接根据规章作出的具体行政行为就难以进行审查，处于无法可依的境地。在综合考虑上述原因后，《行政诉讼法》第53条第1款作出了参照适用规章的规定。

第三节　规范性法律文件的冲突与解决

一、冲突的概念

行政诉讼法律适用冲突，是指人民法院在审判行政案件的过程中，发现对同一法律事实或关系，有两个或两个以上的法律文件作出了并不相同的规定，人民法院适用不同的法律规定就会产生不同的甚至相矛盾的裁判结果。这种现象就是行政诉讼法律适用的冲突。

法律适用冲突发生的前提是各种法律文件，包括不同的法律、行政法规、地方性法规、自治条例和单行条例、规章、授权立法文件等，对相同的事项有着不相一致的规定。在我国，由于立法主体的多重性，相互之间缺乏协调；立法职权划分的不明确、不周全；立法技术方面存在某些不足等原因，法律适用冲突不可避免。

就冲突的具体内容而言，常见的有以下几种：①在制裁条件、手段、幅度、权限方面的冲突；②在特定对象承担义务的条件、数量、范围、性质方面的冲突；③在公民、法人和其他组织享受某种权利的条件、数量、范围、性质方面的冲突；④在同一法律术语内涵、外延解释上的冲突等。

二、冲突的种类

法律规范冲突的形式繁多，主要有以下几种：

1. 特别法与普通法适用的冲突。我国行政法律规范体系中，存在着特别法与普通法的冲突，即当特别法与普通法就某一相同的事项作出不相一致的规定时，在适用特别法还是普通法之间产生的冲突。

2. 不同层级法律适用的冲突。不同层级法律适用的冲突是指各种不同效力等级的行政法律规范适用时产生的冲突。例如，行政法规与法律之间的冲突，地方性规章与行政法规之间的冲突，地方性法规与法律之间的冲突等。

3. 同级法律适用的冲突。同级法律适用的冲突是指制定机关不同但效力层级相同的行政法律规范产生的法律适用冲突。主要表现为不同部门、不同地区相同层级法律规范之间的冲突，如各部、委规章之间的冲突，各级人民政府规章之间的冲突，各地方性法规之间的冲突，各民族自治地方自治条例、单行条例之间的冲突等。

4. 时际冲突。时际冲突又称为新旧法适用的冲突，是指因新的行政法律规范与旧的行政法律规范的规定不一致时决定适用何种行政法律规范时产生的冲突。

5. 人际冲突。人际冲突是指调整因不同民族、种族或人的特殊身份的法律适用时产生的冲突。如单行条例中对汉族和少数民族计划生育控制数量的不同规定。

6. 区际冲突。区际冲突是指在我国不同行政区域适用哪一行政区域的法律规范时产生的冲突。在我国包括内地行政法律规范与港、澳、台地区行政法律适用规范的冲突。

三、冲突的解决

冲突的解决是指人民法院在审理行政案件过程中发现相互冲突的法律规范，究竟适用何者时所应当遵循的一些规则。准确选择法律适用规则，对行政案件的正确裁判有着重要的意义。目前行政审判的司法实践中，解决法律适用冲突一般遵循以下规则：

（一）优先适用高层级法律规范

一般情况下，低层级的法规、规章不能与比其层级高的法律、法规相抵触，若出现抵触即形成层级冲突。排除层级冲突的规则是选择适用高层级的法律规范，否则即为不合法。只有当低层级法律文件的规范是根据高层级法律文件的授权作出不同规定的，人民法院才可适用低层级规范性文件的规定。至于《宪法》在司法审查中的作用与地位，我们认为，《宪法》虽然不是人民法院司法审查的直接依据和具体依据，但它应该是也必须是司法审查的最高依据和最终依据。《宪法》对人民法院的司法审查工作具有根本性的指导作用。

（二）优先适用新的法律规范

在新法已颁布而调整同一关系的旧法尚未废止的情况下，若新旧法不一致而出现时际冲突，则优先适用新法。一般说来，新法公布后同一内容的旧法应自动失效。但也有这样的情形：新法公布后，新规范性文件的内容并未完全涵盖旧规范性文件的内容，旧规范性文件仍然有效。但是，凡是新规范性文件已作变动性规定的，旧规范应视为失效，而应适用新规范。

（三）特别法优于普通法

这是解决特别法与普通法冲突的规则。普通法指立法机关就一般事项制定的法律、法规，而特别法是立法机关就特定事项制定的法律、法规。前者调整一般社会关系，后者调整特定的社会关系。如《行政处罚法》是一般法，《治安管理处罚法》就是特别法。倘若行政案件审理的具体行政行为所针对的特定人和事，在特别法中作了特别规定，那么人民法院应优先适用特别法。需要注意的是，只有在特别法与普通法是属于同一层级的规范时，才适用这一规则。若普通法是高层级的法，而特别法是低层级的法，特别法作出的特别规定又未经高层级普通法的授权，那么这种特别规定就是无法律依据的规定，应视为无效，人民法院仍应适用普通法。

（四）优先适用调整特定地区、部门事项的法律规范

这是解决区际冲突和部门冲突的一般规则。当某一行政案件同时可以适用几个地区或不同部门的法规或规章，这些法规、规章又不一致时，应优先适用特定地区、特定部门的法规、规章。如一名河北患者因石家庄和北京两家医院

的错误诊断，造成严重后果，要求北京市卫生局处理，患者不服处理结果，起诉到北京市某人民法院。对争议的问题，河北省的地方性法规的规定与北京市的地方性法规的规定不一致，那么北京市该受理人民法院在审查北京市卫生局的具体行政行为时，就应优先适用北京市的地方法规。再如，某人民法院受理了相对人对某工商局处理的处理决定不服的行政争议案件。对这类问题，国家工商局有规章规定，国家物价局也有规章规定，因为该案应由工商管理部门处理，所以应优先参照适用工商行政管理部门的规章。

（五）送请或报请有关机关解释、裁决

这一规则是《行政诉讼法》第 53 条第 2 款规定的。该款规定："人民法院认为地方人民政府制定、发布的规章与国务院部、委制定、发布的规章不一致的，以及国务院部、委制定、发布的规章之间不一致的，由最高人民法院送请国务院作出解释或者裁决。"

《行政诉讼法》没有对法律之间的不一致、法规之间的不一致如何送请、报请解释、裁决作出规定。但这些不一致是可能出现的，倘若碰到这些不一致，并且不能通过适用前面提到的各种选择适用的规则得到解决，那么就应比照《行政诉讼法》第 53 条处理规章之间的不一致的处理方式，经由最高人民法院报请全国人民代表大会常务委员会或者送请国务院作出解释、裁决。

凡需送请、报请解释、裁决的，在报送解释、裁决期间，应暂时中止对该案件的审理。待解释或裁决作出后再继续审理。关于报请和送请有关机关解释、裁决的情况可以分为如下几种：

1. 报请全国人大常委会裁决。法律之间对同一事项的新的一般规定与旧的特别规定不一致，不能确定如何适用时，由全国人大常委会裁决。根据授权法制定的法规与法律规定不一致，不能确定如何适用时，由全国人大常委会裁决。地方性法规与部门规章之间对同一事项的规定不一致，不能确定如何适用时，由国务院提出意见，国务院认为适用地方性法规时，应当决定在该地方适用地方性的规定；认为适用部门规章时，应当提请全国人大常委会裁决。

2. 送请国务院作出裁决。行政法规之间对同一事项的新的一般规定与旧的特别规定不一致，不能确定如何适用时，由国务院裁决。部门规章之间、部门规章与地方政府规章之间对同一事项的规定不一致时，由国务院裁决。地方性法规与部门规章之间对同一事项的规定不一致，不能确定如何适用时，由国务院提出意见，国务院可以决定适用地方性法规，国务院认为应适用部门规章时，提请全国人大常委会决定。

3. 送请地方性法规或规章制定机关裁决。同一机关制定的新的一般规定与旧的特别规定不一致时，不能确定如何适用时，由制定机关裁决。

（六）优先适用国际条约

这是人民法院在审理涉外行政案件过程中适用法律的规则。优先适用国际条约是世界各国在法律适用上一个通行的规则。随着国际间交往活动的日益频繁、各种合作的日益紧密，国际条约成为国与国之间加强合作与解决纠纷的重要手段。当然由于各国政治、经济、文化等方面发展的差异，应允许参加国际条约的国家根据本国情况对国际条约的有关条款有所保留，当出现应适用该保留条款的情形时，适用本国法律规范的规定，而不再适用国际条约。我国《行政诉讼法》第72条规定："中华人民共和国缔结或者参加的国际条约同本法有不同规定的，适用该国际条约的规定。中华人民共和国声明保留的条款除外。"这是我国在处理国际条约与我国相关法律规范冲突方面的原则规定。

第二十六章　行政诉讼的期间、送达与费用

第一节　行政诉讼的期间

一、行政诉讼期间的概念

行政诉讼期间是指人民法院、诉讼当事人及其他诉讼参与人进行诉讼活动的期限和日期。

行政诉讼期间，是行政诉讼得以顺利进行的保障。它有利于保护公民、法人或者其他组织的合法权益；有利于提高法院审判人员的责任心和办案效率，使案件得以及时解决。因此，人民法院、当事人和其他诉讼参与人都必须严格遵守有关诉讼期间的规定，及时行使诉讼权利，承担诉讼义务。否则，会引起一定的法律后果。如人民法院违反期间规定即构成程序违法，当事人可要求人民法院纠正，或请求上级人民法院撤销违反程序的判决或裁定。

期限是人民法院和诉讼参与人单方面进行或完成某种诉讼行为的期间，是行政诉讼活动的时间限制。它不仅体现在行政诉讼活动应在一定的时间范围内进行，也体现在行政诉讼中每一项诉讼活动都有一定的时间期限，如起诉的期限、提出答辩的期限，作出一审判决的期限等。

期日是指人民法院、当事人及其他诉讼参与人会合共同进行诉讼行为的日期和时间。其特点是有起点无终点，由人民法院指定。例如，人民法院决定在某年某月某日公开开庭审理某一行政案件，这就是期日。

二、行政诉讼期间的种类

行政诉讼期间以是否由法律明确规定为标准，分为法定期间与指定期间两种。

1. 法定期间。法定期间是指由法律明确规定的期间。法定期间具有封闭性，有起点和终点，是一个时间阶段。如起诉后法院应在 7 日内决定是否受理，不服一审判决应在 15 日内提出上诉等。法定期间不能由当事人及其他诉讼参与人自行变动或协商变动，除法律规定的情况外，人民法院无权顺延期限。

2. 指定期间。指定期间是指人民法院依职权对当事人及其他诉讼参与人

进行某一诉讼行为所指定的期间。例如，人民法院确认行政机关具有不作为情形，判决限定其履行法定职责的期间（限）等。

指定期间是人民法院根据案件的具体情况和需要而决定的。指定期间一经确定，不应随意变更。但因情况发生变化，人民法院则可以根据案件的具体情况延长或缩短期间。

三、行政诉讼期间的计算

期间在各国行政诉讼法或其他法律、判例法中都有规定。期间的计算，各国的规定虽不一样，但大都以时、日、月、年为单位计算。我国行政诉讼期间的计算，依据有关法律的规定，就是以时、日、月、年为单位计算的。

1. 期间开始的时、日不计算在期间内，均从下一个小时和次日算起。

2. 期间届满的最后一日是节假日的，以节假日后的第一个工作日为期间届满的日期。

3. 期间不包括在途时间，诉讼文书在期满前交邮的，不算过期。

所谓在途时间，是指人民法院送达的诉讼文书在路途上花费的时间。它包括人民法院将诉讼文书送达受送达人时在路途上花费的时间和送达回证返回到送达人手中所需的在途时间。

四、行政诉讼期间的耽误及处理

行政诉讼期间的耽误是指当事人及其诉讼代理人在法定期间或指定期间内，没有完成应当进行的诉讼行为。造成期间耽误的主要有两种原因：一是不可抗力或特殊情况；二是当事人或其代理人的过错。因不同原因造成的期间耽误，法律予以不同的处理。

1. 因不可抗力或特殊情况耽误期间的，在障碍消除后的10日内，可以申请延长时间，是否准许，由人民法院决定。法定期限的延长是顺延，不是重新开始。指定期间的耽误，则由人民法院根据案件的实际情况，予以顺延或重新指定。

2. 因当事人及其诉讼代理人的故意或过失造成期间耽误的，当事人即丧失了其在规定期间内为某种诉讼行为的权利。

第二节　行政诉讼的送达

一、行政诉讼送达的概念

行政诉讼送达是指在行政诉讼过程中，人民法院依照法定的程序和方式，将诉讼文书或者法律文书送交当事人和其他诉讼参与人的行为。送达可能是通知一定事项，也可能是通知诉讼日期。行政诉讼未对送达作出明确规定，但可参照适用我国《民事诉讼法》有关送达的规定。

二、行政诉讼送达的方式

送达是人民法院产生法律效力的一种诉讼行为，必须依照法定的程序和方式进行，否则不能产生法律效力。依据我国《民事诉讼法》的规定，送达方式有下列几种：

（一）直接送达

直接送达是指人民法院将诉讼文书直接交付给受送达人。直接送达是人民法院最基本的送达方式。送达诉讼文书，应当直接送达受送达人，具体有以下几种方式：

1. 受送达人是公民，而本人不在的，应当交由其同住成年亲属签收。

2. 受送达人是法人或者其他组织的，应当交给法人的法定代表人或者其他组织的主要负责人签收，或者交给该法人、组织的办公室、收发室、值班室等负责收件的人签收。

3. 受送达人有诉讼代理人的，可以交给其代理人签收。

4. 受送达人已向人民法院指定代收人的，送交代收人签收。

受送达人的同住成年家属、法人或者其他组织负责收件的人、诉讼代理人或者代收人在送达回证上签收的日期，为送达日期。他们的签收行为与受送达人本人的签收行为具有同等的法律效力，产生同样的送达效果。

（二）留置送达

留置送达是指受送达人或者其同住的成年亲属拒绝签收诉讼文书时，送达人依法将诉讼文书强行留放在受送达人住所的送达方式。

留置送达必须符合以下条件：

1. 受送达人或者同住成年亲属无正当理由而拒绝签收诉讼文书。

2. 送达人应当邀请有关基层组织或者所在单位的代表到场，说明情况，在送达回证上记明拒收事由和日期，由送达人、见证人签名或盖章；有关基层组织或者所在单位的代表及其见证人不愿意在送达回证上签名或盖章的，由送达人在送达回证上记明情况，然后将诉讼文书留在受送达人的住所，即视为送达。应注意的是，行政赔偿诉讼中的调解书不适用留置送达。

（三）委托送达

委托送达是指人民法院直接送达有困难时，由人民法院委托受送达人所在地的人民法院代为送达。委托送达发生于人民法院之间，即委托人和受委托人均为人民法院。委托其他人民法院代为送达的，委托法院应当出具委托函，并附需要送达的诉讼文书和送达回证，以受送达人在送达回证上签收的日期为送达日期。

（四）转交送达

转交送达是指人民法院将诉讼文书通过受送达人所在单位转交给受送达人签收的送达方式。代为转交的单位收到诉讼文书后，应立即交受送达人签收，以受送达人在送达回证上的签收日期为送达日期。转交送达适用于下列情况：

1. 受送达人是军人的，通过其所在部队团以上单位的政治机关转交。
2. 受送达人被监禁的，通过其所在监所或者劳动改造单位转交。
3. 受送达人被劳动教养的，通过其所在劳动教养单位转交。

（五）邮寄送达

邮寄送达是指人民法院通过邮局，用挂号信将诉讼文书送达给受送达人的送达方式。邮寄送达主要适用于直接送达有困难的情况。邮寄送达应当附有送达回证。挂号信回执上注明的收件日期与送达回证上注明的收件日期不一致的，或者送达回证没有寄回的，以挂号信回执上注明的收件日期为送达日期。

（六）公告送达

公告送达是指人民法院将需要送达的诉讼文书的有关内容以张贴公告、登报或广播、电视通讯等方式，告知受送达人，经过法定期间即视为送达的方式。公告自发出之日起，经过60日即视为送达。对公告送达方式有特殊要求的，应按要求的方式进行公告。公告送达是无法采用其他送达方式时所适用的一种补救送达方式。

三、送达效力

送达效力是指诉讼文书送达后所产生的法律后果。送达的法律后果有：

1. 某些诉讼文书送达后，当事人及其代理人行使某项诉讼权利的期间便开始计算。
2. 某些诉讼文书送达后，会引起行政诉讼法律关系的发生或消灭。

3. 有的诉讼文书送达后，即产生法律效力，如二审判决书。

第三节　行政诉讼的费用

一、行政诉讼费用的含义

行政诉讼费用是指当事人进行行政诉讼，依法向人民法院交纳和支付的费用。《行政诉讼法》第74条规定："人民法院审理行政案件，应当收取诉讼费用。诉讼费用由败诉方承担，双方都有责任的，由双方分担。"

二、行政诉讼费用的种类

行政诉讼费用的种类所反映的是收取诉讼费用的范围。我国行政诉讼费用收取的范围包括：

（一）案件受理费

案件受理费是指人民法院决定受理行政案件后，由原告按照有关规定向人民法院预交的费用。案件受理费以诉讼阶段和程序为标准，分为第一审案件受理费和第二审案件受理费。人民法院对案件进行初次审理所收取的费用就是第一审案件受理费。上一级人民法院依第二审程序受理上诉案件所收取的费用，就是第二审案件受理费。

（二）其他诉讼费用

其他诉讼费用是指除案件受理费以外，人民法院在审理案件过程中，实际支出的应由当事人承担的费用。其他诉讼费用主要包括法律文书和庭审材料的复制费；勘验、鉴定费；公告、翻译费；证人、鉴定人、翻译人员的交通费、住宿费、生活费和误工费；申请采取诉讼保全措施的申请费和实际支出的保全费用；执行判决、裁定或行政赔偿调解协议书所实际支出的费用；人民法院认为应由当事人负担的其他诉讼费用，等等。

三、诉讼费用的预交与负担

（一）诉讼费用的预交

诉讼费用的预交，是指当事人预先垫付诉讼费用。预交诉讼费用的当事人，不一定要负担诉讼费用。诉讼费用的负担，依审理结果和负担原则最终确定。

1. 案件受理费的预交。第一审案件的受理费，由原告预交。原告应在接到预交诉讼费用通知的次日起 7 日内预交受理费。如原告逾期没有交纳，又没有申请缓交、减交或免交受理费的，按自动撤回起诉处理。第二审案件受理费，由上诉人在提交上诉状时预交。双方当事人都上诉的，由双方当事人分别预交。

2. 其他诉讼费用的预交。申请费由申请人提出申请时预交。逾期不预交，又不申请缓交的，视为自动放弃申请。其他诉讼费用由人民法院按照实际支出，随时通知申请人预交。

（二）诉讼费用的负担

诉讼费用的负担，是指人民法院对行政案件审理终结或执行终结后，确定诉讼费用由哪一方当事人来承担。

1. 一审案件诉讼费用的负担。

（1）由败诉方负担，这是一审案件诉讼费用的负担原则。

（2）按比例负担。当事人部分胜诉、部分败诉的，根据责任大小，按比例分担。共同诉讼中，共同原告或共同被告按责任大小，确定各自应负担的比例。

（3）原告负担。撤销案件由原告负担案件受理费，但减半收取。

（4）被告负担。在诉讼中被告改变具体行政行为，原告申请撤诉，人民法院裁定准许的，案件受理费由被告负担，减半收取。

2. 二审案件诉讼费用的负担。第二审人民法院对上诉案件诉讼费用负担的处理，与一审案件诉讼费用的负担原则基本相同。

（1）上诉人负担。第二审人民法院驳回上诉，维持原判的，上诉案件的诉讼费用由上诉人负担；双方上诉的，由双方分担；当事人撤回上诉的案件，案件受理费由上诉人负担。

（2）败诉方负担。二审法院对一审判决全部改判的，诉讼费用（含一审诉讼费用）由二审败诉方负担；部分改判的，诉讼费用由双方当事人按比例分担。

（3）二审人民法院发回重审的案件，当事人预交的受理费不予退还，由第一审人民法院根据重审结果确定如何负担。重审后又上诉的，不再预交案件受理费。

3. 执行费用的负担。执行费用分为申请执行费和实际执行费用两种，均由被执行人负担。

四、诉讼费用的缓交、减交和免交

诉讼费用的缓交、减交和免交，是指依法律规定应当交纳诉讼费用的当事人，因经济上确实有困难无力负担或暂时无力负担时，经当事人申请，由人民法院决定缓交、减交或免交的制度。

诉讼费用的缓交，是指当事人经济上确实有困难，暂时无力交纳诉讼费用，经申请并经人民法院准许，待其具有经济能力时再交纳。

诉讼费用的减交，是指当事人经济上确有困难，无力全部交纳诉讼费用，人民法院准许当事人的申请减少其应交纳的部分诉讼费用。

诉讼费用的免交，是指当事人无力交纳诉讼费用，经申请准许后，人民法院完全免去当事人交纳诉讼费用的义务。

第二十七章　行政诉讼的程序

第一节　起诉与受理

一、起诉

（一）起诉的概念

行政诉讼的起诉，是指行政相对人认为自己的合法权益受到行政主体的具体行政行为的侵害，向人民法院提出诉讼请求，要求人民法院行使国家审判权，依法对具体行政行为予以审查和纠正的法律行为。

起诉是原告行使起诉权的单方诉讼行为。提起诉讼是行政案件受理和诉讼程序发生的前提，没有行政案件的起诉，也就没有行政诉讼程序的进行。行政诉讼的起诉分为两种类型：第一，直接向法院起诉。只要法律、法规没有明确规定必须经过复议的，即如果法律没有规定行政复议前置是必须的，则行政相对人对行政行为不服都可以直接向法院起诉。第二，经复议后向人民法院起诉的，法律、法规规定应当先向行政机关申请复议的，依照法律、法规的规定。

我国法律中，行政复议与行政诉讼的关系有以下几种情形：一是复议前置，即行政相对人对具体行政行为不服时，应当先向复议机关申请复议，对复议仍然不服的，才能向人民法院提起诉讼，如《专利法》的规定。二是行政相对人在行政争议发生时，可以选择先行复议，对复议不服再进行诉讼，也可以直接向人民法院提起诉讼，如《治安管理处罚法》的规定。三是行政复议是终局的，不能诉讼。四是法律规定当事人在发生行政争议时，既可以向人民法院起诉又可以申请复议并由行政机关作出最终裁决的，当事人一旦申请行政复议，就不能再向人民法院提起行政诉讼，如《外国人出入境管理法》。在这种情况下，如果当事人既提起诉讼又申请复议的，以先收到有关材料的机关为当事人选择的机关；同时收到的，可由当事人再行选择。

（二）起诉的条件

根据《行政诉讼法》第41条的规定，提起行政诉讼应当符合以下条件：

1. 原告是认为具体行政行为侵犯其合法权益的公民、法人或者其他组织。这是对原告资格的限定。有资格提起行政诉讼的，必须是具体行政行为的直接承受者。但这种原则限定有几种例外：一是作为原告的公民死亡，其近亲属可以以原告的名义提起行政诉讼；有权提起行政诉讼的法人或者其他组织终止，承受其权利的法人或者组织可以作为原告提起行政诉讼。二是在治安案件中，复议机关撤销了原处罚决定，被害人对复议决定不服的，可以作为原告向人民法院提起行政诉讼。三是在复议行政行为中，复议决定涉及到行政相对人以外第三者的利益，第三者对该具体行政行为不服的，可以作为原告向人民法院提起诉讼。

2. 有明确的被告。原告在起诉时必须指明哪一个行政机关或组织是被告。被告可以是作出具体行政行为的行政机关或者改变具体行政行为的复议机关，也可以是法律、法规授权作出某种具体行政行为的组织。没有被告或被告不明确行政诉讼将无法进行。需要注意的是“明确的被告”和“正确的被告”是两个不同的概念，前者是起诉条件的要求，后者是人民法院在受理案件后需要确定的。对于被告不明确的，人民法院可以裁定不予受理；而对于被告不正确的，人民法院只能裁定驳回起诉。

3. 有具体的诉讼请求和事实依据。具体的诉讼请求是指原告在起诉书中提出的要求人民法院作出司法保护的权益的范围和内容。事实依据则是指据以支持原告提出诉讼请求的事实和理由。如果行政机关作出具体行政行为时不制作、不送达决定书，当事人对具体行政行为不服向人民法院起诉时，只要能证明具体行政行为的存在并符合其他起诉条件的，人民法院应予以受理。

4. 属于人民法院的受案范围和受诉人民法院管辖。属于人民法院的受案范围是指案件必须在人民法院所能主管的行政案件范围之内，对《行政诉讼法》和其他法律、法规规定不予受理和没有根据可以受理的行政案件，当事人不得提起诉讼。法律、法规明确规定在起诉前必须向行政机关申请复议的，应经过行政复议或者复议机关逾期不作出复议决定后才能起诉。另外，必须属于提起诉讼的人民法院管辖的行政案件的范围。否则，人民法院应告知当事人向有管辖权的人民法院起诉。

（三）起诉的方式

起诉方式是指原告提起行政诉讼所应当采取的必要方法和形式。原告应以书面方式向人民法院提起行政诉讼，也就是说，原告应当向人民法院递交起诉书，来表达自己想要提起行政诉讼的愿望。

起诉书是原告向人民法院起诉时使用的，记载自己的诉讼请求和事实依据，从而引起诉讼程序发生的一种诉讼文书。起诉书应写明以下内容：①有关当事人的基本情况，如原告的姓名、性别、年龄、民族、职业、住址等，原告是法人或组织的，应写明法人与组织的名称、性质、法定代表人，被告的全称、地址、法定代表人等；②诉讼请求；③事实和理由；④证据材料；⑤附件。如行政机关作出具体行政行为时制作的有关决定书、裁决书等。

原告应按被告的人数向人民法院提交起诉书副本，原告聘请了诉讼代理人的，应当在提交起诉书副本的同时，将授权委托书一并提交人民法院。

（四）起诉的程序

1. 起诉期限。

（1）直接起诉的期限。公民、法人或者其他组织直接向人民法院起诉的，应当在知道作出具体行政行为之日起3个月内提出，超过3个月的，视为放弃起诉权，即行政相对人丧失胜诉权。换言之，3个月后再向人民法院提起行政诉讼的，人民法院可以超过诉讼时效为由不予受理，或者在受理后驳回起诉。3个月起诉期限的规定属于行政诉讼的一般规定，如果法律、法规对直接起诉的期限有另行特别规定的，从其规定。

（2）经复议后向人民法院起诉的期限。行政相对人向行政机关申请复议的，复议机关应当在收到申请书之日起60日内作出决定。法律、法规另有规定的除外。申请人不服行政复议决定的可以在收到复议决定书之日起15日内向法院起诉；复议机关逾期不作决定的，申请人可以在复议期满之日起15日内向人民法院起诉。法律另有规定的除外。

另外，还有以下情形必须注意：第一，最高人民法院“解释”第39条规定：“公民、法人或者其他组织申请行政机关履行法定职责，行政机关在接到申请之日起60日内不履行的，公民、法人或其他组织向人民法院提起诉讼，人民法院应当依法受理。法律、法规、规章和其他规范性文件对行政机关履行职责的期限另有规定的，从其规定。”“公民、法人或者其他组织在紧急情况下请求行政机关履行保护其人身权、财产权的法定职责，行政机关不履行的，起诉期间不受前款规定限制。”第二，“解释”第41条规定：“行政机关作出具体行政行为时，未告知公民、法人或其他组织诉权或者起诉期限的，起诉期限从公民、法人或者其他组织知道或者应当知道诉权或者起诉期限之日起计算，但从知道或应当知道具体行政行为内容之日起最长不得超过两年。”“复议决定未告知公民、法人或其他组织诉权或法定起诉期限的，适用前款规定。”第三，“解释”第42条规定：“公民、法人或者其他组织不知道行政机关作出的具体行政行为内容的，其起诉期限从知道或者应当知道该具体行政行为内容之日起计算。对涉及不动产的具体行政行为从作出之日起超过20年、其他具体行政行为从作出之日起超过5年提起诉讼的，人民法院不予受理。”

2. 起诉与行政复议。

根据最高人民法院“解释”的有关规定，起诉与行政复议之间的关系有以下几种情况：第一，法律、法规规定应当先申请复议，行政相对人未申请复议直接起诉的，人民法院不予受理。但是，如果复议机关不受理复议申请或者在法定期限内不作出复议决定，行政相对人不服，依法向人民法院提起诉讼的，人民法院应当依法受理。第二，法律、法规未规定行政复议为提起行政诉讼必经程序，行政相对人既提起诉讼又申请行政复议的，由先受理的机关管辖；同时受理的，由行政相对人选择。行政相对人已经申请复议，在法定复议期间内又向人民法院提起诉讼的，人民法院不予受理。第三，法律、法规未规定行政复议为提起行政诉讼必经程序，行政相对人向复议机关申请行政复议后，又经复议机关同意撤回复议申请，在法定期限内对原具体行政行为提起诉讼的，人民法院应当依法受理。

二、受理

（一）受理的概念

行政案件的受理，是指人民法院对行政相对人提起的行政诉讼进行审查后，认为符合起诉条件，决定立案审理的行为。受理是人民法院行使行政审判权的行为，具有重要意义。它标志着人民法院对原告诉讼请求的初步接受，受理是审理程序的起点。最高人民法院“解释”第32条第1款规定：“人民法院应当组成合议庭对原告的起诉进行审查。符合起诉条件的，应当在7日内立案；不符合起诉条件的，应当在7日内裁定不予受理。”

（二）受理的条件

人民法院在决定是否受理当事人提起的行政诉讼时应审查以下事实：

1. 原告、被告的资格是否符合法定条件。

2. 原告的起诉是否符合《行政诉讼法》规定的起诉条件，包括有无具体诉讼请求和事实依据、是否属于人民法院的受案范围和受诉人民法院管辖等。

3. 是否超过法定的起诉期限。

4. 对法律、法规规定必须先经复议的是否经过了复议。

5. 起诉状内容是否欠缺需要补正，等等。

“解释”第32条第2款规定：“7日内不能决定是否受理的应当先予受理；

受理后经审查不符合起诉条件的，裁决驳回起诉。”第 3 款规定：“受诉人民法院在 7 日内不立案，又不作出裁定的，起诉人可以向上一级人民法院申诉或起诉。上一级人民法院认为符合受理条件的应予受理；受理后可以移交或者指定下级人民法院审理，也可以自行审理。”

（三）受理的法律后果

起诉一经受理即可产生以下后果：

1. 诉讼时效中断，从受理之日起开始计算第一审程序的审判时限。

2. 诉讼系属确定，排除其他国家机关，包括其他人民法院对本案的管辖权。

3. 行政诉讼程序正式开始，人民法院享有对该案的审判权并负有依法定程序在法定期限内审结该案的义务。

第二节　第一审程序

一、审理前的准备

审理前的准备，是指人民法院在受理行政案件后，开庭审理前，行政审判人员依法进行各项准备工作。它是第一审程序中开庭前的必经阶段，根据《行政诉讼法》的有关规定，在这个阶段应做好以下几方面工作：

（一）在法定期间向当事人送达起诉状和答辩状副本

《行政诉讼法》第 43 条规定：“人民法院应当在立案之日起 5 日内将起诉状副本发送被告。被告应当在收到起诉状副本之日起 10 日内向人民法院提交作出具体行政行为的有关材料，并提出答辩状。人民法院应当在收到答辩状之日起 5 日内，将答辩状发送原告。”“被告不提出答辩的，不影响人民法院审理。”起诉状副本送达被告后，原告无正当理由提出新的诉讼请求的，人民法院不予准许。

（二）组成合议庭

合议庭的组成形式有两种：一是由审判员组成合议庭，二是由审判员与人民陪审员组成合议庭。陪审员参加审理案件的，具有与审判员同等的权利。合议庭成员的人数应该是 3 人以上的单数。合议庭组成后应告知当事人合议庭组成人员情况，告知当事人依法享有的有关诉讼权利和义务，如申请回避等。

（三）审核诉讼材料

人民法院通过审查诉讼文书，了解当事人的情况，及时更换和追加当事人，决定或通知与被诉具体行政行为有关的第三人参加诉讼。最高人民法院“解释”第23条规定：“原告起诉的被告不适格，人民法院应当告知原告变更被告；原告不同意变更的，裁定驳回起诉。”“应当追加被告而原告不同意追加的，人民法院应当通知其以第三人的身份参加诉讼。”人民法院通过审查证据材料，可以在证据不充分、不确实时，要求当事人补充证据，或者视情况由人民法院调取证据。

（四）决定是否裁定停止被诉具体行政行为的执行

《行政诉讼法》第44条规定：“原告申请停止执行，人民法院认为该具体行政行为的执行会造成难以弥补的损失，并且停止执行不损害社会公共利益，裁定停止执行。”

（五）决定是否进行财产保全

人民法院对于因一方当事人的行为或者其他原因，可能使具体行政行为或者人民法院生效裁判不能或者难以执行的案件，可以根据对方当事人的申请作出财产保全的裁定；当事人没有提出申请的，人民法院在必要时也可以依法采取财产保全措施。

人民法院决定采取财产保全措施的原因有两个：一是依当事人的申请而进行财产保全；二是当事人没有申请，人民法院认为有必要的，也可以依法采取财产保全措施。

（六）决定是否先予执行

人民法院审理起诉行政机关没有依法发给抚恤金、社会保险金、最低生活保障费等案件，可以根据原告的申请，依法书面裁定先予执行。先予执行的措施只能根据原告的申请采取。

（七）传唤、通知当事人和其他诉讼参与人、公告

人民法院在开庭审理的3日前，用传票或者通知书通知当事人和其他诉讼参与人。传票或者通知书须写明案由、开庭日期、时间和地点。公开审理的案件也应在开庭3日前，向社会公告。公告的内容包括：当事人姓名、单位，案由，开庭日期、时间和地点。

二、开庭审理

开庭审理是指在当事人和其他诉讼参与人共同参加下，合议庭在法庭上按一定程序主持审理行政案件的整个过程。

在行政诉讼的第一审程序中，人民法院不得以书面方式进行审理，而应一律实行开庭审理。开庭审理以公开审理为原则，以不公开审理为例外。公开审理是指人民法院审理行政案件活动，除法律另有规定者外，必须公开进行。公开审理有两层含义：一是对当事人和其他诉讼参与人公开，审理须在当事人、其他诉讼参与人参加下进行；二是对社会公开，即开庭审理活动允许社会上与案件无关的群众旁听，允许记者采访报道。《行政诉讼法》第 6 条规定："人民法院审理行政案件，依法实行合议、回避、公开审判和两审终审制。"第 45 条规定："人民法院公开审理行政案件，但涉及国家秘密、个人隐私和法律另有规定的除外。"

第一审程序是整个行政审判案件的基础，是最完整的诉讼程序。它分以下五个阶段进行：

（一）宣布开庭

宣布开庭是法庭审理一个准备性的阶段，由五个环节组成：

1. 由书记员查清当事人和其他诉讼参加人是否到庭，如果应到庭的当事人没有到庭，书记员应当向审判长报告，由审判长根据具体情况决定按期审理或延期审理。在查明当事人和诉讼参加人的到庭情况后，书记员宣布法庭纪律，并请合议庭成员入席就座。

2. 由审判长宣布开庭，并核对当事人和其他诉讼参加人的身份。

3. 宣布案由和合议庭组成人员、书记员名单。

4. 告知当事人有关的诉讼权利和义务。

5. 询问当事人对审判人员、书记员等是否要提出回避申请。如果当事人提出回避申请的，应根据法律的有关规定作出处理。

（二）法庭调查

法庭调查是案件审理的实质阶段，其主要任务是：通过当事人对案件事实全面陈述，将收集到的有关证据在法庭上进行质证、核对，以查清事实真相，为正确裁判奠定基础。其主要内容是：

1. 当事人陈述。当事人陈述的顺序依次为原告、被告和第三人。当事人的诉讼代理人可以在被代理人陈述后根据需要作补充性陈述。审判人员也可以就案件的事实进行询问。当事人陈述应围绕与案件有关的事实进行，对于与案件事实无关的，审判人员可以制止。审判人员应当充分尊重各方当事人平等的陈述权，不得偏袒任何一方。

2. 证人出庭作证，宣读未到庭证人的书面证言。对当庭作证的证人，审判人员应告知其如实作证的义务以及作伪证的法律责任。证人陈述完毕，审判人员可以提问的方式向证人询问。当事人及其诉讼代理人经法庭许可，可以就证人作证的事实进行当庭质证。证人未到庭的，由法庭宣读书面证人证言，并允许当事人发表意见。

3. 出示书证、物证和视听资料。对作为证据的书证、物证和视听资料，应当庭出示以查明真伪。

4. 宣读鉴定结论。经法庭许可，当事人可以向鉴定人发问。如鉴定人未出庭的，在审判人员宣读鉴定结论后，应当询问当事人对鉴定意见的看法。如当事人对鉴定结论争执较大的，法庭可以决定是否重新鉴定。

5. 宣读勘验、现场笔录。对现场和物证进行勘验而制作的笔录，应当由勘验人员或审判人员宣读，如附有照片或图像的，应当一并出示。审判人员应当询问当事人对此类证据是否有意见。

6. 当事人提出新的证据。当事人在法庭调查过程中可以提出新的证据，也可以要求法庭就某些事实和证据重新进行调查、鉴定和勘验。

如果审判人员认为案件事实已经清楚，当事人也没有提出新的证据，即可由法庭调查转入法庭辩论阶段。

（三）法庭辩论

法庭辩论是在审判人员主持下，当事人及诉讼代理人对案件的事实认定和法律适用提出自己的看法，并反驳对方当事人观点和看法的诉讼活动。其内容有：

1. 法庭辩论由审判长主持，按一定顺序进行，任何人发言须经审判长许可。首先是原告及其诉讼代理人发言；其次是被告及其诉讼代理人发言，如果有第三人，则由第三人随后进行发言；最后，按顺序进行相互辩论。

2. 法庭辩论围绕争议事实和经过法庭调查核实的证据展开。与案件无关的内容，审判人员有权予以制止。如果当事人在辩论时提出新的事实依据，而审判人员认为确有理由的，可以宣布中止辩论，重新进行法庭调查。

3. 经过数轮辩论，审判人员认为当事人的观点已表达清楚，没有新观点时，可以终结法庭辩论，进入合议庭评议阶段。

（四）合议庭评议

合议庭评议是指合议庭成员通过对案件情况的分析研究，在确认案件事实和审查法律依据的基础上，对被诉具体行政行为是否合法和是否适当作出最终判断的一种诉讼活动。

合议庭评议以不公开方式进行，并实行少数服从多数原则。合议庭评议应当制作笔录，将评议中的不同意见记录在案，所有合议庭成员都应当在笔录上签名。复杂案件应当提交审判委员会讨论决定。审判委员会的决定，合议庭必须遵守。

（五）宣判

宣判是指人民法院将行政案件的判决结果向当事人和社会公开宣告的一种诉讼活动。即使不公开审理的行政案件，其判决也应公开宣告。

宣判有当庭宣判和定期宣判两种形式。当庭宣判的，人民法院应当在10天内送达判决书。定期宣判的，由审判长宣布定期宣告的时间或者宣布宣判日期另行通知。定期宣判的人民法院应当在宣判后，立即发送判决书。

宣判标志着行政诉讼第一审程序的结束。

三、诉讼阻却

诉讼阻却是指在行政诉讼过程中，由于特定情形的出现，使诉讼过程中断或者不能按正常程序进行审理和裁判。诉讼阻却有以下几种情形：

（一）延期审理

延期审理是指人民法院在开庭审理之前和审理过程中，由于特殊情况的出现，以至无法按预先确定的时间对案件进行审理，因而由合议庭决定将审理时间推迟。需要延期审理的情况有：

1. 行政机关改变被诉具体行政行为。

2. 必须到庭的当事人和其他诉讼参与人没有到庭。

3. 当事人提出回避申请。

4. 需要通知新的证人到庭，调取新的证据，重新鉴定、勘验，或者需要补充调查，其他需要延期审理的情况。

需要延期审理的情形出现后，由合议庭作出延期审理的决定。下次开庭审理的时间，可以在决定延期审理时确定，也可以另行通知。

（二）延长审限

延长审限是指人民法院在审理行政案件过程中，由于发生特殊情形而无法在法定的审理期限内结案，经高级人民法院或最高人民法院批准而延长审理期限的诉讼行为。

《行政诉讼法》第 57 条规定："人民法院应当在立案之日起 3 个月内作出一审判决。有特殊情况需要延长的，由高级人民法院批准，高级人民法院审理第一审案件需要延长的，由最高人民法院批准。"

延长审限由审理行政案件的人民法院提出书面申请，申请中应写明申请延长审限的理由以及申请延长的时间。

（三）撤诉

撤诉即撤回起诉，指人民法院在受理行政案件后作出判决之前，原告撤回自己诉讼请求的诉讼行为。撤诉是原告处分自己诉权的具体体现。撤诉有申请撤诉和视为申请撤诉两类。

1. 申请撤诉。《行政诉讼法》第 51 条规定："人民法院对行政案件宣告判决或裁定前，原告申请撤诉的，或者被告改变其所作的具体行政行为，原告同意并申请撤诉的，是否准许由人民法院裁定。"该条规定了撤回起诉的两种形式：第一，原告在被告没有对被诉具体行政行为作出改变的情况下，自动申请撤诉；第二，原告因认为被告对具体行政行为的改变可以接受，而向人民法院提出撤诉申请。

2. 视为申请撤诉。最高人民法院"解释"第 49 条规定："原告或上诉人经合法传唤无正当理由拒不到庭或者未经法庭许可中途退庭的，可以按撤诉处理。"

原告或上诉人已撤回起诉，无正当理由再行起诉的，人民法院应当裁定不予受理；已经受理的，裁定驳回起诉。

（四）缺席判决

缺席判决是指人民法院在一方或双方当事人未到庭参加诉讼的情况下，对行政案件经过审理后作出判决。

当事人不到庭参加诉讼只表明其放弃诉权，不意味着愿意放弃自己的实体权利和承认对方当事人的诉讼主张。同时，人民法院在诉讼程序开始后即取得对该行政案件的审判权，审判权是独立的，不因当事人放弃诉权而归于消灭。因此，人民法院在当事人不到庭的情况下，仍然应当对案件进行审理并作出判决。

缺席判决可以适用于原告或被告经两次合法传唤无正当理由拒不到庭的情形，也可以适用于原告、被告两者均不到庭的情形。最高人民法院“解释”第49条第2款规定：“原告或者上诉人申请撤诉，人民法院裁定不予准许的，原告或者上诉人经合法传唤，无正当理由拒不到庭，或者未经法庭许可而中途退庭的，人民法院可以缺席判决。”

（五）诉讼中止

诉讼中止是指在诉讼过程中，由于发生某种无法克服和难以避免的特殊情况，由人民法院裁定暂时停止诉讼程序的进行。诉讼中止只是诉讼程序的暂时中断，待影响诉讼进行的情况消除后，恢复诉讼程序。最高人民法院“解释”第51条规定，在诉讼过程中有下列情形的中止诉讼：

1. 原告死亡，需等待其近亲属表明是否参加诉讼的。
2. 原告丧失诉讼行为能力，尚未确定法定代理人的。
3. 作为一方当事人的行政机关、法人或者其他组织终止，尚未确定权利义务承受人的。
4. 一方当事人因不可抗拒事由不能参加诉讼的。
5. 案件涉及法律适用问题，需要送请有权机关作出解释或者确认的。
6. 案件的审判需以相关的民事、刑事或者其他行政案件的审理结果作为依据，而相关案件尚未审结的。
7. 其他应当中止诉讼的情形。

诉讼中止产生如下法律效力：

（1）人民法院、当事人和其他诉讼参与人暂时停止与本案有关的所有诉讼活动。

（2）诉讼中止前当事人所进行的所有诉讼活动，在诉讼恢复后对参加诉讼的当事人具有法律上的约束力。

（3）人民法院的审理期限在诉讼中止裁定生效之日起停止计算，待诉讼恢复后重新计算。

（六）诉讼终结

诉讼终结是指在诉讼过程中，因出现使诉讼不能继续进行且不能恢复或者诉讼继续进行已没有实际意义的情况，人民法院裁定结束正在进行的诉讼程序。在诉讼终结的情况下，人民法院不再对该行政案件行使审判权。

最高人民法院“解释”第52条规定，有下列情形之一的，终结诉讼：

1. 原告死亡，没有近亲属或者近亲属放弃诉讼权利的。

2. 作为原告的法人或者其他组织终止后，其权利义务的承受人放弃诉讼权利的。

3. 对于因诉讼中止第1、2、3项情形原因而中止诉讼满90日仍无人继续诉讼的，裁定终结诉讼，但有特殊情况的除外。

诉讼终结的法律效力是诉讼程序不再有恢复的可能性，人民法院诉讼终结的裁定一经送达当事人立即生效，当事人不得提起上诉。对于诉讼终结的行政案件，当事人不得以同一理由和事实，就同一诉讼标的再行起诉，人民法院也不得再受理此类行政案件。

第三节　第二审程序

一、第二审程序的概念

行政诉讼第二审程序，是指上一级人民法院依照法律规定，根据当事人在法定期限提起的上诉，对下一级人民法院作出的尚未生效的行政判决或者裁定进行重新审理的程序。

第二审程序由诉讼当事人的上诉所引起，因此又称为上诉审程序。又由于我国的审判制度采取两审终审制，因而第二审程序是行政诉讼的终审程序。《行政诉讼法》第58条规定："当事人不服人民法院第一审判决的，有权在判决书送达之日起15日内向上一级人民法院提起上诉。当事人不服人民法院第一审裁定的，有权在裁定书送达之日起10日内向上一级人民法院提起上诉。逾期不提起上诉的，人民法院的第一审判决或者裁定发生法律效力。"

第二审程序的意义在于：第一，为人民法院正确、及时审理上诉案件提供了法律依据和保障；第二，有利于人民法院及时纠正一审裁判中的错误，保护当事人的合法权益，维护社会公共利益；第三，有利于上一级人民法院对下一级人民法院进行审判监督。

二、上诉的提起、受理与撤诉

（一）上诉的概念与条件

上诉的提起是指当事人不服第一审人民法院所作出的未生效判决、裁定，在法定期限内申明不服，请求第一审人民法院的上一级人民法院对行政案件进行重新审理、裁判的诉讼活动。

当事人上诉，必须依法具备以下条件：

1. 上诉人和被上诉人必须适格。只有第一审的当事人才有权利提起上诉，也只有第一审的当事人才有资格成为被上诉人。第一审的当事人包括原告、被告、第三人及其法定代理人、法人或其他组织的法定代表人，都有资格提起上诉；委托代理人经被代理人授权，可以以被代理人的名义提起上诉。

2. 上诉必须针对未发生法律效力的第一审判决、裁定（只限于驳回起诉、管辖权异议和不予受理的裁定可以上诉）。已经生效的第一审判决和法律规定不得上诉的裁定，当事人不得提起上诉。

3. 上诉必须在法定期限内提起。根据《行政诉讼法》第 58 条的规定，不服一审判决的上诉期限为 15 天，不服一审裁定的上诉期限为 10 天。当事人逾期不上诉的，人民法院的第一审判决、裁定发生法律效力，上诉人即丧失上诉权。在上诉期间，当事人因不可抗力或其他正当理由耽误了上诉期限的，应在障碍消失后 10 日内申请顺延上诉期限，是否准许由人民法院决定。

4. 上诉必须以书面形式提起。上诉人必须向人民法院提交上诉状，在行政诉讼中不允许口头上诉。上诉状应写明以下内容：当事人姓名、法人或其他组织的名称及其法定代表人的姓名，原审人民法院的名称，案件编号和案由（即原审人民法院判决和裁定的字号），上诉的请求和理由。

5. 上诉人必须预交上诉费用。

（二）上诉的受理

根据《行政诉讼法》第 58 条的规定，上诉由不服第一审人民法院未生效判决、裁定的当事人向原审人民法院的上一级人民法院提起。最高人民法院“解释”第 66 条规定：“当事人提起上诉，应当按照其他当事人或者诉讼代理人的人数提出上诉状副本。”“原审人民法院收到上诉状，应当在 5 日内将上诉状副本送达其他当事人，对方当事人应当在收到上诉状副本之日起 10 日内提出答辩状。”“原审人民法院应当在收到答辩状之日起 5 日内将副本送达当事人。”“原审人民法院收到上诉状、答辩状，应当在 5 日内连同全部案卷和证据，报送第二审人民法院。已经预收诉讼费用的，一并报送。”

对上诉的审查由第二审人民法院进行。第二审人民法院依照上诉条件对当事人提起的上诉进行审查。对于符合法定上诉条件的上诉，应当决定受理；对于虽然符合法定上诉条件但内容有欠缺的，应当告诉上诉人限期补充、更正，如果上诉人没有在规定期限内更正的，人民法院可裁定不予受理；另外，对于不符合法定条件的上诉，应当裁定不予受理。

（三）上诉的撤回

第二审人民法院受理上诉到作出裁判前，上诉人可以向第二审人民法院申请撤回上诉，是否准许，由人民法院裁定。撤回上诉应当提交撤诉状。在下列情况下，人民法院不得准许撤诉：

1. 上诉人的撤诉请求并非出于自愿，而是因为受到行政机关的胁迫。

2. 根据法律规定，行政机关在第二审程序中不得改变具体行政行为，如果行政机关对具体行政行为作出改变使上诉人因行政机关的改变而申请撤诉的。

3. 双方当事人都提起上诉，而只有一方当事人提出撤诉的。

第二审人民法院对于当事人撤回上诉的申请应作出准予或者不准撤回上诉的裁定。准许撤回上诉的裁定是终局的，是对第一审裁判效力的确认。上诉撤回后，其法律后果是上诉人丧失对本案的上诉权，不得再行上诉；同时，第一审裁判立即发生法律效力；上诉费用由上诉人负担。

三、上诉的审理

（一）审理原则

第二审人民法院应当贯彻全面审理的原则。第二审人民法院审理上诉案件的范围，不受上诉人上诉范围的限制。第二审人民法院应对原审人民法院的裁判和被诉具体行政行为是否合法进行全面审查。

（二）审判组织

第二审人民法院审理上诉案件只能由审判员组成合议庭，合议庭成员不包括人民陪审员。

（三）审理方式

第二审人民法院在审理上诉案件时，可根据案件的实际情况，选择采用书面审理或开庭审理。

1. 书面审理。书面审理是指第二审人民法院对上诉案件的全部材料审查后，认为事实清楚的，在不开庭传唤当事人、证人和其他诉讼参与人当庭调查的情况下，对上诉案件作出判决、裁定的一种审理方式。《行政诉讼法》第59条规定："人民法院对上诉案件，认为事实清楚的，可以实行书面审理。"也就是说，第二审人民法院对上诉案件进行书面审理的依据是认为案件事实清楚。

2. 开庭审理。开庭审理是人民法院在当事人和其他诉讼参与人的参加下，对案件进行的审理。最高人民法院“解释”第67条第2款规定：“当事人对原审人民法院认定事实有争议的，或者第二审人民法院认为原审人民法院认定事实不清楚的，第二审人民法院应当开庭审理。”

第四节 审判监督程序

一、审判监督程序的概念与意义

（一）审判监督程序的概念

审判监督程序是指人民法院、人民检察院对于已经发生法律效力的判决和裁定，发现其在认定事实或适用法律上确有错误，依法提出并重新审判的一种诉讼程序。审判监督程序又称再审程序，它不是每个行政案件的必经程序，不具有审级性质，是独立于第一审程序和第二审程序以外的一种监督程序。它既包括上级人民法院对下级人民法院审判工作的监督，又包括人民检察院对人民法院的审判活动是否合法进行的监督。

“已经发生法律效力的判决、裁定”是指：①已经超过法定期间，当事人没有上诉的判决、裁定；②人民法院终审的判决、裁定；③最高人民法院一审的判决、裁定。

审判监督程序包括再审程序和提审程序两种。

1. 再审。再审是指人民法院为了纠正已经发生法律效力的判决、裁定的错误，依照审判监督程序对案件再次进行审判的活动。再审分自行再审和指令再审。自行再审是指人民法院自行按照审判监督程序对本院已经生效的行政案件进行的审理；指令再审是指上级人民法院按照审判监督程序，指令原审人民法院对裁判已经生效的行政案件的审理。

2. 提审。提审是指上级人民法院按照审判监督程序对下级人民法院裁判已经生效的行政案件的自行审理。

（二）审判监督程序与第二审程序的关系

审判监督程序与第二审程序既有共同点，又有显著区别。其共同点在于都是对已经审理并作出裁判的行政案件再进行审理的程序。都是对人民法院办案质量进行监督、提供保障的程序。两者的区别在于：

1. 提起的主体不同。提起审判监督程序的主体必须是法律明文规定的各级人民法院院长和上级人民法院、最高人民法院以及各级人民检察院。当事人的申诉是审判监督程序的材料来源，但本身并不直接引起该程序。而在第二审程序中，有权提起上诉的是享有上诉权的当事人，并且当事人的上诉必然会引起第二审程序的发生。

2. 提起的原因条件不同。审判监督程序必须以发现已经生效的判决、裁定确有错误为前提；而第二审的提起是因为当事人不服第一审判决、裁定，认为原审法院在认定事实和适用法律上可能有错误，不论当事人的主观判断是否正确，对未生效判决、裁定的上诉行为一定会引起第二审程序，第二审人民法院必须对此案重新进行审理、裁判。

3. 提起的期限不同。审判监督程序的申请再审，应当在判决、裁定发生法律效力后两年内提起；而提起第二审的上诉必须在法定的期限内（一审判决书送达之日起 15 日、一审裁定书送达之日起 10 日内）进行，逾期提起上诉的不能引起第二审程序。

4. 审理的人民法院不同。适用审判监督程序审理的行政案件，既可以由原审人民法院审理，也可以由原审人民法院的上一级人民法院审理。而适用第二审程序的行政案件，只能由第一审人民法院的上一级人民法院审理。

5. 审理的对象不同。审判监督程序是对已经发生法律效力的判决裁定进行审查；而第二审程序则是对第一审人民法院还未发生法律效力的判决、裁定进行审查。

6. 程序的性质不同。审判监督程序是为了对已经生效但的确有错误的判决、裁定进行纠正而设置的一种特殊程序，其本身不具有审级性质，是一种事后监督和补救措施。而第二审程序则是两审终审制的司法原则而设置的，是对第一审案件的继续审理。

（三）审判监督的意义

审判监督程序的设置具有重要意义。首先，人民法院依法作出的判决、裁定，一经发生法律效力即具有强制性、权威性和稳定性。非经法定程序，任何机关和组织都不得随意加以改变。但是如果该判决、裁定确有错误，就必须进行纠正，以保证人民法院正确运用审判权，否则不利于司法公正的实现。审判监督程序专为此目的设置。

其次，审判监督程序有利于上级人民法院了解审判工作中存在的问题。上级人民法院通过审判监督程序提审或指令下级人民法院再审，纠正下级人民法院生效判决、裁定的错误，指导下级人民法院总结经验，吸取教训，提高行政审判工作的质量。

再次，审判监督程序是人民检察院对人民法院的行政审判工作实行法律监督的有效手段。各级人民检察院通过对确有错误的生效裁判提起审判监督程序的抗诉，有助于人民法院发现并纠正违法裁判，保障人民法院正确运用审判权。

二、审判监督程序的提起

（一）审判监督程序提起的材料来源

1. 当事人及其法定代理人、近亲属的申诉。《行政诉讼法》第62条规定："当事人对已经发生法律效力的判决、裁定，认为确有错误的，可以向原审人民法院或者上一级人民法院提出申诉，但判决、裁定不停止执行。"申诉是当事人认为人民法院已经发生法律效力的判决和裁定有错误，依法要求人民法院重新进行审理的行为。申诉不能直接引起审判监督程序，但它为人民法院发现已生效错误判决、裁定提供了主要的线索。最高人民法院"解释"第73条规定："当事人申请再审，应当在判决、裁定发生法律效力后两年内提出。""当事人对已经发生法律效力的行政赔偿调解书，提出证据证明调解违反自愿原则或者调解协议的内容违反法律规定的，可以在两年内申请再审。"第74条规定："人民法院接到当事人的再审申请后，经审查，符合再审条件的，应当立案并及时通知各方当事人；不符合再审条件的，予以驳回。"也就是说，虽然审判监督程序的提起，《行政诉讼法》没有规定相应的时间限制，但是，当事人的申诉却必须在判决、裁定发生效力后的两年内提出，逾期不提出的，当事人丧失申诉权。另外，人民法院对当事人的再审申请将会有两种处理结果，一是如果符合再审条件的应当立案，决定再审；二是对于不符合再审条件的，应当通知驳回。

2. 机关、团体、企事业单位和新闻媒介及人民群众的来信来访。

3. 各级人民代表大会提出的议案。对人民代表大会提出的议案，人民法院和人民检察院必须予以审查。

4. 人民法院和人民检察院自行发现的有关错案的材料。自行发现有两种情况：一种是人民法院的复查。上级人民法院对下级人民法院所审理的案件，人民法院对自己审理的案件，要定期进行复查。在复查中如果发现生效裁判违反法律、法规的，按照审判监督程序提起再审。另一种是上级人民检察院对下级人民法院、同级人民检察院对同级人民法院审理的案件，有权依法进行审查。若发现生效裁判违反法律、法规的，按照审判监督程序提起再审。

（二）审判监督程序的提起主体和方式

1. 由作出生效判决、裁定的人民法院提起的再审。《行政诉讼法》第63条规定："人民法院院长对本院已发生法律效力的判决和裁定，发现违反法律、法规规定，认为需要再审的，应当提交审判委员会决定是否再审。"这里要注意的是，院长本人无权提起再审。院长对案件进行审查后，如果发现生效的判决、裁定确有错误，应提交审判委员会决定是否再审。另外，根据最高人民法院"解释"第72条的规定，具有下列情形之一的，属于违反法律、法规规定：①原判决裁定认定的事实主要证据不足；②原判决、裁定适用法律、法规确有错误；③违反法定程序，可能影响案件正确裁判；④其他违反法律、法规的情形。

2. 由上级人民法院提起的再审。上级人民法院对下级人民法院已经发生法律效力的判决、裁定，发现违反法律、法规规定的，有权提审或者指令下级人民法院再审。这里要明确的是"上级人民法院"包括最高人民法院。

3. 人民检察院提出抗诉。人民检察院对人民法院已经发生法律效力的判决和裁定，发现违反法律、法规规定的，有权按照审判监督程序提出抗诉。必须明确的是，"人民检察院"特指最高人民检察院和上级人民检察院；"人民法院"特指地方各级人民法院和下级人民法院。如果是地方各级人民检察院发现同级人民法院生效的法律裁判确有错误，应报上级人民检察院决定是否按审判监督程序提出抗诉，本身无权依审判监督程序提出抗诉。

对人民检察院按照审判监督程序提出抗诉的案件，人民法院应当再审。人民法院开庭审理抗诉案件时，应当通知人民检察院派员出庭。

三、审判监督案件的审理程序

（一）裁定中止原裁判的执行

按照审判监督程序决定再审的案件，应当裁定中止原判决的执行；裁定由院长署名，加盖人民法院印章。上级人民法院决定提审或者指令再审的，应当作出裁定，裁定应当写明中止原判决的执行；情况紧急的，可以将中止执行的裁定口头通知负责执行的人民法院或者作出判决、裁定的人民法院，但应当在口头通知后10日内发出裁定书。

（二）重新组成合议庭

为避免先入为主，影响案件的公正裁判，原审的合议庭成员应自行回避，不参与该案的审理。

（三）根据情况适用第一审或第二审程序

人民法院按照审判监督程序再审的案件，发生法律效力的判决、裁定是由第一审人民法院作出的，按照第一审程序审理，所作判决、裁定，当事人可以上诉；发生法律效力的判决、裁定是由第二审人民法院作出的，按照第二审程序审理，所作的判决、裁定是发生法律效力的判决裁定；上级人民法院按照审判监督程序提审的，按照第二审程序审理，所作的判决、裁定是发生法律效力的判决裁定。

（四）再审的结果

人民法院审理再审案件，认为原生效判决、裁定确有错误，在撤销原生效判决或者裁定的同时，可以对生效判决、裁定的内容作出相应裁判，也可以裁定撤销生效判决或裁定，发回作出生效判决、裁定的人民法院重新审理。

第五节　执行程序

一、执行程序的概念、特征与种类

（一）执行程序的概念、特征

行政案件的执行程序是指人民法院按照法定程序，对于已生效的法律文书，在负有义务的当事人拒不履行义务时，强制其履行义务，确保有效的法律文书的内容得以实现的诉讼活动。执行程序与其他审判程序相比有以下特征：

1. 执行的依据是人民法院作出的已经发生法律效力的行政判决、裁定（包括行政赔偿调解书）及行政主体作出的具有执行内容的已经生效的具体行政行为。人民法院作出的未生效的判决、裁定不是执行依据，不存在执行的问题。

2. 执行的原因是义务人在法定期限届满后，仍拒不履行有效裁判中所确定的法定义务。如果义务人在法定期限内履行了行政裁判所确定的义务，则没有必要强制执行。

3. 执行的手段是司法强制措施，包括罚款、查封、变卖、划拨、扣押等。为了维护人民法院生效法律裁判的权威性，必须以国家强制力为后盾迫使当事人履行其法定义务。

4. 执行的组织实施者是人民法院。在《宪法》赋予人民法院的审判权中，包括了强制执行的权力。因此，对于人民法院生效裁判的强制执行，人民法院当然就应该是执行主体。

5. 执行必须严格按照法定的执行程序进行。

（二）执行程序的种类

行政案件的执行分为两种类型：

1. 行政相对人拒不履行人民法院生效裁判及行政主体作出的具有执行内容的已经生效的具体行政行为，行政机关向人民法院申请强制执行。

2. 行政机关拒绝履行人民法院的生效裁判，作为行政案件原告或者第三人的公民、法人或者其他组织向人民法院申请的强制执行。

二、执行的根据与条件

（一）执行根据

执行根据是人民法院据以采取执行措施的生效法律文书。能够成为执行根据的法律文书必须具备两个条件：一是该法律文书已经生效；二是该法律文书具有强制执行的内容，即法律文书必须是要求当事人作出一定行为，且当事人有能力作出一定行为履行法定义务。执行依据的两种类型：

1. 人民法院制作的发生法律并且具有执行力的法律文书。它包括生效的行政判决书、行政裁定书、行政赔偿判决书和行政赔偿调解书。

2. 行政机关制作的发生法律效力、具有执行内容、依法可以由人民法院强制执行的法律文书。根据最高人民法院“解释”第66条的规定，行政机关向人民法院申请执行其具体行政行为的，应当具备以下条件：①具体行政行为依法可以由人民法院执行；②具体行政行为已经生效并具有可执行内容；③申请人是作出该具体行政行为的行政机关或者法律、法规、规章授权的组织；④被申请人是该具体行政行为所确定的义务人；⑤被申请人在具体行政行为确定的期限内或者行政机关另行指定的期限内未履行义务；⑥申请人在法定期限内提出申请；⑦被申请执行的行政案件属于受理申请的人民法院管辖。人民法院对符合条件的申请，应当立案受理，并通知申请人；对不符合条件的申请，应当裁定不予受理。

（二）执行条件

行政案件执行程序的发生应同时具备以下条件：

1. 当事人拒绝履行生效法律文书所确定的义务。

2. 申请人的强制执行申请在法定期限内提出。申请人是公民，强制执行的申请应当在裁判生效之日起 1 年内提出；申请人是行政机关、法人或其他组织，申请应当在裁判生效之日起 180 日内提出。

三、执行程序的提起与执行准备

（一）执行程序的提起

1. 执行管辖。发生法律效力的行政判决书、行政裁定书、行政赔偿判决书、行政赔偿调解书，由第一审人民法院执行。第一审人民法院认为情况特殊，需要由第二审人民法院执行的，可以报请第二审人民法院执行；第二审人民法院可以决定由其执行也可以决定由第一审人民法院执行。

行政机关申请人民法院强制执行其具体行政行为的，由申请人所在地的基层人民法院受理；执行对象为不动产的，由不动产所在地的基层人民法院受理。

基层人民法院认为执行确实有困难的，可以报请上级人民法院执行；上级人民法院可以决定由其自己执行也可以决定由下级人民法院执行。

2. 执行提起。行政案件的提起方式有两种：

（1）申请执行。由行政案件的当事人在行政裁判生效后，于法定期限内提起。

（2）移送执行。移送执行是指人民法院的审判人员依职权主动将发生法律效力的法律文书交付执行人员予以执行的诉讼行为。

（二）执行的准备

执行人员在采取强制措施前必须做好以下工作：

1. 了解案情，调查被执行人不履行义务的原因和履行义务的能力，明确需要执行的事项。

2. 指定被执行人履行义务的期限，逾期不履行的，强制执行。

3. 如果被执行人正在或者有可能隐匿、转移或者出卖财产的经院长批准，依法先行查封、扣押。

4. 制定强制执行方案，填写强制执行证，并报院长批准，通知当事人及协助执行的单位和个人。

四、执行措施的运用

（一）对公民、法人或其他组织适用的执行措施

1. 划拨或者转交、扣留、提取被执行人的存款或者劳动收入。人民法院对需要配合的银行、信用社或被执行人所在单位发出协助执行通知书并附带作为执行依据的法律文书。负有协助执行义务的单位和个人必须协助执行。

2. 查封、扣押、冻结、变卖被执行人的财产。采取这类措施必须严格按照法定程序进行。

3. 强制迁出房屋、强制拆除违章建筑。

人民法院在对行政相对人的财产采取强制措施时，应注意以下问题：

（1）对财产采取的强制措施不得超出被执行人应当履行义务的范围。被执行人是公民的，应当保留被执行人及其所抚养家属的生活必需品和生活必需费用。

（2）人民法院查封、扣押财产时，被执行人是公民，应当通知被执行人或者他的成年家属到场；被执行人是法人或者其他组织，应当通知其法定代表人或主要负责人到场。拒不到场的，不影响执行。

（3）对于被查封、扣押的财产，执行员必须造具清单，由在场人签名或盖章后，交被执行人一份。

（4）财产被查封、扣押后执行员应当责令被执行人在指定期间履行义务，被执行人逾期不履行的人民法院可以依法将被查封、扣押的财产交有关单位拍卖或变卖。

（5）强制迁出房屋的、强制拆除违章建筑或强制退出土地，由院长签发公告，责令被执行人在指定的期间内履行。被执行人逾期不履行的，由执行员强制履行。强制迁出房屋被搬出的财物，由人民法院派人运至指定处所，交给被执行人。被执行人是公民的，也可以交给他的成年亲属。因拒绝接收而造成的损失，由被执行人承担。

（二）对被告行政机关适用的执行措施

1. 划拨。对应当归还的罚款或者应当给付的赔偿金，行政机关拒绝归还或者给付的，通知银行从该行政机关的账户内划拨。

2. 罚款。行政机关在规定期限内不履行的，从期满之日起，对该行政机关按日处50元至100元罚款。

3. 司法建议。行政机关拒绝履行判决、裁定的，人民法院可以向该行政

机关的上一级行政机关或者监察、人事机关提出司法建议。接受司法建议的机关，应根据有关规定进行处理，并将处理情况告知人民法院。

4. 追究刑事责任。执行人员如果认为行政机关拒绝执行判决、裁定的主管人员或者直接责任人员的行为已构成犯罪，经院长批准后，移送检察机关处理。

五、执行阻却

执行阻却是指人民法院在执行过程中，因特殊情况的出现导致执行程序暂时或永远无法进行的情形。执行阻却的事由出现后，人民法院分别根据情况，采取执行中止、执行延期、执行终结的措施。

（一）执行中止

执行中止是指执行程序开始后，因出现特殊情况，人民法院暂时停止执行程序的实施。中止执行的情况有以下几种：

1. 申请人表示可以延期执行的。

2. 案外人对执行标的提出确实有理由的异议的。

3. 作为一方当事人的公民死亡，需要等待继承人继承权利或承担义务的。

4. 作为一方当事人的行政机关、法人或其他组织终止，尚未确定权利义务承受人的。

5. 人民法院认为应当中止的其他情形。

执行中止以裁定方式作出，一经送达当事人即发生法律效力。中止情形消除后，恢复执行。

（二）执行延期

执行延期是指因某种特殊情形的出现，而将法律文书确定的或者执行员指定的执行期限延长到另一期限执行。执行延期适用于以下情形：

1. 被执行人因事外出，在一定时间内可以返回的。

2. 申请或者移送执行的文书内容不清、数字不准、手续不全，需要将文书退回更正或者补充的。

3. 人民法院认为应当延期的其他情况。延期执行一般不必制作裁定书，制作笔录附卷即可执行延期的原因消除后，恢复执行。

（三）执行终结

执行终结是指因发生某种特殊情况，使执行程序没有必要或者不可能继续执行，从而结束执行程序。导致执行终结的情形有：

1. 申请人撤销执行申请。

2. 作为执行根据的法律文书被撤销。

3. 作为被执行人的公民死亡，无遗产可供执行，又无义务人承担的。

4. 追索抚恤金案件的权利人死亡。

5. 人民法院认为应当终结执行的其他情况。执行终结以裁定作出，一经送达即发生法律效力。当事人认为裁定有错误，可申请复议一次，但复议期间不停止裁定的执行。

六、执行回转与再执行

执行回转与再执行指在司法实践常出现的引起执行救济的情况。执行救济是指在执行程序结束后，因法定事由的出现而需要对已执行事项采取补救措施，以纠正因执行不当导致执行工作的失误。执行救济有执行回转和再执行两类。

（一）执行回转

执行回转是指在执行结束后，因法定事由出现而将已执行的对象恢复到执行前的状态，即将申请人在执行程序中所得的财产或者其他权益返还被执行人。执行回转的事由主要有以下几种：

1. 已经执行完毕的法律文书经审判监督程序被撤销。

2. 第一审法院先行给付的裁定执行完毕后，该第一审判决被上诉法院撤销。

3. 执行人员违法进行执行活动。

执行回转也适用于当事人自动履行的情形。执行回转由有关单位或当事人提出，其程序可按执行程序进行。

（二）再执行

再执行是指在执行程序结束后，对未执行的内容再次进行执行。

再执行适用于应执行而没有执行的情况。再执行可依当事人的申请而开始，也可由人民法院依职权主动提出。再执行的程序适用一般执行程序。

第六节　妨害行政诉讼的强制措施

一、妨害行政诉讼的强制措施的概念与特征

（一）妨害行政诉讼的强制措施的概念

妨害行政诉讼的强制措施是指人民法院在审理行政案件过程中，为保证审判活动的正常进行和人民法院裁判的顺利执行，对有妨害诉讼秩序行为的人所采取的强制手段。

（二）妨害行政诉讼的强制措施的特征

与民事诉讼和刑事诉讼的强制措施相比，行政诉讼强制措施具有以下特点：

1. 行政诉讼强制措施的目的是为了排除对行政诉讼有妨害的行为，保证行政诉讼的顺利进行。

2. 行政诉讼强制措施不包括拘传的强制措施，这是与民事诉讼强制措施的显著区别。

3. 行政诉讼强制措施只能由人民法院采用，这是与刑事诉讼强制措施的明显区别，刑事诉讼强制措施，公安机关、检察机关、人民法院均可采用。

二、妨害行政诉讼的行为

妨害行政诉讼的行为是指违反行政诉讼法，扰乱行政诉讼秩序，妨害行政诉讼正常进行，以及阻挠行政裁判执行的，应适用行政诉讼强制措施的行为。

（一）妨害行政诉讼的构成要件

构成妨害行政诉讼行为，必须同时具备以下四个条件：

1. 妨害行为必须属于《行政诉讼法》规定的六类妨害行为。

2. 妨害行为客观存在。

3. 妨害行为必须是在行政诉讼过程中实施。

4. 妨害行为必须是故意实施的行为。

（二）妨害行政诉讼的行为种类

根据《行政诉讼法》第49条的规定，妨害行政诉讼的行为有以下六类：

1. 有义务协助执行的人，对人民法院的协助执行通知书，无故推脱、拒

绝或者妨碍执行的。

2. 伪造、隐藏、毁灭证据的。

3. 指使、贿买、胁迫他人作伪证或者威胁、阻止证人作证的。

4. 隐藏、转移、变卖、毁损已被查封、扣押、冻结的财产的。

5. 以暴力、威胁或者其他方法阻碍人民法院工作人员执行职务或者扰乱人民法院工作秩序的。

6. 对人民法院工作人员、诉讼参与人、协助执行人进行侮辱、诽谤、诬陷、殴打或者打击报复的。

人民法院对以上六类妨害行政诉讼的行为可以采用强制措施予以排除。

三、强制措施的种类及适用

（一）强制措施的种类

根据《行政诉讼法》第 49 条的规定，行政诉讼的强制措施有训诫、责令具结悔过、罚款、拘留四种。

1. 训诫。训诫是人民法院审判人员对实施了轻微妨害行政诉讼行为的人采取的口头严肃批评或警告，并责令不许再犯的强制措施。

2. 责令具结悔过。责令具结悔过是人民法院对实施了情节轻微、危害不大的妨害行政诉讼行为的人，责令其写下悔过书，保证不再实施妨害行为的一种强制措施。

3. 罚款。罚款是人民法院对实施妨害行政诉讼行为的人所采取的一种经济制裁性质的强制措施。《行政诉讼法》规定，罚款的最高限额不能超过 1 000元。

4. 拘留。拘留是人民法院对实施了严重妨害行政诉讼行为的人，采取一定期限内限制某人身自由的一种强制措施。《行政诉讼法》规定，拘留的最长期限不得超过 15 日。

（二）强制措施的适用

对强制措施的适用原则和程序如下：

1. 对训诫的适用。训诫由合议庭决定，审判长口头宣布，对轻微的妨害行为适用。训诫内容由书记员记入笔录。

2. 对责令具结悔过的适用。责令具结悔过由合议庭决定，审判长宣布，对情节轻微、危害不大的妨害行为适用。实施妨害行为的人所写的悔过书应附卷备查。

3. 罚款的适用。罚款适用于情节比较严重的妨害行政诉讼行为。罚款须由合议庭决定，并报院长批准后方可执行。罚款应制作书面决定书。当事人对罚款决定不服的，可向合议庭申请复议一次，复议期间不停止罚款决定的执行。

4. 拘留的适用。拘留的适用对象是实施的妨害行为情节严重、造成一定后果或者不采用拘留有可能造成更严重后果的行为人。

拘留必须由合议庭决定并报院长批准。拘留决定要用决定书。当事人对拘留决定不服，可以向人民法院申请复议一次，复议期间不停止拘留的执行。在紧急情况下，必须拘留又来不及报院长批准的，可在采取措施后立即报院长补办批准手续。如果院长认为采取拘留措施不当的，应当撤销原决定，解除拘留措施。

以上四种强制措施，训诫和责令具结悔过一般是单独适用，罚款和拘留可以单独适用也可以合并适用。对于妨害行为特别严重，构成犯罪需要追究刑事责任的，人民法院可以先采取强制措施，然后再依法追究其刑事责任。

第二十八章　行政诉讼的判决、裁定与决定

第一节　行政诉讼的判决

一、行政诉讼判决的概念与特征

（一）行政诉讼判决的概念

行政诉讼判决是指人民法院代表国家行使审判权，根据事实和法律审理行政案件终结时，对案件的实体问题作出的具有法律效力的裁判。

（二）行政诉讼判决的特征

行政诉讼判决具有以下特征：

1. 行政诉讼判决是人民法院依据事实和法律对行政案件作出的裁判。人民法院在行政诉讼中，必须查明认定行政机关据以作出的具体行政行为的事实是否真实，证据是否确实充分，适用的法律是否正确，以及行政机关作出的具体行政行为是否符合法定程序，从而判断其具体行政行为是否合法，而不能凭审判人员的主观认识来判定具体行政行为是否恰当。

2. 行政诉讼判决是人民法院在行政案件审理终结时对案件作出的处理。人民法院审理行政案件，要经过一系列的法定审理程序，目的就是为了查明案件事实，就案件的争议问题依法作出公正的决断。因此，只有经过法定程序审理终结时，才能准确查明案件的真实情况，才能对案件的争议问题作出正确的处理。

3. 行政诉讼判决是人民法院对受理的行政案件的实体问题作出的处理。在行政诉讼过程中，人民法院要处理的问题有些是程序问题，有些是实体问题。程序问题，如是否受理起诉与上诉、是否允许撤诉、是否中止诉讼等，对于这类问题均不以判决的形式作出处理。实体问题，如被诉的具体行政行为是否合法、行政处罚是否显失公正、行政机关是否履行了法定职责等，对于这类问题才以判决的形式作出处理。

4. 行政诉讼判决是人民法院对受理的行政案件作出的具有严格法律意义

上的处理。行政诉讼判决是国家审判权的体现，一旦作出，非经法定程序不得改变，一旦生效，具有法律约束力和强制力，受其拘束的当事人必须执行，否则应承担法律责任。

行政诉讼判决按审理程序不同可分为一审判决、二审判决和审判监督程序所作的判决。

二、一审判决及效力

一审判决是人民法院代表国家行使审判权，适用《行政诉讼法》规定的第一审程序对审理终结的第一审行政案件，根据事实和有关法律、法规规定，就案件的实体问题作出的裁判。

（一）一审判决的类型

人民法院对受理的行政案件，审理终结后，根据不同情况，可以分别作出如下七种类型的判决：

1. 判决维持。判决维持是人民法院经过对行政案件的审理，在查清案件事实之后，认定被诉具体行政行为合法，作出的维持被诉具体行政行为的判决。

根据《行政诉讼法》规定，判决维持被诉具体行政行为必须同时具备下列三个条件：

（1）证据确凿。证据确凿指被诉具体行政行为所确认的事实具有确实、充分和合法的证据。

（2）适用法律、法则正确。适用法律、法则正确指行政机关实施的被诉具体行政行为，正确适用了相应的法律、法规规定。

（3）符合法定程序。符合法定程序指行政机关实施被诉具体行政行为过程中，严格遵循了有关的法定程序。

被诉具体行政行为，必须同时具备以上三个条件，人民法院才能作出维持被诉具体行政行为的判决。如果缺少其中任何一个条件都会影响被诉具体行政行为的合法性，而不能判决维持被诉的具体行政行为。

2. 判决撤销。判决撤销即判决全部撤销或部分撤销被诉具体行政行为，是人民法院经过对行政案件的审理，在查清案件事实的基础上，认定被诉具体行政行为全部违法或部分违法，作出的撤销或部分撤销被诉具体行政行为的判决。

根据《行政诉讼法》第54条第2款的规定，被诉具体行政行为有下列情形之一的，应当判决撤销或部分撤销：

（1）主要证据不足。主要证据是指能够证明案件基本事实的证据。主要证据不足是指被诉行政机关未能向法庭提交证实其实施的被诉具体行政行为具有基本事实的证据，即说明行政机关作出的具体行政行为缺乏基本事实根据，因而必须撤销。但是主要证据是相对次要证据而言的，如果缺少个别次要证据，不影响案件定性，则不属于主要证据不足。

（2）适用法律、法规错误。适用法律、法规错误是指行政机关在作出具体行政行为时，适用法律不正确。适用法律、法规错误的情形主要有：①应当适用此法的却适用了彼法。②应当适用此条款的却适用了彼条款。③适用了未生效的、失效的、无效的法律、法规等。适用法律、法规错误的后果，则可能对作出的具体行政行为或定性错误，或处罚不当。

（3）违反法定程序。违反法定程序是指行政机关作出被诉具体行政行为时，没有按照法律法规规定的行政程序办理。法律法规对行政程序作出的规定是行政机关正确执法的重要保证和防止行政机关滥用职权的有效措施。如果违反法定程序，就很可能作出错误的具体行政行为，导致侵犯行政相对人的合法权益。

（4）超越职权。超越职权是指行政机关在行政管理活动中，超出了法律法规授予的权限，实施了该行政机关无权实施的具体行政行为。行政机关的具体行政行为只要是在行为上超越了法定权限，就不论其行为的动机、目的是否正当，均为超越职权。

（5）滥用职权。滥用职权是指行政机关在其法定职权范围内，违背法律法规授予该职权的目的和原则，不正当地行使权力时作出的不合理的具体行政行为。如行政机关明知其行为偏离法律、法规的目的和原则，但其从管理者的个人利益、单位利益出发，利用职权，假公济私，以权谋私，作出不合理的具体行政行为。

3. 判决重作。判决重作指判决被告重新作出具体行政行为，它是判决撤销的一种补充，是指人民法院在审理行政案件中，由于某些案件因判决撤销被诉具体行政行为后，原、被告间的行政法律关系的具体法律问题并没有解决，或者行政管理相对人的违法行为仍存在，需要重新进行处理。裁判撤销的同时责令被告重新作出合法具体行政行为所作出的判决。

判决重作，适用于被诉具体行政行为因违法而被撤销后，而行政相对人具有实际存在着的违法行为需要处理，或者有相应的行政法关系问题需要解决的情形时，而必须判决被告行政机关重新作出具体行政行为，以切实解决问题。

判决重作，应在判决理由部分指明被告应重新作出具体行政行为的方向，在判决部分写明重新作出具体行政行为的期限。这样，既可以纠正原违法的被诉具体行政行为，又可以使行政机关重新作出合法的具体行政行为，对维护和保障正常的行政管理秩序，具有重要意义。

4. 判决履行。判决履行，即判决被告限期履行法定职责，是指人民法院经过对行政案件的审理，认定被告具有不履行或者拖延履行法定职责的情形时，而作出责令被告在一定期限内履行被诉法定职责的判决。适用这类判决必须具备的条件是：行政机关负有法定职责，应当履行而未履行或者拖延履行。根据《行政诉讼法》的有关规定，判决被告限期履行法定职责主要适用于下列三种情形：

（1）符合条件申请被告行政机关颁发许可证、执照等，被告行政机关拒绝颁发或者不予答复的。

（2）有正当理由申请被告行政机关履行保护人身权、财产权的法定职责，被告行政机关拒绝履行或者不予答复的。

（3）被告行政机关不依法发放抚恤金的。

5. 判决变更。判决变更是指人民法院经过对行政案件的审理，认定被告行政机关作出的行政处罚决定显失公正，而作出直接予以纠正的判决。人民法院审理行政案件，主要是对行政机关的具体行政行为是否合法进行审查。行政机关在法律、法规规定范围内作出的具体行政行为即使不当，原则上应由行政机关处理，人民法院不代替行政机关作出决定。但是，对于行政机关作出的行政处罚决定显失公正的，人民法院则有权予以变更。

6. 判决驳回。判决驳回，即判决驳回原告的诉讼请求，是指人民法院经过对行政案件的审理，认定原告的诉讼请求具有被诉不作为理由不成立等应当予以驳回的情形，而作出驳回原告诉讼请求的判决。判决驳回主要适用以下的情形：

（1）原告起诉被告行政机关不作为的理由不成立。只能选用判决驳回诉讼请求，不能作出其他形式的判决。

（2）被诉具体行政行为合法，但在合理性方面存在问题的。行政机关的被诉具体行政行为被认定为合法后，依法应当予以肯定，但其又存在不合理的问题，假如人民法院作出判决予以维持的话，实际上是支持了不合理的行政行为，且违反了我国法律、法规的立法目的和原则。再者，人民法院审理行政案件，只能对被诉具体行政行为的合法性进行审查，至于合理性范围的问题则无权裁判。基于这种情形，我们适用判决驳回的形式，既能保证司法裁判正确，又能避免对不合理的行政行为予以肯定的司法误导，并有利于行政机关认识和纠正不合理的行政行为。

（3）被诉具体行政行为合法，但因法律、政策变化而需要变更或者废止的。行政机关作出被诉行政行为是符合当时法律法规和政策规定，依法应当予以肯定，但是在人民法院作出判决时，法律、法规、政策发生了变化，该变化所指向的被诉具体行政行为需要变更或废止。对于这种情形，也适用判决驳回原告的诉讼请求。

判决驳回与裁定驳回起诉不同。第一，判决驳回是人民法院对符合起诉条件的案件审理后，认定原告起诉被诉的具体行政行为违法理由不成立作出的裁判；而裁定驳回起诉则是人民法院对已经受理但不符合起诉条件的案件作出的裁判。第二，判决驳回是人民法院在案件的实体问题上否定原告的诉讼请求；而裁定驳回起诉则在受理案件的程序上否定原告的起诉条件。

7. 判决确认。判决确认是指人民法院经过对行政案件的审理，根据案件的具体情况，依法作出确认被诉具体行政行为合法或者违法、有效或者无效的判决。根据最高人民法院《解释》第 57、58 条的规定，适用判决确认的法定情形如下：

（1）被诉具体行政行为合法，但不适宜判决维持或者驳回诉讼请求的，可以作出判决确认其合法或者有效。

（2）被告不履行法定职责，但判决责令其履行法定职责已无实际意义的，应当作出判决确认被告不违法。

（3）被诉具体行政行为违法，但不具有可撤销内容的，应当作出判决确认该被诉具体行政行为违法或者无效。

（4）被诉具体行政行为依法不成立或者无效的，应当作出判决确认该被诉具体行政行为违法或者无效。

（5）被诉具体的行政行为违法，但撤销该具体行政行为将会给国家利益或者公共利益造成重大损失的，应当作出判决确认该被诉具体行政行为违法，并责令被诉行政机关采取相应的补救措施，造成损害的，依法判决承担赔偿责任。

（二）一审判决的效力

人民法院的判决是代表国家行使审判权的结果，一审判决一经作出，就具有法定的约束力，无论是人民法院还是当事人都受其约束，都不能随意改变或者无视它的存在。当事人如不服人民法院第一审判决，有权在判决书送达之日起 15 日内向上一级人民法院提起上诉，逾期不上诉的，人民法院的第一审判决发生法律效力，当事人必须遵照执行。如果在上诉期限内，其中有一个以上当事人不服一审判决并提起上诉，该案件即进入二审程序，一审判决的法律效力须由二审判决确定。

三、二审判决及效力

（一）二审判决的类型

二审判决是第二审人民法院适用《行政诉讼法》规定的第二审程序依据事实和法律，对第二审行政案件审理终结后，就案件的实体问题所作出终局性的裁判。根据《行政诉讼法》第61条的规定，二审判决的类型有如下两种：

1. 判决驳回上诉、维持原判。判决驳回上诉、维持原判是指第二审人民法院对第二审行政案件审理后，对一审判决认定的事实和适用的法律予以肯定并认可其合法性，而作出的确认其法律效力的判决。判决驳回上诉、维持原判必须同时具备以下两个条件：第一，原判决认定事实清楚，即有确凿充分的证据证明第一审判决所依据的事实是客观实在的。第二，适用法律、法规正确，即在适用程序法和实体法方面均准确适用了现行有效的法律、法规规定，并严格按照法定程序依法对案件中的争议问题作出了公正判决。

2. 改判。改判是指第二审人民法院经过对第二审行政案件审理后，发现一审判决有错误，作出对一审判决的错误直接予以改正的判决。适用改判的情形有三种：第一，一审判决认定事实清楚，但适用法律、法规错误。这种改判是在肯定一审判决认定的事实的前提下，纠正一审判决适用法律、法规的错误，撤销一审中的错误判决，作出的新判决。第二，一审判决认定事实不清，证据不足。这种改判需要在重新查清事实、核实证据的基础上否定原判决，作出新判决。第三，一审判决违反法定程序，可能影响案件正确审理。这种改判需要对案件争议的问题重新调查质证，查清事实后改判。

根据《行政诉讼法》的规定，在上述三种适用改判的情形中，其中第一种情形二审人民法院应当直接改判；第二种和第三种情形，二审人民法院可以直接改判，也可以裁定撤销原判，发回原审人民法院重审。

（二）二审判决的效力

第二审人民法院对第二审行政案件审理后，作出的判决是终审判决，一经宣布或者送达即发生法律效力，同时发生执行力。当事人即使不服也不能再提起上诉，只能向原审人民法院或者上级人民法院提出申诉，申请再审。

四、审判监督程序所作的判决及效力

审判监督程序所作的判决是人民法院适用审判监督程序，对已经生效的裁判审理终结后所作出的判决。

该类判决的效力依案件的审理程序而定。如果是按第一审程序审理后作出的判决，其效力同一审判决的效力，当事人如不服可以上诉；如果是按第二审程序审理后作出的判决，其效力同二审判决的效力，当事人不得上诉。

第二节 行政诉讼的裁定

一、行政诉讼裁定的概念

行政诉讼裁定是指人民法院在审理行政案件过程中，或者在案件的执行过程中，就解决案件所涉及的程序问题或特定的实体问题（如先行给付、诉讼保全）作出的具有法律效力的裁判。

二、行政诉讼裁定的适用

根据《行政诉讼法》和《最高人民法院关于执行〈中华人民共和国行政诉讼法〉若干问题的解释》的规定，行政诉讼裁定适用下列范围：

（一）不予受理

不予受理是人民法院对原告提起行政诉讼的材料进行审查后，认为原告起诉不符合条件，而裁定不予受理。

根据最高人民法院“解释”第44条第1款的规定，人民法院对于原告提起诉讼的材料，具有下列情形之一的，应裁定不予受理：①请求事项不属于行政审判权限范围的；②起诉人无原告资格的；③起诉人错列被告且拒绝变更的；④法律规定必须由法定或指定代理人、代表人为诉讼行为，未由法定或者指定代理人、代表人为诉讼行为的；⑤由诉讼代理人代为起诉，其代理不符合法定要求的；⑥起诉超过法定期限且无正当理由的；⑦法律、法规规定行政复议为提起诉讼必经程序而未申请复议的；⑧起诉人重复起诉的；⑨已撤回起诉，无正当理由再行起诉的；⑩诉讼标的为生效判决的效力所羁束的；⑪起诉不具备其他法定条件的。

（二）驳回起诉

驳回起诉是人民法院对已经受理的行政案件审查后，发现原告起诉不符合法定条件，而作出裁定驳回原告的起诉请求。根据最高人民法院《解释》，人民法院已经受理的行政案件，发现原告提起该案的诉讼具有上述不符合起诉条件的情形之一的，裁定驳回原告的起诉请求。

（三）管辖异议

管辖异议是人民法院受理行政案件后，行政诉讼当事人对诉讼管辖权提出异议，认为该案不属于受案人民法院管辖，经受案人民法院审查后，认为异议理由成立的，裁定将案件移送给有管辖权的人民法院审理；认为异议理由不成立的，裁定予以驳回。最高人民法院“解释”第10条规定，当事人提出管辖异议，应当在接到人民法院的应诉通知书之日起10日内以书面形式提出。逾期人民法院将不予受理。

（四）终结诉讼

终结诉讼是人民法院在审理行政案件过程中，由于当事人发生使诉讼无法继续进行的法定许可的情形，而作出裁定终结该案诉讼的处理决定。

根据最高人民法院“解释”第52条的规定，人民法院在诉讼过程中，当受理的行政案件具有下列情形之一的，裁定终结该案的诉讼：①因原告死亡，没有近亲属或者近亲属放弃诉讼权利的；②作为原告的法人或者其他组织终止后，其权利义务的承受人放弃诉讼权利的；③因原告死亡，须等待其近亲属表明是否参加诉讼而中止诉讼，满90日仍无人继续诉讼的；④因原告丧失诉讼能力，尚未确定法定代理人而中止诉讼，满90日仍无人继续诉讼的；⑤因作为一方当事人的行政机关法人或者其他组织终止，尚未确定权利义务承受人而中止诉讼，满90日仍无人继续诉讼的。其中后三种情形，如有特殊情况的，不终结诉讼。

（五）中止诉讼

中止诉讼是人民法院在审理行政案件过程中，由于当事人发生使诉讼暂时无法进行的法定许可的情形时，作出中止该案诉讼的处理决定。

根据最高人民法院“解释”第51条的规定，人民法院在诉讼过程中，当受理的行政案件具有下列情形之一的，裁定中止该案的诉讼：①因原告死亡须等待其近亲属表明是否参加诉讼的；②因原告丧失诉讼能力尚未确定法定代理人的；③作为一方当事人的行政机关、法人或者其他组织终止，尚未确定权利义务承受人的；④一方当事人因不可抗力的事由不能参加诉讼的；⑤因案件涉及法律适用问题，需要送请有权机关作出解释或者确认的；⑥因案件的审判须以相关民事、刑事或者其他行政案件的审理结果为依据，而相关案件尚未审结的；⑦其他应当中止诉讼的情形。上述中止诉讼的原因消失后，恢复诉讼。

（六）诉讼期间停止具体行政行为的执行或者驳回停止执行的申请

根据《行政诉讼法》第44条的规定，在诉讼期间，原则上不停止具体行政行为的执行，但如下三种情形除外：①被告认为需要停止执行；②原告申请停止执行，人民法院认为该具体行政行为的执行会造成难以弥补的损失，并且停止执行不损害社会公共利益；③法律、法规规定停止执行的。在行政诉讼期间，人民法院对于当事人停止执行的申请，经审查认为符合条件的，裁定停止具体行政行为的执行，认为不符合条件的裁定予以驳回。

（七）财产保全

财产保全是人民法院在审理行政案件过程中，为保证该案判决能顺利执行，而裁定对当事人的财产实行查封、扣押、冻结等强制措施。根据最高人民法院"解释"第48条的规定，财产保全适用于以下两种情形：①可能因一方当事人的行为或者其他原因，使裁判不能执行或者难以执行的，人民法院可以根据对方当事人的申请裁定财产保全；②当事人没有提出申请的，人民法院认为必要时也可以裁定财产保全。

（八）先予执行

先予执行是人民法院审理起诉行政机关没有依法发给抚恤金、社会保险金、最低生活保障费等案件，根据原告的申请，在案件审结前，依法作出要求行政机关先予发给的裁定。

（九）准许或者不准许撤诉

准许或者不准许撤诉是人民法院在审理行政案件过程中，对原告在宣告判决或者裁定前提出撤诉的申请进行审查后，根据具体情况作出的准许撤诉或者不准许撤诉的裁定。

（十）补正裁判文书中的笔误

补正裁判文书中的笔误是人民法院对行政案件的裁判文书送达当事人之后，发现裁判文书中有错写、漏字等笔误时，而作出的对该笔误予以补正的裁定。但如果笔误涉及当事人实体权利义务内容的，则不能用裁定补正，而应另行作出判决。

（十一）中止或者终结执行

中止或者终结执行是人民法院在执行程序中发现执行案件出现需要中止执行或者终结执行的法定情形而作出的裁定。

（十二）启动审判监督程序或者发回重审

提审、指令再审是指上级人法院发现下级人民法院已经发生法律效力的判决违反法律、法规规定，决定提审或者指令下级人民法院再审时作出的裁定。

发回重审是指人民法院审理行政上诉案件后，发现原判决认定事实不清，证据不足，或者由于违反法定程序可能影响案件正确判决，而作出的撤销原判决并发回原审人民法院重新审判的裁定。

（十三）其他需要裁定的事项

其他需要裁定的事项，如指定管辖、移送管辖或转移管辖权，案外人对执行标的提出异议及强制执行申请，等等。

三、行政诉讼裁定的效力

行政诉讼裁定是人民法院用以解决行政诉讼中涉及的程序问题作出的裁判，依照法律规定，其法律效力有两种情况：

1. 一审法院作出的不予受理，驳回起诉和管辖异议的裁定，当事人如不服，可以在裁定书送达之日起 10 日内向上一级人民法院提起上诉。逾期不提起上诉的，一审法院的裁定即发生法律效力。

2. 其余裁定都是终局性的，一经送达即发生效力。

第三节　行政诉讼的决定

一、行政诉讼决定的概念

行政诉讼决定是指人民法院在行政诉讼过程中，为了使行政诉讼顺利进行，就诉讼中发生的有关特殊事项作出的处理决定。

二、行政诉讼决定的适用

根据《行政诉讼法》和最高人民法院“解释”的规定，行政诉讼决定适用于人民法院在行政诉讼中处理下列特殊事项：

（一）管辖事项

根据《行政诉讼法》的规定，下级人民法院对其管辖的第一审行政案件，认为需要由上级人民法院审判的，报请上级人民法院决定。

（二）合并审理事项

人民法院对于本院受理的行政案件，有下列情形之一的，可以决定合并审理：

1. 两个以上行政机关分别依据不同的法律、法规对同一事实作出具体行政行为，公民、法人或者其他组织不服，向同一人民法院起诉的。

2. 行政机关就同一事实对若干公民、法人或者其他组织分别作出具体行政行为，公民、法人或者其他组织不服，向同一人民法院起诉的。

3. 在诉讼过程中，被告对原告作出新的具体行政行为，原告不服，向同一人民法院起诉的。

4. 人民法院认为可以合并审理的其他情形。

（三）延长期限事项

人民法院在受理案件时，公民、法人或者其他组织因不可抗力或其他特殊情况耽误法定期限，在障碍消除后的10日内，申请延长期限的，由人民法院审查后，决定是否准许延长期限。

（四）提起再审事项

人民法院院长发现本院已经发生法律效力的判决、裁定违反法律法规规定，认为需要再审时，应当提交审判委员会决定是否再审。

（五）执行事项

基层人民法院在行政案件执行中，认为执行确有困难时，报请上级人民法院执行。上级人民法院可以决定由其执行，也可以决定由下级人民法院执行。

（六）其他需要决定的事项

除上述适用决定的事项外，人民法院在行政诉讼中，对于不适宜以判决、裁定处理的有碍诉讼的事项，如回避及对妨碍行政诉讼的强制措施等，一般都以决定形式处理。

三、行政诉讼决定的效力

行政诉讼决定一经宣布或送达，即发生法律效力，当事人必须遵照执行。法律规定当事人可以申请复议的决定，复议期间不停止执行。

第二十九章　涉外行政诉讼

第一节　涉外行政诉讼概述

一、涉外行政诉讼的概念

涉外行政诉讼是指外国的当事人因不服我国行政机关的具体行政行为而提起诉讼，我国人民法院依照行政诉讼程序予以审判的活动。

二、涉外行政诉讼的特征

（一）诉讼主体具有涉外性

涉外行政诉讼的主体具有涉外性，即参加诉讼的当事人中有外国人、无国籍人或外国组织。由于我国行政诉讼的被告只能是我国的国家行政机关或法律、法规授权的组织。所以，参加诉讼的外国人、无国籍人或外国组织必然只能是原告、第三人或被执行人。这里所称的外国人，指居住在一国境内，不具有该国国籍的人。无国籍人，指不具有任何国家国籍及国籍不明的人。外国组织，指具有外国国籍的组织，包括外国法人组织和非法人组织。中外合资经营企业、中外合作经营企业及依照中华人民共和国法律在我国境内设立的外商独资企业均不属外国组织。

当事人是港、澳、台地区的居民或组织提起的行政诉讼，不属于涉外行政诉讼。这三个地区是我国领土不可分割的一部分，三个地区的居民都是中国的居民，其法人和组织当然也属于中国的法人和组织。但由于历史的原因，这三个地区现行的政治、经济和法律制度与内地地区有着显著的区别，所以在处理上可以参照涉外行政诉讼的有关规定办理。

（二）行政行为和行政诉讼发生的地点具有特定性

构成涉外行政诉讼，必须具备两个重要的前提条件：第一，具体行政行为必须是在我国领域内，由我国的行政机关或法律、法规授权的组织在我国主权范围内行使职权的行为；第二，外国的当事人到我国人民法院起诉或参加诉讼。如果具体行政管理行为发生在我国领域外，由外国的行政机关所为，则不能向我国人民法院起诉；如果诉讼在外国法院进行，也不属于我国的涉外行政诉讼。以上两个条件必须同时具备，方构成涉外行政诉讼。

（三）诉讼程序的特殊性

由于涉外行政诉讼具有一定的特殊性，因此，《行政诉讼法》把外国人、无国籍人、外国组织在中国进行行政诉讼的权利义务以及诉讼程序等问题作了特别规定，使涉外行政诉讼自成一章。这就涉及到涉外诉讼特别规定和《行政诉讼法》其他规定的关系问题。根据特别法优于普通法的原则，涉外行政诉讼首先适用该章的规定。但涉外行政诉讼又不是独立于行政诉讼之外的完整程序，而是《行政诉讼法》的一部分。当涉外行政诉讼专章没有相应规定时，应适用《行政诉讼法》的其他规定。

《最高人民法院关于执行〈中华人民共和国行政诉讼法〉若干问题的解释》第97条规定："人民法院审理行政案件，除依照行政诉讼法和本解释外，可以参照民事诉讼法的有关规定。"根据以上精神，涉外行政诉讼除依据前述规定适用《行政诉讼法》以外，还可适用《民事诉讼法》的有关规定，特别是涉外民事诉讼的有关规定。因此，《民事诉讼法》的有关规定，也是审理涉外行政案件的依据，构成涉外行政诉讼程序规范的组成部分。

第二节　涉外行政诉讼的原则

涉外行政诉讼的原则，是指当事人提起和人民法院审判涉外行政诉讼的案件时，应当遵循的基本准则和方针。主要有以下五项原则：

一、适用我国行政诉讼法的原则

《行政诉讼法》第70条规定："外国人、无国籍人、外国组织在中华人民共和国境内进行行政诉讼，适用本法。法律另有规定的除外。"此条规定的根据是国家主权原则。国家主权是一个国家固有的独立自主处理国内和国际事务不受他国干预或限制的最高权力。主权在国内是至高的，在国际上是平等独立的。我国《行政诉讼法》普遍适用于任何人、任何组织在中华人民共和国境内进行的行政诉讼，当然法律另有规定的除外。

二、同等原则

同等原则又称国民待遇原则，是指外国人、无国籍人、外国组织在我国进行行政诉讼，享有与我国公民同等的诉讼权利和负有同等的诉讼义务。《行政诉讼法》第71条第1款规定："外国人、无国籍人、外国组织在中华人民共和国进行行政诉讼，同中华人民共和国公民、组织有同等的诉讼权利和义务。"本条规定充分体现了外国人与我国当事人在行政诉讼中具有平等的法律地位。据此，人民法院在审理涉外行政案件时，应将外国公民、组织与中国公民、组织同等对待，不能因为是外国人或组织的身份而任意增设或限制其诉讼权利。同样，也不能任意加重或减轻外国当事人的诉讼义务。

同等原则有利于发展与外国的友好往来，从司法上正确处理与外国的关系；有利于加速法制化、现代化的进程；有利于对外开放政策的贯彻执行，同时也表明我国对法制建设的态度和加强法制建设的决心，体现了我国法律面前人人平等。

三、对等原则

对等原则，是指外国法院对中华人民共和国公民、组织的行政诉讼权利加以限制，我国人民法院对该国公民或组织的行政诉讼权利也对等予以限制。这一原则规定在《行政诉讼法》第71条第2款。对等原则是国际司法活动中，国与国之间经常采用的一项原则。

外国人、无国籍人、外国组织在我国进行行政诉讼，同中国公民、组织有同等的诉讼权利和义务是一般性原则。但在具体的诉讼活动中，还要看其所在国与我国在诉讼方面有何约定，以及其所在国法院对我国公民、组织的行政诉讼有无限制等。如果所在国法院对我国公民和组织的权利加以限制，那么我国也必然对该国公民采取相应的限制。这种限制是相互的，在同样范围内、同样程度上进行。实行对等原则是国家主权平等与维护国家主权尊严的必然要求，有利于促进各国在司法活动中真正实现平等互惠。

四、适用有关国际条约原则

国际条约是国家或者其他国际法主体之间在政治、经济、军事、法律等方面确定、变更或者终止其相互权利义务关系的书面协议。条约一经缔结或参加，就对当事国各方具有拘束力，缔约国或参加国必须遵守。但作为一个主权国家，可以在缔结或参加条约时就部分条款提出保留，对有保留意见的条款，可以不受其约束。这是国际通行的惯例。

我国《行政诉讼法》第72条规定，中华人民共和国缔结或者参加的国际条约同本法有不同规定的，适用该国际条约的规定，但中华人民共和国声明保留的条款除外。这一规定遵循了国际交往的惯例和规则。人民法院在审理涉外行政案件时，应严格遵守我国缔结或者参加的有关国际条约的规定，除我国声明保留的条款以外，《行政诉讼法》与国际条约相抵触的，适用国际条约的规定。

五、委托中国律师代理诉讼原则

外国诉讼当事人在我国进行行政诉讼，可以亲自起诉，参加诉讼，也可以委托律师或者其他人代理诉讼。对于外国人、无国籍人、外国组织在我国进行行政诉讼如何委托律师的问题，法律作了明确规定。《行政诉讼法》第 73 条规定，外国人、无国籍人、外国组织在中华人民共和国进行行政诉讼，委托律师代理诉讼的，应当委托中华人民共和国律师机构的律师。律师制度是国家司法制度的组成部分，律师代理诉讼是实施国家司法事务的活动，体现一国主权。任何一个主权国家都不能允许外国律师在本国法院执行职务，干涉其本国的司法事务。如果已经委托了外国律师，受委托的律师也只能作为一般代理人参与诉讼。

外国人委托中华人民共和国的律师或其他人代为诉讼，必须向我国法院提交授权委托书。如果从中华人民共和国域外寄交或者委托转交的授权委托书，应当经所在国公证机关证明，并经中国驻该国使领馆认证，或者履行中国与该所在国订立的有关条约中规定的证明手续后，才具有法律效力。

第三节　涉外行政诉讼的文书送达与期间

一、涉外行政诉讼的文书送达

在涉外行政诉讼中，外国当事人住在我国领域内的，诉讼文书的送达方式适用一般规定。但对于不在我国领域内居住的当事人，包括在我国没有住所的外国人、无国籍人，以及在我国没有代表机构、分支机构、业务代办人的外国组织送达诉讼文书，就需要采取不同于一般规定的送达方式。参照《民事诉讼法》的有关规定，涉外行政诉讼文书送达方式如下：

1. 依条约规定的方式送达。依条约规定的方式送达是指依照受送达人所在国与我国缔结或者共同参加的国际条约中规定的方式送达。其前提是受送达人所在国与我国有双边或多边的国际条约，并且在条约中明确规定了送达方式。

2. 通过外交途径送达。通过外交途径送达是指我国与受送达人所在国没有订立有关送达条约的情况下，按互惠的关系，依照外交途径送达。适用这种方式的前提是该国与我国建有外交关系。具体方法是我国的人民法院将诉讼文书送交外交部，由外交部送交受送达人所在国驻我国的外交机构，该外交机构再根据其国内法规定的方式送交受送达人。

3. 委托我国驻外领事馆代为送达。委托我国驻外领事馆代为送达适用于居住在国外的，具有我国国籍的受送达人。此方式亦属国际惯例，为1963年维也纳领事关系公约所承认。

4. 向受送达人委托的人送达。受送达人如果委托了诉讼代理人，并在授权委托书中明确表示由其代理人代收诉讼文书的，人民法院可以向其诉讼代理人送达。事实上，只要受送达人向受诉人民法院明确表示委托他人代收诉讼文书，则不论其委托的代收人是否是他的诉讼代理人，均可向其所指定的代收人送达。

5. 向受送达人设在我国的代表机构送达。代表机构是受送达人设在我国从事业务活动的机构，有关业务活动中发生的纠纷，代表机构一般都有权以代表人的资格进行解决，因此也可以向其送达诉讼文书。有的外国企业和组织在我国未设代表机构，但在我国有它的分支机构或者有它的业务代办人，如果其分支机构或者业务代办人有权接受送达，也可以向其分支机构或者业务代办人送达。

6. 邮寄送达。适用邮寄送达的前提是受送达人所在国的法律允许邮寄送达诉讼文书。因此适用此送达方式前，应先查明受送达人所在国的法律是否禁止这种方式，以免引起外交争议。邮寄送达的方式简便快捷，已为多数国家采用。邮寄送达诉讼文书，自邮寄之日起满6个月，送达回证虽未退回的，但根据各种情况足以认定已经送达的，期间届满之日视为送达。

7. 公告送达。当上述所有送达方式均无法适用时，可以采用公告这种特殊的方法送达。公告的具体方法是，人民法院把需要送达的诉讼文书的内容，刊登在向国外发行的报刊上，或者在适宜的场所予以公告，自公告之日起满6个月，即视为送达。公告送达不以受送达人是否确知公告内容为前提，而以超过一定期限来推定受送达人已经收到该诉讼文书。

二、涉外行政诉讼的期间

在涉外行政诉讼中，当事人在中华人民共和国领域内有住所的，应适用期间的一般规定。当事人不在我国领域内居住的，就有必要在期间上作出特别的规定。参照《民事诉讼法》的有关规定，在我国领域内没有住所的当事人，不服我国第一审法院判决、裁定的，有权在判决书、裁定书送达之日起30日内提起上诉。被上诉人在收到诉状副本后，应当在30日内提出答辩状。当事人不能在法定期间提起上诉或者提出答辩状申请延期的，是否准许由人民法院决定。由此可见，对居住在国外的当事人的上诉期限和答辩期限，法律规定得都比较宽裕，并且对居住在境外的当事人还赋予了申请延期的权利，充分保障了境外当事人的诉权。

参考书目

1. 石佑启．论公共行政与行政法学范式转换．北京大学出版社，2003
2. 郭济．政府权力运筹学．人民出版社，2003
3. 杨海坤，关保英．行政法服务论的逻辑结构．中国政法大学出版社，2002
4. 熊文钊．现代行政法原理．法律出版社，2000
5. 傅士成．行政强制研究．法律出版社，2001
6. 方世荣．论行政相对人．中国政法大学出版社，2002
7. 詹福满．中国行政法问题研究．中国方正出版社，2001
8. 皮纯协．行政程序法比较研究．中国人民公安大学出版社，2000
9. 盛永彬，曹秀谦．行政法与行政诉讼法．暨南大学出版社，2000
10. 彭澎．政府角色论．中国社会科学出版社，2002
11. 罗豪才．行政法论丛．法律出版社，2003
12. 乔耀章．政府理论．苏州大学出版社，2001
13. ［德］哈特穆特．毛雷尔．行政法学总论．高家伟译．法律出版社，2000